高德祥
陈雪静 著

敦煌乐舞大典

②

{文字卷}

上海音乐出版社

目 录

敦煌石窟乐舞图像概述 —————————— 7
凡　例 ———————————————— 45

一　莫高窟乐舞壁画总录 ———————— 47
二　天王堂乐舞壁画总录 ——————— 189
三　榆林窟乐舞壁画总录 ——————— 190
四　西千佛洞乐舞壁画总录 —————— 205
五　东千佛洞乐舞壁画总录 —————— 209
六　五个庙石窟乐舞壁画总录 ————— 211
七　小千佛洞乐舞壁画总录 —————— 212
八　旱峡石窟乐舞壁画总录 —————— 213

附　录
一　敦煌石窟壁画乐舞种类统计表 ———— 215
二　敦煌石窟壁画乐器种类统计表 ———— 228
三　敦煌石窟壁画舞蹈种类统计表 ———— 239

索　引
一　敦煌石窟壁画乐舞索引 —————— 249
二　敦煌石窟壁画乐器索引 —————— 259
后　记 ——————————————— 283

敦煌石窟乐舞图像概述

敦煌是古代丝绸之路上的咽喉要地，中西方经济文化交流的中心，印度佛教传入中国内地之要道，也是建造石窟最早的地区之一。每个石窟产生的年代有所不同，与当时不同的地理环境、社会环境、民族迁徙、宗教信仰等各方面因素息息相关。有的石窟是某一个时代的产物，其历史只有百余年，而有的则经历了十几个朝代。敦煌莫高窟自公元366年始建，上下延续一千多年，是目前最大的、保存最完整的石窟。

石窟是佛教的产物，没有佛教就没有石窟的存在。最早产生于印度的佛教，约东汉永平十年（公元67年）经由西域逐渐传入中原，从公元三世纪起西域各地开始建造佛窟。在古代，石窟建造是一项巨大的工程，需耗费大量的人力、财力、物力。而历代政权不惮于此，正是源于信仰的力量，建造洞窟的初衷是体现人们的信仰和精神追求。石窟以艺术化的形式展示佛经的具体内容，以简洁直观的方式诠释佛经内容，有利于佛法的弘扬和传播，其中"经变"就是把佛经用绘画的方式展现在壁画中。佛教中的极乐世界尽善尽美，在这个理想的世界里充满欢乐和美好，是人们追求理想的境界。

在这个歌舞升平、天花乱坠的佛国世界里，乐舞展现了它独特的魅力。壁画中各种不同的伎乐形式，把理想的佛国世界渲染得庄严皎洁、美轮美奂。壁画中形形色色的乐舞表演场景均用于礼佛的天乐，无不透露着世俗乐舞的印迹。世俗乐舞在佛教壁画中变为宏大的礼佛场景，显现出极乐世界的曼妙与祥和。乐舞似乎被赋予了一种妙不可言的梦幻色彩，体现了乐象舞容、神人合一的美好景象，这是石窟乐舞最为突出的一个特点。然而，佛教的诞生并不是凭空想象而来，而是在现实生活的基础上产生的。所以，佛教中的一切看起来是那么的虚幻莫测，其实无不显现出现实生活的印迹。

然而，历史的变化改变了人们建造的初衷，超越了人们理想中的精神世界。令当时的人们万万没有想到的是，千年以后的佛教圣地会成为当今绚丽多姿的艺术殿堂。而今，昔日祭祀的宗庙似乎完成了它的历史使命，展现在人们面前的是一个虽然失去传教功能，但却博大精深的佛教艺术宝库。宗教与艺术发生了颠覆性的转换，这一历史性改变的确让人不可思议和始料未及。佛教信仰为艺术发展创造了前所未有的机遇，佛教成就了艺术，敦煌石窟就是最典型的例证。敦煌石窟成为丝绸之路上展示乐舞艺术的最大平台，展现了绚丽而不朽的丝路乐舞艺术，为研究和弘扬丝绸之路乐舞艺术提供了珍贵史料。

值得关注的是，同样的佛经、同样的内容，在不同的石窟中有不同的表现形式。纵观中国所有石窟壁画，敦煌石窟壁画中出现的乐舞画面数量最多，内容丰富、风格独特、形式多样、主题鲜明，有许多形式是其他石窟壁画中未曾出现的，为敦煌石窟壁画所独有。这种现象无不反映了当时当地艺术家对佛经的另类理解和思考，从审美的角度升华了佛教极乐世界尽善尽美的理想境界，促使人们向往和追求这种理想境地。如果没有追求信仰的强烈愿望，如此大规模建造石窟的壮举是不可能完成的。

敦煌石窟乐舞虽以考古的惯例而命名，但是敦煌石窟乐舞并不完全意味着它们产生于敦煌。它是古代丝绸之路多元乐舞艺术的结晶，既有敦煌本地所产生的世俗乐舞，同时也包括了由西域传入的不同地域不同民族的乐舞，以及由中原各地传入的乐舞。可以说，敦煌石窟乐舞是古丝绸之路一千多年来乐舞艺术不断交流融合发展的集中体现。

乐舞一词存之已久，"敦煌乐舞"则专指古代时期敦煌地区的各种乐舞形式以及各类乐舞史料。古代并没有"敦煌乐舞"这个称谓，而是根据现有的实际情况而得名。古代舞蹈归类于音乐范畴，亦不单独分类。乐舞是一个融合体，乐舞紧密相连，有舞必有乐，所以舞蹈在文献中归类于音乐志范畴。随着时代的发展，学科分类更加精细化，舞蹈成为一个单独学科，有利于舞蹈的创新和发展。所以，称之为"敦煌乐舞"更符合现实情况。

1900年，藏经洞的发现震撼了全世界，一个新的学科"敦煌学"应运而生，迅速成为一门世界性的显学。敦煌乐舞艺术作为"敦煌学"中的一个重要分支，对于研究古代丝绸之路多姿多彩的乐舞艺术有极其重要的史学价值。研究敦煌石窟乐舞首先要全面了解敦煌石窟乐舞基本状况。由于敦煌石窟数量多，壁画内容繁复，考察难度较大。为了便于研究者了解敦煌石窟乐舞艺术的概况，更好地传承弘扬、创新发展中华优秀传统文化，著者历经数十年完成了这部《敦煌乐舞大典》。

一、敦煌石窟乐舞史料基本概况

敦煌石窟是指古代时期敦煌所辖区域范围内的所有石窟，不以现在行政区域划分为依据，其中包括现在敦煌境内的莫高窟、西千佛洞，瓜州县境内的榆林窟、小千佛洞、东千佛洞、旱峡石窟，以及肃北蒙古族自治县境内的五个庙石窟。敦煌石窟乐舞史料主要包含两大部分，即石窟壁画中的各类乐舞图像和莫高窟藏经洞出土的遗书中的乐舞资料（包括古乐谱、舞谱、乐舞绘画以及有关的文字记载等）。

敦煌乐舞史料是敦煌石窟中非常重要的一部分，其历史悠久，所在洞窟数量众多，建造延续时间长、内容丰富、形式多样，不仅是多种文化发展的融合体，更是多民族、多地域、多种文化形态的集中反映。敦煌石窟建造的年代各有不同，以莫高窟为代表的石窟最早建造于公元366年，历经十六国、北魏、西魏、北周、隋、唐、五代、宋、西夏、元。清代尽管没有建造新的洞窟，但在前代的洞窟中以新换旧、造像绘画、以续前缘，故保留了一定数量的该时期作品。总之，莫高窟是敦煌石窟中建窟历史最为悠久、延续时间最长的石窟。

敦煌石窟乐舞独树一帜，壁画中出现的伎乐形式最多，人物最多，乐器种类及数量最多，远远超出我国其他所有石窟中乐舞图像的总和，真可谓"乐舞石窟"。这是敦煌石窟最突出、最鲜明的特征，也是敦煌石窟乐舞珍贵的历史价值所在。

《敦煌乐舞大典》全面考察和完整记录石窟壁画中的乐舞图像，不包括莫高窟藏经洞出土的乐史资料。经过数十年认真、详细、全面的考察，发现在敦煌石窟共计823个洞窟中的372个洞窟存有不同形式的伎乐图像。其中莫高窟735个洞窟中有328个，榆林窟43个洞窟中有25个，天王堂1个，西千佛洞22个洞窟中有10个，东千佛洞9个洞窟中有3个，小千佛洞8个洞窟中有2个，旱峡石窟2个洞窟中有1个，五个庙5个洞窟中有2个。在共计5万多平方米的石窟壁画中，统计出有飞天伎乐5080身（包括飞天童子伎乐119身），不鼓自鸣乐中的乐器1548件，天宫伎乐728身；经变乐舞中有乐伎2983身，舞伎372身，文殊、普贤变乐伎326身，童子伎乐73身，迦陵频伽440身，共命鸟19身，化生伎乐294身，菩萨伎乐341身，世俗伎乐312身，百戏伎乐42身，药叉伎乐546身，壶门伎乐423身，雷公击鼓图10幅，天王奏乐图16幅，劳度叉斗圣变伎乐4身。壁画图像中共有各类乐器7705

件。这些乐舞形式及乐器图像生动反映了敦煌石窟壁画中乐舞图像的完整样貌。

二、敦煌石窟乐舞形成过程

　　敦煌石窟乐舞的发展经历了漫长的历史过程,有明确记载的是汉代,距今已有两千多年历史。凡是有人群的地方就会有音乐和舞蹈的存在。虽然没有明确的文字记载,实际上在石器时代已有相当数量的游牧民族在这里繁衍生息。在20世纪80年代的考古中,发现了先民们用石刀、石斧等生活器具所作的绘画。在古属敦煌的肃北蒙古族自治县和阿克塞哈萨克自治县早期的岩画中,也曾发现乐舞画面,充分证实了在汉代以前已有人群在这里生活。据考证,当时敦煌流传的是以游牧生活为主的少数民族的乐舞。

　　公元前111年,西汉王朝在河西先后设立了酒泉、武威、张掖、敦煌四郡,并在敦煌建立了阳关、玉门关两个管辖东西交往的关口,这就是历史上有名的"列四郡,据两关"。两关的建立奠定了敦煌在丝绸之路上的重要地位,形成了多元文化交流中心和集散地,各种文化形式都在这里汇聚。正如季羡林先生所说,世界上只有敦煌将四种文化汇集在一起,即希腊文化、伊斯兰文化、印度文化、中国文化。由于多种文化在敦煌融合发展,逐渐形成了以汉文化为主的多元文化,并在唐代达到历史最高峰,引领了丝绸之路文化发展的主流。这时的敦煌已是丝绸之路上的名城重镇,经济发达、文化繁荣,各种文化在此交流融合,形成了包括乐舞在内独具特色的敦煌文化。此时,石窟壁画中的乐舞形式也发生了巨大变化,以经变乐舞为主的大型乐舞场景出现在不同的经变中,充分展现了唐代乐舞艺术的空前盛况。

　　石窟是佛教传播的重要平台和载体,乐舞又是壁画中不可缺少的内容和形式。壁画中的乐舞形式根据不同的佛经内容,以及不同时代人们的理解认识和审美要求而变化。例如,同一时期克孜尔石窟中的壁画风格与敦煌石窟壁画中的风格有所不同,其主要原因是其反映的佛经内容不同。克孜尔石窟壁画以小乘佛教为主,而敦煌石窟以大乘佛教为主。除此之外,当时当地艺术家不同的文化传统观念,也使石窟的绘画风格有明显区别。

　　壁画中的绘画风格与时代发展息息相关,早期壁画内容以西域风格为主,简洁明快,壁画中的乐舞形式多呈现为天宫伎乐、飞天伎乐、药叉伎乐，以及故事画中的世俗乐舞和供养伎乐形式。相对而言，这个时期的乐舞形式比较单一，其表现形式粗犷豪放、固化简单，缺乏灵动性。唐代时期的壁画风格陡然突变，以中原绘画风格为主，壁画中出现了大型的经变乐舞等形式，展现了大唐文化艺术发展的繁荣景象。虽然佛经内容依然如此，但其表现形式却发生了巨大变化，突显了佛教汉化的历史特征。

三、敦煌石窟乐舞图像史学价值

　　乐舞形式存之已久，有人类就有了乐舞。古代时期记录乐舞形式的方法主要有两种，一是图像，二是文字，二者之间具有一定的互补性。在乐舞表演记录方面，图像更具一定的特殊性，它可以把一些细微的神态表情淋漓尽致地表现出来。敦煌石窟乐舞以图像为主，用栩栩如生的画面展示出多个时期不同的乐舞场景。虽然画面是静态的，但从画面中惟妙惟肖的形态和神态表现中，可以捕捉到更多活态流动信息，寻找出某些活动规律。直观的图像具有强烈的视觉冲击感，所提供的信息有时是文字无法完整准确记录的，从某种意义上可说是一图胜万字。壁画中的许多复杂乐舞图像是综合性表现，其表演牵扯细节繁杂微妙，如姿态神态、服饰化妆、舞台道具、灯光音响、乐队配置、表演场景、观看气氛等，尤其是表演中的一些细微情感表达，用文字是难以完整记述的。

　　乐舞是时代的产物，不同地域、不同民族、不同时代均有其不同的乐舞表现形式，而古文献往往以记录宫廷乐舞为主，其他方面的记录比较少。敦煌石窟壁画中则有所不同，不仅有宫廷中的乐舞表演形式，也有西域各民族以及中原各地不同民族的乐舞，具有强烈的时代性、民族性、地域性，是多种乐舞文化交流融合的图像史，填补了许多未知的领域，可以看到文献中没有记载或记载不详的形式，弥足珍贵。

　　乐舞图像学已经发展为一个新学科，为研究古代时期的乐舞发展提供了许多新佐证。敦煌石窟乐舞图像是古代乐舞发展中最重要的图像资料，无论数量、类型、形态、题材、风格都无与伦比。这些珍贵的图像资料可以与文字记载互为印证，为全面了解中古时期人类社会乐舞发展提供了极为珍贵的史料。

古代人把栩栩如生的乐舞表演描绘在壁画中，尽管动态的乐舞表演已转变为静态的画面，但这些静态的画面无不显露出灵活的动态感。今天，艺术家们可以通过细致观察，把壁画中静态的乐舞图像展现于舞台之上，再现古代乐舞绚丽多姿的艺术魅力，在新时代弘扬传统优秀文化。

四、敦煌石窟乐舞分期

从洞窟中的绘画风格以及壁画中的乐舞表现形式看，敦煌石窟中的乐舞大致可分为早期、中期、晚期三个阶段。早期为北魏、西魏、北周、隋；中期为唐（初唐、盛唐、中唐、晚唐）、五代、宋；晚期为西夏、元、清。早期壁画中的乐舞形式以西域风格为主，主要有飞天伎乐、天宫伎乐、化生伎乐、供养伎乐、药叉伎乐、雷公击鼓以及佛传故事中世俗化风格的乐舞等形式；中期壁画是佛教汉化的重要时期，壁画风格陡然巨变，尤其是壁画中的乐舞形式发生了根本性的改变，经变中出现了大型的乐舞表演形式，展示了唐乐舞的崭新面貌，创造了新的纪元。莫高窟第220窟中的大型经变乐舞代表了这个划时代的变化。此时，药叉伎乐、天宫伎乐形式已不再出现，只延续了早期壁画中的飞天伎乐、华生伎乐、供养伎乐等形式，还出现了不鼓自鸣乐、经变乐舞、婚嫁乐舞、祭祀乐舞、菩萨伎乐、出行伎乐、宴饮伎乐、百戏、巫舞、童子伎乐、壸门伎乐、迦陵频伽伎乐、天王伎乐等。在各种经变中出现了形形色色的乐舞表演场景，具有很强的写实性，反映了当时乐舞表演的真实状况，是敦煌石窟乐舞中最经典、最唯美的乐舞表演形式之一。

至西夏，北方进入由党项族割据政权时期，西夏王朝在西北的统治长达190年。尽管西夏王朝也信仰佛教，但为了巩固割据政权而竭力改变原有的文化传统，努力创造新的文化形态，还创造了西夏文字。这个时期的壁画内容与表现形式发生了很大变化，中期壁画中的许多乐舞形式已销声匿迹，唐代乐舞的盛况不再显现。到了元朝蒙古统治时期，敦煌石窟的建造已近尾声，不仅洞窟数量极少，而且密宗已成为壁画的主要内容，壁画的结构布局、内容形式以及人物形象都发生了巨大变化。这个时期的壁画内容受回鹘和藏传佛教影响比较大，乐舞形式多以金刚乐舞为主，密宗风格非常鲜明，汉化佛教的风格逐渐淡化，尤其是唐代壁画中出现的大型经变乐舞形式几乎销声匿迹，荡然无存。

总体上看，西夏壁画中的乐舞形式规模较小、形式简单，与早中期壁画的乐舞形式有明显差别，无论内容、形式、风格均与前代不可同日而语。元代时期政权更迭，敦煌石窟到了没落期，洞窟数量极少，壁画内容依然以密宗风格为主，壁画中的乐舞图像多以金刚形式出现，具有藏传佛教的鲜明特征。因此，把西夏及以后壁画中的乐舞形式划分为晚期，是合乎历史现状的。

尽管风格形式不同，但西夏时期的壁画也出现了一些具有时代特征的乐舞形式。值得关注的是，西夏时期的壁画中出现了奚琴、单面鼓、龙首笛、凤首笛等乐器图像，这对于研究西夏时期乐舞的发展和乐器使用情况具有非常重要的学术价值。尤其是奚琴图像的出现对拉弦乐器的起源以及发展过程具有极为重要的研究参考价值。这是敦煌石窟晚期乐舞壁画的突出特点。

五、敦煌石窟乐舞图像的虚实结构

石窟是佛教的产物，壁画以反映佛经内容为主体。乐舞则是壁画内容中的一部分，是以宣传教义为目的的一种形式。早期的佛教壁画呈现印度神话中的乾闼婆与紧那罗双双被列入佛教的"天龙八部"护法神，甚至伽陵频迦、共命鸟以及自然界的树声、水声都被赋予佛教的理念，以特殊的音声形式服务于佛教。由于这些形式的存在，人们产生一种虚无缥缈的感觉，似乎这些佛教壁画中的形式是虚幻的。其实，表现在壁画中的乐舞场景有虚也有实，可以说实中有虚、虚中有实，总体上是以礼佛为目的，展现极乐世界的皎洁美好。飞天伎乐、药叉伎乐、天王伎乐、菩萨伎乐等是佛教中特有的形式，但是无论哪一种伎乐形式都不是佛国固有的，都离不开现实生活；壁画中也没有任何一件乐器是佛教中特有的，无论是飞天、天宫伎乐所演奏的乐器，还是舞蹈的姿态，无一例外都源于现实生活，只不过是佛教对现实生活的美化而已，是虚实结合的典型例证。

乐舞在佛教壁画中不是主体，只是一种营造氛围的衬托。因此，壁画中许多乐器描绘得并非十分精确。例如，壁画中的琵琶、阮、竖箜篌等弹拨乐器，有的有弦无轸，有的有轸无弦，或轸多弦少，或轸少弦多等，此类现象屡见不鲜。所以，对壁画中的乐器要进行全面的综合性考察，而不能以个别图像中的乐器作为判断某种乐器的唯一依据。但值得肯定的是，壁画中没有一件乐器是由画家随性臆造出来的，画得不够精确与臆造乐器是完全不同的两个概念，不可混为一谈，因为画家不可能在不了解现实的情况下，凭空臆造出某一种乐器。

壁画中的乐舞形式也是与时俱进的。如天宫伎乐、药叉伎乐等形式在早期壁画中屡见不鲜，是其主要的乐舞形式，但在中晚期壁画中不再出现，取而代之的是大型的经变乐舞，客观反映了当时乐舞发展的真实状况。可以看出，佛教壁画中的乐舞形式不是一成不变的，现实生活中的乐舞形式是佛教摄取的源泉，石窟壁画中的乐舞形式是历史发展的产物，具有鲜明的时代性。石窟乐舞图像是现实生活的真实写照，也是辨别佛教壁画虚实性的历史依据。

石窟壁画中的乐舞形式多种多样，可以说是天人合一、神人以和。要把壁画中的乐舞形式全部进行准确的划分，哪些属于神乐，哪些属于俗乐，这是难以做到的。如早期壁画中的天宫伎乐、佛传故事中的乐舞和中期壁画中的经变乐舞，这些乐舞形式都具有鲜明的世俗乐舞形态：天宫伎乐是西域诸国普遍存在的乐舞形式，而经变乐舞是隋唐时期宫廷乐舞的再现。如果把这些乐舞形式归类于佛国天乐，显然有违于当时的乐舞发展状况，应该说是现实生活中的俗乐在佛教壁画中的艺术展现。

六、敦煌石窟壁画伎乐形式概述

敦煌石窟是我国现存历史图像最为丰富的石窟，其中乐舞图像的绘制自十六国晚期一直延续至元朝时期。莫高窟壁画中的乐舞图像在外来造像传统的基础上，兼容中国传统乐舞与异域乐舞元素，历经千年变化发展，最终融汇为一个类型丰富、传承有序的图像体系。

敦煌石窟中，共有372个洞窟绘制了乐舞相关的图像。在不同的历史时期，乐舞图像在艺术风格、乐舞类型、画面构图以及空间布局等方面形成了相对稳定的图像模式。现就敦煌壁画中最常见的乐舞图像类型进行概述。

（一）飞天伎乐

"飞天"一词最早见于西晋竺法护译《普曜经》："飞天奉刀来，帝释受发则成沙门。"经文中的"飞天"指飞行于空中的天人。"飞天伎乐"一词最早出现于北魏杨衒之撰《洛阳伽蓝记》："飞天伎乐，望之云表。"用以描述奏乐或舞蹈的伎乐天人。

早在公元前古印度的佛教雕刻中，已出现飞天的艺术形象。佛教艺术经丝绸之路东渐，在敦煌壁画中，飞天图像最早绘制于北凉时期的洞窟窟顶，以及本生故事画、说法图等题材之中。这一时期的飞天受到古印度飞天图像的影响，尤其是飞天的服饰以及"V"形的飞行身姿、晕染的绘画手法等方面，体现出典型的西域风格。北朝时期，南朝风格的飞天形象传播至敦煌地区，褒衣博带、秀骨清像的飞天形象开始流行。历经隋代及初唐时期的发展，敦煌壁画中的飞天图像融汇中西，并形成了绰约多姿、轻盈飘逸的独特艺术风格。

敦煌壁画中的飞天类型多样、身份各异。以飞天童子为例，不仅包含了具有西北少数民族特征（如鲜卑、西夏）的飞天童子，更出现了具有波罗艺术风格的飞天童子，生动体现出敦煌壁画艺术与外来文化的交融互鉴。

敦煌壁画中绘制了大量奏乐或舞蹈的飞天伎乐形象。在敦煌壁画的 5080 身飞天之中，有 994 身演奏乐器（其中包含 119 身飞天童子，7 身演奏乐器）。飞天伎乐的流行突显出飞天与乐神乾闼婆、紧那罗之间的密切关联。诚如唐代变文中所描写："无限乾闼婆，争捻乐器行。琵琶弦上急，羯鼓杖头忙。并吹箫兼笛，齐奏笙与簧。"敦煌飞天艺术的形成与发展，不仅体现了对多种艺术风格、外来图式的借鉴融汇，更体现出对佛经文本图像化的重视。正因为此，众多的飞天形象被创作出来，并最终形成风格多样的飞天图像。

（二）天宫伎乐

天宫伎乐是学界约定俗成的一种乐舞图像名称，特指在象征佛国天宫的阁楼中奏乐、歌唱或舞蹈的天人。天宫伎乐图像广泛遗存于巴米扬、龟兹、敦煌及云冈石窟的壁画或浮雕之中。敦煌壁画中的天宫伎乐绘制于北凉至隋代，典型特征是绘制于四壁上缘，呈带状环窟一周，以栏墙分隔天宫与下界，每个宫门内绘制一身天人。北凉时期为圆券形宫门，至北魏时期，出现圆券形与人字坡顶建筑规律地相间排列的宫门,并一直延续至隋代。

敦煌壁画中共有 728 身天宫伎乐,其中 237 件演奏乐器,491 身舞蹈。天宫伎乐图像的绘制与弥勒信仰密切相关。据南朝宋沮渠京声译《观弥勒菩萨上生兜率天经》记载,大神牢度跋提的额上出"五百亿珠",宝珠内化生"九亿天子、五百亿天女",天女手中"执众乐器,竞起歌舞"。敦煌壁画中的天宫伎乐表现的极有可能就是弥勒所居的兜率天宫中天人奏乐歌舞的场景,而洞窟角落中常见的额上出珠、形象怪诞的"大头像",所表现的即是大神牢度跋提。

(三)经变乐舞

经变乐舞是指大型向心式经变中绘制的礼佛乐舞组合,是敦煌壁画中数量最多、组合形式最丰富的乐舞图像类型,共有 306 铺经变绘制了经变乐舞,包含乐队 381 组、乐伎 2977 身、乐器 2766 件、舞伎 371 身。

我国佛教造像中的经变乐舞最早出现于麦积山西魏第 127 窟的西方净土变中,其舞伎居中、乐伎对称分列两侧奏乐的乐舞组合形式是经变乐舞的典范。初唐时期,这类图像出现在敦煌石窟的向心式经变中,历经盛唐、中唐时期的发展,逐步演变为包含多种伎乐类型、多个乐舞层次的大型乐舞图像组合。从伎乐类型来看,出现了童子伎乐以及独立的鸟乐舞组合。从舞蹈类型来看,涵盖了巾舞、袖舞、腰鼓舞、琵琶舞等多个舞种,乐舞类型的多样性与隋唐时期高度发达的宫廷燕乐有密切关联。从组合形式来看,既有乐与舞的组合,亦有纯乐队。多种类型的伎乐共同构成了层次丰富的经变乐舞组合。

敦煌壁画中的经变乐舞最初绘制于西方净土变、弥勒经变及药师经变中,中唐以降,随着禅宗的发展以及护国护世、报恩思想的流行,莫高窟壁画中的经变类型增多,净土变中习用的乐舞图式逐渐移植于新出的各类经变之中,如报恩经变、金光明最胜王经变、天请问经变、金刚经变、思益梵天问经变、密严经变等。

(四)不鼓自鸣乐器

不鼓自鸣乐器是指无需演奏而自然鸣响的乐器。这类乐器因天人福德果报或诸佛愿力而成，多出自天界或净土界。之所以不鼓自鸣，是出于唯心所造的原理，佛经中有"钟磬琴瑟箜篌乐器，不鼓自鸣皆作五音"的记载。

敦煌壁画中的不鼓自鸣乐器主要出现于向心式经变画、说法图及密教观音变等题材之中。首先，向心式经变画中的不鼓自鸣乐器数量最多，典型特征是不鼓自鸣乐器皆绑缚飘带，漂浮于虚空之中，所谓"悬处空中，不鼓自鸣"。这类经变以西方净土变为核心，不鼓自鸣乐器作为重要的乐舞元素，与迦陵频伽、乐伎、舞伎相结合，共同营造出净土世界殊胜的乐舞场景。其次，莫高窟第322窟阿弥陀说法图的乐器树中绘制了乐器，其性质亦属于"才起心时，其乐自鸣"的不鼓自鸣乐器。最后，榆林窟第3窟的两铺十一面千手观音变中，主尊两侧绘制了众多的不鼓自鸣乐器，是敦煌壁画中极具特色的乐舞图像。

（五）迦陵频伽、共命鸟

鸟音声是佛教自然音声的重要组成部分，其中以人首鸟身的迦陵频伽、共命鸟最具代表性。迦陵频伽又名"妙音鸟"，其主要职司是以歌唱宣流佛法或乐舞供养。据佛经记载，迦陵频伽的音声清妙和雅，"虽未出壳，其音已胜众鸟"，共命鸟与迦陵频伽的区别在于"人面禽形，一身两首"。

敦煌壁画中的迦陵频伽与共命鸟，最早的图像出现于初唐时期的西方净土变中，其艺术形象受到南亚、中亚，以及我国千秋万岁等人首鸟身图像的多重影响。唐五代时期，迦陵频伽与共命鸟的伎乐类型及组合形式逐渐发展完备。敦煌壁画中共有440身迦陵频伽（224身奏乐）、19身共命鸟（9身奏乐）。从乐舞类型来看，迦陵频伽与共命鸟包含奏乐、歌唱及舞蹈等类型。从乐舞图式来看，盛唐时期形成了由迦陵频伽、共命鸟和众多瑞禽构成的独立的鸟乐舞组合，以孔雀、迦陵频伽或共命鸟的舞蹈为中心，两侧对称分布奏乐的迦陵频伽或共命鸟，并常结合童子伎乐，形成独特的乐舞组合形式。

（六）化生伎乐

"化生"是佛教"四生"之一，指无所依托、凭借业力而生现者，有"树化生""花化生"

等类型，我国佛教造像中的化生以莲花化生为主。

十六国时期，莫高窟第272窟的窟顶已出现莲花化生图像，具有典型的西域风格。至北朝时期，中心柱窟的龛楣中绘制化生童子的图式开始流行，并逐渐发展出奏乐、舞蹈等多种类型，进而形成了独特的化生伎乐。初唐以降，龛楣中的化生图像退化，取而代之的是经变画及装饰图案中的化生伎乐，最具代表性的是莫高窟第148窟弥勒经变及榆林窟第12窟前室的化生伎乐。这类伎乐皆位于漂浮于空中的莲花台上，以三身一组为固定程式，中央一身舞蹈，两侧奏乐，表现天界或佛国化生的伎乐天人。

（七）菩萨伎乐

菩萨是指发愿上求佛道、下度众生的大乘行者。广义而言，众多经变画、壸门中的乐舞伎均可称为"菩萨伎乐"。本书为了区别不同题材中的伎乐类型，将密教经变以及其他题材不明或身份不明的菩萨伎乐归于此类，其中最重要的是密教金刚类菩萨伎乐。

密教的金刚类菩萨伎乐包含金刚界的"金刚歌""金刚舞"以及胎藏界的"金刚语""金刚爱"等菩萨。就其来源而言，是菩萨经灌顶之后被赐予密号而进入金刚界或胎藏界的。这类菩萨带有金刚属性，是双重神格的交汇体。

密教曼荼罗中八大菩萨供养图式的成熟，使金刚歌（金刚语）、金刚舞（金刚爱）菩萨成为密教壁画中最为重要的菩萨伎乐类型。这一图式自盛唐末期出现，至晚唐时期发展完备，广泛运用于各类密教观音变、千手千钵文殊变以及金刚界、胎藏界曼荼罗中。金刚舞菩萨的舞姿在历代均保持高度一致，金刚歌菩萨的乐器以凤首箜篌为要，自盛唐至晚唐时期，呈现出乐器类型逐渐多样、乐队编制逐渐扩大的发展趋势。

（八）文殊变、普贤变中的乐舞

释迦、文殊与普贤的图式组合习称"华严三圣"，是华严信仰最为推崇的造像组合。初唐时期，敦煌石窟形成了文殊变与普贤变对称性图像布局，乐舞图像成为文殊菩萨与普贤菩萨仪仗中的重要内容。中唐时期是文殊变、普贤变中乐舞图像发展的关键期，乐舞规模及类型都有所发展。莫高窟第159窟的普贤变与文殊变中分别绘制了长巾舞伎与反弹琵琶舞伎，使这两类经变中的伎乐由单纯的乐队发展为乐舞相加的形式。五代时期，榆林窟第35窟文殊变中的乐舞规模进一步扩大，出现了琵琶舞与细腰鼓舞的双人舞蹈组合。

（九）壸门伎乐

壸门伎乐是指壸门内绘制的乐舞伎，多位于洞窟四壁下缘或佛龛内。壸门伎乐在敦煌石窟中新兴于盛唐，至中唐普遍流行，最有特色的是佛龛内倒"凹"字型布局的壸门伎乐。南北壁壸门中的伎乐以乐伎为主，是西壁壸门中常见的舞伎图像。如第358、361窟等，西壁龛下的壸门伎乐形成了舞伎居中、乐伎分列两侧奏乐的惯式。

（十）药叉伎乐

药叉源自古印度的多神崇拜，是人格化的自然现象。药叉信仰在吠陀时代进入婆罗门教，继而为佛教所吸收，随佛教传入中国。药叉的功能与神王有一定的共性，具有护念佛塔，使其不令邪恶鬼神及外道邪见侵坏的功能。北魏时期，敦煌石窟的四壁及中心柱下缘出现横向排列的药叉图像，部分药叉手持乐器。在现存的500余身药叉中，可辨识的乐器至少有53件，奏乐的药叉具有伎乐性质。

（十一）世俗乐舞

世俗乐舞是指表现现实乐舞场景，以"人"为伎乐表演主体的乐舞，在敦煌壁画中绘制于供养人、出行图、故事画、经变画等题材中。

供养人的乐舞图像绘制于北凉至隋代的壁画中。出行图中的乐舞图像是对古代出行仪仗中卤簿用乐的真实记录，既包含鼓吹乐等仪式性的乐舞，又包含长袖舞、百戏等具有地方特色的乐舞种类，呈现出鲜明的时代风貌与地方特色。故事画中的世俗乐舞图像主要出现于佛传故事及本生故事中，以北周第290窟、五代第61窟的图像最具代表性。世俗乐舞图像的经变画包括弥勒经变（婚嫁乐舞）、法华经变（火宅喻）、药师经变（九横死）、涅槃经变（外道乐舞）、劳度叉斗圣变（比丘撞钟、外道击鼓）等。

（十二）雷公击鼓图

雷公是我国神话传说中主司雷雨的神祇。王充《论衡·雷虚篇》记曰："图画之工，图雷之状，累累如连鼓之形，又图一人，若力士之容，谓之雷公。使之左手引连鼓，右手椎之，若击鼓状。"

敦煌壁画中的雷公图像最早出现于西魏时期，与东王公、西王母、千秋万岁等中国传统神话题材一起出现，体现出道仙思想与佛教题材的融合。雷公的形象为兽首人身，臂上生羽，腾跃于连鼓（雷鼓）中央，呈击鼓之状。此外，雷公击鼓的形象还出现在观音经变、五台山图等众多壁画中。

（十三）金星

"金星"本为天文学名词。在印度教文献中，九曜中的金星（即太白星）掌管艺术与音乐，是王子或婆罗门形象。在汉文密教佛经中，《梵天火罗九曜》描述金星"形如女人，头戴首（酉）冠，白练衣弹弦"。《七曜攘灾决》记"金，其神是女人着黄衣。头戴鸡冠，手弹琵琶"。道教科仪《上清十一大曜灯仪》中谓金星"常御四弦之乐，旁观五德之禽"。金星的形象均是头戴鸡形冠、弹琵琶的女性形象。

敦煌壁画中，莫高窟第61窟甬道南北壁炽盛光佛身周画九曜，其中一身女性形象即金星。金星头戴宝冠，身着广袖汉服，北壁一身演奏四弦曲颈琵琶，南壁一身怀抱琵琶状包裹。

（十四）天王奏乐图

依据佛教的宇宙观念，须弥山腰的犍陀罗山有四峰，每峰各住一天王，其中东方天王名曰提头赖吒，又称为持国天王，佛经中有"东门中持国天王，白色二手持琵琶"的记载。

中唐时期，随着护国思想在敦煌地区的流行，天王信仰成为敦煌石窟中最常见的汉密壁画题材。敦煌石窟各类密教观音经变及曼荼罗常在四角绘四天王，部分绘制演奏琵琶的持国天王。五代至宋，窟顶四角绘制四天王的模式流行于莫高窟，天王奏乐图进一步发展为天王与从众共同奏乐的图式。

（十五）乐神乾闼婆

乾闼婆与紧那罗原是古印度神话中的神祇，后进入佛教天龙八部之中，成为主司音乐的"乐神"。敦煌壁画中有明确榜题的乾闼婆主要绘制于经变画及佛龛内的说法场景中。在众多的弥勒经变中，主尊两侧绘制天龙八部，表现八部鬼神"生于恶道，而常闻正法"。天龙八部是天地生灵中的猛禽、异兽及鬼神，壁画中除天部（四天王形象）、阿修罗和夜叉外，其余五部皆戴鸟兽造型的宝盔：龙王为龙、迦楼罗为金翅鸟、摩睺罗伽为蟒、歌神紧那罗为鹿、乐神乾闼婆为虎。在中唐时期弥勒经变中，常见头上装饰虎头的乾闼婆形象，手持四弦直项琵琶，以捍拨演奏。

（十六）劳度叉斗圣变中的乐舞

劳度叉斗圣变是依据《降魔变文》绘制的大型经变画，主要讲述佛家与外道斗法的故事。斗法之前，波斯匿王敕定规则："和尚（此处'和尚'指外道）得胜，击金鼓而下金筹；佛家若强，扣金钟而点尚字。"最终佛家获胜，外道溃不成军。

敦煌石窟中共有八铺劳度叉斗圣变绘制了乐舞图像，其图像布局大致相同，画面的左右两侧分别绘制"比丘撞钟"与"外道击鼓"，钟与鼓皆悬挂于木架之上，外道击鼓图普遍画作鼓破架散的形态，以突出外道的溃败。

（十七）华严海中乐器

《华严经》中有关伎乐的描述甚为丰富，但华严经变中的乐舞图像较为单一。中唐以降，华严经变已形成较为固定的图像模式，多绘制于洞窟北壁。经变上部画华严九会，下方正中莲花藏世界海中涌出一朵大莲花，两侧各画一人手托莲瓣，莲花之上绘制带状分布的莲花状云气纹，象征善财参拜普贤时看到的大千世界。云气纹中普遍绘制各类珍宝及器具，其中包含各类乐器。

（十八）金刚乐舞

莫高窟第465窟是敦煌石窟中唯一绘制无上瑜伽密图像的洞窟，曼荼罗的主尊包括大幻金刚、黑阎魔敌、上乐金刚、金刚亥母、喜金刚、上乐金刚系嘿噜嘎等，众多的主尊及其眷属手持金刚铃、鼗鼓等乐器类法器，本书将这类图像统一命名为"金刚乐舞"。

七、敦煌石窟壁画舞蹈形式

（一）胡旋舞

敦煌壁画中，最早在莫高窟第220窟南壁净土变中有完整表演胡旋舞的图像。这是一组完整展现胡旋舞演出的精彩场景，尽管只是舞蹈表演中的一个精彩瞬间，但是从图像中依然可以清晰地看到胡旋舞表演的盛况。莫高窟第220窟建造于初唐贞观十六年（公元642年），由此可以肯定，这里的胡旋舞乐舞图像是胡旋舞最早传入中原之后的真实表现。

此经变乐舞中共有乐舞伎18身。其中舞伎2身居中，手持长巾，脚下各有小圆毯，是典型的胡旋舞表演特征。乐伎有16身，分列两侧，左侧三排，右侧四排。乐伎所持乐器如下：

左侧第一排：筝、笙、四弦直颈琵琶；

左侧第二排：方响、竖箜篌、竖笛；

左侧第三排：排箫、1件模糊；

右侧第一排：羯鼓（两杖击）、细腰鼓、鸡娄鼓；

右侧第二排：横笛；

右侧第三排：答腊鼓、竖笛、埙；

右侧第四排：排箫。

如此大的乐队伴奏，可见当时胡旋舞流行的盛况。

胡旋舞是古代西域康国的乐舞，白居易《胡旋女》："胡旋女，出康居。"随着丝绸之路畅通，西域各国的乐舞也传入中原。至于胡旋舞究竟何时传入中原，目前没有明确定论，各说不同。从《隋书·音乐志》记载，隋代的九部乐中已经有了康国伎，这说明隋代胡旋舞已经在朝廷中流行。据此推断，胡旋舞的传入最晚也在北周时期。

从敦煌壁画中看，初唐壁画中的经变乐舞图像中表演的基本都是胡旋舞，有双人舞，也有独舞。胡旋舞的表演主要以旋转为主，表演时脚下有一小圆毯，以脚跟为支撑点，急速旋转，风驰电掣，展现了演员高超的技能。

胡旋舞在当时的长安朝野上下风靡一时，白居易的《胡旋女》把当时胡旋舞的盛况描写得淋漓尽致：

胡旋女，胡旋女，心应弦，手应鼓。
弦鼓一声双袖举，回雪飘飖转蓬舞。
左旋右转不知疲，千匝万周无已时。
人间物类无可比，奔车轮缓旋风迟。
曲终再拜谢天子，天子为之微启齿。
胡旋女，出康居，徒劳东来万里余。
中原自有胡旋者，斗妙争能尔不如。
天宝季年时欲变，臣妾人人学圜转。
中有太真外禄山，二人最道能胡旋。
梨花园中册作妃，金鸡障下养为儿。
禄山胡旋迷君眼，兵过黄河疑未反。
贵妃胡旋惑君心，死弃马嵬念更深。
从兹地轴天维转，五十年来制不禁。
胡旋女，莫空舞，数唱此歌悟明主。

每个时代有每个时代的艺术特色。就敦煌壁画中的舞蹈形式看，初唐几乎是清一色的胡旋舞风格，中唐以后胡旋舞的形式逐渐减少，代之兴起的是琵琶舞、长巾舞以及腰鼓舞。这个现象非常独特，从流传至今的唐诗中可以看出，盛唐时期唐长安胡旋舞依然风靡一时，这与敦煌壁画中所表现的情形是大不一样的。敦煌地处丝绸之路最西端，各种文化首传之地便是敦煌，敦煌成为丝绸之路上最先接受外来文化的门户。所以，当长安还在广泛流行胡旋舞的盛唐时期，敦煌壁画中胡旋舞已然淡出。

（二）胡腾舞

最初流行于石国（今乌兹别克斯坦塔什干一带）。舞蹈表演者多以男子独舞为主，头戴尖顶胡帽，帽上有珠，装饰华丽，闪亮生光，身穿窄袖胡衫，前后上卷，保持了西域少数民族的装饰特征。传入中原以后，这种舞蹈又有了很大改进。尤其是在宫廷表演的胡腾舞，无论是服装头饰，还是舞蹈动作，都在保持原有舞蹈风格的基础上有所创新。中原地区华美的丝绸织品使西域舞蹈变得更加绚丽多姿，从壁画中的舞蹈姿态和华美服饰中，可以深刻地感受到这种变化。

胡腾舞的舞步以腾踏跳跃为显著特点，节奏急促、情绪热烈。唐代诗人刘言史《王中丞宅夜观舞胡腾》中云："石国胡儿人见少，蹲舞尊前急如鸟。织成蕃帽虚顶尖，细氎胡衫双袖小。手中抛下蒲萄盏，西顾忽思乡路远。跳身转毂宝带鸣，弄脚缤纷锦靴软。四座无言皆瞪目，横笛琵琶遍头促。乱腾新毯雪朱毛，傍拂轻花下红烛。酒阑舞罢丝管绝，木槿花西见残月。"

莫高窟第159窟经变乐舞中的双人带舞，其表现形式与前者有着明显不同。从表演者的动态和神态表现中可以清晰地看到人们激情奔流、神采飞扬、腾踏跳跃，具有非常强烈的表演意识。由于画家技艺高超、构图新颖，将两个舞伎的瞬间动态感描绘得淋漓尽致、惟妙惟肖。从两舞伎的姿态中也可以深刻地感受到，人们随着节奏明快的音乐，手持蓝、绿两种颜色的长带翩翩起舞，潇洒飘逸。

莫高窟第217窟经变中的舞蹈形式与159窟中的舞蹈形式如出一辙，在表演姿态和舞蹈律动节奏上都有相似之处。从壁画中可以看出，舞伎手中的长带为上下反卷，展示的舞蹈动作以上下腾跳为主。这种舞蹈形式在唐代特别流行，是风靡一时的胡腾舞的定格和缩影。

胡腾舞最初是西域少数民族中的一种舞蹈形式，其特点是热烈欢快，豪迈奔放。这种舞蹈形式传入中原后在民间深受欢迎，在威严的皇宫中也颇为流行，朝野内外竞相学演。由于胡腾舞是由西向东传入的，故在敦煌以及凉州等地都非常流行，还出现了不少技艺高超的艺人，他们除了在当地表演外还去中原献艺。唐代诗人李端的《胡腾儿》中云:"胡腾身是凉州儿,肌肤如玉鼻如锥。桐布轻衫前后卷,葡萄长带一边垂。帐前跪作本音语,拾襟搅袖为君舞。安西旧牧收泪看,洛下词人抄曲与。扬眉动目踏花毡,红汗交流珠帽偏。醉却东倾又西倒,双靴柔弱满灯前。环行急蹴皆应节,反手叉腰如却月。丝桐忽奏一曲终,呜呜画角城头发。"诗句中"葡萄长带一边垂""跳身转毂宝带鸣"(刘言史《王中丞宅夜观舞胡腾》)的描述,都与壁画中的舞蹈姿态非常相近,莫高窟第159、217窟中的舞蹈长带卷曲,正是"葡萄长带一边垂"的真实写照。

据文献记载,胡腾舞多以男性表演为主,但在壁画中所看到的实际情况,不仅有男性表演,而且也有男女同时表演的胡腾舞,例如莫高窟第217窟的舞蹈。

(三)长巾舞

所谓的长巾舞就是以长巾(带)为道具表演的舞蹈,现在亦称"长绸舞""带舞",是敦煌壁画中最常见的一种舞蹈形式。长巾舞的历史非常久远,汉代的画像砖上就已经出现舞长巾的舞姿。唐代时期壁画中的带舞千姿百态,精彩纷呈,有单人表演的长巾舞,也有双人、多人表演的长巾舞。长巾舞的姿态也是变化多端,有的为旋转式,有的为腾跳式,也有的为轻挑慢转舒缓式,把长巾以魔幻般的手法表演得出神入化。

莫高窟第201窟经变乐舞中的舞蹈,是比较典型的单人表演的带舞形式。从图中可以看出,舞伎手持长带翩翩起舞、轻挑慢转、抒情优美。带舞一般擅长于表演节奏明快、气氛热烈的舞蹈,节奏舒缓、柔美抒情的舞蹈形式比较少。

带舞表演一般都是手持长带而舞,头手并用的形式较为少见。晚唐壁画中曾出现过这种形式,舞者不仅头上系着长带,而且手中也持有长带。可以看出,头上的长带左右摆动,而手中的长带却是上下摆动,其表演难度之大可想而知,充分显示了极为高超的表演技巧。此外,舞者一般在地毯上表演,而这一舞者却站在一个圆形莲台上表演,其形式别具一格,令人耳目一新,是壁画中少有的一种表演形式。

莫高窟第361窟经变乐舞中是两个人表演的双人带舞,两个舞伎手持长带、左右相对、缓缓起舞。从舞伎的表演姿态中可以看出,她们所表演的舞蹈,节奏舒缓轻盈、柔美抒情。尤为明显的是两个舞伎的服饰以及舞蹈动作完全对称,无论手式、脚式都是完全协调统一的,充分体现了带舞表演中追求对称的美学思想。

  这种节奏舒缓、姿态优美的舞蹈擅于表达人物内心的思想情感，具有很强的艺术感染力，在形式上与唐代时期流行一时的柘枝舞有着千丝万缕的联系。柘枝舞出自西域的石国。石国又名柘枝，也称柘羯。舞蹈传入中原后备受欢迎，还出现了以舞柘枝为业的艺人。白居易的《柘枝伎》诗云："平铺一合锦筵开，连击三声画鼓催……帽转金铃雪面回。看即曲终留不住，云飘雨送向阳台。"从这首唐诗中可知在舞伎出场之前，首先要击鼓三声以示提示，舞伎的突出动作仍然是旋转。张祜的《周员外出双舞柘枝妓》诗："画鼓拖环锦臂攘，小娥双换舞衣裳。金丝蹙雾红衫薄，银蔓垂花紫带长。鸾影乍回头并举，凤声初歇翅齐张。一时欻腕招残拍，斜敛轻身拜玉郎。"从这些诗句中可以了解到，当时的柘枝舞表演有单人舞，也有双人舞，舞蹈姿态柔美婉约、含蓄深情，舞伎在表演时手持长带，正如诗中所云"银蔓垂花紫带长"。

（四）腰鼓舞

  腰鼓舞是从西域传入的一种舞蹈形式。西域的腰鼓舞是一种细腰腰鼓，而中国传统的腰鼓是橄榄形的腰鼓，中间微粗，两头小，二者有明显不同。古代腰鼓也并未消失，如朝鲜族流行至今的长鼓舞就是古代腰鼓舞的遗存。

  腰鼓舞是以鼓为道具表演的舞蹈。鼓的用途广泛，不仅可以单独使用，而且在乐队中具有重要的作用，是一件个性突出，极具震撼力的乐器。除此之外，鼓又是一件形声兼备的道具和乐器，在古代舞蹈表演中，既可实际演奏，也可用于表演。因此，自古至今鼓舞都是一种富有表现力的舞蹈形式且久传不衰。莫高窟第98窟经变乐舞中的鼓舞是比较典型的腰鼓舞。舞蹈者在其胸前挎一个细腰鼓，一边舞蹈，一边用两手拍打鼓的两头，舞蹈者击打腰鼓的节奏与乐队伴奏的节奏是完全统一合拍的。

  壁画中的鼓舞形式多种多样，鼓的大小、长短和种类也有所不同。有的舞蹈使用毛员鼓，体形比较大；有的是细腰鼓，体形比较小；个别舞蹈中还有其他不同形制的鼓。据文献记载，小者谓之腰鼓，而大者则谓之毛员鼓，两种鼓的形制非常相似，很容易混淆，尤其在壁画中则更加难以区别，要依据人体与鼓的比例大小而判定。如莫高窟第108窟腰鼓舞中的腰鼓，与第98窟腰鼓舞中的腰鼓相比，显然是一个大一个小，形制上也略有变化。壁画中所看到的鼓舞，使用最多的是细腰鼓。由于细腰鼓的形制别致，体积小巧，加之适宜与人体结合，便于舞蹈者随心所欲地表演，所以舞蹈者首选这种形制的鼓。

腰鼓舞的发展经历了一个相当长的历史过程。古代的腰鼓舞都是在舞台上表演，而现在的腰鼓舞既可以在舞台上表演，也可以在更大范围的露天场所表演，还逐步发展成为一种大型集体表演形式，载歌载舞、红火热烈，是人们喜闻乐见的一种民间社火形式。

（五）琵琶舞

琵琶舞是一种以琵琶为道具表演的舞蹈形式。该形式始见于莫高窟第251窟的天宫伎乐中，是北魏时期（公元439~534年）的绘画作品。图中的三身天宫伎乐姿态各异，尤其是怀抱梨形曲颈琵琶的乐伎，左手按弦，右手弹奏，右臂抬得很高，姿态夸张，肩上的长巾随着扭动的身躯而飞动，表现了一种载歌载舞的形态。这是随着佛教东渐而传入的西域风格的伎乐形式。图中天宫乐伎怀抱琵琶扭动身躯，边舞边奏的姿态或许就是琵琶舞最早的雏形。

由于敦煌壁画中的反弹琵琶舞姿，人们习惯称它"反弹琵琶舞"。然而，反弹琵琶并不是一个舞蹈种类，而是舞者最唯美的一个表演姿态。反弹琵琶舞姿的出现是在琵琶舞基础上逐步发展而来的，最先以琵琶为道具载歌载舞、腾踏跳跃，后来发展为舞蹈表演形式，且在表演上花样翻新，反弹琵琶的姿态应运而生。

反弹琵琶的姿态最早出现在莫高窟第329窟初唐壁画中。飞天将琵琶置于背后，左手持琴，右手持拨弹奏。这一反弹琵琶的飞天图像开创了舞蹈的新天地。反弹琵琶以完整的乐舞表演形式出现，是在莫高窟盛唐第217窟北壁的大型经变乐舞中，由此迎来琵琶舞表演的新纪元。莫高窟第172窟南壁下画经变乐舞1组，共画乐舞伎18身。舞伎2身居中，1身击细腰鼓、1身反弹琵琶；乐伎16身，对称分列两侧。乐伎所持乐器如下：

左侧前排：答腊鼓、细腰鼓、毂鼓与鸡娄鼓、羯鼓；

左侧后排：义觜笛、竖笛、拍板、排箫；

右侧前排：筝、琵琶、阮、竖箜篌；

右侧后排：拍板、竖笛、筚篥、笙。

这是敦煌壁画中最早完整展现反弹琵琶舞姿的图像，这组乐舞中有两个舞伎，一个腰间挎细腰鼓，一个持琵琶于背后反弹。从画面中可以看出，在乐队尽情伴奏下，两舞伎对应而舞，动作热烈、奔放豪迈，富有强烈动感，充分展现出反弹琵琶与腰鼓舞组合表演的无限魅力。

敦煌石窟中的反弹琵琶舞姿图像共有51处，自盛唐出现以后，历经中唐、晚唐、五代一直延续到了宋代。琵琶舞能够流传如此长的时间，足以证明人们对这种舞蹈的喜爱。敦煌壁画中的反弹琵琶舞姿在每个时代都有代表性的图像，如盛唐最具代表性的是莫高窟第172窟中的反弹琵琶舞姿，中唐的第112窟、晚唐的第156窟、五代的第98窟、宋代的第55窟。其中莫高窟第112窟中的反弹琵琶舞姿，堪称反弹琵琶舞姿的经典之作。

反弹琵琶的舞姿不仅出现在敦煌壁画之中，还有唐长安贞顺皇后（武惠妃）石椁上的两个反弹琵琶舞姿，西藏拉萨大昭寺兽头银鎏金壶上的两个反弹琵琶舞姿，以及绍兴古艺术博物馆画像砖上的两个反弹琵琶舞姿。其出现的时间各有不同，其中唐长安贞顺皇后（武惠妃）石椁上的两个反弹琵琶舞姿与敦煌壁画反弹琵琶舞姿大致出现于相同年代，而西藏拉萨大昭寺兽头银鎏金壶上的两个反弹琵琶舞姿大约在中唐晚期，绍兴古艺术博物馆画像砖上的两个反弹琵琶舞姿则属晚唐时期的作品。

敦煌壁画中出现的反弹琵琶舞姿年代最早、数量最多，而且形式多样，表演场景完整，充分展现了反弹琵琶在敦煌流行的盛况，且流传后世长达几百年。这种表演形式在其他地方极为少见，尤其在唐代宫廷中以及唐人的诗句中未见只言片语的记载，这是一个留待考证的问题。

反弹琵琶的舞姿具有唐代风靡一时的"胡旋舞"和"胡腾舞"形态特点，而绍兴古艺术博物馆画像砖上的反弹琵琶舞伎是在小莲花台上跳舞，也有明显的"胡旋舞"风格。隋唐时期的九部乐和十部乐中，多为吸收外来尤其是西域诸地乐舞而形成的。当时朝廷内外胡风盛行，竞相观看，也不同程度地融入了中原汉文化的元素，使其更加完美并适应当时的演出需求。这是唐乐舞兼收并蓄、海纳百川、融合交流、创新发展，达到历史最高峰的重要原因。反弹琵琶舞姿是在广泛吸收外来乐舞精华基础上，创作出独树一帜的舞台表演形式，成为琵琶舞最为靓丽的舞蹈姿态。这一舞蹈形式不仅在汉民族地区传播，也受到少数民族的喜爱。出现在唐长安贞顺皇后石椁和拉萨大昭寺吐蕃银壶上的反弹琵琶舞姿，是胡人表演唐乐舞的典型例证。

怀抱琵琶载歌载舞的形式最早始于西域，敦煌早期壁画中天宫伎乐和药叉伎乐中已有显现，但作为一种舞台艺术表演形式的琵琶舞，是唐代乐舞艺术创新发展的具体体现，尤其是美轮美奂的反弹琵琶舞姿代表着唐代乐舞艺术达到了精美绝伦的程度。由于琵琶舞在当时的敦煌及河西一带流传甚广，所以在敦煌壁画中出现了相当数量的反弹琵琶舞姿。胡人表演反弹琵琶舞只是一种直观表象，并不能代表它的民族属性，更不能以此作为反弹琵琶舞姿从西域传入的依据。

反弹琵琶毫无疑义是一种舞蹈表演形式，通过敦煌壁画中的表演形式即可一目了然，乐伎和舞伎的位置非常明确。琵琶舞在表演中既有正弹也有反弹，多姿多彩，尽显舞姿之婀娜，并非展示演奏技艺之高。唐代时期的琵琶为四弦四相而无品，音域非常有限，弹奏过程中不用换把位。敦煌二十五首古谱共为二十个谱字，充分证明了当时琵琶的律制及音域。因此，以莫高窟第112窟反弹琵琶的姿态为例，如果出于特技表演的话，确实是可以边舞边弹奏的，就像现在舞台表演中有将小提琴置于腰间及背后演奏的，但只能看作是一种技巧性的表演，而不是真正意义上的演奏。反弹琵琶舞姿意在展示舞姿之绝妙，而并非表现演奏技法之高超。

八、敦煌石窟壁画乐器概述

敦煌石窟中共有276个洞窟绘制了乐器图像，乐器类型多达50余种，共计7000余件，其中既包含中原传统乐器，如琴、筝、鼗鼓、排箫等；又有经丝绸之路传入的西域乐器，如海螺、琵琶、答腊鼓等；也有西北少数民族地区的乐器，如角等，还包含已失传的凤首箜篌、花瓣形阮等乐器。

对壁画中的乐器图像进行系统分类，是乐器图像研究的基础。基于乐器材质、制作工艺、发声原理、演奏方式的多样性，中外音乐发展历程中形成了多种分类方法，依据其历史沿革可分为两类：一是各民族历史中惯用的分类法，也称"传统分类法"；二是以物理声学原理为依据的现代分类法，也称"逻辑分类法"。传统分类法主要有：一、我国古代的"八音"分类法，依据制作材料的不同，将乐器分为"金、石、土、木、革、丝、匏、竹"八类。二、依照乐器的演奏方式，分为"吹奏乐器""拉弦乐器""弹拨乐器""打击乐器"的四分法。三、印度的二分类法（弦乐器、气乐器），五分类法（单皮乐器、双皮乐器、前皮乐器、打击乐器和气乐器），四分类法（皮乐器、弦乐器、金属打击乐器、气乐器）。四、阿拉伯的二分类法（固体乐器，指打击、弹拨、擦奏乐器；空体乐器，指吹奏乐器）。五、欧洲的三分类法（管乐器、弦乐器、打击乐器）。现代分类法将所有乐器归纳为四大类：体鸣乐器、膜鸣乐器、气鸣乐器、弦鸣乐器。本书采用"吹、拉、弹、打"的四分法，分别对57种乐器进行统计，现择其要者概述如下：

（一）吹奏乐器

1. 横笛

古代横吹之管乐器，即今日吹奏的笛子。横笛多以竹制，也有以骨、石、玉、木等为材质的，笛的管体开吹气口、按音孔（五至八孔不等），有大、小之分。《太平御览》引《史记》记载："黄帝使伶伦伐竹于昆溪，斩而作笛，吹之作凤鸣。"汉代称"横吹"，陈旸《乐书》叫"七星管"。敦煌石窟中的横笛图像始见于北凉，延续至宋元，数量达756支，为最多的吹奏乐器。

此外，敦煌壁画中绘制了众多形制特殊的横吹笛，其中吹口之下带有一小勾者，称作"勾笛"或"义觜笛"，这类横笛未见于史籍记载，名称亦无定论，敦煌石窟中绘有100件。另有笛首装饰龙首或凤首者，称为"龙首笛"或"凤首笛"。《元史·礼乐志》云："龙笛，制如笛，七孔，横吹之，管首制龙头，衔同心结带。"龙笛和凤笛象征着中华民族文化中龙与凤的意韵。

2. 竖笛

古代竖吹之管乐器。又名"竖吹""单管""中管""洞箫"等，今称之为"箫"。其历史可追溯至距今约9000年的河南舞阳出土的七孔"贾湖骨笛"。东汉马融《长笛赋》云："近世双笛从羌起，羌人伐竹未及已。龙鸣水中不见己，截竹吹之声相似。剡其上孔通洞之，裁以当簻便易持。易京君明识音律，故本四孔加以一。君明所加孔后出，是谓商声五音毕。"即指竖笛。竖笛多以单根竹管制成，管身略长，上端留有竹节，下端和管内去空，吹口位于上端边沿，管体上开五至六音孔，下开一音孔。竖笛图像在敦煌石窟中始见于北朝，延续至宋元，数量多达544件。与横笛相对，二者是同时出现的姊妹乐器，也是出现最多的乐器之一。敦煌石窟中另有一种乐器——尺八（因其身长为一尺八寸而得名），共绘有4件，亦属于竖吹的管乐器，它与洞箫略有不同（吹口内切与外切之分和管径的粗细关系）。宋陈旸《乐书》载："羌笛为五孔，谓之尺八管，或谓之竖篴，或谓之中管，尺八其长数也。"虽"尺八"之名称始见于唐，然敦煌壁画上出现的图像则更早，典型代表为敦煌莫高窟北魏第254窟的尺八。

3. 筚篥

古代哨管之吹奏乐器。也称"觱篥""悲篥"或"笳管"，由"胡笳"演变而来，以笳（哨子）为首，以竹或木管为身，由两部分组成。白居易《小童薛阳陶吹筚篥歌》："剪削干芦插寒竹。"宋陈旸《乐书》曰："以竹为管，以芦为首。"《元史·礼乐志》载："宴乐之器，头管，制以竹为管，卷芦叶为首，窍七。"后来则以木为管，以芦为哨，管体较短，也就是今天北方流行的管子。隋唐九、十部乐中应用颇广，有大筚篥、小筚篥、双筚篥、桃皮筚篥等形制，音色较低沉、幽咽，表现力丰富，极具特色。敦煌壁画中，筚篥最早出现在北朝洞窟中，共绘制321件。

4. 排箫

古代编管之吹奏乐器，亦称"籁""云箫""参差""比竹"或"凤翼"等。排箫多为竹制，由多个小竹管依音高次序排列，并镶以木框或以篾固定。排箫有无底、封底两种类型，分别称为"洞箫"与"底箫"。洞箫的音管长度参差不齐，呈鸟翼状（参差不齐），或呈燕尾状（两边长，中间短）。底箫的音管等长，呈矩形，通过音管中灌蜡的方法改变音高。排箫的大小各不相同，名称亦不一，其吹口位于上端，每管发一音。《尔雅·释乐》云："大箫谓之言，小者谓之筊。"据《礼记·月令》载，排箫"编二十二管，长尺四寸"。敦煌壁画中的排箫图像自北朝时期延续至宋元，共计486件，仅见凤翼形和矩形。莫高窟中唐第154窟报恩经变乐队中的大排箫为凤翼形，多达20余管。初唐第220窟药师经变中的排箫为矩形。

5. 笙、竽

古代簧管类吹奏乐器，二者形制接近，均为嵌簧片之竹管（苗）插入去空之葫芦（斗）之中，借助鹅颈形弯管（嘴）吹气出声。葫芦称为匏瓜，《周礼》八音之匏，即笙竽之音，象征春天的意兴，为立春之音，同为雅乐用器。《旧唐书》载："今之竽、笙，并以木代匏而漆之。"说明唐以后的"斗"将以木代匏，更加牢固。汉许慎《说文解字》曰："笙，十三簧，象凤之身也。"《吕氏春秋·仲夏纪》有注："竽，笙之大也。"三国魏张揖《广雅·释乐》载："竽，象笙，三十六管。"

说清了二者大小不等之关系，竽较之笙而稍大，区别在于宫管位置和管簧多少。笙竽在乐队中的地位是"竽也者，五声之长也，故竽先则钟瑟皆随，竽唱则诸乐皆和"。唐九部乐、十部乐中广泛采用这类乐器。敦煌壁画上笙竽自北朝始，早期在天宫伎乐、飞天伎乐的图像中写意性较强，唐以后多用于乐队之中，较为写实。敦煌石窟中绘制了相当数量的笙竽图像，多达 526 件。

6. 埙

埙是我国最古老的胴腔类吹奏乐器，由陶土烧制而成。其形状、大小及音孔数量不一，大至鹅蛋，小似核桃，有卵形、鱼形等多种形状。诚如《尔雅·释乐》所云："埙，烧土为之，大如鹅子，锐上平底，形如秤锤，六孔。小者如鸡子。"埙的上端正中凸处开一吹口，身开一至七个音孔不等，音色低沉悠咽。唐郑希稷《埙赋》曰："至哉埙之自然，以雅不僭，居中不偏。故质厚之德，圣人贵焉。于是挫烦淫，戒浮薄。"阐释了埙的特征、品质以及功用。传说周人暴氏（辛公）制埙有雅、颂两种。雅埙大小如雁卵，声音浑厚低沉，用于雅乐，即用于宫廷宴享与朝会；颂埙大小如鸡蛋，音色高且清远，用于颂乐，即为宗庙祭祀、歌颂祖业所用。敦煌石窟壁画中埙的数量较少，仅 7 件，最早出现于莫高窟北魏第 254 窟的天宫伎乐图像中，继而绘制于初唐第 220 窟以及榆林窟西夏第 3 窟的乐队之中。

7. 贝

胴腔类气鸣乐器，又称"法螺""大蠡""梵贝"等。贝即螺壳，螺体呈螺旋状，在顶部钻孔吹奏，其声音宏响，但发音单一，在旋律演奏方面性能较弱。螺贝兼具三重功能：一作乐器，可用于独奏或乐队之中；二作法器，其声远闻，以比喻佛之说法广被大众，贝螺声震宏响，表示法力无边，雄猛降魔，四生众生，闻螺声者，可灭诸罪障；三作供器，是对佛的供奉礼品。鸠摩罗什译《妙法莲华经》卷一云："吹大法螺""若使人作乐，击鼓吹角贝，箫笛琴箜篌，琵琶铙铜钹，如是众妙音，尽持以供养"，在此当作乐器。据宋陈旸《乐书·胡部》载，唐贞观年间"有骠国王子献乐器，躬总乐工，凡一十二曲，皆演释氏经，吹蠡击鼓"。《旧唐书·音乐志二》载："贝，蠡也。容可数升，并吹之以节乐，亦出南蛮。"《文献通考·乐考十二》："今之梵乐用之，以和铜钹。释氏所谓法螺，赤土国吹螺以迎隋使是也。"敦煌壁画中的螺贝始见于北凉，沿用至宋元时期，共绘有 101 件。显教壁画中的贝多由天宫伎乐、飞天或乐队中的乐伎演奏，突出其乐器功能，密教壁画中的贝更突出其法器或供器的功能，由千手观音手持或由菩萨作为供品供养。

8. 角、铜角

角是以兽角、竹木或金属等材料制成的吹奏乐器，多见牛、羊角。东晋秘书监徐广《车服仪制》云："角，前世书记所不载，或云本出羌胡，吹以惊中国马。"可知角出自羌胡，其最初的功能并非奏乐。角在汉魏时多用于卤簿及军乐仪仗中。宋陈旸《乐书》说："革角，长五尺，形如竹筒，本细末大，唐卤簿及军中用之，或以竹木、或以皮。"《旧唐书·音乐志》中有铜角的记载："西戎有吹金者，铜角是也，长二尺，形如牛角。"宋陈旸《乐书》又载："铜角，高昌之乐器也，形如牛角。"敦煌石窟壁画中的 24 件角形态各异，所属的壁画题材体现出多样性。在莫高窟最早开凿的北凉第 275 窟的供养人图像中，已出现排列于队列最前端演奏角的图像，弯角呈喇叭形，上绘图案，其材料并非兽角，疑为竹、木等。北朝壁画中的角普遍形制较小，绘制于天宫伎乐或药叉伎乐图像中，如莫高窟北魏第 431、435 窟等。此后角逐渐消失，直至晚唐时期又出现于出行仪仗中，如莫高窟第 156 窟张议潮统军出行图，角的器形较大，有刻绘之图案。铜角在敦煌壁画中出现较晚，集中于西夏时期，如肃北五个庙石窟第 3 窟的劳度叉斗圣变、第 4 窟的净土变以及榆林窟第 10 窟的不鼓自鸣乐器。

（二）弹拨乐器

1. 琵琶

古老的弹拨弦鸣乐器。又称"枇杷"，史料始见于汉代刘熙《释名·释乐器》："枇杷本出于胡中，马上所鼓也。推手前曰枇，引手却曰杷，象其鼓时，因以为名也。"琵琶自波斯经西域传入我国，其结构包含头部的琴头、弦槽、琴轴，颈部的山口、相、琴颈以及共鸣箱上的品、覆手、琴弦、面板（凤眼、捍拨）等，附件有捍拨。琵琶的共鸣箱形态多样，可见梨形、吊胆形、细腰形等，演奏时有竖、横抱法，用捍拨或手指弹奏。敦煌壁画中最早出现的琵琶图像位于莫高窟十六国晚期第 275 窟，为曲项四弦琵琶，共鸣箱稍大而略圆，面板上的发音孔呈圆形，此后琵琶的音孔均为凤眼。敦煌壁画中共绘制了 1139 幅琵琶图像，是出现最多的乐器之一，也是表现力最丰富、最具特色的乐器之一，其中可确认为四弦者共 276 件。

2. 五弦

弹拨弦鸣乐器。也称作"五弦琵琶"。《旧唐书·音乐志》云:"五弦琵琶,稍小,盖北国所出。"敦煌壁画上直项、曲项皆有,其演奏方法、用途与四弦琵琶基本相同。五弦与四弦琵琶同时出现在敦煌壁画上,为姊妹乐器,弦数可辨识者共44件。汉魏时,五弦自印度经丝绸之路传入我国。南北朝至隋唐,五弦琵琶盛传不衰,是隋唐九、十部乐中西凉、龟兹、天竺、疏勒、安国和高丽诸乐的主要乐器,宋以后使用较少。张祜的《王家五弦》中云:"五条弦出万端情,撚拨间关漫态生。唯羡风流田太守,小金铃子耳边鸣。"韦应物的《五弦行》中也有"美人为我弹五弦,尘埃忽静心悄然"的诗句。

3. 忽雷

忽雷,古代又称"胡琴"或"二弦",是由琵琶演变而来的拨弦乐器,《文献通考》称其为"忽雷琵琶"。《辞海》称其形制为:"颈长身细,无品;张二弦,形似琵琶。有大忽雷、小忽雷两种"。唐代宫廷、民间忽雷的应用较为广泛。故宫博物院藏有唐代韩滉所制的忽雷。敦煌石窟中的忽雷图像出现较晚,且数量较少,仅绘3件,分别是敦煌莫高窟五代第108窟弥勒经变中的不鼓自鸣乐器、宋绘第170窟前室菩萨演奏的忽雷和榆林窟五代第12窟北壁的不鼓自鸣乐器。敦煌壁画中忽雷的形制均为二弦、直颈。

4. 细腰琵琶

弹拨弦鸣乐器。由琵琶演变而来,因其共鸣箱为细腰状,形似葫芦而得名。这一乐器在史料中未见记载,其他石窟也无描绘,更无实物出土,是敦煌壁画中特有的且数量较少的乐器之一,仅绘6件。细腰琵琶的形制有五弦直项、四弦直项等类型,前者如莫高窟隋代第262窟西壁菩萨演奏的细腰琵琶,乐器腰部刻绘"S"形装饰,后者如初唐第322窟藻井内飞天所持的细腰琵琶,以捍拨弹奏。

5. 阮

弹拨弦乐器,亦称"阮咸",因晋代"竹林七贤"之阮咸善弹此乐器而得名,宋以后简称"阮",太宗时将四弦阮增至五弦,称为"五弦阮"。阮由旧时秦琵琶、汉琵琶演变而来,乐器构造包含琴头、琴颈、琴身、弦轴、山口、琴品、琴码、覆手和琴弦等部分。西晋傅玄《琵琶赋》载："今观其器，中虚外实，天地之象也；盘圆柄直，阴阳之序也；柱十有二，配律吕也；四弦，法四时也。"唐时"清商乐""西凉乐"里均配置阮咸。值得注意的是，敦煌壁画中的阮皆用手演奏，未见拨奏。古人不叫阮的演奏为"弹"或"拨"，而称之为"摘阮"，应与阮的演奏方式有关。北宋黄庭坚有《听宋宗儒摘阮歌》，南宋刘过有"却将江上风涛手，来听纱窗侧阮声"之句。敦煌石窟中阮的图像始自北朝，以后历代均有描绘。典型代表为莫高窟西魏第285窟、中唐第112窟等。壁画上的阮有大有小，有长有短，绘有83件之多。另有一种特殊的阮——"莲花阮"，其特点为共鸣箱呈花瓣形，琴头为四项琵琶式样，曲颈，五相，五弦五轸。敦煌石窟仅见于莫高窟初唐第220窟和盛唐第217窟，是敦煌壁画上特有的乐器，既有阮的特点，又保留了琵琶的某些特征。

6. 箜篌

古代弹拨弦乐器，是卧箜篌、弓形箜篌、竖箜篌和凤首箜篌的统称。卧箜篌与琴瑟相似，最初名曰"坎侯"或"空侯"，其形制为木制长方形，通体音箱，面板嵌有固定音柱十余个，四至七弦不等，平置演奏，左手按弦，右手擘弦。唐代杜佑《通典》载："旧说一依琴制。今按其形，似瑟而小，七弦，用拨弹之，如琵琶也。"到了唐代有大小之分。陈旸《乐书》云："旧说皆如琴制，唐制似瑟而小，其弦有七，用木拨弹之，以合二变，故燕乐有大箜篌、小箜篌。"《史记·封禅书》："于是塞南越，祷祠太一、后土，始用乐舞，益召歌儿，作二十五弦及箜篌瑟自此起。"说的就是一种属于琴瑟类的卧箜篌。六朝末，为区别经西域传入的弓形箜篌，将此类箜篌称为卧箜篌。汉、魏时曾用于祭祀雅乐，至南北朝时已广泛流行民间，后传至朝鲜、日本。卧箜篌曾用于隋唐的高丽乐中，以后在我国日渐销迹，至宋代后失传。弓形箜篌为皮腔杆弓式，形似系上弦的弯月。龟兹壁画中众多"梵天劝请，般遮鼓琴"的图像中，乾闼婆演奏的乐器即是弓形箜篌，佛经中记作"琉璃琴"。

竖箜篌源出于波斯，约在二世纪经西域传入我国。《通典》记载："竖箜篌，胡乐也，汉灵帝好之，体曲而长，二十二弦，竖抱于怀中，而两手齐奏，俗谓擘箜篌。"隋唐九部乐、十部乐中，众多的乐部中均有竖箜篌。敦煌壁画中竖箜篌的数量多达447件，最早出现在北朝洞窟中，绘制于天宫伎乐、飞天图像之中。唐代以降，众多的竖箜篌出现在飞天伎乐、经变乐舞、世俗乐舞、不鼓自鸣乐器中，成为众多乐队中重要的弹拨乐器。

7. 凤首箜篌

弹拨弦乐器，源自两河流域，后流入印度，约在公元 4 世纪随天竺乐一起传入我国，遂成为隋唐燕乐中天竺乐的重要组成部分。宋代陈旸《乐书》中绘有当时存在的多种形制的凤首箜篌，明代以后逐渐失传。凤首箜篌的音箱设在下方横木的部位，呈船形，向上的曲木则设有轸或起轸的作用，用以紧弦，曲颈项端常雕有凤首。晋曹毗《箜篌赋》有"龙身凤形，连翩窈窕，缨以金采，络以翠藻"的描述。杜佑《通典》曰："凤首箜篌，头有轸。"敦煌壁画上共存有凤首箜篌 59 件，自初唐出现，直至元代随石窟的停建而消失。壁画中的凤首箜篌兼有无轸或有轸的形制，弦数一至十二弦不等。典型代表为莫高窟晚唐第 14 窟、榆林窟中唐第 15 窟等。唐德宗时，骠国（今缅甸）进献凤首箜篌，项有绦轸，这类凤首箜篌至今还在缅甸流传，称"桑高"，也叫作"缅甸竖琴"。

8. 琴

弹拨弦乐器，又名"七弦琴"，后被称为"古琴"，是我国文献记载最早的拨弦乐器之一。古琴由琴面、琴底、琴首、琴轸、琴腹、琴徽、琴弦等部分组成，琴身呈狭长形，中空，面板上有十三个徽位。传说琴为伏羲削桐制成，又说是炎、舜制五弦琴。据《周礼》记载，琴的良材取之于云和山、空桑山、龙门山的木材。所说之山均为《山海经》中之地，不知所指。琴弦最初为蚕丝制成，长约七寸。东汉蔡邕《琴赋》阐释琴的含义为：琴有五弦，内合五行，金、木、水、火、土；外合五音，宫、商、角、徵、羽。前广后狭，尊卑之分；上圆下方，法天法地；大弦是君，宽和而温，小弦为臣，清廉而不乱。考古发现最早的琴，是曾侯乙墓出土的十弦琴和荆门郭店村一号墓出土的七弦琴。敦煌石窟中共绘有古琴 40 件，最早出现在莫高窟初唐第 321、335 窟，典型代表有盛唐第 148 窟、66 窟等，尤其晚唐第 85 窟、宋代第 61 窟南壁《报恩经变·恶友品》中"树下弹琴"的情景最为精彩、浪漫。

9. 筝

弹拨弦乐器，亦称"秦筝""古筝"。东汉刘熙《释名·释乐器》载："筝，施弦高急筝筝然也。"它演奏所发出的声响也许就是这件乐器真正命名的原因。筝的历史由来已久，可追溯至春秋战国。许慎《说文解字》："筝，五弦筑身乐也。从竹，争声。"筝最先只有五根弦，一直延续至五代。筝由筑发展而来，一弦一音，有雁柱，所谓"身长六尺""柱高三寸"，后来发展到十二、十三甚至十四五弦。隋唐时，十三弦桐木筝较流行，而且饰以各种贵金属或珍宝。有镶金银的金筝和银筝，也有嵌螺钿、宝石的玉筝。演奏筝的义甲常由金属、竹或玳瑁等材料制作。东晋顾恺之描述筝曰："其器也，则端方修直，天隆地平，华文素质，烂蔚波成，君子嘉其斌丽，知音伟其含清，磬虚中以扬德，正律度而仪形，良工加妙，轻缛璘彬。玄漆缄响，庆云被身。"不仅说明了筝的器形、纹饰、颜色，而且还强调其作用及所赋予的德行与气质。敦煌石窟壁画中绘有筝255件，最早见于莫高窟隋代第303窟藻井内，由飞天演奏。唐代经变乐队中较为写实性地描绘了筝的演奏方式，部分绘制雁柱，但弦数较为随意。

（三）打击乐器

1. 腰鼓

皮膜之打击乐器，古代又称"杖鼓""拍鼓""魏鼓"等。元马端临《文献通考·乐考》载："腰鼓，汉魏用之，大者以瓦，小者以木，类皆广首纤腹。"腰鼓的鼓胴以瓷、木等材质制成，因鼓胴的形态为"广首纤腹"，故又称为"细腰鼓"。腰鼓两端张以皮革，以绳收束或以鼓钉固定。敦煌壁画中的细腰鼓从北凉至元代贯穿始终，从未间断，形制多样，大小不一，鼓身多有彩绘。细腰鼓在演奏时横置于腹前或胸前，以手击、杖击或一侧手击、一侧杖击。敦煌壁画中的腰鼓共有381件，不仅广泛运用于乐队之中，并且是舞蹈表演的重要道具，可作为独舞，或与反弹琵琶舞组合形成双人舞，如莫高窟盛唐第172窟、中唐第159窟、晚唐第85窟等。此外，有18件细腰鼓的形制较为特殊，鼓面外凸，鼓皮面积较小，命名为"凸面细腰鼓"，以区别于普通的腰鼓。

2. 毛员鼓

皮膜之打击乐器，属腰鼓之一种。唐杜佑《通典》载："毛员鼓似都昙鼓而稍大。"广泛运用于隋唐九、十部乐之中。敦煌壁画上所绘有30件之多。它与腰鼓、都昙鼓形状相似，大小略为不同,毛员鼓较大,腰鼓居中,都昙鼓较小。演奏方式或以手拍,或以槌击,或手槌并用,敦煌石窟中均有表现。

3. 都昙鼓

皮膜之打击乐器,属腰鼓之一种。唐杜佑《通典》载:"都昙鼓似腰鼓而小,以槌击之。"敦煌石窟中也有以手拍击者。壁画上绘制的数量较少,仅12件,大多用于乐队之中。

4. 答腊鼓

皮膜之打击乐器,源自北印度古老的塔布拉鼓(Tabla),由西域传入我国。答腊鼓的鼓身为扁平圆筒,双面蒙皮,以绳索牵连。《旧唐书·音乐志》记曰:"答腊鼓,制广于羯鼓而短,以指揩之,其声甚震,俗谓之揩鼓。"答腊鼓的演奏方式是"以指揩之",即通过摩擦而发声。敦煌壁画中对答腊鼓演奏的描绘较为详实,自北朝出现,历代均有绘制,数量达129件之多,如莫高窟初唐第220窟、盛唐第148窟、中唐第112窟等。

5. 羯鼓

古代皮膜之打击乐器。羯鼓出自外夷,流行于龟兹、高昌、疏勒等地,隋唐时期盛行于我国,多用于隋唐九、十部乐的西域乐部之中。据唐南卓《羯鼓录》记载:"出外夷,以戎羯之鼓,故曰羯鼓。"其状,"鐓如漆桶,下以小牙床承之,击用两杖"。羯鼓双面蒙皮,因鼓面为公羊皮制成,因此称为羯鼓。它发出的音主要是古时十二律中阳律第二律一度。敦煌壁画中共有羯鼓123件,始现于北朝,承袭至宋元时期。壁画中羯鼓的大小、样式不尽相同,大部分配有牙床,鼓身绘制装饰图纹,演奏方式有杖击、手击或手杖并用等不同类型。羯鼓在乐队中始终位于前方,凸显出其在乐器配置中的特殊地位。

6. 担鼓

古代皮膜之打击乐器,又写作"檐鼓",属西来乐器。《旧唐书·音乐志》载:"檐鼓如小瓮,先冒以革而漆之。"其形状为一头大,一头小,"西凉、高丽之器也"。敦煌壁画中绘有23件,始现于北魏,唐代以后较少见到,大多出现在不鼓自鸣、天宫伎乐和飞天伎乐图像中。

7. 齐鼓

古代打击膜鸣乐器，隋唐时期主要用于西凉、高丽等部伎。《文献通考·乐九》记曰："齐鼓，状如漆桶，一头差大，设齐于鼓面，如麝脐然。西凉、高丽之器也。"可知"齐"即"脐"简化而来，"脐"是指在鼓面中心粘一圆形贴置薄膜，以抑制噪声，改善音质，也便于定音。齐鼓的另一特征是"一头差大"，即鼓面一头大，一头小。敦煌壁画中共绘有6件齐鼓，较为准确地体现了这一乐器的形制特征，最早可见于莫高窟北魏第251窟、西魏第285窟的飞天图像中，对齐鼓的"脐"有较为细致的描绘。

8. 鼗鼓

古代皮膜之打击乐器，也写作"鞀鼓""鞉鼓""鼗牢"等。鼗鼓为有柄的小鼓，由数个小鼓以木贯之（多为一至三个），鼓身系细绳，绳头拴圆骰，摇之作声，即今日民间流行之拨浪鼓。鼗鼓初为古时祭礼用的一种响器。《毛诗》注曰："鞉鼓，乐之所成也。"孔颖达疏："祭时之乐，其鞉鼓之声渊渊而和也。"《周礼·春官·小师》郑玄注："鼗如鼓而小，持其柄而摇之，则旁耳还自击。"《乐书》记载："鞉牢，龟兹部乐也。形如路鞉而一柄叠二枚焉。古人尝谓左手播鞉牢，右手击鸡娄鼓是也。"敦煌石窟中绘有鼗鼓128件之多，出现最早的图像位于莫高窟北周第290窟，飞天左手持鼗鼓（一柄一鼓），胸前似悬挂一枚鸡娄鼓，右手作击鼓状，虽看不清手中的小槌，但从手形可以判断用槌击鼓的情形。鼗鼓与鸡娄鼓由同一乐伎兼奏的传统为唐宋时期的乐队所承袭，乐伎普遍左手持鼗鼓，左腋下夹鸡娄鼓，右手击奏。较典型的代表为莫高窟初唐第220窟、盛唐第148窟、中唐第112窟。

9. 鸡娄鼓

古代皮膜之打击乐器。又作"奚楼子""鸡娄子"，为龟兹、疏勒、高昌等地之乐器，隋唐燕乐中用于龟兹、疏勒、高昌诸部乐。元马端临《文献通考》记曰："鸡娄鼓，其形如瓮，腰有环，以绶带系之腋下。"鸡娄鼓形状如瓮，体正而圆，两端蒙皮。宋陈旸《乐书》载其演奏方法曰："左手持鼗牢，腋挟此鼓，右手击之，以为节焉。"敦煌壁画中共绘有148件鸡娄鼓，始终与鼗鼓并用，由一人演奏，演奏时挟于左腋间，以右手拍或杖击，左手同时摇动鼗鼓。

10. 手鼓、扁鼓

古代皮膜之打击乐器，自西域传入，流行于我国西陲少数民族地区。塔吉克语"达夫"，维吾尔语"达布"，汉语称作"手鼓"，是一种节奏感强烈、变化丰富的特色乐器。手鼓的形状扁圆形，木框，内装有金属圆环；仅一面蒙皮，鼓边以骨镶嵌不同纹样作为装饰。手鼓的形制大小不等，大则40~50厘米，小则20~30厘米。演奏时通常为左手持鼓轻摇，配合另一手作摩擦鼓皮或较轻拍击；右手演奏较复杂的节奏，声音较大。敦煌壁画中另有一种手鼓，称为"扁鼓"，约4件。扁鼓与手鼓相似，只是两面蒙皮。演奏时或以手拍，或以槌击。敦煌莫高窟、榆林窟均有绘制，只是出现较晚，约在宋元时期，是敦煌壁画后期的乐器。

11. 大鼓、军鼓

古代皮膜之打击乐器。大鼓亦称"建鼓"，因鼓形较大而得名。鼓框以坚木拼粘，中间略粗，两面蒙皮，置于木架之上，以槌击之，声音宏厚。敦煌壁画中的大鼓绘有39件之多，主要出现于两类题材之中：一为佛教寺庙举行法事活动所用之器具，不作为乐器使用。大鼓常与钟相对，即"击鼓敲钟"，民间亦有"晨钟暮鼓"之说。劳度叉斗圣变中由外道击奏的大鼓亦体现其法器的特征。二为军鼓，多用于军中或大型仪仗中。敦煌壁画上多见于出行图的军乐中，或置于马上，或负于人背，另一人持双槌击之，体现军队雄壮威武的气氛和场面。典型代表为莫高窟晚唐第156窟的张议潮统军出行图。

12. 方响

古代磬类打击乐器，最早出现于南梁。《旧唐书·音乐志》载："梁有铜磬，盖今方响之类。方响，以铁为之，修八寸，广二寸，圆上方下，架如磬而不设业，倚于架上，以代钟磬。"《文献通考》中有"西凉清乐，方响，一架十六枚，具黄钟、大吕十二均声"的记载。方响由十六枚上圆下方、厚薄不一的长方形铁片组成，分排悬于架上，用小锤击奏发音。唐牛殳诗《方响歌》曰："乐中何乐偏堪赏，无过夜深听方响。……长短参差十六片，敲击宫商无不遍。此乐不教外人闻，寻常只向堂前宴。"方响是有音律的打击乐器，有铁板琴之称，多见于宫廷乐队，民间较少使用。敦煌壁画中的方响共绘有64件，由飞天伎乐演奏或运用于乐队之中，其中隋代第390窟由供养人演奏的方响、第201窟经变乐舞中的方响最具代表性。

13. 拍板

古代木制拍击乐器,亦称"檀板"(檀木做板)、"棹板"(唐玄宗时梨园乐人黄幡绰擅长拍板),简称"板"。《旧唐书·音乐志》载:"拍板,长阔如手,厚寸余,以韦连之。"陈旸《乐书》载:"拍板,长阔如手,重大者九板,小者六板。"拍板的板数没有定规,由多枚上圆下方的长方形木板缀合,双手对击发声,在乐队中起击节的作用。敦煌壁画中拍板的数量达806件,其图像始见于唐代,五代至宋元时期更为流行,成为乐队中最核心的打击乐器,普遍绘制于乐队前排,居首位,部分乐队中对称配置两副拍板。

14. 铙钹

金属体鸣乐器。我国有两种乐器均以"铙"为名。一为中国上古礼乐及先秦汉魏"以金铙止鼓"的青铜器,一为"铙钹"之"铙",是从古印度传至中土的铜制打击乐器。在中国音乐史料记载中,"铙钹"的概念较为含混。从唐代杜佑《通典》的记载来看,"钹"在唐代可作为此类乐器的通称,其尺寸从"数寸"至"数尺"不等:"铜钹,亦谓之铜盘,出西戎及南蛮。其圆数寸,隐起如浮沤,贯之以韦,相击以和乐也。南蛮国大者圆数尺。"唐代释慧琳《一切经音义》中所记佛教乐舞中的铜钹"形如小瓶盖",形制较小。在敦煌石窟中,唐以前壁画中钹的器形也均较小。宋代徐兢《宣和奉使高丽图经》卷十八中"铙钹"连称,言其形制小,并强调铙钹在佛教中的使用:"浮图之教始出天竺,遂传四夷……其铙钹形制小而声悲。"至宋元时代,铙与钹的区别逐渐明晰,马端临《文献通考》中明确将"铙钹"分为"正铜钹""铜钹""铜铙"三类,强调"铜铙"小而声清,与佛教关系密切:"铜铙,浮屠氏所用浮沤器,小而声清,世俗谓之铙。"在现代乐器学观念中,铙钹皆为铜制,大者称"钹",小者称"铙";"钹"腹中隆起部分大而圆,"铙"隆起部分小而平;"钹"的击面薄、略宽,"铙"的击面厚、略窄。敦煌壁画中共绘制铙钹178件。

15. 雷鼓

雷公是我国传统神话中司职打雷之神祇,属阳,故称之为公,又叫"雷师""雷神"。人类对自然的崇拜由来已久,风、雨、雷、电无不涉猎。屈原《远游》篇就有"左雨师使径待(持)兮,右雷公而为卫"之句。《山海经·海内东经》描绘的雷神形象为"雷泽中有雷神,龙身而人头,鼓其腹"。东汉王充《论衡·雷虚篇》："图画之工，图雷之状，累累如连鼓之形。又图一人，若力士之容，谓之雷公。使之左手引连鼓，右手椎之，若击鼓状。"文献所描述之雷公有人的因素，至魏晋南北朝时期，雷公之形象多为兽形，如东晋干宝《搜神记》称雷神"唇如丹，目如镜，毛角长三尺余，状如六畜，头似猕猴"。敦煌壁画上的雷公形象状若力士，袒胸露腹，背生双翼，额生三目（如莫高窟西魏第285窟），周围画一圈圆形小鼓，雷公挥舞手足，作击鼓状，击鼓即为轰雷。王充在《论衡》中记录了古人对雷公击鼓的理解："其意以为，雷声隆隆者，连鼓相扣击之音也；其魄然若敝（襞）裂者，椎所击之声也；其杀人也，引连鼓相椎并击之矣。"敦煌石窟中共绘有10组雷公击鼓图，自西魏始，历经唐五代时期，宋代以后消逝。这里需要指出的是，雷鼓作为鼓的一种，具有乐器的性质，但雷公击鼓并非奏乐，而是作为法器或"武器"之用：或以雷鼓鼓神祀，或以振神而鼓气。

16. 细腰鼗鼓

膜鸣类打击乐器。这种形制的鼗鼓名为"达玛鲁"（Damaru），源出古印度，在敦煌石窟仅见于莫高窟元代第465窟的密教壁画中。达玛鲁的鼓腔由灵长类颅骨、金属或木制成，两侧鼓腔相通，两端蒙皮，鼓腔的细腰处系银质扁带或丝绳，两侧绳头各坠一枚梨形鼓坠，演奏时手持鼓腰，晃动手腕，以鼓坠抡击鼓面。故宫博物院及甘肃夏河拉卜楞寺的珍宝馆中，藏有多件清代达玛鲁。达玛鲁在印度的传承与宗教有密切关联，印度教大神湿婆的后臂多持此鼓，湿婆的击鼓之声象征着宇宙最初创造的原始声音。达玛鲁也是印度娑度人（Sadhus，指因宗教信仰而流浪苦修者）常用的修行法器。达玛鲁随着密教的传播传入中国，至今仍使用于藏传佛教的各类法事活动之中。

17. 串响

金属制体鸣乐器。是将若干小铜（铁）铃相间系于一根绳（或皮条等）上，或将这些铃间隔装入布袋（或皮袋）中，演奏时双手各执一端，作弧形状，通过绷拉或摇晃，使铃中小珠碰撞铃壁而发音。据《法华经》记载，铃是一种金属空心小球，边有缺口，内藏小珠，将单个小铃串成环链，即为串铃，摇晃则发音。铃的形状除圆球形外，还有椭圆形、桃形等多种，大小不一。印度民间有串响类乐器，名"金基尼"，原为印度妇女之传统饰物，舞蹈时系于手足，顿足、拍掌时发出节奏性声响，后为佛教借用。莫高窟早期北魏第257窟、第435窟，北周第297窟、301窟，隋代第318窟，初唐第334窟以及晚唐第147窟的壁画中有此图像，唐以后，这种响器逐渐消失。

18. 响板

体鸣打击乐器，史料未见记载，也无实物出土，但在敦煌莫高窟北周第461窟和隋代第302窟壁画中各绘制1件，是敦煌石窟独有的乐器，笔者将其命名为"响板"。第461窟西披绘飞天4身，分别持直颈阮、曲颈琵琶、竖箜篌和响板。响板呈长方形，上有一个半圆形缺口，板面有回形纹，飞天左手持板，右手所持物不清。结合西披的构图来看，南侧3身飞天皆持乐器，北侧飞天所持响板应具有乐器性质。第302窟北壁天宫栏墙上端绘12身飞天，其中7身手持乐器，分别为横笛、响板、担鼓、筝、琵琶、竖箜篌和竖笛。此响板亦呈长方形，似筝而短，无弦无码。飞天左手持板，右手持槌敲击，槌为长柄，槌头较大呈圆形。通过两幅响板图像的参比可知，虽然其材质、准确的结构还不得而知，但可以确定的是，响板属于打击乐器。

（四）拉弦乐器

奚琴

拉奏弦鸣乐器，古称"奚琴""嵇琴""胡琴"，约产生于唐末五代时期。唐代诗人孟浩然《宴荣山人池亭》诗中有"竹引嵇琴入，花邀戴客过"的诗句。陈旸《乐书》载："奚琴，本胡乐也，出于弦鼗而形亦类焉，奚部所好之乐也。盖其制，两弦间以竹片轧之，至今民间用焉。"唐五代时期奚琴的特点是竹杆、竹轸、竹筒，用一根竹片夹于两弦之间摩擦发音。欧阳修的《试院闻奚琴作》生动描绘了奚琴演奏的感染力："奚琴本出奚人乐，奚虏弹之双泪落。"至元代，奚琴发展到以马尾弓演奏的胡琴。从敦煌石窟壁画来看，奚琴有两种形制：一种为琴杆有共鸣体，如榆林窟第3窟和东千佛洞第7窟的奚琴；一种没有共鸣体，如榆林窟第10窟的奚琴。

凡 例

一、全面辑录、统计敦煌石窟中的乐舞图像，共涵盖莫高窟、天王堂、榆林窟、西千佛洞、东千佛洞、旱峡石窟、小千佛洞及肃北五个庙石窟中的372个洞窟，其中莫高窟328个、天王堂1个、榆林窟25个、西千佛洞10个、东千佛洞3个、肃北五个庙石窟2个、小千佛洞2个、旱峡石窟1个。

二、本书按现行敦煌研究院洞窟编号排序，洞窟修建时代、形制及内容依照敦煌研究院编《敦煌石窟内容总录》（文物出版社1996年12月第一版）辑录。

三、洞窟内乐舞内容按前甬道、前室、后甬道、主室依次叙述，窟室内依照中心柱（或中央佛坛）、窟顶、四壁依次呈述，四壁均按左起顺时针方向依次记录。如莫高窟洞窟主室四壁按照南、西、北、东的顺序记录。

四、壁画中乐舞图像的绘制、修改或涂色年代均依据《敦煌石窟内容总录》中的年代辑录。

五、乐舞类型的命名

（一）以"伎乐"一词作为壁画中各类乐舞形式的统称，其中奏乐者称为"乐伎"，舞者称为"舞伎"。如书中特定表述"壸门伎乐2身，其中乐伎1身，舞伎1身"，指该乐舞形式含2种，其中乐伎和舞伎各1人，均以"身"为单位表述。

（二）含飞行于空中的天人、天女的乐舞统称为"飞天伎乐"，其中奏乐者称为"飞天乐伎"。

（三）十六国至北周时期绘制于四壁上方身居天宫阁楼之中歌唱、奏乐、舞蹈的伎乐称为"天宫伎乐"，以区别于空中飞行的飞天伎乐。

（四）化生于莲花之中的伎乐称为"化生伎乐"。

（五）奏乐或手持螺贝等乐器的菩萨统称为"菩萨伎乐"。

（六）大型经变画中的乐舞以"经变乐舞"命名。

（七）绘制于壸门之中的伎乐称为"壸门伎乐"，其中包含乐伎、舞伎、乐器等。

六、乐器定名及相关问题

（一）壁画中的乐器凡有历史文献记载者，均依据文献记载定名。无明确记载的特形乐器，暂依据乐器形制及特点定名，以便辑录整理。其错漏难免，有待今后研究勘正。特形乐器主要包含以下几类：

1. 花形阮：鸣响原理类似阮，共鸣箱轮廓呈花瓣形。
2. 细腰琵琶：鸣响原理类似琵琶，共鸣箱面板呈葫芦形。
3. 义觜笛：器形及奏法类似横笛，吹孔下方管体上有一勾状物。
4. 吹瓮：莫高窟第329窟西披一身飞天吹奏之乐器，形如小坛。
5. 响板：莫高窟第302窟北披一身飞天右手持槌，左手持一板，暂定名为响板。
6. 串响：飞天或天宫伎乐双手所持条形袋状响器，袋内有圆形物，相互滚动撞击发声。
7. 钲、手鼓：圆形或椭圆形打击乐器，一手持之，一手击奏，亦有杖击者。因未能确知其材质为皮制或金属制，故而将有明显金属制锐边者定名为"钲"，其余定名为"手鼓"。
8. 单面鼓：面阔鼓框短，单面蒙皮，置于地上或鼓架之上，以槌击奏的鼓。
9. 扁鼓：形状似单面鼓而双面蒙皮的鼓。
10. 节鼓：今谓之堂鼓。
11. 担鼓：形如小瓮。
12. 谏鼓：鼓身以柄贯之。一手持鼓，一手杖击。有一柄单鼓、双鼓两种类型。
13. 小筒鼓：鼓身类似谏鼓而无柄。

（二）不鼓自鸣乐器中，部分单管类吹奏乐器的形制细节不明，未能准确判定为横笛或竖笛。暂且将横向漂浮者定名为"横笛"，竖向漂浮者定名为"竖笛"，斜向漂浮者统称为"笛"。

（三）筝及古琴图像的弦数、徽位、琴码等细节往往不明确，故而在辑录时存在困难。暂且将画有徽位者定为"琴"，有琴码者定名为"筝"。依据唐十部乐的编制，将经变乐队中卧弹类乐器统一定为筝。

（四）腰鼓类乐器根据鼓胴形状分为细腰鼓、腰鼓两类，细腰鼓中包含三类特殊器形：

1. 凸面细腰鼓：鼓胴与细腰鼓相类，鼓面凸起，外沿阔于鼓胴。
2. 毛员鼓：类细腰鼓而大。
3. 都昙鼓：类细腰鼓而稍小。

（五）角类乐器通常包含兽角制、金属制两类。因未能确知其材质，故仅依据器形命名：形弯者称"角"，直者称"铜角"，形大者为"大角"。莫高窟第61窟、第100窟、第156窟马上吹奏之角，据其鼓吹乐的性质而命名为警角。

（六）铙钹类乐器中，大者称"钹"、小者称"铙"。

七、数据统计说明

（一）附录中对不鼓自鸣乐器、天宫伎乐、飞天伎乐、经变乐舞、迦陵频伽、菩萨伎乐、壸门伎乐等乐舞类型进行分类统计，其中因图像漫漶未能确知的乐伎、舞伎者，不纳入统计范围。

（二）壁画中有一些乐器图像已经非常模糊，难以辨别，故不记名称，只作数据统计。

一
莫高窟乐舞壁画
总录

第003窟

时　　代：元（清重修）
形　　制：覆斗形顶，西壁开一龛。
内　　容：主室 南壁 画十一面千手眼观音变。
　　　　　左、右上角各画飞天1身。
　　　　　北壁 画十一面千手眼观音变。
　　　　　左、右上角各画飞天1身。
　　　　　左下画三头八臂金刚，手持金刚铃。
合　　计：此窟画飞天4身。
乐器种类：金刚铃1件。共1件。

第004窟

时　　代：五代（清重修）
形　　制：覆斗形顶，设中心佛坛。
内　　容：主室 南壁 东起第一铺画法华经变。
　　　　　下部火宅喻品中画长袖舞伎2身。
　　　　　东起第二铺画阿弥陀经变。
　　　　　右上钟楼内挂大钟1件。
　　　　　下画乐舞图1幅。分3组，上、下两层排列。
　　　　　上层乐舞1组，共20身。舞伎2身居中，1身击细腰鼓，1身舞长巾；乐伎18身，对称分列两侧，每侧两排。
　　　　　左侧前排：竖笛、筚篥、横笛、拍板；
　　　　　左侧后排：筝、筚篥、琵琶、竖笛、横笛；
　　　　　右侧前排：细腰鼓、横笛、竖箜篌、拍板；
　　　　　右侧后排：竖笛、手鼓（右手持鼓，左手持杖）、笙、横笛、竖笛。
　　　　　下层乐舞2组。
　　　　　中央1组：长巾舞伎1身居中；下画童子舞伎1身。迦陵频伽4身，分列两侧奏乐。
　　　　　左侧：笙、拍板；
　　　　　右侧：横笛、曲颈琵琶。
　　　　　两侧各1组：乐伎共8身，背向台中，对称分列两侧坐奏。
　　　　　左侧：1件模糊、筚篥、1件模糊、筝；
　　　　　右侧：筚篥、拍板、笙、1件模糊。
　　　　　乐伎前各画童子舞伎2身。
　　　　　东起第三铺画报恩经变。
　　　　　下画乐舞图1幅，共画乐舞伎15身。长巾舞伎1身居中；乐伎14身，对称分列两侧，每侧两排。
　　　　　左侧前排：筚篥、笙、拍板（4片）；
　　　　　左侧后排：琵琶、钹、竖箜篌、排箫；
　　　　　右侧前排：筝、竖笛、横笛、拍板（4片）；
　　　　　右侧后排：排箫、钹、细腰鼓。
　　　　　最下画树下弹琴图1幅，1人抚琴、1人听琴。
合　　计：此窟画经变乐舞图2幅，乐队4组，舞伎4身，童子舞伎3身，乐伎44身，乐器37件；迦陵频伽4身，乐器4件；世俗乐舞图2幅，舞伎2身，乐伎1身，乐器1件。
乐器种类：细腰鼓3件、竖笛5件、横笛6件、拍板6件、筝3件、筚篥5件、琵琶3件、竖箜篌2件、手鼓1件、笙4件、钹2件、排箫 2 件、古琴 1 件、大钟 1 件。共 44 件。
模糊乐器 3 件。

舞蹈种类：长巾与细腰鼓双人舞 1 组、长巾独舞 2 组、童子舞 3 组、长袖双人舞 1 组。

第 005 窟

时　代：五代（清重修）

形　制：覆斗形顶，西壁开一龛。

内　容：主室　南壁　东起第一铺画报恩经变。

下画乐舞图 1 幅，共画乐舞伎 13 身。长巾舞伎 1 身居中；乐伎 12 身，对称分列两侧，每侧两排。

左侧前排：笙、竖笛、拍板；

左侧后排：筚篥、竖箜篌、琵琶；

右侧前排：排箫、四弦琵琶、横笛；

右侧后排：鼗鼓、笙、竖笛。

下画树下弹琴图 1 幅，1 人抚琴、1 人听琴。

东起第二铺画阿弥陀经变。

下画乐舞图 1 幅，共 3 组，分上、中、下三层排列。

上层乐舞共画乐舞伎 15 身。细腰鼓舞伎 1 身居中；乐伎 14 身，对称分列两侧，每侧两排。

左侧前排：竖笛、排箫、横笛、拍板；

左侧后排：3 身模糊；

右侧前排：四弦曲颈琵琶、竖箜篌（8 弦）、竖笛、拍板（5 片）；

右侧后排：排箫、2 身模糊。

中层乐舞共画乐舞伎 9 身。反弹琵琶舞伎 1 身居中；乐伎 8 身，对称分列两侧。

左侧：方响、排箫、横笛、拍板；

右侧：筚篥、笙、横笛、拍板。

下层画鸟乐舞 1 组。孔雀居中舞蹈，左画迦陵频伽 1 身弹琵琶。右画 1 只白鹤。

东起第三铺画弥勒经变。

下画乐舞图 1 幅，共画乐舞伎 9 身。长巾舞伎 1 身居中；乐伎 8 身，对称分列两侧。

左侧：竖笛、四弦曲颈琵琶（搊弹）、横笛、拍板；

右侧：竖笛、笙、横笛、拍板。

西壁　佛龛南侧普贤经变中画乐队 1 组，乐伎 5 身。乐器有：五弦直颈琵琶、拍板（5 片）、笙、横笛、铙。

佛龛北侧文殊经变中画乐队 1 组，乐伎 5 身。乐器有：竖笛、琵琶（拨奏）、笙、横笛、拍板（4 片）。

北壁　西起第一铺画天请问经变。

下画乐舞图 1 幅，共画乐舞伎 9 身。细腰鼓舞伎 1 身居中；乐伎 8 身，对称分列两侧。

左侧：竖笛、横笛、琵琶（拨奏）、拍板；

右侧：横笛、筝、拍板、竖笛。

西起第二铺画药师经变。

下画乐舞图 1 幅，共画乐舞伎 15 身。反弹琵琶舞伎 1 身居中；乐伎 14 身，对称分列两侧。

左侧前排：竖笛、横笛、四弦曲颈琵琶、拍板；

左侧后排：笙、竖箜篌、铙；

右侧前排：筝、竖笛、横笛、拍板；

右侧后排：笙、琵琶、排箫。

合　计：此窟画经变乐舞图 5 幅，乐队 7 组，舞伎 6 身，乐伎 64 身，乐器 59 件；迦陵频伽 1 身,乐器 1 件；文殊经变、普贤经变各 1 铺，乐队 2 组，乐伎 10 身，乐器 10 件；世俗乐舞图 1 幅，乐伎 1 身，乐器 1 件。

乐器种类：竖笛 11 件、笙 8 件、拍板 13 件、竖箜篌 3 件、琵琶 12 件（其中四弦琵琶 4 件、五弦琵琶 1 件）、筚篥 2 件、排箫 5 件、横笛 12 件、

　　　　　羯鼓 1 件、古琴 1 件、细腰鼓 2 件、方响 1 件、铙 2 件、筝 2 件。共 75 件。模糊乐器 5 件。
舞蹈种类：反弹琵琶独舞 2 组、长巾独舞 2 组、细腰鼓独舞 2 组、迦陵频伽舞 1 组。

第006窟

时　　代：五代（西夏重修）
形　　制：覆斗形顶，西壁开一龛。
内　　容：主室　南壁　东起第二铺画阿弥陀经变。
　　　　　上画不鼓自鸣乐器 6 件，自东至西依次为：排箫、阮、笙、筚篥、义觜笛、拍板（5 片）。
　　　　　下画乐舞图 1 幅，共画乐舞伎 9 身。细腰鼓舞伎 1 身居中；乐伎 8 身，对称分列两侧。
　　　　　左侧：筝、横笛、竖笛、拍板；
　　　　　右侧：四弦曲颈琵琶、横笛、笙、拍板。
　　　　　西壁　佛龛南侧普贤经变中画乐队 1 组，共 4 身，立于象前奏乐。乐器有：四弦曲颈琵琶（拨奏）、竖笛、横笛、拍板。
　　　　　佛龛北侧文殊经变中画乐队 1 组，共 4 身，立于狮前奏乐。乐器有：排箫、四弦琵琶（搊弹）、横笛、拍板（4 片）。
　　　　　北壁　西起第一铺画药师经变。
　　　　　上画不鼓自鸣乐器 3 件，自西至东依次为：拍板、古琴、横笛。
　　　　　下画乐舞图 1 幅，共画乐舞伎 9 身。长巾舞伎 1 身居中；乐伎 8 身，对称分列两侧。
　　　　　左侧：手鼓、竖笛、铙、拍板；
　　　　　右侧：横笛、筚篥、四弦直颈琵琶（搊弹）、竖箜篌。
　　　　　西起第二铺画华严经变。

　　　　　上画不鼓自鸣乐器 2 件：拍板、排箫。
　　　　　华严海中可见乐器 9 件，分列三排。
　　　　　第一排：金刚铃、铙、拍板、细腰鼓、筝；
　　　　　第二排：笙、阮、竖箜篌；
　　　　　第三排：阮。
　　　　　华严海下画童子舞伎 2 身。
合　　计：此窟画不鼓自鸣乐器 11 件；经变乐舞图 2 幅，乐队 2 组，舞伎 2 身，童子舞伎 2 身，乐伎 16 身，乐器 16 件；文殊经变、普贤经变各 1 铺，乐队 2 组，乐伎 8 身，乐器 8 件；华严海中乐器 9 件。
乐器种类：排箫 3 件、四弦琵琶 4 件、笙 3 件、筚篥 2 件、义觜笛 1 件、拍板 9 件、古琴 1 件、细腰鼓 2 件、筝 2 件、横笛 6 件、竖笛 3 件、铙 2 件、手鼓 1 件、竖箜篌 2 件、金刚铃 1 件、阮 3 件。共 45 件。
舞蹈种类：细腰鼓独舞 1 组、长巾独舞 1 组、童子双人舞 1 组。

第007窟

时　　代：中唐（宋、元、清重修）
形　　制：覆斗形顶，西壁开一龛。
内　　容：主室　窟顶　四披宋画飞天一周，每披 4 身，其中飞天乐伎 8 身。
　　　　　南披：拍板；
　　　　　西披：笙、拍板；
　　　　　北披：铙、拍板；
　　　　　东披：琵琶、拍板、排箫。
　　　　　西披中画孔雀 1 只，两侧各画迦陵频伽 1 身，分别演奏笙、竖笛。
　　　　　南壁　东起第一铺宋画弥勒经变。
　　　　　下画乐舞图 1 幅，共画乐舞伎 11 身。长巾舞伎 1 身居中；乐伎 10 身，对称分列两侧，每侧两排。

左侧前排：竖箜篌、细腰鼓、拍板；
左侧后排：竖笛、横笛；
右侧前排：筝、竖笛、拍板；
右侧后排：钹、横笛。
东起第二铺宋画药师经变。
上画不鼓自鸣乐器 5 件：横笛、横笛、细腰鼓、横笛、拍板。
右上钟楼内挂大钟 1 件。
下画乐舞图 1 幅，共画乐舞伎 17 身，分 2 组，上、下两层排列。
上层乐舞共画乐舞伎 10 身。长巾舞伎 1 身居中；乐伎 9 身，分列两侧，左侧 5 身，右侧 4 身，每侧两排。
左侧前排：横笛、琵琶、拍板；
左侧后排：钹、1 件模糊；
右侧前排：筝、竖笛、拍板；
右侧后排：1 件模糊。
下层画迦陵频伽乐舞 1 组，共画乐舞 7 身，1 身居中舞蹈，6 身对称分列两侧奏乐。
左侧：笙簧、琵琶、拍板；
右侧：横笛、竖笛、1 件模糊。
宝池中画迦陵频伽 2 身，所持乐器模糊。
东侧画世俗乐舞图 1 幅，1 妇人弹琵琶，1 男子舞蹈。
北壁 西起第一铺宋画观无量寿经变。
上画不鼓自鸣乐器 5 件：竖笛、横笛、横笛、细腰鼓、拍板。
右上钟楼内挂大钟 1 件。
下画乐舞图 1 幅，分 2 组，上、下两层排列。
上层画迦陵频伽乐舞 1 组，共画乐舞伎 7 身。1 身居中作腰鼓舞，6 身奏乐，对称分列两侧。
左侧：竖笛、琵琶、拍板；
右侧：横笛、竖笛、拍板。
下层乐舞 1 组，共画乐舞伎 11 身。长巾舞伎 1 身居中；乐伎 10 身，对称分列两侧，每侧两排。
左侧前排：筝、横笛、拍板；
左侧后排：竖笛、笙；
右侧前排：琵琶、竖笛、拍板；
右侧后排：排箫、横笛。
下方宝池内两侧画迦陵频伽 2 身，所持乐器模糊。
西起第二铺宋画天请问经变。
下画乐舞图 1 幅，共画乐舞伎 11 身。细腰鼓舞伎 1 身居中；乐伎 10 身，对称分列两侧，每侧两排。
左侧前排：筝、1 件模糊、拍板；
左侧后排：竖笛、笙；
右侧前排：琵琶、竖笛、拍板；
右侧后排：横笛、排箫。
合　　计：此窟画不鼓自鸣乐器 10 件；飞天 16 身，其中飞天乐伎 8 身，乐器 8 件；经变乐舞图 4 幅，乐队 6 组，舞伎 4 身，乐伎 39 身，乐器 36 件；迦陵频伽 20 身，乐器 14 件；世俗乐舞图 1 幅，舞伎 1 身，乐伎 1 身，乐器 1 件。
乐器种类：琵琶 7 件、拍板 17 件、排箫 3 件、笙 4 件、铙 1 件、竖笛 12 件、细腰鼓 5 件、竖箜篌 1 件、横笛 13 件、筝 4 件、钹 2 件、笙簧 1 件、大钟 2 件。共 72 件。模糊乐器 8 件。
舞蹈种类：长巾独舞 3 组、细腰鼓独舞 1 组、迦陵频伽舞 3 组、民间舞 1 组。

第 008 窟

时　　代：晚唐
形　　制：覆斗形顶，北壁开一龛。
内　　容：主室 窟顶 南披观音经变中画雷公击鼓图 1 幅，雷鼓 1 组，共 13 面。

西壁　画观无量寿经变一铺。
右上钟楼内挂大钟1件。
上画不鼓自鸣乐器7件，自南至北依次为：答腊鼓、拍板、细腰鼓、直颈琵琶、排箫、筚篥、竖箜篌。
下画乐舞图1幅，共画乐舞伎9身。反弹琵琶舞伎1身居中；乐伎8身，对称分列两侧。
左侧：直颈琵琶、筝、竖笛、拍板（5片）；
右侧：竖箜篌、竖笛、笙、拍板（5片）。

合　　计：此窟画不鼓自鸣乐器7件；经变乐舞图1幅，乐队1组，舞伎1身，乐伎8身，乐器8件；雷公击鼓图1幅，雷鼓1组。
乐器种类：答腊鼓1件、拍板3件、细腰鼓1件、琵琶3件、排箫1件、筚篥1件、竖箜篌2件、竖笛2件、筝1件、笙1件、雷鼓1组（13面）、大钟1件。共18件（组）。
舞蹈种类：反弹琵琶独舞1组。

第009窟

时　　代：晚唐（宋、元、清重修）
形　　制：前部覆斗形顶，后部平顶，有中心柱，柱东向面开一龛。
内　　容：窟顶　藻井井心画迦陵频伽伎乐1身，弹琵琶。
南披垂幔下画不鼓自鸣乐器5件，自东至西依次为：四弦直颈琵琶、义觜笛、筚篥、排箫、竖笛。
北披华严海中可见乐器1件：拍板。
东披垂幔下画不鼓自鸣乐器9件，自北至南依次为：笙、拍板、四弦直颈琵琶、细腰鼓、排箫、阮（凤首）、羯鼓、义觜笛、鼗鼓。
南壁　画劳度叉斗圣变一铺。
左、右两侧画大钟1件、大鼓1件，均悬挂于木架上，比丘撞钟，外道击鼓。
华盖周围画飞天3身。
中画飞天2身。
中下两朵莲花中画化生伎乐2组，每组4身，共8身。
左侧一组：拍板、竖笛、笙、凤首箜篌；
右侧一组：拍板、竖箜篌、琵琶、竖笛。
西侧云彩上面画菩萨伎乐1组：长袖舞伎1身；乐伎2身，乐器有：拍板、竖笛。
下画1乐伎弹琵琶。
西壁　画楞伽经变一铺。
南侧中下画舞伎2身，舞长袖。
北侧中下画舞伎1身，舞长袖。
画百戏图1幅，共5人。1人头顶长杆，2人杆上表演。旁画乐伎2人，1人吹横笛，1人奏拍板。
中部北端画四大天王，其中一天王演奏四弦曲颈琵琶（拨奏）。
北壁　画维摩诘经变一铺。
上画飞天6身。
最东端中下画树下弹琴图1幅，1人抚琴、1人听琴。
东壁　门北画文殊经变。
华盖上画飞天4身。
右侧画乐队1组，共画乐伎9身，乐器有：竖笛、横笛、拍板、大鼓（1身背鼓、1身两杖击奏）、鼗鼓与鸡娄鼓（1身兼奏）、细腰鼓、四弦曲颈琵琶、答腊鼓。
门南画普贤经变。
华盖上画飞天4身。
左侧画乐队1组，共画乐伎9身。乐器有：拍板（5片）、横笛、笙、竖笛、四弦长颈阮（搊弹）、直颈琵琶（拨奏）、铙、2件模糊。

合　　计：此窟画不鼓自鸣乐器14件；飞天19身；文殊经变、普贤经变各1铺，乐队2组，乐伎18身，乐器16件；劳度叉斗圣变1铺，乐器2件；化生伎乐8身，乐器8件；迦陵频伽1身，乐器1件；华严海中乐器1件；菩萨伎乐3身，舞伎1身，乐伎2身，乐器2件；世俗乐舞图4幅，舞伎3身，乐伎2身，乐器2件；百戏图1幅，杂技2身，乐伎2身，乐器2件；奏乐天王1身，乐器1件。

乐器种类：琵琶8件（其中四弦琵琶4件）、笙3件、拍板8件、竖笛6件、细腰鼓2件、排箫2件、阮2件、羯鼓1件、义觜笛2件、鼗鼓2件、筚篥1件、大钟1件、大鼓2件、竖箜篌1件、铙1件、横笛3件、凤首箜篌1件、鸡娄鼓1件、答腊鼓1件、古琴1件。共49件。模糊乐器2件。

舞蹈种类：长袖独舞2组、长袖双人舞1组。

第010窟

时　　代：晚唐（清重修）
形　　制：覆斗形顶。
内　　容：主室　窟顶　藻井内画飞天2身。
合　　计：此窟画飞天2身。

第012窟

时　　代：晚唐（五代重画，清重修）
形　　制：覆斗形顶，西壁开一龛。
内　　容：前室　西壁　门南索义辩出行图中画乐队1组，残存乐伎6身，乐器有：大鼓、横笛、排箫、笙各1件，其余模糊。
　　　　　主室　窟顶　四披垂幔上画迦陵频伽与凤鸟组合图案一周。下画不鼓自鸣乐器一周，共16件。下画飞天乐伎一周，共16身。分披逐录如下：
南披：迦陵频伽1身，演奏笙，凤鸟1只；
不鼓自鸣乐器：贝、拍板、铙；
飞天乐伎：细腰鼓、鼗鼓与鸡娄鼓（1身兼奏）、钲（左手持钲、右手杖击）、答腊鼓。
西披：迦陵频伽2身，演奏横笛、拍板；
不鼓自鸣乐器：横笛、筚篥、铙、贝；
飞天乐伎：凤首箜篌、筝、竖笛、串响。
北披：凤鸟1只，迦陵频伽1身，演奏铙；
不鼓自鸣乐器：义觜笛、笙、筚篥、排箫、义觜笛、铙；
飞天乐伎：义觜笛、四弦直颈琵琶、竖笛、拍板。
东披：凤鸟1只，迦陵频伽1身，演奏细腰鼓。
不鼓自鸣乐器：横笛、贝、义觜笛；
飞天乐伎：笙、竖箜篌、排箫、铙。
四披说法图华盖左右各画飞天童子2身，共8身，其中北披2身演奏拍板、横笛。
南壁　东起第二铺画观无量寿经变。
上画不鼓自鸣乐器6件：义觜笛、细腰鼓、凤首箜篌、排箫（15管）、筚篥、琵琶。
左上钟楼内挂大钟1件。
右上鼓楼内挂大鼓1件。
下画乐舞图1幅，分2组，上、下两层排列。
上层乐舞1组，共画乐舞伎9身。长巾舞伎1身居中；乐伎8身，对称分列两侧。
左侧：四弦直颈琵琶、筚篥、筝、答腊鼓；
右侧：拍板、鼗鼓与鸡娄鼓（1身兼奏）、排箫、笙。
下层画迦陵频伽乐舞1组，共4身。1身双手合十，3身奏乐，乐器有：琵琶（拨奏）、排箫、拍板（5片）。

东起第三铺画法华经变。
中下画世俗乐舞图1幅，共画乐舞伎5身。
　　1身居中，未持乐器，另4身分列两侧奏乐。
左侧：竖笛、拍板；
右侧：琵琶、笙。
西壁　佛龛南侧普贤经变中画乐队1组，共4身，立于象前奏乐。乐器有：四弦直颈琵画乐伎琶（拨奏）、拍板、横笛、笙。
华盖四周画飞天4身，其中飞天乐伎2身，左上1身弹琵琶，右下1身吹笙。
佛龛北侧文殊经变中画乐队1组，共4身，立于狮前奏乐。乐器有：横笛、竖笛、画乐伎排箫、拍板。另有伎乐1身，手中托贝。
华盖四周画飞天4身，其中飞天乐伎1身，弹直颈琵琶（拨奏）。
马蹄形佛坛内侧画壸门伎乐8身，自南至北乐器依次为：1件模糊、排箫、横笛、琵琶、竖笛、笙、竖箜篌、拍板。
北壁　西起第一铺画华严经变。
上画不鼓自鸣乐器4件：竖笛、筚篥、笙、筚篥。
华严海中可见乐器4件：细腰鼓、琵琶、拍板、横笛。
西起第二铺画药师经变。
上画不鼓自鸣乐器4件：笙、细腰鼓、排箫、横笛。
右上钟楼内挂大钟1件。
下画乐舞图1幅，共画乐舞伎13身。长巾舞伎1身居中；乐伎12身，对称分列两侧，每侧两排。
左侧前排：四弦琵琶（拨奏）、笙、竖箜篌；
左侧后排：毛员鼓、筚篥、拍板；
右侧前排：筝、筚篥、义觜笛；

右侧后排：羯鼓与鸡娄鼓（1身兼奏，鸡娄鼓手击）、答腊鼓、拍板。
西起第三铺画天请问经变。
下画乐舞图1幅，共画乐舞伎7身。长巾舞伎1身居中；乐伎6身，对称分列两侧。
左侧：羯鼓与鸡娄鼓（1身兼奏）、毛员鼓、拍板；
右侧：竖笛、笙、排箫。
下部自西向东第七扇屏风中画1妇人，边舞边奏四弦曲颈琵琶（拨奏）。
东壁　门北画维摩诘经变一铺。
上画不鼓自鸣乐器4件：笙、排箫、细腰鼓、拍板。
门南画报恩经变一铺。
下画乐舞图1幅，共画乐舞伎9身。长巾舞伎1身居中；乐伎8身，对称分列两侧。
左侧：横笛、筚篥、笙、拍板；
右侧：排箫、琵琶（拨奏）、竖笛、铙。
门南下南起第一铺屏风画中画树下弹琴图1幅，1人抚琴、1人听琴，图像模糊。
门北下画宴饮图1幅，7人分坐一长桌两侧，桌前一人鞠躬作揖，1人跳长袖舞。
合　计：此窟画不鼓自鸣乐器34件；飞天24身，其中飞天乐伎20身，乐器20件；飞天童子8身，乐器2件；经变乐舞图4幅，乐队5组，舞伎4身，乐伎34身，乐器37件；迦陵频伽9身，乐器8件；文殊经变、普贤经变各1铺，乐队2组，乐伎9身，乐器9件；华严海中乐器4件；壸门伎乐8身，乐器7件；世俗乐舞图5幅，舞伎1身，乐伎12身，乐器10件。
乐器种类：拍板16件、细腰鼓6件、横笛11件、竖笛8件、义觜笛6件、笙15件、筚篥9件、排箫12件、羯鼓4件、鸡娄鼓4件、钲1件、答腊鼓 3 件、凤首箜篌 2 件、筝 3 件、琵琶 13 件（其中四弦琵琶 5 件）、竖箜篌 3 件、贝 4 件、毛员鼓 2 件、铙 6 件、大钟 2 件、大鼓 2 件、古琴 1 件。共 133 件。模糊乐器 3 件。

舞蹈种类：长巾独舞 4 组、迦陵频伽舞 1 组、长袖舞 1 组。

第 014 窟

时　代：晚唐（宋、清重修）
形　制：前部覆斗形顶，后部平顶，有中心塔柱，柱东向面开一龛。
内　容：前室　南壁　宋画净土变一铺。
　　　　　上残存不鼓自鸣乐器 2 件：拍板、1 件模糊。
　　　　主室　中心塔柱　南向面画药师经变一铺。
　　　　　下画乐舞图 1 幅，共画乐舞伎 7 身。长巾舞伎 1 身居中；乐伎 6 身，对称分列两侧。
　　　　　左侧：筚篥、横笛、拍板；
　　　　　右侧：笙、凤首箜篌、排箫。
　　　　　佛坛内侧画壸门伎乐 12 身，图像模糊；乐器有：拍板、排箫、筝、琵琶。
　　　　　东向面上画迦陵频伽 2 身，图像残。
　　　　　东向面佛坛下画壸门 18 个，其中乐伎 12 身，可见乐器 4 件：排箫、筝、拍板、直颈琵琶。
　　　　窟顶　西披画不鼓自鸣乐器 4 件：竖箜篌、细腰鼓、筝、羯鼓。
　　　　　西披画飞天 9 身，其中飞天乐伎 5 身。乐器有：曲颈琵琶、直颈琵琶、笙、排箫、竖箜篌。
　　　　南壁　东起第一铺画十一面千手眼观音变。
　　　　　华盖两侧画飞天伎 2 身，乐器有：竖笛、横笛。观音左侧一只手中持金刚铃，右侧一只手中持贝。
　　　　　观音左右两侧画菩萨伎乐 3 身，其中 1 身舞蹈，1 身持凤首箜篌（琴弦模糊）、1 身持金刚铃。
　　　　　东起第二铺画不空绢索观音变。
　　　　　上画不鼓自鸣乐器 4 件：笙、横笛、义觜笛、钹。
　　　　　观音华盖左右画飞天 2 身。
　　　　　观音两侧画菩萨伎乐 8 身，其中 1 身舞蹈，7 身持乐器。
　　　　　左侧：贝；
　　　　　右侧：金刚铃、凤首箜篌、横笛、拍板（6 片）、笙、贝。
　　　　　东起第三铺画十一面观音变。
　　　　　右侧画世俗乐舞图 1 幅，舞伎 1 身居中；乐伎 2 身分列两侧，左侧 1 身吹横笛，右侧 1 身奏拍板。共画乐舞伎 3 身。
　　　　　观音座下画迦陵频伽 3 身，双手托莲座（须弥座）。
　　　　　东起第四铺画毗卢遮那并八大菩萨曼荼罗。
　　　　　上画不鼓自鸣乐器 1 件：排箫。
　　　　　观音左上画奏乐天王 1 身，演奏四弦曲颈琵琶（拨奏）。观音右侧画菩萨伎乐 2 身，其中 1 身舞蹈，1 身持贝。
　　　　北壁　西起第一铺画金刚萨埵并八大菩萨曼荼罗。
　　　　　观音华盖两侧画飞天 2 身。
　　　　　观音手持金刚铃 1 件。
　　　　　观音右上画奏乐天王 1 身，演奏直颈琵琶（拨奏）。
　　　　　观音两侧画菩萨伎乐 4 身，其中 1 身舞蹈，3 身持乐器。
　　　　　左侧：凤首箜篌；
　　　　　右侧：四弦直颈琵琶（拨奏）、贝。
　　　　　观音宝座背屏左、右各画迦陵频伽 1 身，

　　　　　　　左侧 1 身手托莲蕾状物，右侧 1 身手
　　　　　　托莲花。
　　　　　西起第二铺画观音经变。
　　　　　右下画飞天 2 身。
　　　　　西起第三铺画如意轮观音变。
　　　　　上画不鼓自鸣乐器 2 件：直颈琵琶、拍板。
　　　　　华盖左右画飞天 2 身。
　　　　　主尊两侧画菩萨伎乐 4 身，其中 1 身舞蹈，
　　　　　　　3 身奏乐，乐器有：琵琶、贝、金刚铃。
　　　　　西起第四铺画千手千钵文殊经变。
　　　　　上画飞天伎 2 身，乐器有：拍板、琵琶。
　　　　　文殊两侧画菩萨伎乐 2 身，其中 1 身舞蹈，
　　　　　　　1 身演奏凤首箜篌。
　　　　东壁 门上画飞天 2 身、化生伎乐 2 身。
　　　　　门北文殊经变中画乐队 1 组，共画乐伎 5
　　　　　　　身。乐器有：拍板、直颈琵琶（拨奏）、
　　　　　　　排箫、竖笛、笙。
　　　　　华盖两侧画飞天 2 身，乐器模糊。
　　　　　门南普贤经变中画乐队 1 组，共画乐伎 5
　　　　　　　身。乐器有：笙、钹、琵琶（搊弹）、
　　　　　　　筚篥、横笛。
　　　　　华盖两侧画飞天 2 身，图像模糊。
合　　计：此窟画不鼓自鸣乐器 13 件（1 件模糊）；
　　　　　飞天 27 身，其中飞天乐伎 9 身，乐器 9 件；
　　　　　菩萨伎乐 23 身，乐器 17 件；奏乐天王 2
　　　　　身，乐器 2 件；经变乐舞图 1 幅，乐队 1 组，
　　　　　舞伎 1 身，乐伎 6 身，乐器 6 件；迦陵频
　　　　　伽 7 身；文殊经变、普贤经变各 1 铺，乐
　　　　　队 2 组，乐伎 10 身，乐器 10 件；壸门伎
　　　　　乐 24 身，乐器 8 件；化生伎乐 2 身；世俗
　　　　　乐舞图 1 幅，舞伎 1 身，乐伎 2 身，乐器
　　　　　2 件。
乐器种类：拍板 9 件、横笛 6 件、筚篥 2 件、排箫 6
　　　　　件、凤首箜篌 5 件、笙 6 件、筝 3 件、琵
　　　　　琶 12 件（其中四弦琵琶 2 件）、细腰鼓 1 件、
　　　　　竖箜篌 2 件、羯鼓 1 件、竖笛 2 件、义觜

　　　　　笛 1 件、钹 2 件、金刚铃 5 件、贝 6 件。
　　　　　共 69 件。模糊乐器 3 件。
舞蹈种类：长巾独舞 1 组、民间舞 1 组、菩萨独舞 6 组。

第 015 窟

时　　代：晚唐（宋重修）
形　　制：覆斗形顶，西壁开一龛。
内　　容：主室 南壁 东起第二铺画观无量寿经变。
　　　　　左上钟楼内挂大钟 1 件。
　　　　　下画乐舞图 1 幅，共画乐舞伎 7 身。长巾
　　　　　　　舞伎 1 身居中；图像模糊，可见右侧
　　　　　　　3 身，乐器有：筚篥、竖箜篌、横笛。
合　　计：此窟画经变乐舞图 1 幅，乐队 1 组，舞伎
　　　　　1 身，乐伎 3 身，乐器 3 件。
乐器种类：大钟 1 件、筚篥 1 件、竖箜篌 1 件、横笛
　　　　　1 件。共 4 件。
舞蹈种类：长巾独舞 1 组。

第 018 窟

时　　代：晚唐（元重修）
形　　制：覆斗形顶，西壁开一龛。
内　　容：主室 窟顶 藻井井心画迦陵频伽 1 身，立
　　　　　于莲花上击细腰鼓。
　　　　　四披各画飞天 3 身，共 12 身。其中飞天
　　　　　　　乐伎 8 身。
　　　　　南披：钲、细腰鼓；
　　　　　西披：直颈琵琶（右手按弦，左手弹奏）、
　　　　　　　排箫；
　　　　　北披：笙、拍板；
　　　　　东披：钹、直颈琵琶。
　　　　　南壁 东起第二铺画观无量寿经变。
　　　　　上画不鼓自鸣乐器 4 件，自东至西依次为：

义觜笛、拍板、横笛、排箫。
左上钟楼内挂大钟1件。
下画乐舞图1幅，共画乐舞伎9身。细腰鼓舞伎1身居中；乐伎8身，对称分列两侧。
左侧：拍板、四弦直颈阮（搊弹）、鼗鼓与鸡娄鼓（1身兼奏）、笙；
右侧：曲颈琵琶、筝、筚篥、排箫。
西壁　马蹄形佛床下共有壸门9个，画壸门伎乐8身，乐器有：竖箜篌、排箫、拍板（5片）、竖笛、横笛、琵琶、筚篥、筝。
佛龛南侧普贤经变中画乐队1组，共画乐伎4身。乐器有：横笛、竖笛、琵琶、拍板。
华盖两侧画飞天2身，其中飞天乐伎1身，演奏横笛。
佛龛北侧文殊经变中画乐队1组，共4身。乐器有：拍板、排箫、笙、1件模糊画乐伎。
华盖两侧画飞天2身，其中飞天乐伎1身，演奏竖笛。
北壁　西起第一铺画药师经变。
左上钟楼内挂大钟1件。
下画乐舞图1幅，共画乐舞伎9身。长巾舞伎1身居中；乐伎8身，对称分列两侧。
左侧：四弦直颈琵琶（拨奏）、竖笛、笙、拍板（7片）；
右侧：排箫（16管）、筚篥、横笛、竖箜篌。
乐队两侧栏杆上各画共命鸟1身，左侧1身弹琵琶，右侧模糊。
下画迦陵频伽2身，手托供品，立于平台栏杆处。
西起第二铺画金刚经变。
下画乐舞图1幅，共画乐舞伎7身。长巾

舞伎1身居中；乐伎6身，对称分列两侧。
左侧：竖笛、笙、直颈琵琶；
右侧：竖笛、羯鼓、拍板（4片）。
合　　计：此窟画不鼓自鸣乐器4件；飞天16身，其中飞天乐伎10身，乐器10件；经变乐舞图3幅，舞伎3身，乐队3组，乐伎22身，乐器23件；迦陵频伽3身，乐器1件；共命鸟2身，乐器1件；文殊经变、普贤经变各1铺，乐队2组，乐伎8身，乐器7件；壸门伎乐8身，乐器8件。
乐器种类：细腰鼓3件、钹1件、琵琶8件（其中四弦琵琶1件）、钲1件、排箫6件、笙5件、拍板8件、义觜笛1件、鼗鼓1件、鸡娄鼓1件、阮1件、筚篥3件、筝2件、竖箜篌2件、竖笛6件、横笛5件、羯鼓1件、大钟2件。共57件。模糊乐器1件。
舞蹈种类：细腰鼓独舞1组、长巾独舞2组。

第019窟

时　　代：晚唐
形　　制：覆斗形顶，西壁开一龛。
内　　容：南壁　画观无量寿经变一铺。
上画不鼓自鸣乐器1件：直颈琵琶。
华盖下画飞天2身。
下画乐舞图1幅，共画乐舞伎9身。长巾舞伎1身居中；乐伎8身，对称分列两侧；图像漫漶。
左侧：拍板、笙、竖笛、竖箜篌；
右侧：拍板、排箫、横笛、筝。
下残，经变画最下方残存迦陵频伽2身。
北壁　画报恩经变一铺。
上画不鼓自鸣乐器6件：筚篥、排箫、直颈琵琶、细腰鼓、笙、筚篥。

　　　　　下画乐舞图1幅，共画乐舞伎7身。细腰
　　　　　　鼓舞伎1身居中；乐伎6身，对称分
　　　　　　列两侧。
　　　　　左侧：拍板、排箫、竖笛；
　　　　　右侧：琵琶、笙、1件模糊。
合　　计：此窟画不鼓自鸣乐器7件；飞天2身；经
　　　　　变乐舞图2幅，乐队2组，舞伎2身，乐
　　　　　伎14身，乐器13件；迦陵频伽2身。
乐器种类：琵琶3件、竖箜篌1件、竖笛2件、笙3
　　　　　件、拍板3件、筝1件、横笛1件、排箫
　　　　　3件、细腰鼓2件、筚篥2件。共21件。
　　　　　模糊乐器1件。
舞蹈种类：长巾独舞1组、细腰鼓独舞1组。

第020窟

时　　代：晚唐（清重修）
形　　制：覆斗形顶，西壁开一龛。
内　　容：主室 南壁 东起第二铺画观无量寿经变。
　　　　　下画乐舞图1幅，共画乐舞伎7身。长巾
　　　　　　舞伎1身居中；乐伎6身，对称分列
　　　　　　两侧。
　　　　　左侧：拍板、横笛、竖箜篌；
　　　　　右侧：琵琶、筚篥、拍板。
　　　　　北壁 西起第一铺画药师经变，图像漫漶。
　　　　　下画乐舞图1幅，共画乐舞伎7身。舞伎
　　　　　　1身居中；乐伎6身，对称分列两侧。
　　　　　左侧：笙、琵琶（拨奏）、拍板；
　　　　　右侧：筚篥、横笛、答腊鼓。
合　　计：此窟画经变乐舞图2幅，舞伎2身，乐队
　　　　　2组，乐伎12身，乐器12件。
乐器种类：竖箜篌1件、横笛2件、拍板3件、筚篥2件、
　　　　　琵琶2件、笙1件、答腊鼓1件。共12件。
舞蹈种类：长巾独舞2组。

第022窟

时　　代：五代（清重修）
形　　制：前部覆斗形顶，后部平顶，有中心柱，柱
　　　　　东向面开一龛。
内　　容：主室 南壁 东起第一铺画报恩经变，图像
　　　　　漫漶。
　　　　　上画不鼓自鸣乐器4件：筝、横笛、1件
　　　　　　模糊、拍板。
　　　　　下画乐舞图1幅，共画乐舞伎10身。舞
　　　　　　伎2身居中，1身击细腰鼓、1身反
　　　　　　弹琵琶；左侧乐伎残损，右侧乐伎4身，
　　　　　　乐器仅存阮1件。
　　　　　南壁东起第二铺画药师经变。
　　　　　上画不鼓自鸣乐器4件：2件模糊、筝、
　　　　　　琵琶。
　　　　　左上钟楼内挂大钟1件。
　　　　　下画乐舞图1幅，共画乐舞伎17身。长
　　　　　　巾舞伎1身居中；乐伎16身，分列两
　　　　　　侧。图像漫漶，可见乐器4件。
　　　　　左侧：竖箜篌、筝、凤首箜篌；
　　　　　右侧：四弦琵琶。
合　　计：此窟画不鼓自鸣乐器8件（3件模糊）；经
　　　　　变乐舞图2幅，舞伎3身，乐队2组，乐
　　　　　伎20身，乐器5件。
乐器种类：筝3件、横笛1件、拍板1件、细腰鼓1件、
　　　　　琵琶3件（其中四弦琵琶1件）、阮1件、
　　　　　凤首箜篌1件、竖箜篌1件、大钟1件。
　　　　　共13件。模糊乐器3件。
舞蹈种类：长巾独舞1组、反弹琵琶与细腰鼓双人舞
　　　　　1组。

第023窟

时　代：盛唐（中唐、五代重画，清重修塑像）
形　制：覆斗形顶，西壁开一龛。
内　容：主室 北壁 画法华经变一铺。
　　　　左上画世俗乐舞图1幅，共7人。1人单腿独立，双手上举，于塔前跳舞；乐伎6人坐于毯上奏乐。乐器有：横笛、鸡娄鼓、细腰鼓、拍板、竖笛、羯鼓（手拍）。
合　计：此窟画世俗乐舞图1幅，舞伎1人，乐伎6人，乐器6件。
乐器种类：横笛1件、鸡娄鼓1件、细腰鼓1件、拍板1件、竖笛1件、羯鼓1件。共6件。
舞蹈种类：民间舞1组。

第025窟

时　代：宋
形　制：覆斗形顶，西壁开一龛。
内　容：主室 窟顶 四披垂幔下画飞天16身，每披4身。其中飞天乐伎9身。
　　　　南披：琵琶、竖箜篌；
　　　　西披：拍板、筝；
　　　　北披：排箫、钹、直颈琵琶（搦弹）；
　　　　东披：笙、拍板。
　　　　南壁 画劳度叉斗圣变一铺。
　　　　中画大鼓1件，大钟1件，均悬挂于木架上，比丘撞钟，外道击鼓。
　　　　西壁 佛龛南侧普贤经变中画乐队1组，共3身。乐器有：拍板、竖笛、横笛。
　　　　华盖两侧画飞天2身。
　　　　佛龛北侧文殊经变中画乐队1组，共画乐伎4身，立于狮前。乐器有：拍板、笙、横笛、竖笛。
　　　　华盖两侧画飞天2身。
　　　　东壁 门北侧残存飞天乐伎2身，乐器有：竖笛、拍板；
　　　　门南侧残存飞天乐伎1身，乐器模糊。
合　计：此窟画飞天23身，其中飞天乐伎11身，乐器11件；劳度叉斗圣变1铺，乐器2件；文殊经变、普贤经变各1铺，乐队2组，乐伎7身，乐器7件。
乐器种类：笙2件、排箫1件、钹1件、琵琶2件、拍板5件、筝1件、竖箜篌1件、竖笛3件、大鼓1件、大钟1件、横笛2件。共20件。模糊乐器1件。

第027窟

时　代：盛唐（西夏、清重修）
形　制：覆斗形顶，西壁开一龛。
内　容：主室 西壁 佛龛顶西夏画飞天4身，均持花。
合　计：此窟画飞天4身。

第029窟

时　代：晚唐（西夏、清重修）
形　制：覆斗形顶，西壁开一龛。
内　容：甬道 北壁 画菩萨伎乐1身，持金刚铃。
　　　　主室 窟顶 四披下部西夏画飞天26身，其中飞天乐伎12身。
　　　　南披：排箫、竖箜篌、四弦曲颈琵琶、筚篥；
　　　　西披：钹、拍板；
　　　　北披：竖笛、手鼓（右手持鼓，左手持杖）、横笛、笙；
　　　　东披：凤首箜篌、筚篥。
　　　　西壁 佛龛内四壁西夏画散花飞天10身。
合　计：此窟画飞天36身，其中飞天乐伎12身，乐器 12 件；菩萨伎乐 1 身，乐器 1 件。
乐器种类：金刚铃 1 件、排箫 1 件、竖箜篌 1 件、四弦琵琶 1 件、筚篥 2 件、钹 1 件、拍板 1 件、竖笛 1 件、手鼓 1 件、横笛 1 件、笙 1 件、凤首箜篌 1 件。共 13 件。

第 030 窟

时　代：晚唐（五代、西夏、清重修）
形　制：覆斗形顶，西壁开一龛。
内　容：主室　西壁　佛龛顶西夏画飞天 6 身。
合　计：此窟画飞天 6 身。

第 031 窟

时　代：中唐（五代、清重修）
形　制：覆斗形顶，西壁开一龛。
内　容：前室　门南上五代画迦陵频伽 1 身。
　　　　南壁　五代画文殊经变一铺。
　　　　华盖两侧画飞天 4 身。
合　计：此窟画飞天 4 身；迦陵频伽 1 身。

第 032 窟

时　代：盛唐（中唐、五代重修）
形　制：覆斗形顶，西壁开一龛。
内　容：前室　南壁　五代画飞天 2 身。
　　　　主室　南壁　中唐画飞天 2 身。
　　　　西壁　佛龛顶画飞天 2 身。
合　计：此窟画飞天 6 身。

第 033 窟

时　代：盛唐（中唐、五代、清重修）
形　制：覆斗形顶，西壁开一龛。
内　容：主室　窟顶　四披画飞天一周，每披 2 身，共 8 身。
　　　　西壁　佛龛顶残存飞天 3 身。
　　　　北壁　说法图华盖两侧画飞天童子 2 身。
合　计：此窟画飞天 11 身；飞天童子 2 身。

第 034 窟

时　代：盛唐（五代、宋、清重修）
形　制：覆斗形顶，西壁开一龛。
内　容：主室　西壁　佛龛顶华盖周围宋画飞天 4 身。
　　　　佛龛两侧宋画飞天 2 身。
　　　　东壁　门上宋画飞天 2 身。
合　计：此窟画飞天 8 身。

第 035 窟

时　代：五代（宋重修）
形　制：覆斗形顶，西壁开一龛。
内　容：主室　西壁　佛龛外宋画飞天 4 身。
合　计：此窟画飞天 4 身。

第 038 窟

时　代：盛唐（五代、西夏重修）
形　制：覆斗形顶，西壁开一龛。
内　容：主室　西壁　佛龛顶残存飞天 4 身。
合　计：此窟画飞天 4 身。

第039窟

时　　代：盛唐（五代、西夏、清重修）
形　　制：前部人字披顶，后部平顶。有中心柱，柱东向面开一龛。南、西、北壁各开一龛。
内　　容：主室　中心柱　南向面五代画壸门伎乐3身，乐器有：曲颈琵琶、竖箜篌、横笛。
　　　　　北向面五代画壸门伎乐3身，乐器有：竖笛、筝、拍板。
　　　　　南壁　佛龛内顶华盖两侧画散花飞天2身。
　　　　　西壁　佛龛内顶唐塑涅槃经变一铺。
　　　　　上画飞天5身，均托莲花。
　　　　　北壁　佛龛内顶华盖两侧画散花飞天2身。
　　　　　东壁　门北五代画普贤经变一铺。
　　　　　上画飞天2身。
　　　　　下画乐队1组，共画乐伎3身。乐器有：拍板、筚篥、横笛。
　　　　　门南五代画文殊经变一铺。
　　　　　上画飞天2身。
　　　　　下画乐队1组，共画乐伎4身。乐器有：拍板、竖箜篌、阮（搊弹）、竖笛。
合　　计：此窟画飞天13身；文殊经变、普贤经变各1铺，乐队2组，乐伎7身，乐器7件；壸门伎乐6身，乐器6件。
乐器种类：琵琶1件、竖箜篌2件、横笛2件、竖笛2件、筚篥1件、筝1件、拍板3件、阮1件。共13件。

第040窟

时　　代：五代
形　　制：覆斗形顶，西壁塑像。
内　　容：窟顶　西披华盖两侧画散花飞天2身。
合　　计：此窟画飞天2身。

第044窟

时　　代：盛唐（中唐、五代重修）
形　　制：前部人字披顶，后部平顶。有中心柱，柱东向面开一龛。南、北壁各开二龛。
内　　容：前室　西壁　门北下画乐舞图1幅，图像漫漶。长巾舞伎1身居中；乐伎人数不详，可见乐器4件。
　　　　　左侧：四弦琵琶、拍板；
　　　　　右侧：拍板、竖箜篌。
　　　　　主室　南壁　中唐画观无量寿经变一铺。
　　　　　上画不鼓自鸣乐器18件：排箫、钲、竖箜篌、横笛、鸡娄鼓、笙、竖笛、拍板、排箫、直颈琵琶、横笛、筝、拍板、答腊鼓、古琴、排箫、笛、鸡娄鼓。
　　　　　左上画1人持手鼓。
　　　　　下画乐舞图1幅，分上、下两层。
　　　　　上层乐舞1组，共画乐舞伎9身。长巾舞伎1身居中；乐伎8身，对称分列两侧。
　　　　　左侧：鸡娄鼓（置于腿上）、答腊鼓、羯鼓（置于腿上）、拍板；
　　　　　右侧：直颈琵琶、竖笛、横笛、拍板。
　　　　　下层画鸟乐舞1组。孔雀1只居中舞蹈，下画鹦鹉、鹤各1只；迦陵频伽4身分列两侧奏乐，乐器有：琵琶、拍板、排箫，另1件乐器模糊。
　　　　　东起第一龛顶两侧画飞天2身。
　　　　　西壁　中唐画涅槃变一铺。
　　　　　上画散花飞天6身。
　　　　　北壁　西起第一龛顶画飞天乐伎2身。乐器有：竖笛、阮（搊弹）。
　　　　　西起第二龛顶画飞天乐伎2身，乐器有：四弦曲颈琵琶、竖笛。
　　　　　盛唐画西方净土变一铺。
　　　　　上画不鼓自鸣乐器4件：细腰鼓、羯鼓、四弦曲颈琵琶、答腊鼓。

下画乐舞图1幅，乐伎6身，对称分列两侧。
左侧：鼗鼓与鸡娄鼓（1身兼奏）、答腊鼓、
　　　羯鼓（手击）；
右侧：1件模糊、竖笛、排箫。
乐伎左上、右上分别画迦陵频伽、共命鸟
　　　各1身，乐器模糊。
东壁　门北中唐画观无量寿经变一铺。
上画不鼓自鸣乐器6件：拍板、毛员鼓、
　　　羯鼓、排箫、筝、直颈琵琶。
主尊两侧画迦陵频伽2身。
下画乐舞图1幅，共画乐舞伎7身。长巾
　　　舞伎1身居中；乐伎6身对称分列两侧。
左侧：笙、排箫、拍板；
右侧：竖笛、琵琶、横笛。
下画鸟乐舞1组。迦陵频伽2身奏乐，乐
　　　器模糊；孔雀1只、鹦鹉2只。
门南中唐画天请问经变一铺。
华盖两侧画飞天2身。
合　计：此窟画不鼓自鸣乐器28件；飞天14身，
　　　其中飞天乐伎4身，乐器4件；经变乐舞
　　　图4幅，乐队5组，舞伎3身，乐伎24身，
　　　乐器24件；迦陵频伽9身，乐器3件。
乐器种类：手鼓1件、琵琶8件（其中四弦琵琶3件）、
　　　拍板9件、竖箜篌2件、排箫7件、横笛
　　　4件、鼗鼓1件、鸡娄鼓4件、笙2件、
　　　竖笛6件、筝2件、古琴1件、答腊鼓4件、
　　　阮1件、细腰鼓1件、羯鼓4件、毛员鼓
　　　1件、钲1件、笛1件。共60件。模糊
　　　乐器6件。
舞蹈种类：长巾独舞3组、迦陵频伽舞2组。

第045窟

时　代：盛唐（中唐、五代重修）
形　制：覆斗形顶，西壁开一龛。
内　容：主室　南壁　画观音经变一铺。
左侧画雷公击鼓图1幅，雷鼓1组，可见
　　　10面。
北壁　画观无量寿经变一铺。
上画不鼓自鸣乐器7件，自西至东依次为：
　　　笙、1件模糊、义觜笛、细腰鼓、拍板、
　　　细腰鼓、排箫。
下画乐舞图1幅，共画乐舞伎16身。长
　　　巾舞伎2身居中；乐伎14身，对称分
　　　列两侧，每侧两排。
左侧前排：竖笛、羯鼓（2杖击）、钹；
左侧后排：义觜笛、拍板、排箫、笙；
右侧前排：鼗鼓与鸡娄鼓（1身兼奏）、都
　　　昙鼓、竖箜篌；
右侧后排：曲颈琵琶（拨奏）、1件模糊、
　　　排箫、竖笛。
下画迦陵频伽2身，乐器有：笙、筚篥。
合　计：此窟画不鼓自鸣乐器7件（1件模糊）；经
　　　变乐舞图1铺，乐队1组，舞伎2身，乐
　　　伎14身，乐器14件；迦陵频伽2身，乐
　　　器2件。
乐器种类：笙3件、义觜笛2件、细腰鼓2件、拍板2件、
　　　排箫3件、竖笛2件、羯鼓1件、钹1件、
　　　鼗鼓1件、鸡娄鼓1件、都昙鼓1件、竖
　　　箜篌1件、琵琶1件、筚篥1件、雷鼓1组。
　　　共23件（组）。模糊乐器2件。
舞蹈种类：长巾双人舞2组。

第046窟

时　代：盛唐（五代、宋重修）
形　制：覆斗形顶，南、西、北壁各开一龛。
内　容：主室　南壁　涅槃龛内顶画散花飞天2身。
合　计：此窟画飞天2身。

第047窟

时　代：盛唐（中唐、五代重修）
形　制：覆斗形顶，西壁开一龛。
内　容：主室　西壁　佛龛顶画飞天2身。
合　计：此窟画飞天2身。

第050窟

时　代：盛唐（西夏重修）
形　制：覆斗形顶，西壁开一龛。
内　容：主室　西壁　佛龛顶南、北两侧各画飞天2身，共4身。
合　计：此窟画飞天4身。

第053窟

时　代：中唐（五代重修）
形　制：覆斗形顶，西壁开一龛。
内　容：主室　窟顶　藻井垂幔下画飞天16身，每披4身，图像漫漶，可见飞天乐伎9身。
　　　　南披：竖箜篌、细腰鼓、横笛、排箫；
　　　　西披：筝、竖箜篌；
　　　　北披：直颈琵琶；
　　　　东披：琵琶、笙。
　　　　北披华严海中可见羯鼓1件。
合　计：此窟画飞天16身，其中飞天乐伎9身，乐器9件；华严海中乐器1件。
乐器种类：筝1件、竖箜篌2件、琵琶2件、笙1件、细腰鼓1件、横笛1件、排箫1件、羯鼓1件。共10件。

第054窟

时　代：晚唐
形　制：覆斗形顶，西壁开一龛。
内　容：主室　西壁　龛外北侧文殊经变中画乐伎1身，弹琵琶（拨奏）。
　　　　龛外南侧普贤经变中画乐伎1身，吹笙。
　　　　北壁　千手千钵文殊经变　左右两侧画菩萨伎乐4身，其中1身舞蹈，3身奏乐，乐器有凤首箜篌、琵琶（拨奏）、笙。
合　计：此窟画文殊经变、普贤经变各1铺，乐伎2身，乐器2件；菩萨伎乐2身，乐器2件。
乐器种类：琵琶2件、笙2件、凤首箜篌1件。共5件。
舞蹈种类：菩萨独舞1组。

第055窟

时　代：宋（西夏重修）
形　制：覆斗形顶，设中心佛坛，坛上背屏连接窟顶。
内　容：甬道　南壁　残存西夏画飞天5身，其中飞天乐伎2身，乐器有：细腰鼓、凤首箜篌。
　　　　北壁　残存西夏画飞天5身，其中飞天乐伎2身，乐器有：钹、排箫。
　　　　主室　中心佛坛　背屏上画飞天乐伎2身，分别演奏竖箜篌、答腊鼓。
　　　　背屏后甬道上画飞天2身。
　　　　窟顶　藻井垂幔下共画飞天24身，每披6

身。其中飞天乐伎21身。
南披：竖笛、横笛、笙、铙（模糊）、筝；
西披：排箫、琵琶、钹、竖笛、笙；
北披：鸡娄鼓、细腰鼓、竖箜篌、笙篥、直颈琵琶、方响；
东披：钹、细腰鼓、贝、手鼓、琵琶。
南披画法华经变。
中画乐舞图1幅。舞伎2身居中，1身跳长巾舞、1身反弹琵琶；乐伎8身，对称分列两侧。
左侧：拍板、排箫、竖笛、琵琶（拨奏）；
右侧：拍板、琵琶（拨奏）、横笛、笙。
东披画楞伽经变。
下画百戏图1幅，共9身。1身居中表演缘竿，2身在竿旁跳长袖舞，2身在旁护持。4身坐于地上奏乐，乐器有：拍板、竖笛、笙、横笛。
窟顶东北角画奏乐天王及部众，天王弹四弦曲颈琵琶（拨奏）。两侧部众乐伎3身，演奏横笛、竖笛、拍板。
南壁 东起第二铺画观无量寿经变。
右上钟楼内挂大钟1件。
下画乐舞图1幅，共2组，分上、下两层排列。
上层乐舞1组，共画乐舞伎16身。舞伎2身居中，1身击细腰鼓、1身反弹琵琶（四弦直颈）；乐伎14身，对称分列两侧，每侧两排。
左侧前排：竖笛、筝（4弦）、曲颈琵琶（拨奏）、拍板；
左侧后排：横笛、钹、笙；
右侧前排：琵琶、竖笛、羯鼓（置于腿上，一侧手击、一侧杖击）、拍板；
右侧后排：竖箜篌、笙篥、横笛。
下层画鸟乐舞1组。共画迦陵频伽5身，1身居中舞蹈，四角各画1身奏乐，乐器有：笙、琵琶、拍板、竖笛。另有孔雀、鹤、鹦鹉各1只。
东起第三铺画报恩经变。
下画乐舞图1幅，共画乐舞伎13身。长巾舞伎1身居中；乐伎12身，对称分列两侧，每侧两排。
左侧前排：竖笛、横笛、曲颈琵琶；
左侧后排：拍板、竖箜篌、铙；
右侧前排：横笛、竖笛、曲颈琵琶；
右侧后排：拍板、笙、排箫。
西壁 画劳度叉斗圣变一铺。
左、右两侧分别画大钟1件、大鼓1件，均悬挂于木架上，比丘撞钟，外道击鼓。
北壁 西起第二铺画思益梵天问经变。
下画乐舞图1幅。乐伎10身，对称分列两侧，每侧两排。
左侧前排：筝、拍板；
左侧后排：手鼓、竖笛、竖箜篌；
右侧前排：笙篥、笙；
右侧后排：曲颈琵琶（拨奏）、排箫、细腰鼓；
西起第三铺画药师经变。
右上钟楼内挂大钟1件。
下画乐舞图1幅，共画乐舞伎14身。舞伎2身居中，1身舞长巾、1身反弹琵琶（曲颈）；乐伎12身，对称分列两侧，每侧两排。
左侧前排：横笛、四弦曲颈琵琶（拨奏）、拍板；
左侧后排：竖笛、笙、排箫；
右侧前排：四弦直颈琵琶（拨奏）、笙篥、拍板；
右侧后排：笙、横笛、钹。
经变右上画乐伎1身，演奏琵琶。
东壁 门北画密严经变一铺。
上画不鼓自鸣乐器7件，自北至南依次为：细腰鼓、四弦曲颈琵琶、1件模糊、

　　　　　　曲颈琵琶、笙、1件模糊、筝。
　　　　　主尊下方画迦陵频伽舞伎7身。
　　　　　门上两侧画飞天2身。左侧散花，右侧乐
　　　　　　器不清。
　　　　　门南侧画金光明最胜王经变一铺。
　　　　　上画不鼓自鸣乐器5件，自北至南依次为：
　　　　　　筝、拍板、笛、拍板、筚篥。
　　　　　下画乐舞图1幅，共画乐舞伎9身。长巾
　　　　　　舞伎1身居中；乐伎8身，分列两侧。
　　　　　左侧：筝、筚篥、横笛、拍板；
　　　　　右侧：四弦曲颈琵琶（拨奏）、竖笛、1件
　　　　　　模糊、拍板。
　　　　　乐舞图左侧画婆罗门1身，杖击大鼓。
合　　计：此窟画不鼓自鸣乐器12件（2件模糊）；
　　　　　飞天40身，其中飞天乐伎27身，乐器
　　　　　27件；奏乐天王1身、部众乐伎3身，乐
　　　　　器4件；经变乐舞图6幅，乐队7组，舞
　　　　　伎8身，乐伎64身，乐器63件，婆罗门
　　　　　1身，乐器1件；迦陵频伽12身，乐器4件；
　　　　　劳度叉斗圣变1铺，乐器2件；世俗乐舞
　　　　　图2幅，乐伎2身，乐器2件；百戏图1幅，
　　　　　杂技1身，护持2身，舞伎2身，乐伎4身，
　　　　　乐器4件。
乐器种类：细腰鼓6件、凤首箜篌1件、钹5件、铙
　　　　　2件、排箫6件、竖箜篌5件、答腊鼓1件、
　　　　　琵琶21件（其中四弦琵琶6件）、筝6件、
　　　　　横笛11件、竖笛13件、拍板16件、笙
　　　　　11件、羯鼓1件、筚篥6件、大钟3件、
　　　　　大鼓2件、笛1件、鸡娄鼓1件、贝1件、
　　　　　手鼓2件、方响1件。共122件。模糊乐
　　　　　器4件。
舞蹈种类：长巾独舞2组、细腰鼓与反弹琵琶双人舞
　　　　　1组、长巾与反弹琵琶双人舞2组、长袖
　　　　　双人舞1组、迦陵频伽舞2组。

第056窟

时　　代：隋
形　　制：覆斗形顶，南、西、北壁各开一龛。
内　　容：主室　四壁　佛龛内画散花飞天8身。其中
　　　　　南壁龛内2身、西壁龛内4身、北壁龛内
　　　　　2身。
　　　　　四壁上残存飞天36身，其中飞天乐伎16身。
　　　　　南壁10身，乐器4件：细腰鼓、竖笛、竖
　　　　　　箜篌、琵琶；
　　　　　西壁8身，乐器6件：横笛、竖笛、五弦
　　　　　　直颈琵琶、琵琶、竖箜篌、笙；
　　　　　北壁10身，乐器3件：琵琶、琵琶、竖笛；
　　　　　东壁8身，残存3身，乐器有：琵琶、竖箜篌、
　　　　　　笙。
合　　计：此窟画飞天44身，其中飞天乐伎16身，
　　　　　乐器16件。
乐器种类：细腰鼓1件、竖笛3件、竖箜篌3件、琵
　　　　　琶6件（其中五弦琵琶1件）、横笛1件、
　　　　　笙2件。共16件。

第057窟

时　　代：初唐（晚唐重修）
形　　制：覆斗形顶，西壁开一龛。
内　　容：主室　窟顶　藻井周围画散花飞天12身。
　　　　　南壁　说法图华盖两侧画飞天2身。
　　　　　西壁　佛龛内外共画飞天14身，其中2身
　　　　　　髽首；画飞天童子2身。
　　　　　佛龛北侧乘象入胎中画菩萨伎乐3身，其
　　　　　　中2身站立于象牙上，演奏笙、曲颈
　　　　　　琵琶（拨奏），1身立于象后，弹琵琶。
　　　　　北壁　说法图华盖两侧画飞天2身。
　　　　　东壁　门南、北各画飞天2身。
合　　计：此窟画飞天34身；飞天童子2身；菩萨伎

乐 3 身，乐器 3 件。
乐器种类：笙 1 件、琵琶 2 件。共 3 件。

第 058 窟

时　代：初唐（宋重修）
形　制：覆斗形顶，西壁开一龛。
内　容：主室　窟顶　藻井东、南、北各画飞天 1 身。
　　　　西壁　佛龛两侧宋画飞天 2 身。
合　计：此窟画飞天 5 身。

第 060 窟

时　代：初唐
形　制：覆斗形顶，西壁开一龛。
内　容：南壁　说法图中菩提树两侧画飞天 2 身。
　　　　西壁　佛龛内画散花飞天 2 身。
　　　　北壁　上部右侧画飞天 1 身。
合　计：此窟画飞天 5 身。

第 061 窟

时　代：五代（元重修）
形　制：覆斗形顶，设中心佛坛，佛坛背屏连接顶部。
内　容：甬道　南壁　画金星怀抱琵琶（包裹于布中）。
　　　　北壁　画金星怀抱琵琶。
　　　　主室　中心佛坛　背屏顶画飞天乐伎 6 身，自南至北依次为：拍板、钹、排箫、拍板、横笛、琵琶。
　　　　背屏后甬道南、北侧上画散花飞天 9 身，其中南侧 3 身、北侧 6 身。

正西面画菩萨伎乐 1 身，坐于莲花上演奏排箫。
马蹄形佛坛下共有壸门 51 个，内画伎乐，乐器可见笙 1 件，其余模糊。
南壁　东起第一铺画报恩经变。
下画乐舞图 1 幅，共画乐舞伎 11 身。长巾舞伎 1 身居中；乐伎 10 身，对称分列两侧，每侧两排。
左侧前排：笙、竖箜篌、拍板（4 片）；
左侧后排：筚篥、横笛；
右侧前排：曲颈琵琶（拨奏）、横笛、拍板（5 片）；
右侧后排：竖笛、排箫。
下画树下弹琴图 1 铺，1 人抚琴、1 人听琴。
东起第二铺画法华经变。
左上画舞伎 3 身。
火宅喻品中画乐舞图 1 幅，共 3 人。长袖舞伎 1 身居中；乐伎 2 身，左侧 1 身奏拍板、右侧 1 身乐器模糊。
东起第三铺画阿弥陀经变。
上画不鼓自鸣乐器 9 件，自东至西为：横笛、排箫、横笛、筝、阮、横笛、拍板、钹、横笛。
左上钟楼内挂大钟 1 件。
下画乐舞图 1 幅，分上、下两层排列。
上层画乐舞 1 组，共 11 身。长巾舞伎 1 身居中；乐伎 10 身，对称分列两侧，每侧两排。
左侧前排：横笛、竖箜篌、拍板；
左侧后排：笙、筚篥；
右侧前排：筝、毛员鼓、拍板；
右侧后排：直颈琵琶（拨奏）、排箫。
下层画迦陵频伽乐舞 1 组，共 7 身。其中宝池的平台上 5 身，1 身居中演奏琵琶，另 4 身分列两侧奏乐。
左侧：筚篥、拍板；

右侧：横笛、拍板。

宝池中 2 身，1 身奏拍板、1 身模糊。

东起第四铺画弥勒经变。

上画不鼓自鸣乐器 6 件，自东至西为：筝、竽篌、曲颈琵琶、细腰鼓、排箫、竽篌。

下画乐舞图 1 幅，共画乐舞伎 13 身。长巾舞伎 1 身居中；乐伎 12 身，对称分列两侧，每侧两排。

左侧前排：拍板、排箫、琵琶、横笛；

左侧后排：竖箜篌、笙；

右侧前排：拍板、琵琶（拨奏）、钹、竖笛；

右侧后排：笙、横笛。

东起第五铺画楞伽经变。

左下画百戏图 1 幅，共 9 人。2 人表演戴竿之戏，1 人右脚单腿立于杆上，另 1 人左脚单腿立其头上。乐伎 6 人。左侧 2 人站立，分别演奏横笛、拍板；下方 4 人席地而坐，分别演奏曲颈琵琶、笙、排箫、竖笛；右侧立 1 人指挥。

下画佛传故事屏风画。

东起第 7 扇屏风画：云彩中画伎乐 3 身，乐器有：琵琶、笙、竖笛。

东起第 8 扇屏风画：左下画乐舞图 1 幅，共 6 身。舞伎 1 身居中；乐伎 5 身分列两侧。

左侧：拍板、竖笛、筝；

右侧：琵琶、1 件模糊。

东起第 9 扇屏风画：院内画舞伎 1 身，乐伎模糊。

西壁 画五台山图一铺。

南侧南台之顶画雷公击鼓图 1 幅，雷鼓 1 组，共 7 面。

北侧画大钟 1 件。

下画佛传故事屏风画。

南起第 1 扇屏风画：画乐伎 1 身，敲击大鼓。

南起第 2 扇屏风画：右上画乐伎 2 身，马上吹警角。下画伎乐 1 组，共 3 身，立于庭院中，演奏拍板、竖笛、琵琶。

南起第 4 扇屏风画：院内画伎乐 1 组，右侧 1 身舞蹈，左侧 1 身吹笙，1 身模糊。

南起第 5 扇屏风画：上画马术表演 6 身。

下画伎乐 1 组，图像模糊，仅可见长袖舞伎 1 身。

南起第 6 扇屏风画：画马术表演约 9 身，图像模糊。

南起第 9 扇屏风画：上画 1 妇人弹四弦琵琶（拨奏）。

南起第 14 扇屏风画：上画伎乐 1 组，共 5 身，演奏竖笛、拍板、琵琶、横笛、竖笛。

下方庭院中画乐舞 1 组，长袖舞伎 1 身居中，乐队 4 组，立于庭院中奏乐。

左上 1 组：西南角画乐伎 5 身，奏横笛、拍板、竖笛、琵琶、拍板；

右上 1 组：西北角画乐伎 5 身，奏横笛、竖笛、拍板、竖笛、拍板；

左下 1 组：东南角画乐伎 3 身，奏拍板、笙、竖笛。

右下 1 组：东北角画乐伎 4 身，奏竖笛、横笛、琵琶、横笛。

南起第 15 扇屏风画：下画乐舞图 1 幅，共 10 人。长袖舞伎 1 身居中；四周画乐伎 9 身。

左上：竖笛、拍板；

右上：横笛、竖笛；

左下：拍板、竖笛；

右下：拍板、1 件模糊、竖笛。

北壁 西起第一铺画密严经变。

右上钟楼内挂大钟 1 件。

下画乐舞图 1 幅，共画乐舞伎 7 身。长巾舞伎 1 身居中；乐伎 6 身，对称分列两侧。

左侧：毛员鼓、横笛、拍板；
右侧：四弦曲颈琵琶（拨奏）、竖笛、拍板。
西起第二铺画天请问经变。
上画不鼓自鸣乐器4件，自西而东依次为：细腰鼓、横笛、筝、横笛。
上画散花飞天3身。
下画乐舞图1幅，共画乐舞伎14身。舞伎2身居中，1身击细腰鼓，1身反弹琵琶（直颈）；乐伎12身，对称分列两侧，每侧两排。
左侧前排：拍板、笙篥、四弦曲颈琵琶；
左侧后排：方响、横笛、铙；
右侧前排：拍板、横笛、筝；
右侧后排：竖箜篌、排箫、笙。
西起第三铺画药师经变。
上画不鼓自鸣乐器4件：横笛、笙、排箫、筝。
右上钟楼内挂大钟1件。
经变中乐舞自上而下分为4组。
第一组：上方左、右两侧阁楼内画乐舞1组，乐伎10身。
左侧前排：笙、拍板；
左侧后排：竖笛、竖箜篌、四弦琵琶（搊弹）；
右侧前排：横笛、拍板；
右侧后排：筝、竖笛、四弦直颈琵琶（搊弹）。
第二组：主尊上方左、右两侧平台上画乐舞1组，乐伎12身。
左侧前排：横笛、竖笛、拍板；
左侧后排：四弦直颈琵琶（拨奏）、排箫、笙；
右侧前排：筝、拍板（5片）；
右侧后排：横笛、竖笛、排箫、竖箜篌。
第三组：主尊下方平台上画乐舞1组，共画乐舞伎12身。长巾舞伎2身居中；乐伎10身，分列左、右两侧。
左侧前排：拍板（4片）、横笛、毛员鼓；
左侧后排：凤首箜篌、竖笛；
右侧前排：拍板、方响、筝；

右侧后排：竖笛、竖箜篌。
第四组：下方画乐舞1组，共画乐舞伎15身。长巾舞伎2身居中；外画乐伎11身，分列左、右两侧。
左侧前排：筝、竖笛、拍板、方响；
左侧后排：横笛、竖箜篌；
右侧前排：竖笛、拍板；
右侧后排：曲颈四弦琵琶（拨奏）、排箫、笙。
乐伎与舞蹈平台的曲桥上各画迦陵频伽1身，均奏拍板。
下方宝池中平台上画迦陵频伽2身，双手合十，右侧画1只鹤。
西起第四铺画华严经变。
上画不鼓自鸣乐器7件，自西而东依次为：竖箜篌、笙、直颈四弦琵琶、筝、细腰鼓、横笛、横笛。
西起第五铺画思益梵天问经变。
下画乐舞图1幅，共画乐舞伎11身。长巾舞伎1身居中；乐伎10人，对称分列两侧，每侧两排。
左侧前排：细腰鼓、拍板（5片）；
左侧后排：竖笛、横笛、竖箜篌；
右侧前排：筝、四弦琵琶（拨奏）、拍板（5片）；
右侧后排：竖笛、铙。
下画佛传故事屏风画。
西起第1扇屏风画：一庭院内右下方3妇人席地而坐，地上放置竖箜篌1件、琵琶1件。
西起第5扇屏风画：上画飞天2身。降魔变左下画奏乐魔女3身，分别演奏曲颈琵琶、竖笛、拍板。
东壁　画维摩诘经变一铺。
门北右下画宴饮图1幅：屋内共画6人，分坐长桌两侧，乐伎2人奏乐，乐器有：横笛、拍板。屋外画1人跳长袖舞。

合　　计：此窟画不鼓自鸣乐器30件；飞天20身，其中飞天乐伎6身，乐器6件；经变画乐舞图7幅，乐队11组，舞伎11身，乐伎103身，乐器103件；迦陵频伽11身，乐器8件；菩萨伎乐6身，乐器6件；世俗乐舞图13幅，舞伎11身，乐伎50身，乐器48件；降魔变1幅，乐队1组，奏乐魔女3身，乐器3件；百戏图3幅，杂技17身，乐伎6身，乐器6件，指挥1人；壸门51个，壸门伎乐1身，乐器1件；雷公击鼓图1幅，乐器1组。

乐器种类：拍板42件、钹3件、铙2件、排箫13件、横笛33件、琵琶28件（其中四弦琵琶9件）、笙15件、竖箜篌11件、筚篥6件、竖笛29件、古琴1件、筝13件、阮1件、毛员鼓3件、细腰鼓5件、方响3件、凤首箜篌1件、警角2件、雷鼓1组（7面）、大钟4件、大鼓1件。共218件（组）。模糊乐器5件。

舞蹈种类：长巾独舞5组、长巾双人舞2组、细腰鼓与反弹琵琶双人舞1组、长袖舞9组、迦陵频伽舞2组。

第062窟

时　　代：隋
形　　制：人字披顶，西壁开一龛。
内　　容：西壁　佛龛内顶两侧画飞天各2身，共4身。
　　　　　左侧：1身弹曲颈琵琶、1身散花；
　　　　　右侧：1身弹直颈琵琶、1身散花。
　　　　　北壁　上部说法图华盖两侧画散花飞天2身。
合　　计：此窟画飞天6身，其中飞天乐伎2身，乐器2件。
乐器种类：琵琶2件。共2件。

第063窟

时　　代：隋
形　　制：覆斗形顶，西壁开一龛。
内　　容：西壁　佛龛内顶画散花飞天2身。
合　　计：此窟画飞天2身。

第064窟

时　　代：隋
形　　制：覆斗形顶，西壁开一龛。
内　　容：窟顶　南、北两披各画飞天乐伎1身，共2身。
　　　　　南披：曲颈琵琶（拨奏）；
　　　　　北披：直颈琵琶（拨奏）。
　　　　　南壁　上画飞天1身。
　　　　　西壁　龛内顶南、北两侧各画持花飞天2身。
　　　　　龛外南、北两侧上画飞天2身。
　　　　　北壁　上画飞天1身。
合　　计：此窟画飞天10身，其中飞天乐伎2身，乐器2件。
乐器种类：琵琶2件。共2件。

第065窟

时　　代：盛唐（宋、西夏、清重修）
形　　制：覆斗形顶，西壁开一龛。
内　　容：南壁　西夏画净土变一铺，下毁。
　　　　　上画不鼓自鸣乐器4件，自东至西依次为：笛、拍板（4片）、曲颈琵琶、筚篥。
　　　　　西壁　佛龛顶四周西夏画飞天4身。
　　　　　北壁　西夏画净土变一铺，下毁。
　　　　　上画不鼓自鸣乐器4件，自西至东依次为：四弦曲颈琵琶、笛、筚篥、拍板（4片）。

右上钟楼内挂大钟1件。
合　计：此窟画不鼓自鸣乐器8件；飞天4身。
乐器种类：笛2件、拍板2件、琵琶2件（其中四弦琵琶1件）、笙箫2件、大钟1件。共9件。

第066窟

时　代：盛唐
形　制：覆斗形顶，西壁开一龛。
内　容：南壁　画净土变一铺。
上残存不鼓自鸣乐器9件：笙、四弦直颈琵琶、竖箜篌、鸡娄鼓、答腊鼓、竖笛、笛、古琴、鸡娄鼓。
画飞天4身，图像模糊。
右侧残存迦陵频伽1身，所持乐器模糊。上画孔雀1只。
西壁　佛龛顶画散花飞天8身，呈环状飞行。
佛龛两侧画菩萨伎乐1组，共8身。
南侧：答腊鼓、横笛、竖笛、笙。
北侧：琵琶（拨奏）、铙、排箫、鼗鼓与鸡娄鼓（1身兼奏）。
北壁　画观无量寿经变一铺。
上画不鼓自鸣乐器4件，自西至东依次为：鸡娄鼓、竖箜篌、细腰鼓、曲颈琵琶。
下画乐舞图1幅，共画乐舞伎10身。长巾舞伎2身居中，相对而舞；乐伎8身，对称分列两侧。
左侧前排：竖笛、曲颈琵琶（拨奏）；
左侧后排：竖箜篌、排箫；
右侧前排：筝、笙；
右侧后排：拍板、答腊鼓。
下画迦陵频伽2身，乐器模糊。另有孔雀、鹦鹉等鸟类，图像模糊。
合　计：此窟画不鼓自鸣乐器13件；飞天12身；经变画乐舞图1铺，乐队1组，舞伎2身，乐伎8身，乐器8件；迦陵频伽3身；菩萨伎乐8身，乐器9件。
乐器种类：笙3件、答腊鼓3件、竖笛3件、笛1件、横笛1件、古琴1件、鸡娄鼓4件、琵琶4件（其中四弦琵琶1件）、竖箜篌3件、铙1件、排箫2件、鼗鼓1件、细腰鼓1件、筝1件、拍板1件。共30件。模糊乐器3件。
舞蹈种类：长巾双人舞1组、迦陵频伽舞2组。

第068窟

时　代：初唐
形　制：覆斗形顶，西壁开一龛。
内　容：南壁　画未知名经变一铺。
上残存不鼓自鸣乐器6件，自东至西依次为：笙、答腊鼓、细腰鼓、曲颈琵琶、答腊鼓、筝。
西壁　佛龛顶画飞天4身。
合　计：此窟画不鼓自鸣乐器6件；飞天4身。
乐器种类：笙1件、答腊鼓2件、细腰鼓1件、琵琶1件、筝1件。共6件。

第070窟

时　代：初唐（西夏、清重修）
形　制：覆斗形顶，西壁开一龛。
内　容：窟顶　四披西夏画飞天一周，东披残，南、西、北披各6身，共18身，其中飞天乐伎8身。
南披：四弦曲颈琵琶、横笛、拍板；
西披：竖笛、横笛；
北披：竖笛、手鼓（右手托鼓，左手槌击）、筝。
西壁　龛顶西披西夏画持花飞天2身。

龛顶东披西夏画飞天4身。
合　计：此窟画飞天24身，其中飞天乐伎8身，乐器8件。
乐器种类：竖笛2件、横笛2件、四弦琵琶1件、拍板1件、手鼓1件、筝1件。共8件。

第071窟

时　代：初唐
形　制：覆斗形顶，西壁开一龛。
内　容：南壁　画弥勒经变一铺。
　　　　　　上画飞天2身。
　　　　西壁　龛内佛光两侧画飞天2身。
　　　　北壁　画阿弥陀经变一铺。
　　　　　　上画不鼓自鸣乐器6件：筝（8弦、8雁柱）、
　　　　　　　细腰鼓、答腊鼓、鸡娄鼓、羯鼓、排箫。
　　　　西北角画飞天2身。
　　　　华盖两侧画飞天2身。
合　计：此窟画不鼓自鸣乐器6件；飞天8身。
乐器种类：筝1件、细腰鼓1件、答腊鼓1件、鸡娄鼓1件、羯鼓1件、排箫1件。共6件。

第072窟

时　代：五代（清重修）
形　制：覆斗形顶，西壁开一龛。
内　容：主室　西壁　佛龛北侧文殊经变中残存乐伎1身，弹琵琶（拨奏）。
　　　　南壁　刘萨诃因缘变中画百戏图1幅，共残存乐舞伎13身。2身居中表演戴竿之戏。左下1身护持，右下1身模糊。乐伎9身，分列两侧，左侧坐奏，右侧立奏。
　　　　左侧前排：鸡娄鼓、1件模糊、拍板；

左侧后排：横笛；
右侧前排：曲颈琵琶、竖笛、拍板；
右侧后排：排箫、横笛。
合　计：此窟画文殊经变1铺，乐伎1身，乐器1件；百戏图1幅，杂技2身，护持2身，乐伎9身，乐器8件。
乐器种类：横笛2件、竖笛1件、排箫1件、琵琶2件、拍板2件、鸡娄鼓1件。共9件。模糊乐器1件。

第076窟

时　代：唐（宋、元、清重修）
形　制：覆斗形顶，设中心佛坛。
内　容：主室　南壁、北壁、东壁　上宋画飞天一周，共31身。其中飞天乐伎14身。
　　　　南壁：贝、竽篥、拍板（3板）、筝（7码）、横笛；
　　　　北壁：钹、横笛、四弦曲颈琵琶（拨奏）、拍板（5片）、贝；
　　　　东壁：竖箜篌、拍板（3板）、横笛、鼗鼓（一柄三鼓，右手持鼓，左手持槌）。
　　　　南壁　华盖两侧宋画飞天2身。
　　　　北壁　华盖两侧宋画飞天2身。
　　　　东壁　门北宋画飞天13身。
　　　　门南宋画飞天11身。
合　计：此窟画飞天59身，其中飞天乐伎14身，乐器14件。
乐器种类：贝2件、竽篥1件、拍板3件、筝1件、横笛3件、钹1件、四弦琵琶1件、竖箜篌1件、鼗鼓1件。共14件。

第077窟

时　代：初唐（清重修）
形　制：覆斗形顶，西壁设佛坛。
内　容：西壁　佛龛上画飞天2身。
合　计：此窟画飞天2身。

第078窟

时　代：初唐（西夏、清重修）
形　制：覆斗形顶，西壁开一龛。
内　容：西壁　佛龛顶西夏画散花飞天4身。
合　计：此窟画飞天4身。

第079窟

时　代：盛唐（五代重修）
形　制：覆斗形顶，西壁开一龛。
内　容：主室　窟顶　四披画童子12身，其中飞天童子1身、童子百戏3身。
合　计：此窟画飞天童子1身；百戏图1幅，童子百戏3身。

第081窟

时　代：唐（西夏、清重修）
形　制：覆斗形顶，西壁开一龛。
内　容：主室　西壁　佛龛内四周西夏画散花飞天6身。
合　计：此窟画飞天6身。

第083窟

时　代：盛唐（五代、西夏、清重修）
形　制：覆斗形顶，西壁开一龛。
内　容：主室　南壁　西夏画净土变一铺。
　　　　上画不鼓自鸣乐器6件：曲颈琵琶、拍板、筚篥、钹、笛、古琴。
　　　　西壁　佛龛顶残存西夏画散花飞天2身。
　　　　北壁　西夏画净土变一铺。
　　　　上画不鼓自鸣乐器6件：钹、四弦直颈琵琶、筚篥、横笛、拍板、笙。
合　计：此窟画不鼓自鸣乐器12件；飞天2身。
乐器种类：琵琶2件（其中四弦琵琶1件）、拍板2件、筚篥2件、横笛1件、笛1件、钹2件、古琴1件、笙1件。共12件。

第084窟

时　代：盛唐（五代、西夏重修）
形　制：覆斗形顶，西壁开一龛。
内　容：主室　西壁　佛龛顶西夏画飞天2身。
合　计：此窟画飞天2身。

第085窟

时　代：晚唐（五代、元、清重修）
形　制：覆斗形顶，设中心佛坛。
内　容：主室　窟顶　藻井四披卷草纹内画凤鸟与迦陵频伽，其中南、北披画凤鸟，东、西披画迦陵频伽。迦陵频伽所持乐器为：
　　　　东披：笙；
　　　　西披：竖笛。
　　　　藻井四披垂幔下画飞天乐伎一周，共22身。
　　　　南披6身，乐器有：横笛、鼗鼓与鸡娄鼓（1

身兼奏）、竖笛、铙、笙、凤首箜篌；

西披5身，乐器有：方响、四弦直颈琵琶、筝、竖笛、答腊鼓；

北披6身，乐器有：羯鼓、贝、手鼓（左手持鼓，右手杖击）、阮（5弦，直颈）、拍板（5片）、竖笛；

东披5身，乐器有：四弦曲颈琵琶（拨奏）、排箫、竖箜篌、毛员鼓、拍板（5片）；

南披画法华经变一铺，上画飞天2身。

西侧火宅喻品中画长袖舞伎2身。

西侧下画乐舞图1幅，共画乐舞伎4身。长袖舞伎1身，乐伎3身，席地而坐奏乐，乐器有：拍板、四弦琵琶、横笛。

西披画弥勒经变一铺，主尊下方两侧画乐舞1组。长袖舞伎2身，乐伎4身，乐器有：

左侧：2件模糊；

右侧：拍板、直颈琵琶。

北披画华严经变一铺，上画不鼓自鸣乐器5件：细腰鼓、排箫、竖箜篌、排箫、四弦直颈琵琶。

华严海中可见乐器7件：竖箜篌、琵琶、琵琶、方响、义觜笛、笛、细腰鼓。

东、西两侧下画飞天2身，手持物模糊。

东披楞伽经变中画百戏图1幅，共7人。2人于三角形台上表演戴竿之戏，旁1人护持。乐伎2人，1人奏拍板、1人吹横笛。下坐2人仰头观看。

南下画世俗乐舞图1幅，共2人。1人跳舞（头戴胡帽，身穿长衫，袒右，腰系皮带，足登乌靴，左脚立地，右脚抬起，左臂甩长袖，右手握拳上举）。另1人拍手唱歌（头戴胡帽，身穿长衫，腰系皮带，席地盘腿而坐）。

南壁 东起第一铺画报恩经变。

上画飞天2身。

下画乐舞图1幅，共画乐舞伎17身。长巾舞伎1身居中；乐伎16身，对称分列两侧，每侧两排。

左侧前排：义觜笛、笙箫、贝、笙；

左侧后排：拍板、铙、排箫、1件模糊；

右侧前排：筝、阮（4弦、5轸、拨奏）、凤首箜篌、竖箜篌；

右侧后排：琵琶、竖笛、鼗鼓与鸡娄鼓（1身兼奏）、拍板。

下画童子百戏图1幅，共4人。2人居中表演杂技；左侧画乐伎1人，演奏横笛，右侧1人拍手。

乐舞图中画迦陵频伽4身。

左下画树下弹琴图1幅，1人抚琴、1人听琴。图右侧榜题中有"弹琴自娱"。

东起第二铺画阿弥陀经变。

上画不鼓自鸣乐器11件，自东至西依次为：铙、方响、曲颈琵琶、筝、毛员鼓、笙、拍板、竖箜篌、答腊鼓、义觜笛、直颈琵琶；

左上鼓楼内挂大鼓1组，约8件。

右上钟楼内挂大钟1件。

上画飞天7身，其中飞天乐伎4身，乐器有：细腰鼓（2杖击）、横笛、横笛、阮。

上画迦陵频伽1身飞于空中，吹横笛。

主尊两侧阁楼外画迦陵频伽2身，演奏竖笛、笙。

主尊下方平台及两侧回廊内画迦陵频伽5身。

下画乐舞图1幅，共画乐舞伎18身。舞伎2身居中，1身击细腰鼓、1身反弹琵琶；乐伎16身，对称分列两侧，每侧两排。

左侧前排：答腊鼓、鼗鼓与鸡娄鼓（1身兼奏）、手鼓、拍板；

左侧后排：细腰鼓、笙、排箫、竖箜篌（擘奏）；

右侧前排：筝、阮（7弦）、竖笛、四弦直颈琵琶（拨奏）。

右侧后排：横笛、筚篥、贝、拍板。

东起第三铺画金刚经变。

上残存飞天2身。

下画乐舞图1幅，共画乐舞伎22身。长巾舞伎2身居中；乐伎20身，对称分列两侧，每侧两排。

左侧前排：直颈琵琶（拨奏）、横笛、竖笛、方响、笙；

左侧后排：羯鼓（有牙床，杖击）、答腊鼓、细腰鼓（毛员鼓）、拍板、鼗鼓与鸡娄鼓（1身兼奏）；

右侧前排：直颈琵琶、凤首箜篌、五弦直颈琵琶（搊弹）、拍板、竖箜篌；

右侧后排：横笛、筚篥、贝、铙、手鼓（右手持鼓，左手击奏）。

说法图右侧画菩萨伎乐1身，弹直颈琵琶。

北壁　西起第一铺画密严经变。

上画飞天1身。

下画乐舞图1幅，共画乐舞伎14身，图像残。长巾舞伎2身居中；乐伎12身，对称分列两侧，每侧三排。

左侧第一排：琵琶、拍板；

左侧第二排：横笛、1件模糊；

左侧第三排：2件模糊；

右侧第一排：竖笛、笙；

右侧第二排：直颈琵琶（拨奏）、横笛；

右侧第三排：筝、拍板（5片）。

中画迦陵频伽2身，手托供品。

西起第二铺画药师经变。

上画不鼓自鸣乐器9件，自西至东依次为：筝、竖箜篌、鸡娄鼓、拍板、横笛、横笛、毛员鼓、琵琶、方响。

上画飞天4身。

左上鼓楼内挂大鼓1组，约5件。

右上钟楼内挂大钟1件。

下画乐舞图1幅，共画乐舞伎30身。分2组，上、下两层排列。

长巾舞伎2身居中。上画迦陵频伽1身，弹琵琶。

上层乐队1组，共乐伎10身，对称分列两侧上方平台上，每侧两排。

左侧前排：毛员鼓、羯鼓；

左侧后排：手鼓、答腊鼓、鼗鼓与鸡娄鼓（1身兼奏）；

右侧前排：羯鼓、细腰鼓；

右侧后排：鼗鼓与鸡娄鼓（1身兼奏）、手鼓、答腊鼓。

下层乐队1组，共乐伎18身，对称分列两侧中央平台上，每侧三排。

左侧第一排：四弦曲颈琵琶（拨奏）、笙、竖笛。

左侧第二排：筚篥、排箫、拍板。

左侧第三排：毛员鼓、贝、竖笛。

右侧第一排：直颈琵琶、琵琶（拨奏）、竖箜篌；

右侧第二排：竖笛、横笛、拍板（兼歌唱）；

右侧第三排：毛员鼓、铙、贝。

西起第三铺画思益梵天问经变。

下画乐舞图1幅，共画乐舞伎17身。长巾舞伎1身居中；乐伎16身，对称分列两侧，每侧两排。

左侧前排：琵琶（4弦、5轸）、四弦曲颈琵琶（未演奏）、羯鼓（有牙床，右侧杖击、左侧手击）、竖箜篌；

左侧后排：筝（有雁柱）、竖笛、凤首箜篌、五弦阮（4轸，搊弹）；

右侧前排：横笛、筚篥、拍板、笙；

右侧后排：四弦琵琶（拨奏）、铙、鼗鼓与

鸡娄鼓（1身兼奏）、贝（未演奏）。
东壁　门北画维摩诘经变一铺。
　　　上画不鼓自鸣乐器5件，自北至南依次为：
　　　　　义觜笛、拍板（5片）、铙、筝、毛员鼓。
　　　门南画金光明最胜王经变一铺，图像漫漶。
　　　右上钟楼内挂大钟1件。
　　　下画乐舞图1幅，共画乐舞伎9身。长巾
　　　　　舞伎1身居中；乐伎8身，对称分列
　　　　　两侧。
　　　左侧：筝、竖笛、横笛、1件模糊；
　　　右侧：四弦曲颈琵琶（拨奏）、凤首箜篌、
　　　　　排箫、竖箜篌。
　　　乐舞图左侧画婆罗门1身，杖击大鼓。
合　计：此窟画不鼓自鸣乐器30件；飞天42身，
　　　其中飞天乐伎26身，乐器26件；经变乐
　　　舞图8幅，乐队9组，舞伎11身，乐伎
　　　120身，乐器118件，婆罗门1身，乐器
　　　1件；迦陵频伽17身，乐器6件；华严海
　　　中乐器7件；世俗乐舞图5幅，舞伎4身，
　　　乐伎5身，乐器5件；百戏图2幅，杂技4身，
　　　护持1身，乐伎3身，乐器3件；菩萨伎
　　　乐1身，乐器1件。
乐器种类：笙10件、竖笛14件、横笛17件、鼗鼓7件、
　　　鸡娄鼓8件、凤首箜篌5件、方响5件、
　　　阮5件、筝9件、答腊鼓6件、羯鼓5件、
　　　排箫7件、拍板18件、琵琶25件（其中
　　　四弦琵琶10件、五弦琵琶1件）、竖箜篌
　　　11件、细腰鼓7件、义觜笛4件、笛1件、
　　　贝7件、笙箫5件、古琴1件、毛员鼓8件、
　　　手鼓5件、铙7件、大钟3件、大鼓3组
　　　（14件）。共203件（组）。模糊乐器7件。
舞蹈种类：长巾独舞3组、长巾双人舞3组、细腰鼓
　　　与反弹琵琶双人舞1组、民间舞1组、迦
　　　陵频伽舞2组、长袖双人舞2组、长袖独
　　　舞1组。

第088窟

时　代：盛唐（西夏、清重修）
形　制：覆斗形顶，西壁开一龛。
内　容：南壁　西夏画阿弥陀经变一铺。
　　　上画飞天1身。
　　　北壁　西夏画药师经变一铺。
　　　上画飞天2身。
合　计：此窟画飞天3身。

第089窟

时　代：盛唐（宋重修）
形　制：覆斗形顶，西壁开一龛。
内　容：西壁　佛龛顶宋画飞天2身。
合　计：此窟画飞天2身。

第091窟

时　代：盛唐（中唐、五代重修）
形　制：覆斗形顶，西壁开一龛。
内　容：主室　南壁　中唐画观无量寿经变一铺。
　　　上画不鼓自鸣乐器8件：笛、排箫、细腰鼓、
　　　　　笙、直颈琵琶、铙、细腰鼓、竖箜篌。
　　　左上钟楼内挂大钟1件。
　　　下画乐舞图1幅，共画乐舞伎8身。长巾
　　　　　舞伎2身居中；乐伎6身，对称分列
　　　　　两侧。
　　　左侧：拍板、竖笛、笙；
　　　右侧：排箫、铙、横笛。
　　　下画鸟乐舞1组。孔雀1只居中跳舞，迦
　　　　　陵频伽2身分列两侧，左侧1身乐器
　　　　　模糊，右侧1身弹琵琶。
合　计：此窟画不鼓自鸣乐器8件；经变乐舞图1

　　　　　铺，乐队2组，舞伎2身，乐伎6身，乐
　　　　　器6件；迦陵频伽2身，乐器1件。
乐器种类：笛1件、排箫2件、细腰鼓2件、笙2件、
　　　　　琵琶2件、铙2件、竖箜篌1件、竖笛1件、
　　　　　拍板1件、横笛1件、大钟1件。共16件。
　　　　　模糊乐器1件。
舞蹈种类：长巾双人舞1组、迦陵频伽舞1组。

第092窟

时　　代：中唐（清重修）
形　　制：覆斗形顶，西壁开一龛。
内　　容：窟顶　西披残存散花飞天2身。
　　　　　南披残存散花飞天1身。
　　　　　南壁　画观无量寿经变一铺。
　　　　　上画不鼓自鸣乐器5件，自西至东依次为：
　　　　　　　义觜笛、横笛、细腰鼓、答腊鼓、拍板。
　　　　　下方乐舞图漫漶，残存长巾舞伎1身，左
　　　　　　　侧残存迦陵频伽1身。右侧残存迦陵
　　　　　　　频伽2身，均弹直颈琵琶。
　　　　　西壁　佛龛两侧上画飞天2身。
　　　　　佛龛两侧天王旁画飞天2身，其中右侧1
　　　　　　　身弹琵琶（拨奏）。
　　　　　北壁　画药师经变一铺，图像漫漶，右侧残。
　　　　　上画不鼓自鸣乐器6件，自西至东依次为：
　　　　　　　拍板（5片）、竖箜篌、笙篥（7孔）、
　　　　　　　四弦直颈琵琶、1件模糊、答腊鼓。
　　　　　下画乐舞图1幅，共画乐舞伎13身。长
　　　　　　　巾舞伎1身居中；残存乐伎12身，分
　　　　　　　列两侧，每侧两排。
　　　　　左侧前排：羯鼓、1件模糊、排箫；
　　　　　左侧后排：细腰鼓、横笛、拍板；
　　　　　右侧前排：琵琶、1件模糊、竖箜篌；
　　　　　右侧后排：3件模糊。
　　　　　中部左侧残存迦陵频伽2身，1身奏排箫，

　　　　　1身奏拍板。
合　　计：此窟画不鼓自鸣乐器11件（1件模糊）；
　　　　　飞天7身，其中飞天乐伎1身，乐器1件；
　　　　　经变乐舞图2幅，乐队2组，舞伎2身，
　　　　　乐伎12身，乐器7件；迦陵频伽5身，
　　　　　乐器4件。
乐器种类：义觜笛1件、横笛2件、答腊鼓2件、拍
　　　　　板4件、琵琶5件（其中四弦琵琶1件）、
　　　　　笙篥1件、竖箜篌2件、排箫2件、羯鼓
　　　　　1件、细腰鼓2件。共22件。模糊乐器6件。
舞蹈种类：长巾独舞2组、迦陵频伽舞1组。

第095窟

时　　代：元
形　　制：前部顶毁，后部有中心柱，柱东向面开一
　　　　　龛。
内　　容：甬道　南壁　画飞天1身，双手捧莲花。
合　　计：此窟画飞天1身。

第097窟

时　　代：唐（回鹘、清重修）
形　　制：覆斗形顶，西壁开一龛。
内　　容：西壁　佛龛顶南、北披回鹘各画飞天1身。
　　　　　佛龛内西壁回鹘画散花飞天童子2身。
合　　计：此窟画飞天2身；飞天童子2身。

第098窟

时　　代：五代（清重修）
形　　制：覆斗形顶，设中心佛坛。
内　　容：中心佛坛　下佛坛共画壶门23个，内画壶

门伎乐，图像残。
南向面壸门 6 个，伎乐 7 身，乐器 6 件：
　　排箫、笙、筚篥、笙、义觜笛、竖箜篌；
西向面壸门 4 个，伎乐 4 身，乐器 4 件：
　　琵琶（拨奏）、毛员鼓、四弦曲颈琵琶（拨奏）、排箫；
北向面壸门 6 个，伎乐 7 身，乐器 4 件：
　　筚篥、笙、拍板、筚篥；
东向面壸门 7 个，伎乐 12 身，乐器 6 件：笙、竖箜篌、拍板（5 片）、竖笛、筝、方响。
南壁　东起第一铺画报恩经变。
上画飞天 2 身。
下画乐舞图 1 幅，共画乐舞伎 7 身。细腰鼓舞伎 1 身居中；乐伎 12 身，对称分列两侧。
左侧前排：竖箜篌（擘奏）、义觜笛、拍板（4 片）；
左侧后排：竖笛、阮（4 弦，搊弹）、义觜笛；
右侧前排：筝（11 码）、四弦曲颈琵琶（拨奏）、拍板（5 片）；
右侧后排：1 身模糊、筚篥、义觜笛。
左下画树下弹琴图 1 幅，1 人抚琴、1 人听琴。
东起第二铺画法华经变。
下部譬喻品中画世俗乐舞图 2 幅：
穷子喻中墙外画乐舞 1 组，共 5 身，其中 1 身演奏琵琶，3 身作长袖舞，1 身拍手。
火宅喻中画乐舞 1 组，共 3 身，1 身坐于中间，右侧 1 身作长袖舞，左侧 1 身演奏琵琶。
东起第三铺画阿弥陀经变。
上画不鼓自鸣乐器 10 件，自东至西依次为：排箫、笙、义觜笛、四弦曲颈琵琶、筚篥、细腰鼓、筝、四弦曲颈琵琶、拍板、筚篥。

左上钟楼内挂大钟 1 件。
下画乐舞图 1 幅，分上、下两层排列。
上层乐舞 1 组，共画乐舞伎 14 身。舞伎 2 身居中，1 身跳长巾舞、1 身反弹琵琶（4 弦、直颈）；乐伎 14 身，对称分列两侧，每侧两排。
左侧前排：筝、筚篥、拍板（5 片）；
左侧后排：横笛、笙、竖笛、竖箜篌；
右侧前排：四弦曲颈琵琶、竖笛、横笛、拍板（4 片）；
右侧后排：1 件模糊、笙、排箫。
下层画迦陵频伽乐舞 1 组，共 5 身。1 身居中舞蹈，4 身奏乐。
左侧：拍板、竖笛；
右侧：拍板、横笛。
北壁　西起第二铺画药师经变。
左上钟楼内挂大钟 1 件。
下画乐舞图 1 幅，共画乐舞伎 14 身。舞伎 2 身居中，1 身击细腰鼓、1 身反弹琵琶（曲颈）；乐伎 12 身，对称分列两侧，每侧两排。
左侧前排：筝、竖笛、拍板（5 片）；
左侧后排：横笛、四弦直颈琵琶（拨奏）、排箫；
右侧前排：筚篥、竖箜篌（擘奏）、拍板（5 片）；
右侧后排：四弦曲颈琵琶、笙、横笛。
西起第三铺画华严经变。
华严海中可见乐器 16 件：琵琶、琵琶、笛、笛、笛、细腰鼓、竖箜篌、羯鼓、拍板、阮、排箫、方响、筝、笙、凤首箜篌、筚篥。
西起第四铺画思益梵天问经变。
下画乐舞图 1 幅，共画乐舞伎 16 身。长巾舞伎 1 身居中；乐伎 15 身，分列两侧，左侧 7 身、右侧 8 身，每侧两排。

　　　　　左侧前排：筝、竖笛、拍板（5片）；
　　　　　左侧后排：竖箜篌、筚篥、横笛、横笛；
　　　　　右侧前排：四弦直颈琵琶（拨奏）、筚篥、横笛、拍板（6片）；
　　　　　右侧后排：竖箜篌、竖笛、排箫（13管）、笙。
合　计：此窟画不鼓自鸣乐器10件；飞天2身；经变画乐舞图4铺，乐队5组，舞伎6身，乐伎53身，乐器51件；迦陵频伽5身，乐器4件；华严海中乐器16件；壸门伎乐30身，乐器20件；世俗乐舞图3幅，舞伎4身，乐伎3身，乐器3件。
乐器种类：竖箜篌8件、义觜笛5件、横笛8件、拍板14件、竖笛8件、阮2件、筝7件、琵琶15件（其中四弦琵琶9件）、筚篥11件、排箫7件、笙10件、细腰鼓4件、笛3件、羯鼓1件、方响2件、凤首箜篌1件、毛员鼓1件、古琴1件、大钟2件。共110件。模糊乐器2件。
舞蹈种类：细腰鼓独舞1组、长巾独舞1组、长巾与反弹琵琶双人舞1组、细腰鼓与反弹琵琶双人舞1组、迦陵频伽舞1组、长袖独舞1组、长袖群舞1组。

第099窟

时　代：五代
形　制：覆斗形顶，西壁开一龛。
内　容：南壁　画千手千钵文殊经变一铺。
　　　　华盖两侧画飞天2身。
　　　　主尊两侧画菩萨伎乐3身，其中1身舞蹈，2身奏乐，乐器有：横笛、凤首箜篌。
　　　　西壁　龛内南壁画乾闼婆1身，演奏琵琶（拨奏）。
　　　　佛龛北侧文殊经变中画乐队1组，共2身，立于狮前奏乐。乐器有：筚篥、拍板。
　　　　佛龛南侧普贤经变中画乐队1组，共2身，立于象前奏乐。乐器有：筚篥、拍板。
　　　　北壁　画千手眼观音变一铺。
　　　　华盖两侧画飞天2身，其中左侧1身演奏琵琶。
　　　　观音左侧一手持贝1件。
　　　　观音右侧画菩萨舞伎1身。
　　　　东壁　门北画飞天2身，其中左侧1身吹横笛；
　　　　门南画飞天1身。
合　计：此窟画飞天7身，其中飞天乐伎2身，乐器2件；文殊经变、普贤经变各1铺，乐队2组，乐伎4身，乐器4件；菩萨伎乐4身，乐器2件；乾闼婆1身，乐器1件。
乐器种类：琵琶2件、横笛2件、凤首箜篌1件、贝1件、筚篥2件、拍板2件。共10件。
舞蹈种类：菩萨独舞1组。

第100窟

时　代：五代（清重修塑像）
形　制：覆斗形顶，西壁开一龛。
内　容：主室　南壁　东起第一铺画弥勒经变。
　　　　上画不鼓自鸣乐器5件，自东向西依次为：拍板、筝、四弦直颈琵琶、筚篥、义觜笛。
　　　　下画乐舞图1幅，共画乐舞伎9身。细腰鼓舞伎1身居中（右手持杖）；乐伎8身，对称分列两侧。
　　　　左侧前排：筝、横笛、拍板；
　　　　左侧后排：竖笛；
　　　　右侧前排：筚篥、四弦琵琶（拨奏）、拍板；
　　　　右侧后排：笙。
　　　　东起第二铺画阿弥陀经变。
　　　　上画不鼓自鸣乐器9件，自东至西依次为：

横笛、笙、横笛、细腰鼓、排箫、拍板（5片）、筝、义觜笛、筚篥。

右上钟楼内挂大钟1件。

下画乐舞图1幅，共画乐舞伎23身。分2组，上、下两层排列。

上层乐舞1组，共画乐舞伎13身，细腰鼓舞伎1身居中；乐伎12身，对称分列两侧。

左侧前排：筚篥、横笛、拍板；

左侧后排：笙、竖笛、排箫；

右侧前排：竖箜篌、竖笛、拍板（4片）；

右侧后排：四弦曲颈琵琶（拨奏）、横笛、排箫；

中央回廊上画童子舞伎1身。

下层乐舞1组，乐伎10身，分列两侧坐奏，每侧两排。

左侧前排：四弦曲颈琵琶、横笛、拍板；

左侧后排：竖箜篌（擘奏）、筚篥；

右侧前排：竖笛、横笛、拍板（5片）；

右侧后排：笙、筚篥。

东起第三铺画报恩经变。

下画乐舞图1幅，共画乐舞伎17身。细腰鼓舞伎1身居中；乐伎16身，对称分列两侧，每侧两排。

左侧前排：竖箜篌、筚篥、横笛、拍板；

左侧后排：排箫、四弦琵琶（拨奏）、笙、铙；

右侧前排：筝（5弦）、凤首箜篌、横笛、方响（槌击，音片分三排悬挂）；

右侧后排：1件模糊、筚篥、笙、拍板（5片）。

下画曹议金出行图1铺，图像下残。自西至东画乐舞3组，共画乐舞伎32身。

第一组乐舞共残存4身，2身奏警角、2身擂大鼓，均于马上奏乐。

第二组乐舞共残存20身。长袖舞伎8身，分2列，每列4身；乐伎共10身，前方1身背大鼓、1身以杖击奏，另

8身分前、后两排。

前排：琵琶、竖笛、横笛、拍板；

后排：细腰鼓、笙、鼗鼓与鸡娄鼓（1身兼奏）、竖箜篌。

第三组乐舞残存乐伎7身，乐器有：大鼓（1身背鼓、1身以杖击奏）、横笛、竖笛、拍板、笙、竖箜篌。

西壁 龛南侧画普贤经变一铺。

华盖四周画飞天3身，呈环状飞行。

下画乐队1组，画乐伎共4身，乐器有：拍板、竖笛、横笛、曲颈琵琶（拨奏）。

龛北侧画文殊经变一铺。

华盖四周画飞天3身，呈环状飞行。

下画乐队1组，共画乐舞伎7身，乐器有：排箫、笙、竖笛、琵琶（拨奏）、竖箜篌、拍板、横笛。

北壁 西起第一铺画思益梵天问经变。

下画乐舞图1幅，共画乐舞伎17身。反弹琵琶舞伎1身居中（四弦直颈）；乐伎14身，对称分列两侧，每侧两排。

左侧前排：筚篥、曲颈琵琶（拨奏）、横笛、拍板（5片）；

左侧后排：排箫、凤首箜篌、笙；

右侧前排：筝、横笛、筚篥、拍板（5片）；

右侧后排：琵琶（拨奏）、排箫、铙。

西起第二铺画药师经变。

下画乐舞图1幅，共画乐舞伎23身，分2组，上、下两层排列。

上层乐舞1组，共画乐舞伎9身。长巾舞伎1身居中；乐伎8身，对称分列两侧。

左侧前排：竖笛、横笛、拍板；

左侧后排：铙；

右侧前排：筚篥、横笛、拍板；

右侧后排：铙。

下层乐舞1组，乐伎14身，对称分列两侧。

左侧前排：横笛、曲颈琵琶（拨奏）、拍板

（4片）；
左侧后排：筝、笙篥、竖笛、笙；
右侧前排：曲颈琵琶、横笛、铙、竖箜篌；
右侧后排：竖笛、笙、拍板。
西起第三铺画天请问经变。
上画飞天2身。
下画乐舞图1幅，共画乐舞伎15身。长巾舞伎1身居中；乐伎14身，对称分列两侧，每侧三排。
左侧第一排：竖箜篌、四弦曲颈琵琶（拨奏）、拍板；
左侧第二排：笙篥、横笛；
左侧第三排：铙、排箫；
右侧第一排：细腰鼓、筝、拍板；
右侧第二排：四弦曲颈琵琶（拨奏）、1件模糊；
右侧第三排：笙、横笛。
下画回鹘夫人出行图1铺，图像下残。自西至东画乐舞3组，共画乐舞伎15身。
第一组乐舞共12身。长袖舞伎2身；乐伎10身，其中2身背大鼓，2身以槌击奏。另6身分前、后两排奏乐。
前排：琵琶、竖笛、拍板；
后排：横笛、笙、竖箜篌。
第二组画乐伎1组携带乐器骑马行进，共7身。可见乐器3件：大鼓、方响、竖箜篌，另有4件乐器包裹于布中，形制不详。
第三组乐舞共4身，乐器有：拍板、竖箜篌、笙、1件模糊。
合　　计：此窟画不鼓自鸣乐器14件；飞天8身；经变乐舞图6幅，乐队8组，舞伎6身，童子舞伎1身，乐伎96身，乐器94件；文殊经变、普贤经变各1铺，乐队2组，乐伎11身，乐器11件；出行图2铺，舞伎10身，乐伎35身，乐器31件，马上携带乐器3件。
乐器种类：筝7件、琵琶16件（其中四弦琵琶8件）、笙篥13件、义觜笛2件、横笛22件、拍板24件、竖笛12件、笙15件、细腰鼓6件、排箫8件、竖箜篌11件、铙6件、凤首箜篌2件、方响2件、警角2件、大鼓7件、鼗鼓1件、鸡娄鼓1件、大钟1件。共158件。模糊乐器3件。
舞蹈种类：长巾独舞2组、细腰鼓独舞3组、反弹琵琶独舞1组、长袖舞2组、童子舞1组。

第103窟

时　　代：盛唐（清重修）
形　　制：覆斗形顶，西壁开一龛。
内　　容：主室　南壁　画法华经变一铺。
　　　　　华盖两侧画飞天2身。
　　　　　北壁　画观无量寿经变一铺。
　　　　　上画不鼓自鸣乐器10件，自西至东依次为：细腰鼓、羯鼓、笙篥、四弦曲颈琵琶、鸡娄鼓、铙、笙、鸡娄鼓、筝、铙。
　　　　　东壁　画维摩诘经变一铺。
　　　　　上画飞天2身。
合　　计：此窟画不鼓自鸣乐器10件；飞天4身。
乐器种类：铙2件、细腰鼓1件、羯鼓1件、笙篥1件、鸡娄鼓2件、四弦琵琶1件、笙1件、筝1件。共10件。

第107窟

时　　代：晚唐
形　　制：覆斗形顶，西壁开一龛。
内　　容：主室　南壁　东起第二铺画药师经变。
　　　　　上画不鼓自鸣乐器，图像模糊，仅可见直

　　　　　颈琵琶1件。
　　　　右上钟楼内挂大钟1件。
　　　　下画乐舞图1幅，共画乐舞伎7身。长巾
　　　　　舞伎1身居中；乐伎6身，对称分列
　　　　　两侧。
　　　　左侧：四弦直颈琵琶（拨奏）、竖笛、横笛；
　　　　右侧：拍板、竖笛、竖箜篌。
　　　　北壁　西起第一铺画阿弥陀经变。
　　　　上画不鼓自鸣乐器3件：琵琶、拍板、凤
　　　　　首箜篌。
　　　　右上钟楼内挂大钟1件。
　　　　下画乐舞图1幅，分上、下两层排列。
　　　　上层乐舞1组，共画乐舞伎7身。长巾舞
　　　　　伎1身居中；乐伎6身，对称分列两侧。
　　　　左侧：羯鼓、凤首箜篌、竖笛；
　　　　右侧：拍板、竖箜篌、横笛。
　　　　下方莲池中画迦陵频伽1身，弹琵琶（弯颈，
　　　　　拨奏）。池中另有鹤1只、鸳鸯2只。
　　　　下层画童子伎乐1组，位于池中台上。童
　　　　　子1身居中击细腰鼓，2身奏乐。
　　　　左侧：图像残；
　　　　右侧：竖笛。
合　　计：此窟画不鼓自鸣乐器4件；经变乐舞图2
　　　　幅，乐队3组，舞伎2身，乐伎12身，
　　　　乐器12件；迦陵频伽1身，乐器1件；童
　　　　子舞伎1身，童子乐伎2身，乐器1件。
乐器种类：琵琶4件（其中四弦琵琶1件）、横笛2件、
　　　　竖笛4件、竖箜篌2件、拍板3件、凤首
　　　　箜篌2件、羯鼓1件、细腰鼓1件、大钟
　　　　2件。共21件。
舞蹈种类：长巾独舞2组、童子细腰鼓独舞1组、迦
　　　　陵频伽舞1组。

第108窟

时　　代：五代（清重修）
形　　制：覆斗形顶，设中心佛坛。
内　　容：**主室　中心佛坛**　佛坐下西向面画壸门伎乐
　　　　2身，乐器有：横笛、拍板。
　　　　南壁　东起第一铺画报恩经变。
　　　　下画乐舞图1幅，共画乐舞伎15身。细
　　　　　腰鼓舞伎1身居中；乐伎14身，对称
　　　　　分列两侧，每侧两排。
　　　　左侧前排：筚篥、横笛、拍板（4片）；
　　　　左侧后排：四弦琵琶（搊弹）、笙、竖笛、
　　　　　排箫；
　　　　右侧前排：筚篥、横笛、拍板（5片）；
　　　　右侧后排：筝、横笛、排箫、筚篥。
　　　　东起第二铺画法华经变。
　　　　上画不鼓自鸣乐器2件：直颈琵琶（3轸）、
　　　　　拍板。
　　　　下部火宅喻品中画3人，于房中拍手舞蹈。
　　　　东起第三铺画阿弥陀经变。
　　　　上画不鼓自鸣乐器7件，自东至西依次为：
　　　　　横笛、阮（4轸）、排箫、筚篥、笙、
　　　　　四弦曲颈琵琶、义觜笛。
　　　　左上钟楼内挂大钟1件。
　　　　右上鼓楼内挂大鼓1件。
　　　　下画乐舞图1幅，共画乐舞伎23身。分
　　　　　2组，上、下两层排列。
　　　　上层乐舞1组，共14身。舞伎2身居中，
　　　　　1身击细腰鼓、1身反弹琵琶（直颈）；
　　　　　乐伎12身，对称分列两侧，每侧两排。
　　　　左侧前排：筚篥、义觜笛、拍板；
　　　　左侧后排：笙、筚篥、义觜笛；
　　　　右侧前排：筚篥、铙、拍板；
　　　　右侧后排：义觜笛、笙、铙。
　　　　下层乐舞1组，共9身。长巾舞伎1身居中；
　　　　　乐伎8身，对称分列两侧。

左侧：筝、筚篥、义觜笛、拍板；
右侧：四弦曲颈琵琶、筚篥、横笛、拍板（5片）。
东起第四铺画弥勒经变，图像已残。
上画不鼓自鸣乐器8件，自东至西依次为：忽雷、笙、排箫、五弦曲颈琵琶、筝、都昙鼓、筚篥、横笛。
上画飞天2身。
下画乐舞图1幅，图像已残。长巾舞伎1身，仅可见头部。
左侧乐伎残存3身，乐器有：排箫、筚篥（残）、横笛（残）；
右侧乐伎残存2身，乐器有：竖箜篌、1件残。
北壁 西起第二铺画药师经变，已残。
下画乐舞图1幅，图像漫漶，细腰鼓舞伎1身居中；乐伎8身，对称分列两侧。
左侧前排：拍板；
左侧后排：横笛、琵琶、1件模糊；
右侧前排：拍板；
右侧后排：横笛、竖笛、竖箜篌。
西起第三铺画华严经变。
华严海中可见乐器5件：拍板、义觜笛、筚篥、筝、羯鼓。
西起第四铺画思益梵天问经变。
上画不鼓自鸣乐器3件：四弦曲颈琵琶、横笛、拍板。
下画宴饮乐舞图1幅，共画乐舞伎14身。反弹琵琶舞伎1身居中；乐伎13身，分列两侧，每侧两排。左侧6身、右侧7身。
左侧前排：拍板、筚篥、筝；
左侧后排：排箫、1件模糊、笙；
右侧前排：拍板、横笛、筚篥；
右侧后排：笙、铙、排箫、竖箜篌。
合　　计：此窟画不鼓自鸣乐器20件；飞天2身；经变乐舞图5幅，乐队6组，舞伎7身，乐伎60身，乐器57件，世俗乐舞图1幅，舞伎3身；华严海中乐器5件；壸门伎乐2身，乐器2件。
乐器种类：细腰鼓3件、拍板14件、横笛12件、筚篥14件、排箫7件、竖笛2件、笙7件、琵琶9件（其中四弦琵琶4件、五弦琵琶1件）、筝5件、都昙鼓1件、忽雷1件、阮1件、竖箜篌3件、义觜笛6件、羯鼓1件、铙3件、大钟1件、大鼓1件。共91件。模糊乐器2件。
舞蹈种类：长巾独舞2组、反弹琵琶独舞1组、细腰鼓独舞2组、细腰鼓与反弹琵琶双人舞1组。

第111窟

时　　代：晚唐（清重修）
形　　制：覆斗形顶，西壁开一龛。
内　　容：南壁 画观无量寿经变一铺。
上画不鼓自鸣乐器，图像漫漶，可见4件：拍板（5片）、义觜笛、羯鼓、钲。
合　　计：此窟画不鼓自鸣乐器4件。
乐器种类：拍板1件、义觜笛1件、羯鼓1件、钲1件。共4件。

第112窟

时　　代：中唐（宋、清重修）
形　　制：覆斗形顶，西壁开一龛。
内　　容：主室 南壁 东起第一铺画观无量寿经变。
上画不鼓自鸣乐器4件：拍板（4片）、义觜笛、筚篥、排箫。
下画乐舞图1幅。共画乐舞伎15身。分2组，上、下两层排列。

上层乐舞1组，共画乐舞伎7身。反弹琵琶舞伎1身居中；乐伎6身，对称分列两侧。

左侧：拍板、横笛、羯鼓与鸡娄鼓（1身兼奏）；

右侧：琵琶（拨奏）、阮（搊弹）、竖箜篌。

下画童子舞伎1身。

下层乐舞1组，乐伎4身，背向台中，对称分列两侧。

左侧：拍板（6片）、筚篥；

右侧：四弦直颈琵琶、笙。

乐队两侧画童子2身持花。

下画迦陵频伽1身，持阮舞蹈。

东起第二铺画金刚经变。

上画不鼓自鸣乐器2件：排箫（约16管）、四弦直颈琵琶。

下画乐舞图1幅，共画乐舞伎9身。长巾舞伎1身居中；乐伎8身，对称分列两侧。

左侧前排：横笛、贝；

左侧后排：筚篥、拍板（5片）；

右侧前排：笙、竖箜篌（约26弦，擘奏）；

右侧后排：羯鼓（有牙床，左侧杖击、右侧手击）、四弦直颈琵琶（拨奏）。

西壁 龛外南、北侧壁上各画飞天1身，共2身。

马蹄形佛坛下画壸门6个，其中画壸门伎乐5身，自南至北依次为：竖笛、琵琶、排箫、贝、横笛。

北壁 西起第一铺画报恩经变。

下画乐舞图1幅，共画乐舞伎9身。舞伎1身居中；乐伎8身，对称分列两侧。

左侧前排：筝（5弦、10码）、四弦直颈琵琶（拨奏）；

左侧后排：拍板（5片）、笙；

右侧前排：毛员鼓、羯鼓与鸡娄鼓（1身兼奏）；

右侧后排：拍板（5片）、横笛。

西起第二铺画药师经变。

左上钟楼内挂大钟1件。

下画乐舞图1幅，共画乐舞伎9身。舞伎1身，居中舞蹈；乐伎8身，对称分列两侧，每侧两排。

左侧前排：四弦琵琶（弯颈，搊弹）、竖箜篌（约17弦，擘奏）；

左侧后排：排箫、拍板（5片）；

右侧前排：答腊鼓、方响；

右侧后排：毛员鼓、横笛。

东壁 门北观音经变北侧画雷公击鼓图1幅，雷鼓1组，共20面。

合　　计：此窟画不鼓自鸣乐器6件；飞天2身；经变乐舞图4幅，乐队5组，舞伎4身，童子舞伎1身，乐伎34身，乐器36件；迦陵频伽1身，乐器1件；壸门伎乐5身，乐器5件；雷公击鼓图1幅，乐器1组。

乐器种类：拍板7件、义觜笛1件、排箫4件、琵琶8件（其中四弦琵琶5件）、羯鼓2件、鸡娄鼓2件、横笛5件、竖箜篌3件、阮2件、筚篥3件、笙3件、贝2件、竖笛1件、羯鼓1件、筝1件、毛员鼓2件、大钟1件、方响1件、答腊鼓1件、雷鼓1组（20面）。共51件（组）。

舞蹈种类：反弹琵琶独舞1组、长巾独舞3组、童子舞1组。

第113窟

时　　代：盛唐（五代重修）
形　　制：覆斗形顶，西壁开一龛。
内　　容：主室 南壁 画观无量寿经变一铺。
华盖两侧画鸟乐舞，均飞于空中。
左侧：迦陵频伽2身、鹦鹉1只；

右侧：孔雀 1 只、迦陵频伽 1 身。
下画乐舞图 1 幅。舞伎 2 身居中；乐伎 6 身分列两侧。图像漫漶，乐器不详。
合　　计：此窟画经变乐舞图 1 幅，乐队 1 组，舞伎 2 身，乐伎 6 身；迦陵频伽 3 身。
舞蹈种类：长巾双人舞 1 组、迦陵频伽舞 1 组。

第 116 窟

时　　代：盛唐（中唐、宋、清重修）
形　　制：覆斗形顶，西壁开一龛。
内　　容：主室　窟顶　藻井画孔雀纹一周，每披画孔雀 1 身。
　　　　　南壁　盛唐画观无量寿经变一铺（中唐完成，宋代重描）。
　　　　　上画不鼓自鸣乐器 6 件：竖笛、笙、羯鼓、拍板、2 件模糊。
　　　　　下画乐舞图 1 幅。长巾舞伎 1 身居中；乐伎残存左侧 3 身、右侧 2 身，乐器不详。
　　　　　西壁　佛龛顶中唐画飞天 2 身。
合　　计：此窟画不鼓自鸣乐器 6 件（2 件模糊）；飞天 2 身；经变乐舞图 1 幅，乐队 1 组，舞伎 1 身，乐伎 5 身。
乐器种类：竖笛 1 件、笙 1 件、羯鼓 1 件、拍板 1 件。共 4 件。模糊乐器 2 件。
舞蹈种类：长巾独舞 1 组。

第 117 窟

时　　代：盛唐（中唐、五代、西夏、清重修）
形　　制：覆斗形顶，西壁开一龛。
内　　容：主室　南壁　中唐画观无量寿经变一铺。
　　　　　上画不鼓自鸣乐器 7 件，自东至西依次为：细腰鼓、笙、拍板、四弦直颈琵琶、羯鼓、鸡娄鼓、钲。
　　　　　华盖左侧画迦陵频伽 1 身，右侧画共命鸟 1 身，所持乐器均模糊。
　　　　　下画乐舞图 1 幅，图像漫漶。长巾舞伎 1 身居中，乐伎 12 身，对称分列两侧。
　　　　　左侧：笙、竖箜篌、横笛，余模糊；
　　　　　右侧：羯鼓、拍板，余模糊。
　　　　　北壁　中唐画弥勒经变一铺。
　　　　　华盖两侧画飞天 2 身。
合　　计：此窟画不鼓自鸣乐器 7 件；飞天 2 身；经变乐舞图 1 幅，乐队 1 组，舞伎 1 身，乐伎 12 身，乐器 5 件；迦陵频伽 1 身，共命鸟 1 身。
乐器种类：细腰鼓 1 件、笙 2 件、拍板 2 件、琵琶 1 件、羯鼓 2 件、鸡娄鼓 1 件、钲 1 件、竖箜篌 1 件、横笛 1 件。共 12 件。模糊乐器 9 件。
舞蹈种类：长巾独舞 1 组。

第 118 窟

时　　代：盛唐（宋、清重修）
形　　制：覆斗形顶，西壁开一龛。
内　　容：主室　南壁　宋画观无量寿经变一铺。
　　　　　上画不鼓自鸣乐器 2 件：横笛、筚篥。
　　　　　下画乐舞图 1 幅，分上、下两层。
　　　　　上层乐舞 1 组，共画乐舞伎 7 身。长巾舞伎 1 身居中；乐伎 6 身，对称分列两侧。
　　　　　左侧：筝、横笛、笙；
　　　　　右侧：阮（拨奏）、筚篥、拍板。
　　　　　下层画鸟乐舞 1 组，廊桥中画孔雀 1 身，下方平台中画迦陵频伽共 5 身，1 身居中舞蹈，4 身奏乐，乐器模糊。另有鸟 2 身。
　　　　　西端上画飞天 1 身。
　　　　　西壁　佛龛顶宋画飞天 4 身。

北壁 宋画药师经变一铺。
　　　右上钟楼内挂大钟 1 件。
　　　下画乐舞图 1 幅，共画乐舞伎 9 身。长巾
　　　　舞伎 1 身居中；乐伎 8 身，对称分列
　　　　两侧。
　　　左侧：四弦琵琶（拨奏）、钹、横笛、拍板；
　　　右侧：排箫、筚篥、琵琶（拨奏）、笙。
　　　西端上画飞天 1 身。
合　　计：此窟画不鼓自鸣乐器 2 件；飞天 6 身；经
　　　　变乐舞图 2 幅，乐队 3 组，舞伎 2 身，乐
　　　　伎 14 身，乐器 14 件；迦陵频伽 5 身。
乐器种类：拍板 2 件、横笛 3 件、排箫 1 件、四弦琵
　　　　琶 2 件、筝 1 件、笙 2 件、钹 1 件、大钟
　　　　1 件、阮 1 件、筚篥 3 件。共 17 件。模
　　　　糊乐器 4 件。
舞蹈种类：长巾独舞 2 组、迦陵频伽舞 1 组。

第 119 窟

时　　代：盛唐（五代、清重修）
形　　制：覆斗形顶，西壁开一龛。
内　　容：西壁 佛龛顶华盖两侧画飞天 2 身。
合　　计：此窟画飞天 2 身。

第 120 窟

时　　代：盛唐（五代、清重修）
形　　制：覆斗形顶，西壁开一龛。
内　　容：主室 南壁 画观无量寿经变一铺。
　　　上画不鼓自鸣乐器 5 件，自东至西依次为：
　　　　拍板、细腰鼓、羯鼓、竖笛、笙。
　　　画飞天 2 身。
　　　下画乐舞图 1 幅，图像漫漶，可见长巾舞
　　　　伎 1 身，乐伎 6 身。乐器仅存左侧琵
　　　　琶 1 件、竖箜篌 1 件。
西壁 佛龛顶画飞天 2 身。
北壁 说法图华盖两侧画飞天 2 身。
合　　计：此窟画不鼓自鸣乐器 5 件；飞天 6 身；经
　　　　变乐舞图 1 幅，乐队 1 组，舞伎 1 身，乐
　　　　伎 6 身，乐器 2 件。
乐器种类：拍板 1 件、细腰鼓 1 件、羯鼓 1 件、竖笛 1 件、
　　　　笙 1 件、琵琶 1 件、竖箜篌 1 件。共 7 件。
舞蹈种类：长巾独舞 1 组。

第 121 窟

时　　代：盛唐（五代、清重修）
形　　制：覆斗形顶，西壁开一龛。
内　　容：前室 南壁 五代画净土变一铺。
　　　下画乐舞图 1 幅，右侧残存乐伎 3 身，乐
　　　　器有：四弦琵琶、阮（搊弹）、筝。
　　　主室 南壁 盛唐画说法图一铺。
　　　上画不鼓自鸣乐器，可见排箫 1 件，余模糊。
　　　上画飞天 4 身。
西壁 龛南侧五代画普贤经变中画乐队 1
　　　　组，乐伎 4 身，乐器有：拍板、横笛、
　　　　横笛、竖笛；
　　　龛北侧五代画文殊经变中画乐队 1 组，乐
　　　　伎 4 身，乐器有：拍板、横笛、竖笛、
　　　　1 件模糊。
北壁 盛唐画说法图一铺。
上画飞天 2 身。
合　　计：此窟画不鼓自鸣乐器 1 件；飞天 6 身；经
　　　　变乐舞图 1 幅，乐伎 3 身，乐器 3 件；文
　　　　殊经变、普贤经变各 1 铺，乐队 2 组，乐
　　　　伎 8 身，乐器 7 件。
乐器种类：四弦琵琶 1 件、阮 1 件、筝 1 件、拍板 2 件、
　　　　横笛 3 件、竖笛 2 件、排箫 1 件。共 11 件。
　　　　模糊乐器 1 件。

第122窟

时　代：盛唐（宋、清重修）
形　制：覆斗形顶，西壁开一龛。
内　容：前室　南壁　上宋画飞天1身。
　　　　　　　北壁　上宋画飞天1身。
　　　　主室　北壁　画观无量寿经变一铺。
　　　　　　　下画乐舞图1幅，图像漫漶。长巾舞伎1
　　　　　　　　身居中；乐伎8身，对称分列两侧，
　　　　　　　　乐器仅可见左侧竖箜篌1件。
合　计：此窟画飞天2身；经变乐舞图1幅，乐队
　　　　1组，舞伎1身，乐伎8身，乐器1件。
乐器种类：竖箜篌1件。共1件。
舞蹈种类：长巾独舞1组。

第123窟

时　代：盛唐（五代、清重修）
形　制：覆斗形顶，西壁开一龛。
内　容：主室　南壁　上画飞天6身。
　　　　　　　西壁　佛龛顶画飞天2身。
　　　　　　　北壁　上画飞天6身。
合　计：此窟画飞天14身。

第124窟

时　代：盛唐（五代重修）
形　制：覆斗形顶，西壁开一龛。
内　容：主室　南壁　华盖两侧画散花飞天2身。
　　　　　　　北壁　盛唐画阿弥陀经变一铺。
　　　　　　　　上画不鼓自鸣乐器8件，自西至东依次为：
　　　　　　　　　细腰鼓、答腊鼓、鸡娄鼓、横笛、筚篥、
　　　　　　　　　笙、排箫、羯鼓。
　　　　　　　　华盖两侧画飞天2身。

合　计：此窟画不鼓自鸣乐器8件；飞天4身。
乐器种类：细腰鼓1件、答腊鼓1件、鸡娄鼓1件、
　　　　横笛1件、筚篥1件、笙1件、排箫1件、
　　　　羯鼓1件。共8件。

第126窟

时　代：盛唐（中唐、五代重修）
形　制：覆斗形顶，西壁开一龛。
内　容：主室　南壁　中唐画观无量寿经变一铺。
　　　　　　　上画不鼓自鸣乐器10件，自东至西依次为：
　　　　　　　　鸡娄鼓、1件模糊、拍板、笙、竖笛、
　　　　　　　　四弦琵琶、横笛、铙、羯鼓、筚篥。
　　　　　　　左上钟楼内挂大钟1件。
　　　　　　　下画乐舞图1幅，分上、下两层。
　　　　　　　上层乐舞1组，共画乐舞伎13身。长巾
　　　　　　　　舞伎1身居中；乐伎12身，对称分列
　　　　　　　　两侧，图像残损。
　　　　　　　左侧前排：2件模糊、细腰鼓；
　　　　　　　左侧后排：3件模糊；
　　　　　　　右侧前排：竖笛、横笛、竖箜篌；
　　　　　　　右侧后排：琵琶（拨奏）、笙、拍板。
　　　　　　　说法图两侧平台上画迦陵频伽2身。
　　　　　　　下层画鸟乐舞1组，共画迦陵频伽3身，
　　　　　　　　另有孔雀、鸽子等鸟类，图像残。
　　　　　　北壁　中唐画观无量寿经变一铺。
　　　　　　　上画不鼓自鸣乐器14件，自东至西依次为：
　　　　　　　　义觜笛、拍板、鸡娄鼓、四弦直颈琵琶、
　　　　　　　　铙、排箫、义觜笛、羯鼓、羯鼓、筚篥、
　　　　　　　　钲、鼗鼓、笙、竖箜篌。
　　　　　　　右上钟楼内挂大钟1件。
　　　　　　　下画乐舞图1幅，分上、下两层。
　　　　　　　上层乐舞1组，共画乐舞伎13身。长巾
　　　　　　　　舞伎1身居中；乐伎12身，对称分列
　　　　　　　　两侧，每侧两排。

左侧前排：竖笛、毛员鼓、羯鼓；
左侧后排：拍板、横笛、鼗鼓与鸡娄鼓（1身兼奏）；
右侧前排：琵琶、竖箜篌、笙；
右侧后排：横笛、排箫、拍板。
说法图两侧画迦陵频伽2身，立于宝池的栏杆上。
下层画鸟乐舞1组。迦陵频伽2身，演奏拍板、竖笛。另有孔雀、鹤、鹦鹉各1只。
合　　计：此窟画不鼓自鸣乐器24件（1件模糊）；经变乐舞图2幅，乐队4组，舞伎2身，乐伎24身，乐器20件；迦陵频伽9身，乐器2件。
乐器种类：横笛4件、拍板5件、鸡娄鼓3件、琵琶4件（其中四弦琵琶2件）、铙3件、排箫2件、义觜笛2件、羯鼓4件、细腰鼓1件、筚篥2件、钲1件、鼗鼓2件、笙4件、竖箜篌3件、竖笛4件、毛员鼓1件、大钟2件。共47件。模糊乐器6件。
舞蹈种类：长巾独舞2组、迦陵频伽舞2组。

第127窟

时　　代：晚唐（五代、清重修）
形　　制：覆斗形顶，西壁开一龛。
内　　容：西壁　佛龛两侧上画飞天2身。
　　　　　佛龛南侧普贤经变中画乐队1组，乐伎2身，乐器有：拍板、1件模糊。
　　　　　佛龛北侧文殊经变中画乐队1组，乐伎2身，乐器有：竖笛、四弦直颈琵琶（拨奏）。
合　　计：此窟画飞天2身；文殊经变、普贤经变各1铺，乐伎4身，乐器3件。
乐器种类：四弦琵琶1件、拍板1件、竖笛1件。共3件。模糊乐器1件。

第128窟

时　　代：晚唐（五代、清重修）
形　　制：覆斗形顶，西壁开一龛。
内　　容：南壁　东起第二铺画药师经变。
　　　　　上画不鼓自鸣乐器4件：四弦曲颈琵琶、拍板、竖箜篌、细腰鼓。
　　　　　下画乐舞图1幅，共画乐舞伎5身。长巾舞伎1身居中；乐伎4身，对称分列两侧。
左侧：横笛、拍板；
右侧：竖笛、竖箜篌。
西壁　南侧普贤经变中画乐队1组，乐伎2身，立于象前奏乐。乐器有：竖笛、拍板。
　　　北侧文殊经变中画乐队1组，乐伎2身，立于狮前奏乐。乐器有：曲颈琵琶（拨奏）、横笛。
北壁　西起第一铺画阿弥陀经变。
　　　上画不鼓自鸣乐器5件，自西至东依次为：竖箜篌、排箫、拍板、笙、义觜笛。
　　　下画乐舞图1幅，共画乐舞伎7身。长巾舞伎1身居中；乐伎6身，对称分列两侧。
左侧：筚篥、竖笛、拍板；
右侧：四弦直颈琵琶（拨奏）、笙、横笛。
合　　计：此窟画不鼓自鸣乐器9件；经变乐舞图2幅，乐队2组，舞伎2身，乐伎10身，乐器10件；文殊经变、普贤经变各1铺，乐队2组，乐伎4身，乐器4件。
乐器种类：琵琶3件（其中四弦琵琶2件）、拍板5件、竖箜篌3件、细腰鼓1件、横笛3件、竖笛3件、排箫1件、笙2件、义觜笛1件、筚篥1件。共23件。
舞蹈种类：长巾独舞2组。

第129窟

时　代：盛唐（中唐、五代重修）
形　制：覆斗形顶，西壁开一龛。
内　容：主室　南壁　中唐画观无量寿经变一铺。
　　　　　上画不鼓自鸣乐器17件，自东至西依次为：
　　　　　　　钲、古琴、竖箜篌、笙、四弦直颈琵琶、
　　　　　　　排箫、竖箜篌、鼗鼓、细腰鼓、鸡娄鼓、
　　　　　　　筚篥、拍板、筝、羯鼓、钲、细腰鼓、铙。
　　　　　左上钟楼内挂大钟1件。
　　　　　下画乐舞图1幅，共画乐舞伎13身。共
　　　　　　　2组，分上、下两层排列。
　　　　　上层乐舞1组，共13身。长巾舞伎1身
　　　　　　　居中；乐伎12身，对称分列两侧，每
　　　　　　　侧两排。
　　　　　左侧前排：琵琶（拨奏）、排箫、竖箜篌；
　　　　　左侧后排：筚篥、竖笛、拍板；
　　　　　右侧前排：答腊鼓、细腰鼓、羯鼓；
　　　　　右侧后排：鸡娄鼓（杖击）、拍板、竖笛。
　　　　　两侧平台上画迦陵频伽2身。
　　　　　下层宝池中画鸟乐舞1组。迦陵频伽2身
　　　　　　　演奏排箫、横笛。另有孔雀1只、鹤
　　　　　　　1只、鹦鹉2只。
　　　　　西壁　龛顶西披盛唐画飞天2身。
　　　　　下中唐画壸门伎乐4身（五代重修），其
　　　　　　　中1身奏竖笛。
　　　　　东壁　门北中唐画如意轮观音变，宝盖两
　　　　　　　侧画飞天2身。
　　　　　门南残存中唐画飞天1身。
合　计：此窟画不鼓自鸣乐器17件；飞天5身；经
　　　　　变乐舞图1幅，乐队2组，舞伎1身，乐
　　　　　器12件；迦陵频伽4身，乐
　　　　　器2件；壸门伎乐4身，乐器1件。
乐器种类：钲2件、古琴1件、竖箜篌3件、琵琶2
　　　　　件（其中四弦琵琶1件）、笙1件、排箫3件、
　　　　　鼗鼓1件、细腰鼓3件、鸡娄鼓2件、筚

篥2件、拍板3件、筝1件、羯鼓2件、
铙1件、大钟1件、竖笛3件、答腊鼓1件、
横笛1件。共33件。
舞蹈种类：长巾独舞1组、迦陵频伽舞1组。

第130窟

时　代：盛唐（西夏重修）
形　制：通顶大佛窟，覆斗形顶。
内　容：南壁　上残存西夏画飞天乐伎2身，乐器有：
　　　　　笙、都昙鼓；
　　　　　北壁　上西夏画飞天乐伎3身，乐器有：拍
　　　　　　　板、筚篥、排箫；
　　　　　东壁　上西夏画飞天乐伎4身，乐器有：琵
　　　　　　　琶、贝、钹、横笛。
合　计：此窟画飞天乐伎9身，乐器9件。
乐器种类：笙1件、都昙鼓1件、拍板1件、筚篥1
　　　　　件、排箫1件、琵琶1件、贝1件、钹1件、
　　　　　横笛1件。共9件。

第132窟

时　代：晚唐（五代、清重修）
形　制：覆斗形顶（毁），西壁开一龛。
内　容：主室　南壁　画观无量寿经变一铺，图像残。
　　　　　下画乐舞图1幅，左侧残存乐伎3身，乐
　　　　　　　器有：竖笛、横笛、拍板。
　　　　　左下画迦陵频伽1身，仅存翅膀。
　　　　　北壁　画药师经变一铺。
　　　　　主尊下画迦陵频伽1身，两手上举，所持
　　　　　　　物模糊。
　　　　　右侧画迦陵频伽1身，仅存翅膀。
　　　　　下画乐舞图1幅，共画乐舞伎7身。反弹
　　　　　　　琵琶舞伎1身居中；乐伎6身，对称

分列两侧。
左侧：筝、竖笛、1件模糊；
右侧：横笛、排箫、拍板。
合　　计：此窟画经变乐舞图2幅，乐队2组，舞伎1身，乐伎9身，乐器8件；迦陵频伽3身。
乐器种类：拍板2件、横笛2件、竖笛2件、琵琶1件、筝1件、排箫1件。共9件。模糊乐器1件。
舞蹈种类：反弹琵琶独舞1组、迦陵频伽舞1组。

第134窟

时　　代：中唐（晚唐、清重修）
形　　制：覆斗形顶，北壁开一龛。
内　　容：西壁　画观无量寿经变一铺。
　　　　　　上画不鼓自鸣乐器2件，乐器模糊。
　　　　　　下画乐舞图1幅，共画乐舞伎7身。反弹琵琶舞伎1身居中；乐伎6身，对称分列两侧。
　　　　　左侧：横笛、竖笛、笙；
　　　　　右侧：细腰鼓（两杖击）、凤首箜篌、拍板。
　　　　东壁　画药师经变一铺，图像漫漶。
　　　　　　上画不鼓自鸣乐器4件：义觜笛、排箫，2件模糊。
合　　计：此窟画不鼓自鸣乐器6件（4件模糊）；经变乐舞图1幅，乐队1组，舞伎1身，乐伎6身，乐器6件。
乐器种类：琵琶1件、笙1件、竖笛1件、横笛1件、拍板1件、凤首箜篌1件、细腰鼓1件、义觜笛1件、排箫1件。共9件。模糊乐器4件。
舞蹈种类：反弹琵琶独舞1组。

第135窟

时　　代：中唐（晚唐、宋、清重修）
形　　制：覆斗形顶，南壁开一龛。
内　　容：西壁　画天请问经变一铺。
　　　　　　下画乐舞图1幅，共画乐舞伎5身。长巾舞伎1身居中；乐伎4身，对称分列两侧。
　　　　　左侧：鼗鼓与鸡娄鼓（1身兼奏）、排箫；
　　　　　右侧：曲颈琵琶（拨奏）、笙。
合　　计：此窟经变乐舞图1幅，乐队1组，舞伎1身，乐伎4身，乐器5件。
乐器种类：鼗鼓1件、鸡娄鼓1件、排箫1件、琵琶1件、笙1件。共5件。
舞蹈种类：长巾独舞1组。

第136窟

时　　代：西夏（宋、西夏、清重修）
形　　制：覆斗形顶，西壁开一龛。
内　　容：主室　窟顶　四披下部残存西夏画飞天10身，其中西披5身、北披2身、东披3身。
　　　　　乐器有：
　　　　　西披：横笛；
　　　　　北披：竖笛、筝。
　　　　西壁　佛龛顶西披下西夏画散花飞天1身。
　　　　佛坛南侧西夏画壸门伎乐2身，1身童子持义觜笛。
　　　　佛坛北侧西夏画壸门伎乐2身，1身童子吹横笛、1身舞蹈。
　　　　北壁　西夏画阿弥陀经变一铺。
　　　　　　上画不鼓自鸣乐器6件，自西至东依次为：琵琶、笙篥、拍板、钹、排箫、1件模糊。
合　　计：此窟画不鼓自鸣乐器6件（1件模糊）；飞天11身，其中飞天乐伎3身，乐器3件；

壶门伎乐4身，乐器2件，舞伎1身。
乐器种类：琵琶1件、竖笛1件、筚篥1件、拍板1件、钹1件、排箫1件、横笛2件、筝1件、义觜笛1件。共10件。模糊乐器1件。
舞蹈种类：童子舞1组。

第138窟

时　代：晚唐（五代、元、清重修）
形　制：覆斗形顶，设中心佛坛。
内　容：**中心佛坛** 主尊华盖周围画散花飞天4身。
背屏后甬道上画飞天2身。
佛坛画双层壶门，内绘伎乐。
上层壶门伎乐较小，分5面，共30门。
　　　其中东向面演奏乐器6件。
南侧：横笛、竖笛、竖箜篌、拍板；
北侧：拍板、竖笛。
下层壶门伎乐共23身。
东向面：壶门7个。残存最南侧1身演奏横笛、最北侧1身演奏琵琶；
南向面：壶门6个，自东至西乐器依次为：阮、拍板、竖笛、羯鼓，其余2身残。
西向面：壶门4个，内画动物。
北向面：壶门6个，自西至东乐器依次为：竖笛、琵琶、凤首箜篌、横笛、拍板，1身残。
窟顶 四披垂幔下画飞天一周，每披5身，共20身，其中飞天乐伎13身。
南披：竖箜篌、竖笛、拍板、四弦琵琶（拨奏）；
北披：毛员鼓、鼗鼓与鸡娄鼓（1身兼奏）、答腊鼓、筝、笙；
东披：排箫、钹、竖笛、凤首箜篌。
南壁 东起第一铺画天请问经变。
华盖四周画飞天2身。
下画乐舞图1幅，共画乐舞伎7身。长巾舞伎1身居中；乐伎6身，对称分列两侧。
左侧：筚篥、笙、拍板（5片）；
右侧：四弦琵琶（拨奏）、横笛、竖箜篌。
东起第二铺画法华经变。
下方火宅喻品中画1人居中跳长袖舞，乐伎4人跪左右两侧奏乐。乐器模糊，左侧横笛可辨。
东起第三铺画阿弥陀经变。
上画不鼓自鸣乐器6件，自东至西依次为：拍板（4片）、排箫（12管）、横笛、答腊鼓、笙、琵琶。
下画乐舞图1幅，共画乐舞伎29身。分3组，上、中、下三层排列。
上层乐舞1组，共17身。细腰鼓舞伎1身居中（右手持杖）；乐伎16身，对称分列两侧，每侧两排。
左侧前排：羯鼓（有牙床，杖击）、细腰鼓、鼗鼓与鸡娄鼓（1身兼奏）、羯鼓；
左侧后排：筚篥、笙、横笛、拍板（4片）；
右侧前排：四弦直颈琵琶（拨奏）、筝、阮（搊弹）、竖箜篌；
右侧后排：竖笛、排箫、横笛、拍板（5片）。
中层乐舞1组，共画乐舞伎12身。长巾舞伎2身，位于乐队外侧；乐伎10身，背向台中，对称分列两侧。
左侧：筚篥、笙、横笛、琵琶、拍板（5片）；
右侧：筚篥、鼗鼓与鸡娄鼓（1身兼奏）、四弦直颈琵琶（拨奏）、横笛、拍板（4片）；
说法图中部左侧画迦陵频伽1身，弹琵琶，共命鸟1身，奏拍板。
说法图中部右侧画孔雀1只、鹤2只。
下层画鸟乐舞1组。孔雀1只居中；迦陵频伽2身奏乐，乐器有：竖笛、横笛。

东起第四铺画金刚经变。

下画乐舞图1幅，共画乐舞伎13身。长巾舞伎1身居中；乐伎12身，对称分列两侧，每侧两排。

左侧前排：筝、四弦曲颈琵琶（拨奏）、拍板（5片）；

左侧后排：竖笛、笙、排箫；

右侧前排：羯鼓与鸡娄鼓（1身兼奏）、答腊鼓、羯鼓（有牙床，左侧杖击）；

右侧后排：横笛、竖笛、竖箜篌（擘奏）。

右下画百戏图1幅，共6人。2人居中表演杂技，左侧1人观演，右侧3人奏乐，乐器有：横笛、笙、1件模糊。

东起第五铺画楞伽经变。

左下画世俗乐舞图1幅，共5人。1人袒右肩，左臂甩长袖，居中舞蹈；乐伎4人分列两侧，乐器有：横笛、拍板，另2人模糊。

中下画百戏图1幅，共5人。2人居中表演杂技：一人右脚单腿立地，两手平举；一小孩双脚立其肩上，右手上举，左手平举；另3人奏乐，乐器有：横笛、拍板、1件模糊。

北壁　西起第一铺画金光明最胜王经变。

上画不鼓自鸣乐器6件，自西至东依次为：细腰鼓、答腊鼓、横笛、横笛、笙、五弦琵琶。

下画乐舞图1幅，共画乐舞伎9身。长巾舞伎1身居中；乐伎8身，对称分列两侧。

左侧：义觜笛、筚篥、笙、拍板；

右侧：筝、琵琶（拨奏）、羯鼓与鸡娄鼓（1身兼奏）、碰铃。

乐舞图左侧画婆罗门1身，杖击大鼓。

右下佛塔前画世俗乐队1组，共5人，立奏，乐器有：大鼓、横笛、2件模糊、拍板。

西起第二铺画报恩经变。

上画不鼓自鸣乐器5件，笛、排箫、筚篥、四弦直颈琵琶1件，细腰鼓。

左上钟楼内挂大钟1件。

下画乐舞图1幅，共画乐舞伎9身。长巾舞伎1身居中；乐伎8身，对称分列两侧。

左侧：义觜笛、筚篥、笙、拍板；

右侧：毛员鼓、筝、四弦琵琶（拨奏）、方响。

西起第三铺画药师经变。

上画不鼓自鸣乐器2件：琵琶、竖箜篌。

左上钟楼内挂大钟1件。

下画乐舞图1幅，共画乐舞伎14身。长巾舞伎2身居中；乐伎12身，对称分列两侧，每侧两排。

左侧前排：四弦琵琶（拨奏）、笙、竖箜篌；

左侧后排：竖笛、义觜笛、拍板（5片）；

右侧前排：筝（6弦）、排箫、拍板；

右侧后排：羯鼓与鸡娄鼓（1身兼奏）、铙、毛员鼓。

下画迦陵频伽1身，弹琵琶。

华盖两侧平台上各画鹤1只、迦陵频伽1身。

西起第五铺画弥勒经变。

下画乐舞图1幅，共画乐舞伎7身。长巾舞伎1身居中；乐伎6身，对称分列两侧。

左侧：筚篥、笙、铙；

右侧：横笛、四弦琵琶（拨奏）、拍板。

东壁　门北画报恩经变一铺。

上画不鼓自鸣乐器9件，自北至南依次为：横笛、竖笛、曲颈琵琶、鸡娄鼓、竖箜篌、1件模糊、排箫、笙、曲颈琵琶。

下画乐舞图1幅，共画乐舞伎12身。长巾舞伎2身居中，相对而舞；乐伎10身，对称分列两侧。

左侧：四弦曲颈琵琶（拨奏）、阮（3弦，4轸，拨奏）、筝、凤首箜篌、竖箜篌；

右侧：筚篥、排箫、横笛、笙、拍板（5片）。

合　　计：此窟画不鼓自鸣乐器28件（2件模糊）；飞天28身，其中飞天乐伎13身，乐器14件；经变乐舞图8幅，乐队10组，舞伎12身，乐伎88身，乐器93件；迦陵频伽5身，乐器4件，婆罗门1身，乐器1件；共命鸟1身，乐器1件；世俗乐舞图4幅，舞伎2身，乐伎14身，乐器8件；百戏图2幅，杂技4身，乐伎6身，乐器4件；壶门伎乐53身，乐器17件。

乐器种类：横笛21件、排箫8件、竖笛12件、笛1件、竖箜篌9件、拍板22件、琵琶21件（其中四弦琵琶10件、五弦琵琶1件）、阮3件、羯鼓4件、凤首箜篌3件、细腰鼓4件、鼗鼓6件、鸡娄鼓7件、答腊鼓4件、筝7件、笙14件、钹1件、铙2件、碰铃1件、筚篥9件、义觜笛3件、方响1件、毛员鼓3件、大钟2件、大鼓2件。共170件。模糊乐器10件。

舞蹈种类：长袖独舞2组、细腰鼓独舞1组、长巾独舞5组、长巾双人舞3组、迦陵频伽舞2组。

第140窟

时　　代：晚唐、五代（回鹘、清重修）

形　　制：覆斗形顶，西壁开一龛。

内　　容：南、北壁 各画净土变一铺。

下各画裸体童子舞伎1身，立于莲花上。

合　　计：此窟画童子舞伎2身。

舞蹈种类：童子舞2组。

第141窟

时　　代：晚唐（宋、清重修）

形　　制：覆斗形顶，西壁开一龛。

内　　容：主室 南壁 东起第一铺画报恩经变。

上画飞天2身。

下画乐舞图1幅，共画乐舞伎5身。长巾舞伎1身居中；下画迦陵频伽1身，弹四弦直颈琵琶；乐伎4身，对称分列两侧。

左侧：四弦直颈琵琶（拨奏）、横笛；

右侧：笙、拍板。

东起第二铺画观无量寿经变。

上画飞天2身。

说法图下画迦陵频伽乐舞1组，共3身。乐器有：铙、凤首箜篌、笙。

下画乐舞图1幅，共画乐舞伎7身。长巾舞伎1身居中；乐伎6身，对称分列两侧。

左侧：四弦直颈琵琶（拨奏）、排箫、竖笛；

右侧：笙、横笛、拍板。

西壁 佛龛南侧晚唐画文殊经变中画乐伎1身，演奏竖笛。

佛龛北侧晚唐画普贤经变中画乐伎1身，演奏排箫。

北壁 西起第一铺画药师经变。

上画不鼓自鸣乐器6件：直颈琵琶、筝、横笛、义觜笛、竖箜篌、排箫。

右上钟楼内挂大钟1件。

下画乐舞图1幅，共画乐舞伎5身。长巾舞伎1身居中；乐伎4身，对称分列两侧。

左侧：直颈琵琶（拨奏）、筝；

右侧：拍板、笙。

下画迦陵频伽1身，反弹直颈琵琶。

合　　计：此窟画不鼓自鸣乐器6件；飞天4身；经

变乐舞图 3 幅，乐队 3 组，舞伎 3 身，乐伎 14 身，乐器 14 件；迦陵频伽 5 身，乐器 5 件。文殊经变、普贤经变各 1 铺，乐伎 2 身，乐器 2 件。

乐器种类：琵琶 6 件（其中四弦琵琶 3 件）、横笛 3 件、拍板 3 件、笙 4 件、凤首箜篌 1 件、竖笛 2 件、排箫 3 件、筝 2 件、义觜笛 1 件、竖箜篌 1 件、大钟 1 件。共 27 件。

舞蹈种类：长巾独舞 3 组、迦陵频伽舞 2 组。

第 142 窟

时　代：晚唐（宋、西夏、清重修）
形　制：覆斗形顶，西壁开一龛。
内　容：主室 窟顶 四披下部西夏画飞天 24 身，每披 6 身，图像熏毁。可见北披 1 身演奏琵琶。
　　　　西壁 佛龛内西夏画散花飞天 2 身。
　　　　南壁 主尊下方西夏画童子舞伎 1 身。
合　计：此窟画飞天 26 身，其中飞天乐伎 1 身，乐器 1 件；童子舞伎 1 身。

乐器种类：琵琶 1 件。共 1 件。
舞蹈种类：童子独舞 1 组。

第 144 窟

时　代：中唐（五代、清重修）
形　制：覆斗形顶，西壁开一龛。
内　容：甬道 菩萨伎乐顶画 4 身，乐器有：横笛、排箫、拍板（兼歌唱）、笙。
　　　　主室 南壁 东起第一铺画金刚经变。
上画不鼓自鸣乐器 3 件，自东至西依次为：义觜笛、琵琶、笙篥。
上画飞天 2 身。

下画乐舞图 1 幅，共画乐舞伎 9 身。长巾舞伎 1 身居中；乐伎 8 身，对称分列两侧。
左侧：拍板、笙篥、横笛、筝；
右侧：四弦直颈琵琶（拨奏）、排箫、笙、竖箜篌（擘奏）。
东起第二铺画观无量寿经变。
上画不鼓自鸣乐器 5 件，自东至西依次为：笙、笙篥、笙篥、直颈琵琶、排箫。
上画飞天 2 身。
左上钟楼内挂大钟 1 件。
下画乐舞图 1 幅，分 2 组，上、下两层排列。
上层乐舞 1 组，共画乐舞伎 7 身。长巾舞伎 1 身居中；乐伎 6 身，对称分列两侧。
左侧：琵琶（拨奏）、笙、排箫；
右侧：拍板、笙篥、横笛。
中部左侧画迦陵频伽 1 身，右侧画共命鸟 1 身，所持物模糊。
下层乐舞 1 组，共 3 身。长袖舞伎 1 身居中。两侧各画迦陵频伽 1 身，左侧奏拍板，右侧仅残存翅膀。
西壁 佛坛下共画壸门伎乐 12 身，乐器 8 件：横笛、直颈琵琶、笙、手鼓（杖击）、竖笛、横笛、凤首箜篌、拍板。
北壁 西起第一铺画华严经变。
华严海中可见乐器 3 件：排箫、鸡娄鼓、义觜笛。
西起第二铺画药师经变。
上画不鼓自鸣乐器 2 件，模糊。
上画飞天 2 身。
右上钟楼内挂大钟 1 件。
下画乐舞图 1 幅，共画乐舞伎 7 身。长巾舞伎 1 身居中；乐伎 6 身，对称分列两侧。
左侧：琵琶（拨奏）、竖笛、横笛；
右侧：拍板、笙、竖箜篌。

经变画中部左、右两侧各画迦陵频伽1身，分别演奏横笛、笙。

西起第四扇屏风画中画世俗乐舞图1幅，1人舞长袖，1妇人弹琵琶。

西起第三铺画报恩经变。

下画乐舞图1幅，共画乐舞伎9身。长巾舞伎1身居中；乐伎8身，对称分列两侧。

左侧：四弦曲颈琵琶（拨奏）、竽篥、排箫、竖箜篌（擘奏）；

右侧：羯鼓（有牙床、杖击）、横笛、笙、拍板（5片）。

下画屏风画，自西至东第四扇屏风画中画1妇人弹琵琶，另有2身舞蹈。

东壁 门南画千手眼观音变一铺。

南侧画菩萨伎乐1身，演奏竖箜篌（13弦）。

门北画千手千钵文殊经变一铺。

左上画菩萨舞伎1身。

合　计：此窟画不鼓自鸣乐器10件（2件模糊）；飞天6身；经变乐舞图4幅，乐队4组，舞伎5身，乐伎28身，乐器28件；迦陵频伽5身，乐器3件；共命鸟1身；华严海中乐器3件；壸门伎乐12身，乐器8件；世俗乐舞图2幅，舞伎3身，乐伎2身，乐器2件；菩萨伎乐6身，乐器5件。

乐器种类：义觜笛2件、琵琶9件（其中四弦琵琶2件）、竖笛2件、筝1件、横笛8件、竽篥6件、拍板7件、竖箜篌4件、笙8件、排箫6件、手鼓1件、凤首箜篌1件、羯鼓1件、鸡娄鼓1件、大钟2件。共59件。模糊乐器2件。

舞蹈种类：长巾独舞4组、长袖独舞2组、民间双人舞1组、菩萨独舞1组。

第145窟

时　代：晚唐（五代、宋重修）
形　制：覆斗形顶，西壁开一龛。
内　容：南壁 东起第一铺画金刚经变。

下画乐舞图1幅，共画乐舞伎9身。细腰鼓舞伎1身居中；乐伎8身，对称分列两侧。

左侧：笙、竖笛、手鼓、横笛；

右侧：四弦直颈琵琶（拨奏）、鸡娄鼓、排箫、拍板。

东起第二铺画观无量寿经变。

上画不鼓自鸣乐器2件：横笛、横笛。

下画乐舞图1幅，共画乐舞伎9身。长巾舞伎1身居中；乐伎8身，对称分列两侧。

左侧：曲颈琵琶（拨奏）、排箫、笙、竖箜篌；

右侧：拍板、竽篥、横笛、筝。

西壁 佛龛南侧普贤经变中画乐伎2身，乐器有：拍板、1件模糊。

佛龛北侧文殊经变中画乐伎2身，乐器有：琵琶（拨奏）、笙。

北壁 西起第一铺画药师经变。

下画乐舞图1幅，共画乐舞伎7身。长巾舞伎1身居中；乐伎6身。

左侧：竖笛、笙、拍板；

右侧：四弦直颈琵琶（拨奏）、排箫、横笛。

下画童子舞伎1身。

西起第二铺画报恩经变。

下画乐舞图1幅，共画乐舞伎9身。长巾舞伎1身居中；乐伎8身，对称分列两侧。

左侧：竖笛、贝、排箫、横笛；

右侧：琵琶、鸡娄鼓、笙、拍板。

下画迦陵频伽1身。

合　计：此窟画不鼓自鸣乐器2件；经变乐舞图4

铺，乐队 4 组，舞伎 4 身，童子舞伎 1 身，乐伎 30 身，乐器 30 件；迦陵频伽 1 身；文殊经变、普贤经变各 1 铺，乐队 2 组，乐伎 4 身，乐器 3 件。

乐器种类：细腰鼓 1 件、横笛 6 件、手鼓 1 件、竖笛 3 件、筚篥 1 件、笙 5 件、拍板 5 件、排箫 4 件、鸡娄鼓 2 件、琵琶 5 件（其中四弦琵琶 2 件）、竖箜篌 1 件、筝 1 件、贝 1 件。共 36 件。模糊乐器 1 件。

舞蹈种类：长巾独舞 3 组、细腰鼓独舞 1 组、童子舞 1 组。

第 146 窟

时　代：五代（宋、元、清重修）
形　制：覆斗形顶，设中心佛坛。
内　容：主室 中心佛坛 下共有壸门 8 个，残存 5 个，宋画壸门伎乐 5 身。
　　　　南向面：横笛；
　　　　东南向面：拍板（5 片）；
　　　　东向面：四弦琵琶（拨奏）；
　　　　东北向面：竖笛；
　　　　北向面：羯鼓与鸡娄鼓（左手持鼓，右手持杖）。
　　　　窟顶 东北角画奏乐天王 1 身，演奏四弦曲颈琵琶（拨奏）。
　　　　南壁 东起第一铺画报恩经变。
　　　　右上钟楼内挂大钟 1 件。
　　　　下画乐舞图 1 幅，共画乐舞伎 13 身。长巾舞伎 1 身居中；乐伎 12 身，对称分列两侧。
　　　　左侧前排：筝、竖笛、拍板；
　　　　左侧后排：筚篥、笙、排箫；
　　　　右侧前排：横笛、四弦曲颈琵琶（拨奏）、竖箜篌；

右侧后排：竖笛、钹、手鼓（左手持鼓，右手杖击）。
下画树下弹琴图 1 幅，1 人抚琴、1 人听琴。
东起第二铺画法华经变。
上画不鼓自鸣乐器 2 件：横笛、筝。
下部火宅喻品中画乐舞图 1 幅，共 3 人。长袖舞伎 1 身居中；乐伎 2 身，左侧弹琵琶，右侧模糊。
东起第三铺画阿弥陀经变。
下画乐舞图 1 幅，共画乐舞伎 27 身。分 2 组，上、下两层排列。
上层乐舞 1 组，共画乐舞伎 16 身。舞蹈 2 身居中，1 身击细腰鼓、1 身反弹琵琶（四弦直颈）；乐伎 14 身，分列两侧。左侧三排，共 8 身，右侧两排，共 6 身。
左侧第一排：1 件模糊、竖笛、拍板；
左侧第二排：四弦琵琶（拨奏）、笙、钹；
左侧第三排：筚篥、横笛；
右侧第一排：横笛、四弦琵琶（拨奏）、拍板（5 片）；
右侧第二排：细腰鼓、筚篥、大角。
下层乐舞 1 组，共画乐舞伎 11 身。长巾舞伎 1 身居中；乐伎 10 身，对称分列两侧。
左侧前排：筝、拍板；
左侧后排：竖笛、贝、钹；
右侧前排：四弦曲颈琵琶（拨奏）、竖箜篌；
右侧后排：横笛、拍板、手鼓（槌击）。
东起第四铺画弥勒经变。
上画不鼓自鸣乐器 7 件，自东至西依次为：横笛、笙、筝、阮、横笛、拍板、细腰鼓。
下画乐舞图 1 幅，共画乐舞伎 11 身。细腰鼓舞伎 1 身居中；乐伎 10 身，对称分列两侧，每侧两排。
左侧前排：横笛、竖笛、拍板（5 片）；

左侧后排：笙、排箫；
右侧前排：筝、横笛、拍板（5片，）；
右侧后排：竖箜篌、贝。
下部第5扇屏风上画1男子与1妇人舞蹈。
西壁　画劳度叉斗圣变一铺。
两侧各画飞天4身。
左、右两侧分别画大钟1件、大鼓1件，均悬挂于木架上，比丘撞钟，外道击鼓。
北侧画乐舞1组，斜向排列，自下而上第二、第七身为舞伎，其余6身为乐伎。乐器有：竖笛、拍板、2件模糊（吹奏乐器）、琵琶、拍板（4片）。
北壁　西起第一铺画天请问经变。
上画不鼓自鸣乐器7件：细腰鼓、竖箜篌、拍板、横笛、笙篥、四弦直颈琵琶、筝。
下画乐舞图1幅，共画乐舞伎11身，反弹琵琶舞伎1身居中（四弦曲颈）；乐伎10身，对称分列两侧。
左侧前排：竖笛、曲颈琵琶（拨奏）、拍板（5片）；
左侧后排：竖笛、笙；
右侧前排：义觜笛、排箫、拍板（4片）；
右侧后排：琵琶、铙。
西起第二铺画药师经变。
下画乐舞图1幅，共画乐舞伎26身。分2组，上、下两层排列。
上层乐舞1组，共画乐舞伎13身。细腰鼓舞伎1身居中；乐伎12身，对称分列两侧，每侧两排。
左侧前排：筝、竖笛、拍板（4片）；
左侧后排：横笛、笙、凤首箜篌；
右侧前排：横笛、竖笛、竖箜篌；
右侧后排：1件模糊、竖笛、拍板（4片，兼歌唱）。
下层画乐舞1组，乐伎13身，分列两侧，左侧7身、右侧6身。

左侧第一排：细腰鼓、竖笛、拍板；
左侧第二排：琵琶（拨奏）、排箫、钹；
左侧第三排：竖笛；
右侧第一排：竖笛、笙、竖箜篌；
右侧第二排：曲颈琵琶（3弦，拨奏）、手鼓(左手持鼓,右手杖击)、拍板(5片)。
西起第三铺画华严经变。
华严海中画乐器7件：横笛、拍板、曲颈琵琶、竖箜篌、排箫、横笛、横笛。
西起第四铺画思益梵天问经变。
上画不鼓自鸣乐器3件：细腰鼓、筝、四弦直颈琵琶。
下画乐舞图1幅，共画乐舞伎15身。长巾舞伎1身居中；乐伎14身，对称分列两侧，每侧两排。
左侧前排：筝、细腰鼓、方响、拍板（5片，兼歌唱）；
左侧后排：横笛、笙篥、竖箜篌（兼歌唱）；
右侧前排：四弦直颈琵琶(拨奏)、1件模糊、笙篥、拍板（兼歌唱）；
右侧后排：排箫、横笛、铙。
下部东起第一扇屏风画上画乐舞图1幅，共2人。1身奏拍板，1身拍手。
东壁　画维摩诘经变。
门北上画不鼓自鸣乐器6件，自北至南依次为：横笛、拍板、四弦直颈琵琶、细腰鼓、横笛、筝。
画世俗乐舞图1幅。屋外画长袖舞伎1人，旁立1人手持一物，形状、用途不明。屋内共画6身，分坐方桌两侧，其中2人似唱歌。

合　计：此窟画不鼓自鸣乐器25件；飞天8身；经变乐舞图6幅，乐队8组，舞伎8身，乐伎95身，乐器92件；劳度叉斗圣变1铺，舞伎2身，乐伎6身，乐器6件；奏乐天王1身，乐器1件；壸门伎乐5身，乐器

6件；世俗乐舞图5幅，舞伎4身，乐伎4身，乐器3件；华严海中乐器7件。

乐器种类：横笛20件、拍板23件、琵琶19件（其中四弦琵琶12件）、竖笛15件、羯鼓1件、鸡娄鼓1件、筝10件、排箫6件、笙7件、筚篥6件、竖箜篌8件、钹4件、铙2件、古琴1件、细腰鼓10件、大角1件、贝2件、阮1件、大钟2件、大鼓1件、义觜笛1件、凤首箜篌1件、手鼓3件、方响1件。共146件。模糊乐器6件。

舞蹈种类：长巾独舞3组、长袖独舞2组、细腰鼓独舞2组、反弹琵琶独舞1组、细腰鼓与反弹琵琶双人舞1组、民间舞1组。

第147窟

时　代：晚唐（西夏重修）
形　制：覆斗形顶，西壁开一龛。
内　容：主室　南壁　东起第二铺画弥勒经变。
　　　　　　上画不鼓自鸣乐器5件：横笛、古琴、琵琶、竖箜篌、1件模糊。
　　　　　　左上钟楼内挂大钟1件。
　　　　　　主尊下画迦陵频伽舞伎1身，手持串响。
　　　　　　下画乐舞图1幅，共画乐舞伎9身。长巾舞伎1身居中；乐伎8身，对称分列两侧。
　　　　　　左侧：筝、笙、1件模糊、拍板；
　　　　　　右侧：曲颈琵琶、义觜笛、竖笛、竖箜篌。
　　　　西壁　佛龛南侧普贤经变中画乐队1组，乐伎2身，立于象前奏乐。乐器有：拍板、琵琶（拨奏）。
　　　　佛龛北侧文殊经变中画乐队1组，乐伎2身，立于狮前奏乐。乐器有：笙、义觜笛。
　　　　北壁　西起第一铺画药师经变。
　　　　　　上画不鼓自鸣乐器4件：笙、拍板、横笛、义觜笛。
　　　　　　右上钟楼内挂大钟1件。
　　　　　　下画乐舞图1幅，共画乐舞伎7身。长巾舞伎1身居中；乐伎6身，对称分列两侧。
　　　　　　左侧前排：拍板、羯鼓与鸡娄鼓（1身兼奏）；
　　　　　　左侧后排：铙；
　　　　　　右侧前排：琵琶（拨奏）、筚篥；
　　　　　　右侧后排：横笛。
　　　　西起第二铺画金刚经变。
　　　　　　下画乐舞图1幅，共画乐舞伎7身。长巾舞伎1身居中；乐伎6身，对称分列两侧。
　　　　　　左侧：琵琶（拨奏）、横笛、拍板；
　　　　　　右侧：1件模糊（右手持杖）、筚篥、笙。

合　计：此窟画不鼓自鸣乐器9件（1件模糊）；经变乐舞图3铺，乐队3组，舞伎3身，乐伎20身，乐器19件；迦陵频伽1身，乐器1件；文殊经变、普贤经变各1铺，乐队2组，乐伎4身，乐器4件。

乐器种类：古琴1件、琵琶5件、竖箜篌2件、拍板5件、笙4件、筝1件、竖笛1件、筚篥2件、义觜笛3件、羯鼓1件、鸡娄鼓1件、铙1件、横笛4件、大钟2件、串响1件。共34件。模糊乐器3件。

舞蹈种类：长巾独舞3组、迦陵频伽舞1组。

第148窟

时　代：盛唐（晚唐、西夏、清重修）
形　制：拱形顶，西壁设佛坛，南、北壁各开一龛。
内　容：主室　南壁　佛龛背屏内画迦陵频伽4身，分列两侧。
　　　　　　左侧：横笛、笙；

右侧：琵琶、拍板。

佛龛顶画飞天乐伎2身。其中右侧1身为六臂飞天乐伎，上方两手持铙，中间两手右手持横笛、左手摇法铃，下方两手弹五弦直颈琵琶（拨奏）；另1身为四臂飞天乐伎（残），上方两手奏拍板，下方两手持排箫。

最上端画弥勒上生下生经变一铺。

上部自东至西共画6朵莲花，每一莲花上各画化生伎乐1组，共6组，每组3身，包含长袖舞伎1身，乐伎2身，乐器有：

第一组：竖箜篌、笙；

第二组：乐器模糊；

第三组：排箫、拍板；

第四组：排箫、笙；

第五组：五弦直径琵琶、细腰鼓；

第六组：竖箜篌、笙。

画持花飞天2身。

右下画1妇人弹琵琶。

西壁 盛唐画涅槃变一铺。

上画飞天6身、世俗乐舞图1幅，舞伎7身。

北壁 佛龛内背屏佛身光内画迦陵频伽6身，分列两侧。

左侧：笙、直颈琵琶、筚篥；

右侧：竖笛、琵琶、拍板。

佛龛顶画持花飞天2身。

东壁 门北画药师经变一铺。

上画不鼓自鸣乐器28件，自北至南依次为：细腰鼓、排箫、答腊鼓、方响、羖鼓、鸡娄鼓、拍板、筝、阮、竖箜篌、羯鼓、笙、横笛、四弦直颈琵琶、笙、细腰鼓、竖笛、义觜笛、拍板（6片）、四弦直颈琵琶、筚篥、竖箜篌、笙、羖鼓、细腰鼓、羯鼓、铙、拍板。

下画乐舞图1幅，共画乐舞伎36身。分2组，上、下两层排列，上层位于中间，下层位于两侧。

长巾舞伎2身居中，相对而舞。下画迦陵频伽2身，其中1身怀抱鸽子。

上层乐舞1组，乐伎20身，对称分列两侧，每侧三排。

左侧第一排：四弦曲颈琵琶（拨奏）、凤首箜篌、笙、竖箜篌；

左侧第二排：竖笛、横笛、筚篥、拍板（6片）；

左侧第三排：拍板、钲（左手持鼓，右手杖击）；

右侧第一排：四弦直颈琵琶（拨奏）、曲颈琵琶、筝、竖箜篌；

右侧第二排：横笛、笙、横笛、筚篥；

右侧第三排：拍板、铙。

下层乐舞1组，乐伎14身，分列两侧。左侧两排，右侧三排。

左侧第一排：细腰鼓、都昙鼓、细腰鼓（右手持杖）；

左侧第二排：拍板、钲、竖笛、横笛；

右侧第一排：都昙鼓、羯鼓（两杖击奏）、羖鼓与鸡娄鼓（1身兼奏）；

右侧第二排：拍板、排箫、横笛；

右侧第三排：答腊鼓（竖置胸前）。

药师经变南侧最上端画乐伎1身，弹四弦直颈琵琶。

门上画千手观音变一铺，其中一手握金刚铃，一手持贝。

观音两侧画菩萨伎乐2身，1身舞蹈，1身奏凤首箜篌。

门南画观无量寿经变一铺。

上画不鼓自鸣乐器22件，自北至南依次为：鸡娄鼓、羯鼓、答腊鼓、阮、笛、竖箜篌、细腰鼓、筝、细腰鼓、笙、拍板、排箫、铙、竖箜篌、方响、细腰鼓、古琴、羯鼓、手鼓、四弦直颈琵琶、笛、细腰鼓。

中部说法图左右平台上画迦陵频伽2身，左侧奏曲颈琵琶、右侧奏排箫。
下画乐舞图1幅，分上、中、下三层排列。长巾舞伎2身居中。
上层乐舞1组，乐伎13身，分列外侧平台，每侧两排，前排坐奏，后排立奏。
左侧前排：毂鼓与鸡娄鼓（1身兼奏）、细腰鼓、羯鼓（有牙床、右侧杖击）；
左侧后排：拍板、答腊鼓（竖置胸前）、横笛、排箫；
右侧前排：都昙鼓、都昙鼓、都昙鼓；
右侧后排：拍板（7片）、横笛、钲。
中层乐舞1组，乐伎16身，对称分列中间两侧平台，每侧两排。
左侧前排：琵琶、筝、竖箜篌、方响；
左侧后排：拍板、横笛、筚篥、笙；
右侧前排：五弦直颈琵琶、四弦直颈阮（搊弹）、琵琶（拨奏）、竖箜篌；
右侧后排：笙、筚篥、义觜笛、拍板；
乐舞下方左侧平台上画迦陵频伽1身，演奏横笛，共命鸟1身，演奏阮。
乐舞下方右侧平台上画迦陵频伽2身，分别演奏琵琶、筚篥。
七宝池中莲花上画化生童子8身。
下层画童子乐舞与鸟乐舞1组。鹤2身，居中起舞，两侧画童子乐伎4身。
左侧：排箫、细腰鼓；
右侧：1件模糊、筚篥。
合　　计：此窟画不鼓自鸣乐器50件；飞天12身，其中飞天乐伎2身，乐器6件；经变乐舞图2幅，乐队5组，舞伎4身，乐伎63身，乐器65件；童子乐伎4身，乐器3件；迦陵频伽17身，乐器15件；共命鸟1身，乐器1件；化生童子8身；化生伎乐23身，乐队6组，舞伎6身，乐伎13身，乐器10件；菩萨伎乐2身，乐器1件；世俗乐舞图3幅，舞伎7身，乐伎2身，乐器2件。
乐器种类：横笛12件、笙13件、琵琶18件（其中四弦琵琶6件、五弦琵琶3件）、拍板17件、铙4件、法铃1件、排箫9件、竖箜篌9件、凤首箜篌2件、筚篥8件、竖笛4件、鸡娄鼓4件、羯鼓6件、答腊鼓4件、阮4件、细腰鼓12件、筝4件、方响3件、古琴1件、手鼓1件、笛2件、毂鼓4件、都昙鼓5件、钲3件、义觜笛2件、贝1件。共153件。模糊乐器3件。
舞蹈种类：长袖独舞6组、长巾双人舞2组、迦陵频伽舞1组、菩萨独舞1组。

第152窟

时　　代：宋（回鹘、清重修）
形　　制：覆斗形顶，设中心佛坛。
内　　容：主室　中心佛坛　背屏上部菩提树下宋画飞天4身。
　　　　　背屏南、北两侧上部宋画飞天2身。
合　　计：此窟画飞天6身。

第153窟

时　　代：中唐（西夏重修）
形　　制：覆斗形顶，西壁开一龛。
内　　容：主室　南壁　西夏画飞天1身。
　　　　　北壁　西夏画飞天2身。
合　　计：此窟画飞天3身。

第154窟

时　代：中唐（西夏重修）
形　制：覆斗形顶，西壁开一龛。
内　容：南壁　上层东起第一铺画药师经变。
　　　　下画乐舞图1幅，共画乐舞伎9身。长巾舞伎1身居中；乐伎8身，对称分列两侧。
　　　　左侧：筚篥、义觜笛、直颈琵琶、拍板（6片）；
　　　　右侧：笙、排箫、竖笛、拍板（5片）。
　　　　上层东起第二铺画金光明最胜王经变。
　　　　左下画婆罗门1身，杖击大鼓。
　　　　下层东起第二铺画法华经变。
　　　　左下火宅喻品中画长袖舞伎1身。
　　　　西壁　佛龛内顶画飞天2身。南侧1身托花、北侧1身捧香炉。
　　　　北侧画雷公击鼓图，雷鼓1组，共14面。
　　　　北壁　上层西起第一铺画观无量寿经变，图像残。
　　　　下画乐舞图1幅，残存左侧乐伎2身，右侧乐伎3身。
　　　　左侧：琵琶、1件模糊；
　　　　右侧：筚篥、排箫、横笛。
　　　　上层西起第二铺画报恩经变。
　　　　主尊上方左、右两侧各画迦陵频伽1身，左侧吹竖笛、右侧吹横笛。
　　　　下画乐舞图1幅，共画乐舞伎18身。长巾舞伎2身分列两侧，舞伎外侧为乐队；乐伎16身，对称分列两侧，每侧三排。
　　　　左侧第一排：细腰鼓、细腰鼓、羯鼓；
　　　　左侧第二排：四弦琵琶（拨奏）、琵琶（拨奏）、横笛、竖箜篌；
　　　　左侧第三排：拍板（5片）；
　　　　右侧第一排：笙、竖笛、排箫（26管）；
　　　　右侧第二排：筚篥、义觜笛、拍板、铙；
　　　　右侧第三排：1件模糊。
　　　　右下画树下弹琴图1幅，1人抚琴、1人听琴。
　　　　东壁　门南上画金光明最胜王经变一铺。
　　　　左下画婆罗门1身，杖击大鼓。
合　计：此窟画飞天2身；经变乐舞图3幅，乐队3组，舞伎3身，乐伎29身，乐器27件，婆罗门2身，乐器2件；迦陵频伽2身，乐器2件；世俗乐舞图4幅，舞伎1身，乐伎3身，乐器3件；雷公击鼓图1幅，乐器1组。
乐器种类：筚篥3件、横笛3件、琵琶4件（其中四弦琵琶1件）、拍板4件、笙2件、排箫3件、竖笛3件、大鼓2件、细腰鼓2件、羯鼓1件、竖箜篌1件、义觜笛2件、铙1件、古琴1件、雷鼓1组（14面）。共33件（组）。模糊乐器2件。
舞蹈种类：长巾独舞1组、长巾双人舞1组、长袖独舞1组。

第155窟

时　代：中唐（五代重描壁画）
形　制：覆斗形顶，西壁开一龛。
内　容：南壁　画观无量寿经变一铺，图像熏毁。
　　　　下画乐舞图1幅，共画乐舞伎7身。长巾舞伎1身居中；两侧画迦陵频伽各1身；乐伎6身，对称分列两侧，乐器模糊。
合　计：此窟画经变乐舞图1幅，舞伎1身，乐队1组，乐伎6身；迦陵频伽2身。
乐器种类：模糊乐器6件。
舞蹈种类：长巾独舞1组。

第156窟

时　代：晚唐
形　制：覆斗形顶，西壁开一龛。
内　容：前室　顶画降魔变一铺。
　　　　下画乐队1组，画奏乐外道1身，演奏大鼓，奏乐魔女3身，演奏拍板、笙、琵琶。
　　　西壁　门北侧画飞天1身。
　　　甬道　顶画未知名曼荼罗一铺，左侧画菩萨伎乐1身，演奏凤首箜篌。
　　　主室　窟顶　藻井四周画迦陵频伽4身，所持乐器模糊。
　　　窟顶南披画法华经变。
　　　火宅喻品中画乐舞图1幅，共6身。长袖舞伎1身居中，旁立5人，乐器模糊。
　　　窟顶东披画楞伽经变。
　　　画百戏图1幅，共10人。其中2人表演戴竿之戏，两侧立4人拍手。下画乐伎4人，其中1人站立拍板，其余3人席地而坐，1人弹直颈琵琶，另2人所持乐器不清。
　　　南壁　东起第一铺画金刚经变。
　　　下画乐舞图1幅，共画乐舞伎9身。长巾舞伎1身居中；乐伎8身，对称分列两侧。
　　　左侧：琵琶（拨奏）、笙、横笛、竖箜篌；
　　　右侧：排箫、答腊鼓、竖笛、拍板。
　　　东起第二铺画阿弥陀经变。
　　　上画不鼓自鸣乐器6件：细腰鼓、竖箜篌、拍板、排箫、钲、答腊鼓。
　　　左上钟楼内挂大钟1件。
　　　下画乐舞图1幅，分2组，上、下两层排列。
　　　上层乐舞1组，共画乐舞伎18身。长巾舞伎2身居中；乐伎16身，对称分列两侧，每侧两排。

左侧前排：筝（7弦）、四弦直颈琵琶（拨奏）、阮（4弦，拨奏）、竖箜篌；
左侧后排：拍板、竖笛、横笛、笙；
右侧前排：羯鼓（有牙床，杖击）、细腰鼓、鼗鼓与鸡娄鼓（1身兼奏）、方响（音片双层悬挂）；
右侧后排：筚篥、排箫、竖笛、横笛。
乐舞两侧栏杆内画迦陵频伽2身，左侧吹笙，右侧模糊。
下层画迦陵频伽与童子乐舞1组，其中童子10身，迦陵频伽3身。
舞蹈共3身居中，其中迦陵频伽1身居上舞蹈，童子舞伎2身居下，均舞长巾。乐队分列两侧，每侧两排，前排为童子、后排为迦陵频伽。
左侧前排：2件模糊、竖笛、拍板；
左侧后排：孔雀1身、鹤2身、迦陵频伽1身奏竖笛；
右侧前排：琵琶（拨奏）、笙、横笛、铙；
右侧后排：孔雀1身、鹤2身、迦陵频伽1身（饰鸟嘴），奏琵琶（拨奏）。
东起第三铺画思益梵天问经变。
下画乐舞图1幅，共画乐舞伎22身。舞伎2身居中，1身击细腰鼓、1身反弹琵琶（四弦曲颈，拨奏）；乐伎20身，分列两侧，每侧两排。
左侧前排：毛员鼓（手击）、羯鼓（有牙床，杖击）、鼗鼓与鸡娄鼓（1身兼奏）、羯鼓（有牙床，二杖）、方响（音片双层悬挂）；
左侧后排：四弦琵琶（拨奏）、五弦琵琶（拨奏）、筚篥、横笛、拍板；
右侧前排：四弦直颈琵琶、四弦琵琶（拨奏）、五弦琵琶（拨奏）、筝（12弦）、竖箜篌（21弦，）；

右侧后排：筚篥、笙、排箫、铙、拍板。

下画张议潮统军出行图1铺，自西至东画乐舞2组，共画乐舞伎28身。

第一组乐舞共乐伎8身，4身奏警角、4身擂大鼓，均于马上奏乐。

第二组乐舞共乐伎20身。长袖舞伎8身，分2列，每列4身。后有乐伎12身，其中2身背大鼓、2身以杖击奏，另8身乐伎分前、后两排。

前排：拍板、横笛、竖笛、琵琶；

后排：竖箜篌、笙、鼗鼓与鸡娄鼓（1身兼奏）、细腰鼓。

西壁　龛顶中央画千手眼观音变一铺。主尊两侧画菩萨伎乐2身，其中1身舞蹈，1身演奏凤首箜篌。

龛顶北披画如意轮观音变一铺。主尊两侧画菩萨伎乐2身，其中1身舞蹈，1身弹四弦直颈琵琶（拨奏）。

东披画菩萨伎乐1身，击钲。

佛坛底画壸门16个，其中画壸门伎乐14身，乐器8件：排箫、鼗鼓、笙、筝、拍板、琵琶（拨奏）、横笛、竖箜篌。

佛龛南侧画普贤经变。

华盖两侧画飞天2身。

下画乐队1组，共乐伎3身，乐器有：四弦直颈琵琶（拨奏）、竖笛、拍板（5片）。

佛龛北侧画文殊经变。

华盖两侧画飞天2身。

下画乐队1组，共乐伎3身，乐器有：直颈琵琶（拨奏）、笙、拍板（5片）。

北壁　西起第一铺画报恩经变。

下画乐舞图1幅，共画乐舞伎18身。长巾舞伎2身，相对而舞；乐伎16身，对称分列两侧，每侧两排。

左侧前排：羯鼓（2杖击）、毛员鼓、四弦直颈琵琶（拨奏）、筝；

左侧后排：竖笛、横笛、笙、拍板；

右侧前排：直颈琵琶、阮（4弦，拨奏）、排箫、竖箜篌；

右侧后排：筚篥、义觜笛、碰铃、拍板。

左下画树下弹琴图1幅，1人抚琴、1人听琴。

西起第二铺画药师经变。

左上钟楼内挂大钟1件。

下画乐舞图1幅，共画乐舞伎12身。长巾舞伎2身居中；乐伎10身，对称分列两侧。

左侧：四弦琵琶（拨奏）、筚篥、横笛、笙、拍板；

右侧：筝、排箫、竖笛、铙、竖箜篌（擘奏）。

乐舞左、右两侧上画鸟乐舞1组。

左侧画迦陵频伽2身，其中1身奏排箫，另一身乐器模糊。旁立鹤2只。

右上画迦陵频伽2身，图像熏毁。

下画宋国夫人出行图，其中画乐舞3组，榜题标记"音乐"二字。

自西至东依次为：

第一组画百戏，共9人。杂技6人，5人表演戴竿之戏，1人持长杆。乐伎4人，乐器有：横笛、拍板、大鼓（1人背鼓、1人以杖击奏）。

第二组乐舞，共11人。前画长袖舞伎4人，均为女性，呈菱形排列舞蹈。后有乐伎7人，分前、后两排。

前排：笙、横笛、琵琶、竖笛；

后排：拍板、鼗鼓与鸡娄鼓（1身兼奏）、细腰鼓。

第三组乐舞，共有乐伎4身，乐器有：竖箜篌、琵琶、笙、拍板。

东壁　门南侧画金光明最胜王经变一铺。

　　　　　下画乐舞图1幅，共画乐舞伎7身，长巾
　　　　　　舞伎1身居中；乐伎6身，对称分列
　　　　　　两侧。
　　　　　左侧：四弦直颈琵琶（拨奏）、羯鼓（2杖击）、
　　　　　　排箫；
　　　　　右侧：横笛、竽篥、拍板。
　　　　　乐舞图左侧画婆罗门1身，杖击大鼓。
　　　　　门南上画迦陵频伽2身，分别演奏琵琶、笙。
合　　计：此窟画不鼓自鸣乐器6件；飞天5身；经
　　　　　变乐舞图6幅，乐队7组，舞伎10身，
　　　　　童子舞伎2身，乐伎76身，乐器76件，
　　　　　童子乐伎8身，乐器8件，婆罗门1身，
　　　　　乐器1件；迦陵频伽14身，乐器5件，
　　　　　鸟乐伎1身，乐器1件；降魔变1幅，乐
　　　　　队1组，奏乐外道1身，乐器1件，奏乐
　　　　　魔女3身，乐器3件；文殊经变、普贤经
　　　　　变各1铺，乐队2组，乐伎6身，乐器6件；
　　　　　菩萨伎乐6身，乐器4件；壸门伎乐14身，
　　　　　乐器8件；百戏图2幅，杂技7身，护持
　　　　　1身，乐伎8身，乐器5件；世俗乐舞图7幅，
　　　　　舞伎13人，乐伎38身，乐器33件。
乐器种类：大鼓9件、拍板19件、笙14件、琵琶
　　　　　24件（其中四弦琵琶10件，五弦琵琶2
　　　　　件）、竖箜篌9件、横笛12件、竖笛10件、
　　　　　答腊鼓2件、排箫9件、细腰鼓5件、阮
　　　　　2件、筝5件、竽篥6件、方响2件、鼗
　　　　　鼓5件、鸡娄鼓4件、羯鼓5件、铙3件、
　　　　　角4件、钲2件、毛员鼓2件、义觜笛1件、
　　　　　碰铃1件、大钟2件、古琴1件、凤首箜
　　　　　篌2件。共160件。模糊乐器12件。
舞蹈种类：长巾独舞2组、长巾双人舞3组、细腰鼓
　　　　　与反弹琵琶双人舞1组、童子长巾双人舞
　　　　　1组、长袖独舞1组、长袖群舞2组、迦
　　　　　陵频伽舞1组、菩萨独舞3组。

第158窟

时　　代：中唐（西夏重修）
形　　制：长方形盝顶，西壁设涅槃佛坛。
内　　容：主室　窟顶　中央南起第三铺画上方净土
　　　　　变。
　　　　　下画乐舞图1幅，共画乐舞伎7身。长巾
　　　　　　舞伎1身居中；乐伎6身，对称分列
　　　　　　两侧。
　　　　　左侧：排箫、竽篥、笙；
　　　　　右侧：横笛、竖笛、拍板（板）。
　　　　　西披南起第一铺画西南方净土变。
　　　　　下画乐舞图1幅，乐伎6身，对称分列两侧。
　　　　　左侧：拍板、竖笛、排箫；
　　　　　右侧：义觜笛、琵琶（拨奏）、笙。
　　　　　东披南起第三铺画东方净土变。
　　　　　下画乐舞图1幅，乐伎6身，对称分列两侧。
　　　　　左侧：竖笛、排箫、笙；
　　　　　右侧：琵琶（拨奏）、横笛、拍板。
　　　　　南壁　上画飞天3身。
　　　　　西壁　上画飞天6身，其中飞天乐伎1身，
　　　　　　吹横笛。
　　　　　佛台中下龛内画净土变1铺，下画乐舞图
　　　　　　1幅，共画乐舞伎7身，长巾舞伎1
　　　　　　身居中；乐伎6身，对称分列两侧。
　　　　　左侧：拍板、排箫、竖笛；
　　　　　右侧：笙、横笛、琵琶。
　　　　　佛坛下画药叉伎乐2身，分别演奏细腰鼓、
　　　　　　横笛。
　　　　　涅槃台下画外道乐舞图1幅，图像漫漶。
　　　　　　舞伎2身；乐伎2身，乐器有：细腰鼓、
　　　　　　横笛。
　　　　　北壁　上画飞天1身。
　　　　　东壁　门北画金光明最胜王经变一铺。
　　　　　上画不鼓自鸣乐器5件，自北至南依次为：
　　　　　　细腰鼓、竽篥、义觜笛、古琴、四弦

直颈琵琶。
　　　　右上钟楼内挂大钟1件。
　　　　下画乐舞图1幅，共画乐舞伎7身。长巾
　　　　　　舞伎1身居中；乐伎6身，对称分列
　　　　　　两侧。
　　　　左侧：竖笛、横笛、竖箜篌；
　　　　右侧：竖笛、琵琶、拍板。
　　　　乐舞图左侧画婆罗门1身，杖击大鼓。
　　　　舞伎下画迦陵频伽1身。
　　　　门南画思益梵天问经变一铺。
　　　　上画不鼓自鸣乐器2件：竖笛、义觜笛。
　　　　主尊两侧画飞天2身。
　　　　左、右下角平台上画迦陵频伽2身。
合　计：此窟画不鼓自鸣乐器7件；飞天12身，其
　　　　中飞天乐伎1身，乐器1件；经变乐舞图
　　　　5幅，乐队5组，舞伎3身，乐伎30身，
　　　　乐器30件，婆罗门1身，乐器1件；迦
　　　　陵频伽3身；药叉伎乐2身，乐器2件；
　　　　世俗乐舞图2幅，乐伎3身，乐器3件。
乐器种类：排箫4件、筚篥2件、笙4件、横笛7件、
　　　　竖笛7件、拍板4件、琵琶5件（其中四
　　　　弦琵琶2件）、义觜笛3件、细腰鼓3件、
　　　　古琴1件、竖箜篌1件、大钟1件、大鼓
　　　　1件。共44件。
舞蹈种类：长巾独舞3组、双人舞1组。

第159窟

时　代：中唐
形　制：覆斗形顶，西壁开一龛。
内　容：前室　南壁　画阿弥陀经变一铺。
　　　　　　　下画乐舞图1幅，仅残存直颈琵琶1件。
　　　　主室　南壁　东起第一铺画弥勒经变。
　　　　　　　上画乐舞2组，舞伎1身，居中舞蹈；乐
　　　　　　　　伎2身，分列两侧奏乐，乐器不清。

　　　　　　　西侧画乐神乾闼婆1身，弹琵琶（拨奏）。
　　　　东起第二铺画观无量寿经变。
　　　　上画不鼓自鸣乐器6件：筚篥、铙、竖箜篌、
　　　　　　直颈琵琶、拍板、排箫。
　　　　上画飞天2身。
　　　　经变中画乐舞图1幅，共4组，分四层排列，
　　　　　　其中第一层位于经变画上方左、右两
　　　　　　侧楼阁内，第二、三、四层位于经变
　　　　　　画下部。
　　　　第一层乐舞1组，共画乐舞伎9身。长巾
　　　　　　舞伎1身居中；乐伎8身，对称分列
　　　　　　两侧。
　　　　左侧：直颈琵琶（拨奏）、竖笛、笙、拍板；
　　　　右侧：排箫、横笛、竖笛、铙。
　　　　主尊两侧楼阁内各画迦陵频伽1身，分别
　　　　　　奏凤首箜篌、义觜笛。
　　　　第二层乐舞1组，长巾舞伎2身居中，相
　　　　　　对而舞；乐队对称分列两侧，每侧三
　　　　　　排。共有乐伎12身，迦陵频伽6身。
　　　　　　第一、二排为乐伎，第三排为迦陵频
　　　　　　伽。
　　　　左侧第一排：羯鼓、鼗鼓与鸡娄鼓（1身
　　　　　　兼奏）、细腰鼓；
　　　　左侧第二排：答腊鼓、横笛、拍板（6片）；
　　　　左侧第三排：排箫、筚篥、笙；
　　　　右侧第一排：筝、长颈阮（搊弹）、竖箜篌；
　　　　右侧第二排：竖笛、排箫、笙；
　　　　右侧第三排：拍板、1件模糊、琵琶（拨奏）。
　　　　下方两侧台阶上画迦陵频伽2身，左侧演
　　　　　　奏笙，右侧演奏排箫。
　　　　第三层乐舞1组，共画乐舞伎10身。长
　　　　　　巾舞伎2身，位于乐伎外侧；乐伎8身，
　　　　　　背向台中，分列两侧坐奏。
　　　　左侧：四弦曲颈琵琶、笙、排箫、拍板；
　　　　右侧：筝（7雁柱）、竖笛、竖箜篌、铙。
　　　　第四层画鸟乐舞1组，共5身。

迦陵频伽1身居中舞蹈，两侧画鹤、孔雀各1只。
最外侧分别画迦陵频伽、共命鸟1身，演奏横笛、拍板。
东起第三铺画法华经变。
上画飞天6身。

西壁　佛龛南侧普贤经变中画乐队1组，共4身。象前画长巾舞伎1身；乐伎3身，乐器有：筚篥、四弦直颈琵琶（拨奏，有品柱）、拍板。
佛龛北侧文殊经变中画乐队1组，共4身。狮前画反弹琵琶舞伎1身；乐伎3身，乐器有：横笛、笙、拍板（兼歌唱）。
佛龛内南壁外沿卷草纹中画迦陵频伽3身，上方1身舞长袖，下方2身奏乐，乐器有：拍板（4片）、排箫；
佛龛内北壁外沿卷草纹中画迦陵频伽3身，上方1身舞长袖，下方2身奏乐，乐器有：筚篥、琵琶（拨奏）。

北壁　东起第二铺画药师经变，上残毁，下图像漫漶。
下画乐舞图1幅，分2组，上、下两层排列。
上层乐舞1组，共画乐舞伎18身。舞伎2身居中，1身击细腰鼓，1身反弹琵琶；乐伎16身，对称分列两侧，每侧两排。
左侧前排：筝、直颈琵琶（拨奏）、直颈琵琶、竖箜篌；
左侧后排：拍板、3件模糊。
右侧前排：羯鼓（2杖击）、毂鼓与鸡娄鼓（1身兼奏）、细腰鼓、答腊鼓；
右侧后排：筚篥、横笛、排箫、拍板。
下层画迦陵频伽乐舞1组，共4身。1身居上方平台，弹直颈琵琶（拨奏）。3身居下方平台。1身居中舞蹈，2身分列两侧奏乐。

左侧：竖笛；
右侧：横笛。
东壁　门上左侧画飞天1身。

合　计：此窟画不鼓自鸣乐器6件；飞天9身；经变乐舞图5幅，乐队9组，舞伎9身，乐伎49身，乐器44件；迦陵频伽22身，乐器17件，共命鸟1身，乐器1件；文殊经变、普贤经变各1铺，舞伎2身，乐队2组，乐伎6身，乐器6件；乐神乾闼婆1身，乐器1件。

乐器种类：琵琶13件（其中四弦琵琶2件）、筚篥5件、铙3件、竖箜篌4件、拍板11件、排箫8件、笙6件、义觜笛1件、竖笛5件、横笛6件、细腰鼓3件、毂鼓2件、鸡娄鼓2件、羯鼓2件、答腊鼓2件、阮1件、筝3件、凤首箜篌1件。共78件。模糊乐器4件。

舞蹈种类：长巾独舞2组、反弹琵琶独舞1组、长巾双人舞2组、细腰鼓与反弹琵琶双人舞1组、民间独舞2组、长袖舞（迦陵频伽）1组、迦陵频伽舞2组。

第160窟

时　代：晚唐
形　制：覆斗形顶，北壁塑像。
内　容：主室　西壁　画观无量寿经变一铺。
上画不鼓自鸣乐器，残存2件：琵琶、拍板。右上钟楼内挂大钟1件。
下画乐舞图1幅，共画乐舞伎7身。细腰鼓舞伎1身居中；乐伎6身，对称分列两侧。
左侧：笙、琵琶（拨奏）、横笛；
右侧：拍板、竖笛、竖箜篌。
下画迦陵频伽1身，反弹琵琶。
东壁　上残存不鼓自鸣乐器8件，自北至

　　　　　南依次为：直颈琵琶、1件模糊、细腰鼓、排箫、横笛、1件模糊、答腊鼓、直颈琵琶。
合　计：此窟画不鼓自鸣乐器10件（2件模糊）；经变乐舞图1幅，乐队1组，舞伎1身，乐伎6身，乐器6件；迦陵频伽1身，乐器1件。
乐器种类：琵琶5件、细腰鼓2件、排箫1件、答腊鼓1件、拍板2件、横笛2件、笙1件、竖箜篌1件、竖笛1件、大钟1件。共17件。模糊乐器2件。
舞蹈种类：细腰鼓独舞1组、迦陵频伽反弹琵琶舞1组。

第161窟

时　代：晚唐（宋重修）
形　制：覆斗形顶，设中心佛坛。
内　容：主室 窟顶 藻井千手眼观音四周画飞天2身，其中飞天乐伎1身，吹横笛。
　　　　四披顶画飞天乐伎一周，每披4身，共16身。
　　　　南披：细腰鼓、羯鼓与鸡娄鼓（1身兼奏）、琵琶（拨奏）、竖笛。
　　　　西披：凤首箜篌、四弦直颈琵琶（拨奏）、1件模糊、钲。
　　　　北披：筝、竖箜篌、竖笛、1件模糊。
　　　　东披：横笛、排箫、笙、拍板。
　　　　四披中央各画观音一铺。观音周围共画菩萨伎乐4身。
　　　　南披：观音右上画菩萨伎乐1身，奏凤首箜篌；
　　　　西披：观音右侧画菩萨伎乐1身，奏琵琶（拨奏）；
　　　　北披：观音左下、右下各画菩萨伎乐1身，奏直颈琵琶（3弦，拨奏）、竖箜篌；

　　　　南壁 中央画文殊经变，图像剥落。
　　　　右下画乐伎2身，乐器有：拍板、横笛。
　　　　西壁 中央画十一面观音变，图像剥落。
　　　　华盖两侧画飞天2身。
　　　　观音右侧残存菩萨伎乐1身，其中1身舞蹈，演奏竖箜篌。
　　　　北壁 中央画普贤经变，图像剥落。
　　　　左下画乐伎2身，乐器有：拍板、琵琶（拨奏）。
　　　　东壁 门上画珞珈山观音变。
　　　　华盖两侧画飞天2身。
合　计：此窟画飞天22身，其中飞天乐伎17身，乐器16件；文殊经变、普贤经变各1铺，乐队2组，乐伎4身，乐器4件；菩萨伎乐6身，乐器5件。
乐器种类：横笛3件、细腰鼓1件、羯鼓1件、鸡娄鼓1件、琵琶5件（其中四弦琵琶1件）、竖笛2件、凤首箜篌2件、钲1件、筝1件、竖箜篌3件、拍板3件、排箫1件、笙1件。共25件。模糊乐器2件。
舞蹈种类：菩萨独舞1组。

第163窟

时　代：晚唐（清重修）
形　制：覆斗形顶，西壁开一龛。
内　容：主室 北壁 画不空绢索观音变。
　　　　左侧画菩萨伎乐1身，弹琵琶（拨奏）。
合　计：此窟画菩萨伎乐1身，乐器1件。
乐器种类：琵琶1件。共1件。

第164窟

时　代：盛唐（五代、西夏、清重修）
形　制：覆斗形顶，西壁开一龛。
内　容：主室　南壁　东起第二铺西夏画药师经变。
　　　　　　　上画不鼓自鸣乐器4件，自东至西依次为：
　　　　　　　　　笙、筚篥、拍板、筚篥。
　　　　　　　左上钟楼内挂大钟1件。
　　　　　　　下画乐舞图1幅，共画乐舞伎8身。分上、
　　　　　　　　　下两层。
　　　　　　　上层乐舞1组，共3身。长巾舞伎1身居中；
　　　　　　　　　乐伎2身分列两侧，均奏拍板。
　　　　　　　中央廊桥上画裸体童子舞伎1身。
　　　　　　　下层乐舞1组，共乐伎4身，对称分列两侧。
　　　　　　　左侧：竖笛、竖箜篌；
　　　　　　　右侧：曲颈琵琶（拨奏）、横笛。
　　　　　　　最下端五代画壶门伎乐4身，自东向西依
　　　　　　　　　次为：演奏四弦直颈琵琶（拨奏）、演
　　　　　　　　　奏筚篥、长巾舞、持花。
　　　　北壁　西侧佛背光上画不鼓自鸣乐器2件：
　　　　　　　　　笙、横笛。
　　　　　　　西起第一铺西夏画阿弥陀经变。
　　　　　　　上画不鼓自鸣乐器2件：义觜笛、筚篥。
　　　　　　　左上钟楼内挂大钟1件。
　　　　　　　下画乐舞图1幅，共画乐舞伎8身。分上、
　　　　　　　　　下两层。
　　　　　　　上层乐舞1组，共画乐舞伎3身。长巾舞
　　　　　　　　　伎1身居中；乐伎2身分列两侧，均
　　　　　　　　　奏拍板。
　　　　　　　下层乐舞1组，共4身，对称分列两侧。
　　　　　　　左侧：横笛、竖箜篌；
　　　　　　　右侧：琵琶、笙。
　　　　　　　最下端五代残存壶门伎乐4身，自西向东
　　　　　　　　　依次为：持花、长巾舞、演奏羯鼓、
　　　　　　　　　演奏细腰鼓。
　　　　东壁　门上画化生童子2身（飞行于空中）。

合　计：此窟画不鼓自鸣乐器8件；化生童子2身；
　　　　经变画乐舞图2幅，乐队4组，舞伎2身，
　　　　童子舞伎1身，乐伎12身，乐器12件；
　　　　壶门伎乐8身，乐器4件。
乐器种类：拍板5件、竖笛1件、竖箜篌2件、琵琶
　　　　3件（其中四弦琵琶1件）、横笛3件、义
　　　　觜笛1件、筚篥4件、笙3件、羯鼓1件、
　　　　细腰鼓1件、大钟2件。共26件。
舞蹈种类：长巾独舞4组、童子舞1组。

第165窟

时　代：盛唐（五代、宋、清重修）
形　制：覆斗形顶，西壁开一龛。
内　容：主室　窟顶　四披画飞天一周，每披4身，
　　　　　　　　　共16身。
　　　　西壁　佛龛顶宋画飞天4身。
合　计：此窟画飞天20身。

第166窟

时　代：盛唐（中唐、五代、宋、清重修）
形　制：覆斗形顶，西壁开一龛。
内　容：主室　西壁　佛龛内画飞天3身。
合　计：此窟画飞天3身。

第167窟

时　代：晚唐（宋、清重修）
形　制：盝形顶，西壁开一龛。
内　容：主室　南壁　画阿弥陀经变一铺。
　　　　　　　下画乐舞图1幅，共画乐舞伎5身。长巾
　　　　　　　　　舞伎1身居中；乐伎4身，对称分列

两侧。
左侧：横笛、拍板（兼歌唱）；
右侧：笙、直颈琵琶。
西壁　龛顶残存飞天3身，其中飞天1身，演奏琵琶。
北壁　画药师经变一铺。
下画乐舞图1幅。迦陵频伽1身居中舞蹈；乐伎4身，对称分列两侧。
左侧：横笛、竖笛；
右侧：笙、拍板。
合　计：此窟画飞天3身，其中飞天乐伎1身，乐器1件；经变乐舞图2幅，乐队2组，舞伎1身，乐伎8身，乐器8件；迦陵频伽1身。
乐器种类：横笛2件、拍板2件、笙2件、琵琶2件、竖笛1件。共9件。
舞蹈种类：长巾独舞1组、迦陵频伽舞1组。

第169窟

时　代：唐（宋、清重修）
形　制：覆斗形顶，西壁开一龛。
内　容：主室　西壁　佛龛内宋画飞天6身。
合　计：此窟画飞天6身。

第170窟

时　代：盛唐（宋、清重修）
形　制：覆斗形顶，西壁开一龛。
内　容：前室　西壁　门两侧宋画飞天童子2身。
门左侧宋画菩萨伎乐3身，其中1身舞蹈，1身演奏忽雷，1身持贝；门右侧画奏乐天王1身，演奏四弦曲颈琵琶。
合　计：此窟画菩萨伎乐3身，乐器2件；奏乐天王1身，乐器1件。
乐器种类：四弦琵琶1件、忽雷1件、贝1件。共3件。

第171窟

时　代：盛唐（宋、清重修）
形　制：覆斗形顶，西壁开一龛。
内　容：主室　南壁　画观无量寿经变一铺。
下画乐舞图1幅，图像漫漶模糊，残存右侧四弦琵琶1件。
西壁　佛龛背屏两侧画伎乐1组，残存14身，对称分列主尊背屏两侧。自上而下依次为：长巾舞伎各1身，共2身；乐伎各5身，共10身；化生童子舞伎各1身，共2身。
乐伎所持乐器可见5件。
左侧：排箫、竖箜篌、古琴；
右侧：细腰鼓、笙。
北壁　画观无量寿经变一铺。
下画迦陵频伽2身，图像模糊。
合　计：此窟画经变乐舞图1幅，乐器1件；菩萨伎乐1组，舞伎2身，乐伎10身，乐器5件；化生童子伎乐2身；迦陵频伽2身。
乐器种类：四弦琵琶1件、排箫1件、竖箜篌1件、古琴1件、细腰鼓1件、笙1件。共6件。
舞蹈种类：长巾独舞2组，童子独舞2组。

第172窟

时　代：盛唐（宋、清重修）
形　制：覆斗形顶，西壁开一龛。
内　容：前室　南壁　宋画千手眼观音一铺。
上画飞天1身。
北壁　宋画千手千钵文殊经变一铺。
上画飞天1身。

主室 窟顶 藻井四角共画飞天4身。
南壁 画观无量寿经变一铺。
上画不鼓自鸣乐器18件，自东至西依次为：羯鼓、钲、方响、细腰鼓、竖箜篌、钲、铙、长颈阮（4轸，有品柱）、拍板（5片）、筝（10码）、钲、排箫（9管）、拍板、五弦直颈琵琶、答腊鼓、鸡娄鼓、鼗鼓、五弦曲颈琵琶。
主尊两侧画迦陵频伽4身，左侧1身托花盘，另3身奏乐。
左侧：托花盘、吹横笛；
右侧：吹排箫、吹笙。
下画乐舞图1幅，共画乐舞伎18身。舞伎2身居中，1身击细腰鼓、1身反弹琵琶；乐伎16身，对称分列两侧。
左侧前排：答腊鼓、细腰鼓、鼗鼓与鸡娄鼓（1身兼奏）、羯鼓（有牙床，杖击）；
左侧后排：义觜笛、竖笛、拍板、排箫；
右侧前排：筝、琵琶（拨奏）、阮（4弦，搊弹）、竖箜篌；
右侧后排：拍板（7片）、竖笛、筚篥、笙。
西壁 佛龛顶画飞天6身。
佛坛龛下画壸门伎乐8身，残存北侧1身，弹四弦直颈琵琶（拨奏）。
北壁 画观无量寿经变一铺。
上画不鼓自鸣乐器14件，自西至东依次为：羯鼓、细腰鼓、答腊鼓、鼗鼓、鸡娄鼓、方响、钲、筝、钹、竖箜篌、拍板、笙、五弦直颈琵琶、排箫。
上画飞天4身。
下画乐舞图1幅，分2组，上、下两层排列。
上层乐舞1组，共画乐舞伎18身。长巾舞伎2身居中；乐伎16身对称分列两侧，每侧两排。
左侧前排：筝、直颈琵琶（拨奏）、阮（搊弹）、竖箜篌；

左侧后排：拍板、筚篥、竖笛、笙；
右侧前排：2件模糊、羯鼓、方响（音片双层悬挂）；
右侧后排：1件模糊、横笛、答腊鼓、排箫。
下层画鸟乐舞1组。共命鸟1身居中反弹琵琶。四周画鹤2只、孔雀2只、鹦鹉1只。迦陵频伽4身，分列两侧奏乐。
左侧：竖笛、笙；
右侧：排箫、横笛。
东壁 门北画文殊经变一铺。
上画飞天2身。
门南画普贤经变一铺。
门上画净土变一铺。
主尊两侧各画菩萨9身，共18身，持乐器者14身。
左侧6身，乐器有：拍板、筝、直颈琵琶（拨奏）、横笛、竖箜篌、竖笛；
右侧8身，乐器有：答腊鼓、细腰鼓、鼗鼓与鸡娄鼓（1身兼奏）、羯鼓、横笛、钲（左手杖击）、拍板、排箫。
合　计：此窟画不鼓自鸣乐器32件；飞天18身；经变乐舞图2幅，乐队3组，舞伎4身，乐伎32身，乐器30件；迦陵频伽8身，乐器7件，共命鸟1身，乐器1件；菩萨伎乐14身，乐器15件；壸门伎乐8身，乐伎1身，乐器1件。
乐器种类：羯鼓5件、钲5件、方响3件、细腰鼓5件、竖箜篌5件、阮3件、铙1件、拍板8件、筝5件、排箫7件、琵琶9件（其中四弦琵琶1件、五弦琵琶3件）、答腊鼓5件、鸡娄鼓4件、筚篥2件、横笛5件、义觜笛1件、笙5件、鼗鼓4件、竖笛5件、钹1件。共88件。模糊乐器3件。
舞蹈种类：细腰鼓与反弹琵琶双人舞1组、长巾双人舞1组、共命鸟反弹琵琶舞1组。

第173窟

时　　代：晚唐（清重修）
形　　制：覆斗形顶，南壁开一龛。
内　　容：东壁　画药师经变一铺。
　　　　　下画乐舞图1幅，共画乐舞伎5身，童子
　　　　　　　舞伎1身居中，于莲花上披彩带舞蹈；
　　　　　　　乐伎4身，对称分列两侧。
　　　　　左侧：直颈琵琶（拨奏）、竖箜篌；
　　　　　右侧：筚篥、拍板。
　　　　　西壁　画阿弥陀经变一铺。
　　　　　上画不鼓自鸣乐器3件：排箫、1件模糊、
　　　　　　　直颈琵琶。
　　　　　下画乐舞图1幅，共画乐舞伎5身。裸体
　　　　　　　童子舞伎1身居中，于莲花上披彩带
　　　　　　　舞蹈；乐伎4身，对称分列两侧。
　　　　　左侧：直颈琵琶（拨奏）、拍板（4片，兼
　　　　　　　歌唱）；
　　　　　右侧：筚篥、笙。
合　　计：此窟画不鼓自鸣乐器3件（1件模糊）；经
　　　　　变乐舞图2幅，乐队2组，童子舞伎2身，
　　　　　乐伎8身，乐器8件。
乐器种类：排箫1件、琵琶3件、拍板2件、筚篥2件、
　　　　　笙1件、竖箜篌1件。共10件。模糊乐
　　　　　器1件。
舞蹈种类：童子长巾独舞2组。

第174窟

时　　代：宋
形　　制：平顶，北壁开一龛。
内　　容：西壁　上画飞天1身。
合　　计：此窟画飞天1身。

第176窟

时　　代：盛唐（中唐、宋、清重修）
形　　制：覆斗形顶，西壁开一龛。
内　　容：前室　南壁　宋画普贤经变中画乐队1组，
　　　　　　　残存琵琶（拨奏）、竖笛、排箫各1件，
　　　　　　　余模糊。
　　　　　主室　南壁　画观无量寿经变一铺。
　　　　　上画不鼓自鸣乐器8件：拍板、笛、直颈
　　　　　　　琵琶、笙、排箫、阮、竖箜篌、细腰鼓。
　　　　　下画乐舞图1幅。长巾舞伎2身居上，迦
　　　　　　　陵频伽1身居中，下画童子舞伎1身；
　　　　　　　乐伎12身，对称分列两侧。
　　　　　左侧前排：笙、筝、阮；
　　　　　左侧后排：拍板、笙、竖笛；
　　　　　右侧前排：琵琶、竖箜篌、排箫；
　　　　　右侧后排：鸡娄鼓、横笛、1件模糊。
　　　　　下残存壸门4个，每个壸门中画伎乐1身。
　　　　　　　其中东起第三、第四壸门中乐伎分别
　　　　　　　演奏：曲颈琵琶、方响。
　　　　　西壁　佛龛顶盛唐画飞天4身。
　　　　　北壁　下画壸门5个，伎乐模糊。
合　　计：此窟画不鼓自鸣乐器8件；飞天4身；经
　　　　　变乐舞图1幅，乐队1组，舞伎2身，童
　　　　　子舞伎1身，乐伎12身，乐器11件；普
　　　　　贤经变1铺，乐伎3身，乐器3件；迦陵
　　　　　频伽1身；壸门伎乐4身，乐器2件。
乐器种类：琵琶4件、竖笛2件、排箫3件、拍板2
　　　　　件、笛1件、笙3件、阮2件、竖箜篌2件、
　　　　　细腰鼓1件、筝1件、鸡娄鼓1件、横笛
　　　　　1件、方响1件。共24件。模糊乐器1件。
舞蹈种类：长巾独舞1组、童子舞独舞1组、迦陵频
　　　　　伽舞1组。

第177窟

时　代：晚唐（宋、清重修）
形　制：长方形盝顶，南壁开一龛。
内　容：西壁　画观无量寿经变一铺。
　　　　　上画飞天2身。
　　　　　下画乐舞图1幅，共画乐舞伎7身。长巾舞伎1身居中；乐伎6身，对称分列两侧。
　　　　　左侧：鼗鼓与鸡娄鼓（一人兼奏）、笙、拍板；
　　　　　右侧：琵琶（拨奏）、横笛、筚篥。
　　　　　东壁　画药师经变一铺。
　　　　　下画乐舞图1幅，共画乐舞伎7身。长巾舞伎1身居中；乐伎6身，对称分列两侧。
　　　　　左侧：筝、筚篥、横笛；
　　　　　右侧：琵琶（拨奏）、笙、拍板。
合　计：此窟画飞天2身；经变乐舞图2幅，乐队2组，舞伎2身，乐伎12身，乐器13件。
乐器种类：鼗鼓1件、鸡娄鼓1件、笙2件、拍板2件、琵琶2件、横笛2件、筚篥2件、筝1件。共13件。
舞蹈种类：长巾独舞2组。
注：此窟为第176窟南耳窟。

第179窟

时　代：盛唐（中唐、清重修）
形　制：覆斗形顶。
内　容：西壁　残存中唐画飞天2身。
合　计：此窟画飞天2身。

第180窟

时　代：盛唐（中唐、五代、清重修）
形　制：覆斗形顶，西壁开一龛。
内　容：甬道　顶五代画飞天2身。
　　　　　主室　南壁　中唐画药师经变一铺。
　　　　　上画不鼓自鸣乐器共14件：1件模糊、细腰鼓、四弦曲颈琵琶、四弦直颈琵琶、排箫、细腰鼓、答腊鼓、方响、竖箜篌、鸡娄鼓、拍板、钲、细腰鼓、答腊鼓。
　　　　　下画乐舞图1幅，共画乐舞伎13身。长巾舞伎1身居中；乐伎12身，对称分列两侧。
　　　　　左侧前排：羯鼓、1件模糊、鼗鼓与鸡娄鼓（1身兼奏）；
　　　　　左侧后排：义觜笛、1件模糊、拍板；
　　　　　右侧前排：直颈琵琶、竖笛、琵琶；
　　　　　右侧后排：竖笛、笙、拍板。
　　　　　下画迦陵频伽1身。
　　　　　经变画西侧上画乐伎1身，持四弦曲颈琵琶。
　　　　　西壁　龛内画飞天1身。
　　　　　北壁　中唐画观无量寿经变一铺。
　　　　　上画不鼓自鸣乐器共14件：阮（4弦，曲颈）、方响、竖箜篌、四弦曲颈琵琶、铙、拍板、横笛、鸡娄鼓、羯鼓、钲、细腰鼓、2件模糊、四弦直颈琵琶。
　　　　　东、西两侧画迦陵频伽4身奏乐。
　　　　　西侧：排箫、拍板（7片）；
　　　　　东侧：筚篥、直颈琵琶（拨奏）。
　　　　　下画乐舞图1幅，共画乐舞伎11身，已残。长巾舞伎1身居中，仅存头部；乐伎10身，对称分列两侧。
　　　　　左侧前排：直颈琵琶（拨奏）、筚篥、横笛、方响；
　　　　　左侧后排：拍板；

　　　　　右侧：毀鼓与鸡娄鼓（1身兼奏）、钲、细
　　　　　　　腰鼓、羯鼓；
　　　　　右侧后排：拍板。
　　　　东壁　门北中唐画观无量寿经变一铺。
　　　　　上画不鼓自鸣乐器约13件：阮（直颈）、
　　　　　　　拍板、拍板、方响、横笛，其余模糊。
　　　　　下画乐舞图1幅，共画乐舞伎13身。长
　　　　　　　巾舞伎1身居中；乐伎12身，对称分
　　　　　　　列两侧，每侧分上、下两排。
　　　　　左侧上排：竖箜篌、拍板；
　　　　　左侧下排：横笛、直颈琵琶、笙、排箫；
　　　　　右侧上排：竖箜篌、拍板；
　　　　　右侧下排：毀鼓与鸡娄鼓（1身兼奏）、钲、
　　　　　　　毛员鼓、羯鼓。
合　计：此窟画不鼓自鸣乐器41件（11件模糊）；
　　　　飞天3身；经变乐舞图3幅，乐队3组，
　　　　舞伎3身，乐伎34身，乐器35件；迦陵
　　　　频伽5身，乐器4件；世俗乐舞图1幅，
　　　　乐伎1身，乐器1件。
乐器种类：细腰鼓5件、琵琶10件（其中四弦琵琶
　　　　5件）、排箫3件、答腊鼓2件、方响4件、
　　　　竖箜篌4件、拍板11件、羯鼓4件、毀
　　　　鼓3件、鸡娄鼓5件、钲4件、横笛4件、
　　　　义觜笛1件、竖笛2件、笙2件、阮2件、
　　　　筚篥2件、铙1件、毛员鼓1件。共70件。
　　　　模糊乐器13件。
舞蹈种类：长巾独舞3组。

第186窟

时　代：中唐
形　制：盝形顶，南壁设佛床。
内　容：窟顶　画弥勒经变一铺。
　　　　南披左下画乐队一组立奏，乐伎3身，乐
　　　　　　器有：琵琶、横笛、1件不清。

　　　　北披东侧婚嫁图中画乐队一组立奏，乐伎
　　　　　　3身，乐器有：琵琶、横笛、拍板。
　　　　北壁　画未定名密教经变一铺。
　　　　西侧画菩萨伎乐2身，1身舞蹈，1身弹
　　　　　　凤首箜篌。
合　计：此窟画世俗乐舞图2幅，乐伎6身，乐器
　　　　5件；菩萨伎乐2身，乐器1件。
乐器种类：琵琶2件、横笛2件、拍板1件、凤首箜
　　　　篌1件。共6件。模糊乐器1件。
舞蹈种类：菩萨独舞1组。

第188窟

时　代：盛唐（中唐、五代、宋、清重修）
形　制：覆斗形顶，西壁开一龛。
内　容：主室　南壁　中唐画观无量寿经变一铺。
　　　　上画不鼓自鸣乐器16件，自东至西依次为：
　　　　　　细腰鼓、琵琶、2件模糊、铙、竖箜篌、
　　　　　　钲、笛、钲、铙、细腰鼓、拍板、细
　　　　　　腰鼓、古琴、2件模糊。
　　　　下画乐舞图1幅，共画乐舞伎9身。长巾
　　　　　　舞伎1身居中；乐伎8身，对称分列
　　　　　　两侧。
　　　　左侧：笙、拍板、直颈琵琶、竖箜篌；
　　　　右侧：1件模糊、横笛、竖笛、筝。
　　　　西壁　佛龛内中唐画飞天2身。
　　　　北壁　中唐画观无量寿经变一铺。
　　　　上画不鼓自鸣乐器8件：细腰鼓、琵琶、
　　　　　　排箫、1件模糊、排箫、羯鼓、羯鼓、
　　　　　　细腰鼓。
　　　　下画乐舞图1幅，共画乐舞伎9身。长巾舞
　　　　　　伎1身居中；乐伎8身，对称分列两侧。
　　　　左侧：琵琶、竖笛、笙、拍板；
　　　　右侧：毀鼓与鸡娄鼓（1身兼奏）、2件模糊、
　　　　　　答腊鼓。

合　　计：此窟画不鼓自鸣乐器24件（5件模糊）；
　　　　　飞天2身；经变乐舞图2幅，乐队2组，
　　　　　舞伎2身，乐伎16身，乐器14件。
乐器种类：细腰鼓5件、琵琶4件、竖箜篌2件、笛1件、
　　　　　拍板3件、古琴1件、笙2件、横笛1件、
　　　　　竖笛2件、筝1件、排箫2件、鼗鼓1件、
　　　　　鸡娄鼓1件、铙2件、钲2件、羯鼓2件、
　　　　　答腊鼓1件。共33件。模糊乐器8件。
舞蹈种类：长巾独舞2组。

第191窟

时　　代：中唐（五代重修）
形　　制：盝形顶，南壁设佛床。
内　　容：西壁　画观无量寿经变一铺。
　　　　　　　　上残存不鼓自鸣乐器1件：竖箜篌。
　　　　　　　　上画飞天2身。
　　　　　　　　下画乐舞图1幅。长巾舞伎1身居中；乐
　　　　　　　　　伎4身，分列两侧奏乐。共画乐舞伎
　　　　　　　　　5身。
　　　　　　　　左侧：1件模糊、笙簧；
　　　　　　　　右侧：竖笛、拍板。
　　　　　　　　下画迦陵频伽1身，演奏直颈琵琶。
　　　　　东壁　画弥勒经变一铺。
　　　　　　　　上画飞天2身。
合　　计：此窟画不鼓自鸣乐器1件；飞天4身；经
　　　　　变乐舞图1幅，乐队1组，舞伎1身，乐
　　　　　伎4身，乐器3件；迦陵频伽1身，乐器
　　　　　1件。
乐器种类：竖箜篌1件、笙簧1件、竖笛1件、拍板
　　　　　1件、琵琶1件。共5件。模糊乐器1件。
舞蹈种类：长巾独舞1组。
注：此窟为第197窟前室南壁，坐南朝北。

第192窟

时　　代：晚唐（宋、清重修）
形　　制：覆斗形顶，西壁开一龛。
内　　容：主室　南壁　东起第二铺画阿弥陀经变。
　　　　　　　　上画不鼓自鸣乐器4件：笙、筚篥、义觜笛、
　　　　　　　　　拍板。
　　　　　　　　下画乐舞图1幅，共画乐舞伎7身。长巾
　　　　　　　　　舞伎1身居中；乐伎6身，对称分列
　　　　　　　　　两侧。
　　　　　　　　左侧：笙、鼗鼓与鸡娄鼓（1身兼奏）、竖
　　　　　　　　　箜篌；
　　　　　　　　右侧：排箫、筝、拍板（兼歌唱）。
　　　　　　　　下画迦陵频伽1身，反弹琵琶。
　　　　　西壁　佛龛两侧上画飞天2身，图像已残。
　　　　　北壁　西起第一铺画药师经变。
　　　　　　　　上画不鼓自鸣乐器4件：笛、细腰鼓、鸡
　　　　　　　　　娄鼓、筚篥。
　　　　　　　　左上钟楼内挂大钟1件。
　　　　　　　　下画乐舞图1幅，共画乐舞伎7身。反弹
　　　　　　　　　琵琶舞伎1身居中；乐伎6身，对称
　　　　　　　　　分列两侧。
　　　　　　　　左侧：竖笛、排箫、笙；
　　　　　　　　右侧：横笛、鼗鼓与鸡娄鼓（1身兼奏）、
　　　　　　　　　拍板。
　　　　　东壁　门南上画飞天2身。
合　　计：此窟画不鼓自鸣乐器8件；飞天4身；经
　　　　　变乐舞图2幅，乐队2组，舞伎2身，乐
　　　　　伎12身，乐器14件；迦陵频伽1身，乐
　　　　　器1件。
乐器种类：笙3件、义觜笛1件、筚篥2件、横笛1件、
　　　　　拍板3件、竖笛1件、排箫2件、鼗鼓2件、
　　　　　鸡娄鼓3件、竖箜篌1件、筝1件、琵琶2件、
　　　　　笛1件、细腰鼓1件、大钟1件。共25件。
舞蹈种类：长巾独舞1组、反弹琵琶独舞1组、迦陵
　　　　　频伽反弹琵琶舞1组。

第194窟

时　代：盛唐（晚唐、西夏重修）
形　制：覆斗形顶，西壁开一龛。
内　容：主室 北壁 画观无量寿经变一铺。
　　　　　下画乐舞图1幅，共画乐舞伎17身，长巾舞伎1身居中（髡首）；乐伎16身（髡首），对称分列两侧。左侧8身未演奏，右侧8身演奏。
　　　　　左侧前排：1件模糊、羯鼓、细腰鼓、排箫；
　　　　　左侧后排：笛、答腊鼓、义觜笛、拍板；
　　　　　右侧前排：直颈琵琶（拨奏）、笙、筚篥、竖箜篌；
　　　　　右侧后排：拍板、竖笛、横笛、铙。
合　计：此窟画经变乐舞图1幅，乐队1组，舞伎1身，乐伎16身，乐器15件。
乐器种类：羯鼓1件、细腰鼓1件、排箫1件、答腊鼓1件、义觜笛1件、拍板2件、琵琶1件、笙1件、筚篥1件、竖箜篌1件、竖笛1件、横笛1件、铙1件、笛1件。共15件。模糊乐器1件。
舞蹈种类：长巾独舞1组。

第195窟

时　代：晚唐
形　制：覆斗形顶，北壁开一龛。
内　容：主室 西壁 画观无量寿经变一铺，图像漫漶。
　　　　　上画不鼓自鸣乐器2件：1件模糊、四弦直颈琵琶。
合　计：此窟画不鼓自鸣乐器2件（1件模糊）。
乐器种类：四弦琵琶1件。共1件。模糊乐器1件。

第196窟

时　代：晚唐
形　制：覆斗形顶，设中心佛坛。
内　容：主室 中心佛坛 龛楣上画飞天4身。
　　　　　佛坛下画壶门5个，其中画壶门伎乐，舞伎2身，乐伎4身，共6身。自南至北依次为：横笛、竖笛、舞伎（2身）、直颈琵琶（3弦,4轸,拨奏）、拍板（5片，兼歌唱）。
　　　　　佛坛东向面残存壶门伎乐8身，左右两侧4身残。残存中间4身（乐伎2身、舞伎2身）。自南至北依次为：竖笛、长巾舞伎、长巾舞伎、拍板。
窟顶 西披画飞天8身；
东披画飞天2身。
南壁 东起第一铺画金光明最胜王经变，上残毁。
　　　　　下画乐舞图1幅，共画乐舞伎7身。细腰鼓舞伎1身居中；乐伎6身，对称分列两侧。
左侧：四弦曲颈琵琶（拨奏）、筚篥、竖箜篌；
右侧：筝、横笛、拍板。
乐舞图左侧画婆罗门1身，杖击大鼓。
东起第二铺画阿弥陀经变，上残毁。
　　　　　下画乐舞图1幅，分上、下两层排列。
上层乐舞仅残存左侧乐伎8身，分两排。
前排：答腊鼓、细腰鼓、鼗鼓与鸡娄鼓（1身兼奏）、羯鼓（右侧杖击）；
后排：横笛、贝、拍板、铙。
下层画鸟乐舞1组。共命鸟1身居中反弹琵琶，四周画孔雀、鹤各2身，迦陵频伽4身，分列两侧奏乐。
左侧：笙、竖笛；
右侧：排箫、横笛。
西壁 画劳度叉斗圣变一铺。

左、右两侧分别画大钟1件、大鼓1件，均悬挂于木架上，比丘撞钟，外道击鼓。
上画飞天6身，其中飞天乐伎1身，吹笙箫。
北壁 西起第一铺画华严经变。
华严海画乐器7件：方响、横笛、排箫、阮、竖箜篌、横笛、排箫。
西起第二铺画药师经变，右侧残毁。
上残存不鼓自鸣乐器8件，自西至东依次为：曲颈琵琶、横笛、铙、竖箜篌、细腰鼓、2件模糊、横笛。
下画乐舞图1幅，共画乐舞伎16身。舞伎2身居中，1身击细腰鼓，1身反弹琵琶；乐伎16身，对称分列两侧，每侧两排。
左侧前排：筝、琵琶（拨奏）、竖箜篌、拍板（5片）；
左侧后排：细腰鼓、竖笛、排箫、笙箫。
右侧前排：直颈琵琶、羯鼓、鼗鼓与鸡娄鼓、方响；
右侧后排：横笛、笙箫、拍板（5片）、笙。
东壁 门北普贤经变中画乐队1组，共画乐伎2身，乐器有：排箫、拍板（兼歌唱）。
门南文殊经变中画乐队1组，共画乐伎3身，乐器有：横笛、竖笛、拍板。

合　计：此窟画不鼓自鸣乐器8件（2件模糊）；飞天20身，其中飞天乐伎1身，乐器1件；经变乐舞图3幅，乐队4组，舞伎3身，乐伎30身，乐器32件，婆罗门1身，乐器1件；迦陵频伽4身，乐器4件；共命鸟1身，乐器1件；华严海中乐器7件；壶门伎乐14身，舞伎4身，乐伎6身，乐器6件；文殊经变、普贤经变各1铺，乐队2组，乐伎5身，乐器5件；劳度叉斗圣变1铺，乐器2件；世俗乐舞图1幅，乐伎1身，乐器1件。

乐器种类：横笛10件、铙2件、笙箫4件、竖笛5件、琵琶7件、拍板8件、细腰鼓5件、竖箜篌4件、筝2件、答腊鼓1件、鼗鼓2件、鸡娄鼓2件、羯鼓2件、贝1件、笙2件、排箫5件、阮1件、方响2件、大钟1件、大鼓2件。共68件。模糊乐器2件。
舞蹈种类：细腰鼓独舞1组、细腰鼓与反弹琵琶双人舞1组、长巾舞4组、迦陵频伽舞1组、共命鸟反弹琵琶舞1组。

第197窟

时　代：中唐（五代、宋重修）
形　制：覆斗形顶，西壁开一龛。
内　容：主室 北壁 画观无量寿经变一铺。
上画不鼓自鸣乐器9件，自西至东依次为：四弦直颈琵琶、竖箜篌、细腰鼓、笙、横笛、笙箫、铙、羯鼓、竖笛。
下画乐舞图1幅，共画乐舞伎11身。长巾舞伎1身居中；乐伎10身，对称分列两侧，每侧两排，前排持跪姿，后排立奏。
左侧前排：曲颈琵琶（有品柱，未演奏）、笙（未演奏）、竖箜篌；
左侧后排：拍板（6片）、1件模糊；
右侧前排：鼗鼓与鸡娄鼓（1身兼奏）、羯鼓、排箫；
右侧后排：答腊鼓、拍板。
舞伎左侧画孔雀1只；右侧画迦陵频伽1身，下画双头鸟1只。
合　计：此窟画不鼓自鸣乐器9件；经变乐舞图1幅，乐队1组，舞伎1身，乐伎10身，乐器10件；迦陵频伽1身。
乐器种类：琵琶2件（其中四弦琵琶1件）、竖箜篌2件、细腰鼓1件、笙2件、横笛1件、笙策 1 件、铙 1 件、羯鼓 2 件、竖笛 1 件、拍板 2 件、鼗鼓 1 件、鸡娄鼓 1 件、排箫 1 件、答腊鼓 1 件。共 19 件。模糊乐器 1 件。

舞蹈种类：长巾独舞 1 组。

第 198 窟

时　代：晚唐（宋重修）
形　制：覆斗形顶，西壁开一龛。
内　容：主室　南壁　画金刚经变一铺。
　　　　华盖两侧画飞天 2 身。
　　　　下画乐舞图 1 幅，共画乐舞伎 7 身。长巾舞伎 1 身居中；乐伎 6 身，对称分列两侧。
　　　　左侧：直颈琵琶（拨奏）、竖笛、竖箜篌；
　　　　右侧：横笛、笙、拍板。
　　　　北壁　画弥勒经变一铺。
　　　　上画飞天 2 身。
合　计：此窟画飞天 4 身；经变乐舞图 1 幅，乐队 1 组，舞伎 1 身，乐伎 6 身，乐器 6 件。
乐器种类：琵琶 1 件、竖笛 1 件、竖箜篌 1 件、横笛 1 件、笙 1 件、拍板 1 件。共 6 件。
舞蹈种类：长巾独舞 1 组。

第 199 窟

时　代：盛唐（中唐、西夏重修）
形　制：覆斗形顶，西壁开一龛。
内　容：主室　北壁　中唐画观无量寿经变一铺。
　　　　上画不鼓自鸣乐器共 10 件：笙、拍板（5 片）、竽箫（5 音孔）、钲、鸡娄鼓、铙、直颈五弦琵琶、竽箫、细腰鼓、义觜笛。
　　　　中画迦陵频伽 4 身，分列两侧奏乐。
　　　　西侧：排箫、琵琶；

东侧：竖笛、直颈琵琶。
下画乐舞图 1 幅，共画乐舞伎 14 身。长巾舞伎 2 身居中；乐伎 12 身，对称分列两侧，每侧两排。
左侧前排：四弦直颈琵琶、四弦直颈琵琶、竖箜篌；
左侧后排：拍板、竖笛、横笛；
右侧前排：竖笛、排箫、竖笛；
右侧后排：拍板、横笛、笙。
合　计：此窟画不鼓自鸣乐器 10 件；经变乐舞图 1 幅，乐队 1 组，舞伎 2 身，乐伎 12 身，乐器 12 件；迦陵频伽 4 身，乐器 4 件。
乐器种类：笙 2 件、钲 1 件、拍板 3 件、竽箫 2 件、鸡娄鼓 1 件、铙 1 件、琵琶 5 件（其中四弦琵琶 2 件、五弦琵琶 1 件）、细腰鼓 1 件、义觜笛 1 件、排箫 2 件、竖箜篌 1 件、竖笛 4 件、横笛 2 件。共 26 件。
舞蹈种类：长巾双人舞 1 组。

第 200 窟

时　代：中唐
形　制：覆斗形顶，西壁开一龛。
内　容：南壁　东起第一铺画报恩经变。
　　　　上画飞天 2 身。
　　　　说法图两侧画迦陵频伽 2 身，所持乐器模糊。
　　　　下画乐舞图 1 幅，共画乐舞伎 11 身。长巾舞伎 1 身居中；下画迦陵频伽 1 身，吹排箫；乐伎 10 身，对称分列两侧，每侧两排。
　　　　左侧前排：直颈琵琶（拨奏）、竽箫、竖箜篌；
　　　　左侧后排：凤首箜篌、拍板；
　　　　右侧前排：笙、竖笛、横笛；
　　　　右侧后排：贝、拍板。

东起第二铺画观无量寿经变。
上画不鼓自鸣乐器7件：横笛、义觜笛，5件模糊。
左上钟楼内挂大钟1件。
下画乐舞图1幅，共画乐舞伎7身。长巾舞伎1身居中；乐伎6身，对称分列两侧。
左侧：笙、四弦直颈琵琶（拨奏）、排箫；
右侧：筚篥、横笛、拍板。
中部西侧栏杆上画迦陵频伽1身，所持乐器模糊。东侧栏杆上画孔雀1只。
西壁　佛龛内南壁第1幅屏风画中画乐伎1身，弹琵琶。
北壁　西起第一铺画药师经变。
上画不鼓自鸣乐器4件：筝、义觜笛、横笛、排箫。
右上钟楼内挂大钟1件。
下画乐舞图1幅，共画乐舞伎7身。长巾舞伎1身居中；乐伎6身，对称分列两侧。
左侧：义觜笛、竖笛、四弦直颈琵琶；
右侧：筚篥、笙、拍板。
下画迦陵频伽1身，吹横笛。

合　计：此窟画不鼓自鸣乐器11件（5件模糊）；飞天2身；经变乐舞图3幅，乐队3组，舞伎3身，乐伎22身，乐器22件；迦陵频伽5身，乐器2件；世俗乐舞图1幅，乐伎1身，乐器1件。

乐器种类：排箫3件、琵琶4件（其中四弦琵琶2件）、筚篥3件、竖箜篌1件、凤首箜篌1件、拍板4件、笙3件、竖笛2件、横笛5件、贝1件、义觜笛3件、筝1件、大钟2件。共33件。模糊乐器8件。

舞蹈种类：长巾独舞3组、迦陵频伽舞2组。

第201窟

时　代：中唐（宋重修）
形　制：覆斗形顶，西壁开一龛。
内　容：主室　南壁　画观无量寿经变一铺。
上画不鼓自鸣乐器12件：筝、拍板（6片）、细腰鼓、竖箜篌、答腊鼓、羯鼓、四弦直颈琵琶、鸡娄鼓、鼗鼓、笙、方响（音片双层悬挂）、阮。
下画乐舞图1幅，共画乐舞伎17身。长巾舞伎1身居中，图像残；乐伎16身，对称分列两侧，每侧两排。
左侧前排：筝、曲颈琵琶、直颈琵琶、竖箜篌；
左侧后排：横笛、筚篥、笙、拍板（7片）；
右侧前排：答腊鼓、鼗鼓与鸡娄鼓（1身兼奏）、羯鼓、1件模糊；
右侧后排：横笛、拍板、竖笛、1件模糊。
舞伎上画孔雀，右侧画白鹤，下画迦陵频伽1身，吹筚篥。
西壁　佛龛顶画飞天2身。
北壁　画观无量寿经变一铺。
上画不鼓自鸣乐器14件，自西至东依次为：阮（4弦、长颈）、拍板、筚篥、笙、钲、五弦直颈琵琶、竖箜篌、答腊鼓、鸡娄鼓、鼗鼓、排箫、羯鼓、细腰鼓、拍板（5片）。
说法图两侧平台上画迦陵频伽4身。
西侧：拍板、排箫；
东侧：四弦直颈琵琶、筚篥。
下画乐舞图1幅，共画乐舞伎9身。长巾舞伎1身居中；乐伎8身，对称分列两侧。
左侧：笙、横笛、四弦曲颈琵琶（拨奏）、方响；
右侧：五弦直颈琵琶、拍板、筚篥、竖箜篌。

合　　计：此窟画不鼓自鸣乐器 26 件；飞天 2 身；经变乐舞图 2 幅，乐队 2 组，舞伎 2 身，乐伎 24 身，乐器 23 件；迦陵频伽 5 身，乐器 5 件。
乐器种类：筝 2 件、拍板 7 件、细腰鼓 2 件、竖箜篌 4 件、答腊鼓 3 件、羯鼓 3 件、琵琶 7 件（其中四弦琵琶 3 件、五弦琵琶 2 件）、鸡娄鼓 3 件、鼗鼓 3 件、笙 4 件、方响 2 件、阮 2 件、筚篥 5 件、横笛 3 件、竖笛 1 件、排箫 2 件、钲 1 件。共 54 件。模糊乐器 2 件。
舞蹈种类：长巾独舞 2 组。

第202窟

时　　代：中唐（中唐、宋、清重修）
形　　制：覆斗形顶，西壁开一龛。
内　　容：主室　窟顶　藻井四披宋画飞天乐伎一周，每披 4 身，共 16 身。
　　　　　南披：四弦直颈琵琶、竖箜篌、排箫、拍板；
　　　　　西披：钹、拍板、拍板、细腰鼓；
　　　　　北披：竖笛、凤首箜篌、横笛、筝；
　　　　　东披：竖笛、羯鼓、钲、横笛。
　　　　　南壁　中唐画弥勒经变一铺。
　　　　　上画飞天 4 身。
　　　　　下残存菩萨伎乐 4 身。其中东侧 1 身奏拍板。
　　　　　北壁　中唐画十方诸佛赴会图一铺。
　　　　　上画飞天 5 身。
　　　　　中唐画菩萨伎乐 4 身，其中西起第二身演奏四弦琵琶。
　　　　　东壁　门北侧上中唐画阿弥陀经变一铺。
　　　　　上画不鼓自鸣乐器 4 件。可见细腰鼓 1 件，其余模糊。
　　　　　下画乐舞图 1 幅，共画乐舞伎 7 身，图像漫漶。舞伎 1 身居中；乐伎 6 身，对称分列两侧。
　　　　　左侧：竖笛、排箫、竖箜篌；
　　　　　右侧：筚篥、琵琶、义觜笛。
　　　　　门南侧上中唐画药师经变一铺。
　　　　　上画不鼓自鸣乐器 6 件：笛、鸡娄鼓、直颈琵琶、钹、细腰鼓、义觜笛。
合　　计：此窟画不鼓自鸣乐器 10 件（3 件模糊）；飞天 25 身，其中飞天乐伎 16 身，乐器 16 件；经变乐舞图 1 幅，乐队 1 组，舞伎 1 身，乐伎 6 身，乐器 6 件；菩萨伎乐 8 身，乐器 2 件。
乐器种类：琵琶 4 件（其中四弦琵琶 2 件）、竖箜篌 2 件、排箫 2 件、凤首箜篌 1 件、拍板 4 件、竖笛 3 件、羯鼓 1 件、细腰鼓 3 件、笛 1 件、鸡娄鼓 1 件、义觜笛 2 件、筚篥 1 件、钹 1 件、横笛 2 件、筝 1 件、钲 1 件。共 30 件。模糊乐器 3 件。
舞蹈种类：长巾独舞 1 组。

第203窟

时　　代：初唐（宋重修）
形　　制：覆斗形顶，西壁开一龛。
内　　容：窟外　上方崖壁上残存宋画飞天 3 身、迦陵频伽 1 身。
　　　　　主室　南壁　说法图两侧画飞天 2 身。
　　　　　西壁　佛龛内画飞天 4 身。
　　　　　佛龛两侧画飞天 4 身。
　　　　　北壁　说法图两侧画飞天 4 身。
合　　计：此窟画飞天 17 身；迦陵频伽 1 身。

第204窟

时　代：初唐（五代、宋、清重修）
形　制：覆斗形顶，西壁开一龛。
内　容：主室　窟顶　藻井中画飞天4身。
　　　　南壁　说法图两侧画飞天2身。
　　　　西壁　佛龛内画飞天4身。
　　　　龛楣画化生伎乐4身。
　　　　北壁　说法图两侧画飞天2身。
合　计：此窟画飞天12身；化生伎乐4身。

第205窟

时　代：初唐（盛唐、中唐、五代重修）
形　制：覆斗形顶，设中心佛坛。
内　容：前室　南壁　五代画天请问经变一铺。
　　　　下画乐舞图1幅，图像漫漶模糊。
　　　　甬道　盝形顶五代画菩萨舞伎1身，乐伎1身，手持金刚铃。
　　　　西壁　门南侧画观无量寿经变一铺。
　　　　上残存不鼓自鸣乐器6件，自南至北依次为：竖箜篌、笙、筝、2件模糊。
　　　　下画乐舞图1幅，可见拍板1件，其余模糊。
　　　　门北侧画药师经变一铺。
　　　　上残存不鼓自鸣乐器3件，自南至北依次为：竖箜篌、细腰鼓、横笛，其余模糊。
　　　　主室　中心佛坛　下残存五代画壸门22个。
　　　　其中东向面可见壸门伎乐1身，弹四弦琵琶。
　　　　南壁　下五代画壸门13个，其中自东至西第三、第四、第五、第六身为壸门伎乐。
　　　　乐器依次为：竖箜篌、排箫、竖笛、笙。
　　　　北壁　初唐画阿弥陀经变一铺。
　　　　上画飞天2身。
　　　　主尊下方七宝池内画乐舞1组，由化生童子与迦陵频伽组合而成。上画化生童子9身，呈横排。两侧各画共命鸟1身。下画迦陵频伽2身，其中右侧1身弹琵琶。另有鹤2只、鹦鹉2只、孔雀1只。
　　　　下画乐舞图1幅，共画乐舞伎20身。长巾舞伎2身居中；乐伎18身，分列两侧。
　　　　左侧前排：鸡娄鼓与鼗鼓（1身兼奏）、羯鼓、细腰鼓；
　　　　左侧后排：拍板、竖笛、排箫、横笛、答腊鼓；
　　　　右侧前排：方响、2件模糊、琵琶、竖箜篌、横笛、1件模糊；
　　　　右侧后排：3件模糊。
　　　　下画壸门13个，其中自西至东第十一、第十二身为壸门伎乐。乐器依次为：琵琶、拍板。
合　计：此窟画不鼓自鸣乐器9件（3件模糊）；飞天2身；经变乐舞图3幅，乐队3组，舞伎2身，乐伎19身，乐器14件；迦陵频伽2身，乐器1件；共命鸟2身；菩萨舞伎1身，菩萨伎乐1身，乐器1件；壸门伎乐7身，乐器7件。
乐器种类：金刚铃1件、竖箜篌4件、笙2件、筝1件、拍板3件、琵琶4件（其中四弦琵琶1件）、排箫2件、竖笛2件、鸡娄鼓1件、鼗鼓1件、羯鼓1件、细腰鼓2件、横笛3件、方响1件、答腊鼓1件。共29件。模糊乐器8件。
舞蹈种类：长巾双人舞1组、迦陵频伽舞1组。

第206窟

时　　代：隋（初唐、五代、西夏重修）
形　　制：覆斗形顶，西壁开一龛。
内　　容：甬道 南壁 上画飞天1身。
　　　　　主室 西壁 佛龛两侧各画飞天1身（西夏涂色）。
　　　　　佛龛顶隋画飞天10身（西夏涂色）。
　　　　　佛龛内两侧各画化生童子6身，共12身。
合　　计：此窟画飞天13身。

第207窟

时　　代：初唐（西夏重修）
形　　制：覆斗形顶，西壁开一龛。
内　　容：南壁 西夏画说法图一铺，上画飞天2身，各持金刚铃2件。
　　　　　西壁 龛楣西夏画飞天2身。
　　　　　北壁 西夏画说法图一铺，右侧残。左上画飞天2身，1身散花，1身吹筚篥。
合　　计：此窟画飞天6身，其中飞天乐伎3身，乐器5件。
乐器种类：金刚铃4件、筚篥1件。共5件。

第208窟

时　　代：盛唐（五代重修）
形　　制：覆斗形顶，西壁开一龛。
内　　容：主室 窟顶 藻井井心画飞天4身。
　　　　　藻井井心四披画迦陵频伽5身，其中西披1身吹排箫、1身弹曲颈琵琶；东披1身击细腰鼓。
　　　　　南壁 画观无量寿经变一铺。
　　　　　上画不鼓自鸣乐器7件：细腰鼓、排箫、钹、筝、曲颈琵琶、都昙鼓、鸡娄鼓。
　　　　　下画乐舞图1幅，乐伎14身。舞伎2身居中；乐伎12身，仅可见左侧琵琶1件，其余模糊。
　　　　　画迦陵频伽1身，弹琵琶，另有鹤、鹦鹉、孔雀各1只。
　　　　　西壁 佛龛顶画飞天6身。
　　　　　北壁 画弥勒经变一铺。
　　　　　上画飞天2身。
合　　计：此窟画不鼓自鸣乐器7件；飞天12身；经变乐舞图1幅，乐队1组，舞伎2身，乐伎12身，乐器1件；迦陵频伽6身，乐器4件。
乐器种类：排箫2件、琵琶4件、细腰鼓2件、都昙鼓1件、鸡娄鼓1件、筝1件、钹1件。共12件。模糊乐器11件。
舞蹈种类：长巾双人舞1组，迦陵频伽舞1组。

第209窟

时　　代：初唐（五代、清重修）
形　　制：覆斗形顶，西壁设佛坛。
内　　容：主室 窟顶 南披、北披、东披各画飞天2身、飞天童子2身。
　　　　　西披画飞天6身，其中飞天乐伎4身，乐器有：笙、竖笛、琵琶、排箫。
　　　　　南侧乘象入胎中，象牙上站立菩萨伎乐3身，其中1身奏竖箜篌，另2身乐器模糊。
　　　　　北侧夜半逾城中画飞天童子4身。
　　　　　南壁 上画飞天6身。
　　　　　西壁 南侧上画飞天2身。
　　　　　北壁 上部两侧各画飞天2身，共4身。
　　　　　东壁 五铺说法图华盖两侧各画飞天2身，共10身。

合　计：此窟画飞天34身，其中飞天乐伎4身，乐器4件；飞天童子10身；菩萨伎乐3身，乐器1件。
乐器种类：笙1件、竖笛1件、琵琶1件、排箫1件、竖箜篌1件。共5件。模糊乐器2件。

第211窟

时　代：初唐（清重修）
形　制：覆斗形顶，西壁开一龛。
内　容：南壁 画阿弥陀经变一铺。
　　　　华盖两侧画飞天2身。
　　　　下画乐舞图1幅，图像已残。
　　　　西壁 龛内画飞天4身。
　　　　北壁 画阿弥陀经变一铺。
　　　　上画飞天2身。
　　　　上画不鼓自鸣乐器8件，自西至东依次为：曲颈琵琶、细腰鼓、筝、4件模糊、鸡娄鼓。
合　计：此窟画不鼓自鸣乐器8件（4件模糊）；飞天8身；经变乐舞图1幅。
乐器种类：琵琶1件、细腰鼓1件、筝1件、鸡娄鼓1件。共4件。模糊乐器4件。

第215窟

时　代：盛唐（清重修）
形　制：覆斗形顶，西壁开一龛。
内　容：主室 南壁 画弥勒经变一铺。
　　　　下画乐舞图1幅，共画乐舞伎5身。长巾舞伎1身居中；乐伎4身，对称分列两侧。
　　　　左侧：答腊鼓（疑为后人篡改）、1件模糊；
　　　　右侧：横笛、1件模糊。

西壁 龛内画飞天4身，其中飞天乐伎3身，演奏横笛、细腰鼓、琵琶。
北壁 画观无量寿经变一铺。
上画不鼓自鸣乐器6件：琵琶、细腰鼓、笛、鸡娄鼓、横笛、排箫。
上画飞天4身。
主尊下方平台上画鸟乐舞1组。孔雀1只居中舞蹈，迦陵频伽2身分列左右，左侧1身弹琵琶，右侧1身乐器模糊。
下画乐舞图1幅，共画乐舞伎16身。长巾舞伎2身居中；乐伎14身，对称分列两侧。图像漫漶，可见乐器5件。
左侧：琵琶、答腊鼓、鼗鼓与鸡娄鼓（1身兼奏），另4件模糊；
右侧：细腰鼓，另6件模糊。
合　计：此窟画不鼓自鸣乐器6件；飞天8身，其中飞天乐伎3身，乐器3件；经变乐舞图2幅，乐队2组，舞伎3身，乐伎18身，乐器7件；迦陵频伽2身，乐器1件。
乐器种类：细腰鼓3件、琵琶4件、鼗鼓1件、鸡娄鼓2件、笛1件、排箫1件、答腊鼓2件、横笛3件。共17件。模糊乐器13件。
舞蹈种类：长巾双人舞1组、迦陵频伽舞1组。

第216窟

时　代：盛唐（中唐重修）
形　制：覆斗形顶，西壁开一龛。
内　容：西壁 龛内画飞天4身，其中飞天乐伎2身，乐器有：细腰鼓、琵琶。
　　　　东壁 门北画飞天1身。
合　计：此窟画飞天5身，其中飞天乐伎2身，乐器2件。
乐器种类：细腰鼓1件、琵琶1件。共2件。

第217窟

时　代：盛唐（晚唐、五代、清重修）
形　制：覆斗形顶，西壁开一龛。
内　容：主室　南壁　画法华经变一铺。
　　　　　说法图最上部左侧楼阁外画菩萨伎乐1组，共3身，1身弹四弦曲颈琵琶（拨奏），其余模糊。
　　　　西壁　佛龛顶画飞天4身。
　　　　北壁　画观无量寿经变一铺。
　　　　　上画不鼓自鸣乐器14件，自西至东依次为：笙、阮（6弦，直颈，有拨片）、羯鼓、细腰鼓、花形阮（5弦、曲颈）、碰铃（铙）、方响、排箫、筚篥、细腰鼓、竖箜篌、羯鼓、曲颈琵琶（3轸）、鸡娄鼓。
　　　　　上画飞天5身。
　　　　　左上钟楼内挂大钟1件。
　　　　　说法图右侧栏杆内画五童子嬉戏图1幅：1身跪地，1身右脚单腿立其背上；1身护持；1身观看；1身攀栏杆。
　　　　　主尊下画迦陵频伽2身，1身吹竖笛，1身弹曲颈琵琶。
　　　　　下画乐舞图1幅，共画乐舞伎14身。长巾舞伎2身居中；乐伎12身，对称分列两侧，每侧两排。
　　　　　左侧前排：琵琶、笙、方响；
　　　　　左侧后排：竖笛、筚篥、贝。
　　　　　右侧前排：羯鼓、细腰鼓、答腊鼓；
　　　　　右侧后排：竖笛、排箫、𪔂鼓与鸡娄鼓（1身兼奏）。
合　计：此窟画不鼓自鸣乐器14件；飞天9身；经变乐舞图1幅，乐队1组，舞伎2身，乐伎12身，乐器13件；迦陵频伽2身，乐器2身；菩萨伎乐3身，乐器1件。
乐器种类：琵琶4件（其中四弦琵琶1件）、笙2件、阮2件、羯鼓3件、细腰鼓3件、碰铃1件、方响2件、排箫2件、竖箜篌1件、答腊鼓1件、竖笛3件、筚篥2件、贝1件、𪔂鼓1件、鸡娄鼓2件、大钟1件。共31件。模糊乐器2件。
舞蹈种类：长巾双人舞1组。

第218窟

时　代：盛唐（中唐、五代、西夏、清重修）
形　制：覆斗形顶，西壁开一龛。
内　容：南壁　画观无量寿经变一铺。
　　　　　上画不鼓自鸣乐器8件：筚篥、铙、细腰鼓、四弦直颈琵琶、羯鼓、排箫、笙、义觜笛。
　　　　　两侧画迦陵频伽2身，双手合十。
　　　　　下画乐舞图1幅，共画乐舞伎8身。长巾舞伎1身居中；旁画迦陵频伽1身，击铙；乐伎6身，对称分列两侧。
　　　　　左侧：拍板、排箫、竖笛；
　　　　　右侧：琵琶（拨奏）、横笛、笙。
　　　　北壁　画弥勒经变一铺。
　　　　　说法图下残存壸门4个。其中西侧2个壸门图像漫漶，东侧2身奏乐，乐器分别为：细腰鼓、答腊鼓。
合　计：此窟画不鼓自鸣乐器8件；经变乐舞图1幅，乐队1组，舞伎1身，乐伎6身，乐器6件；迦陵频伽3身，乐器1件；壸门伎乐4身，乐器2件。
乐器种类：筚篥1件、铙2件、细腰鼓2件、琵琶2件（其中四弦琵琶1件）、羯鼓1件、排箫2件、笙2件、义觜笛1件、拍板1件、竖笛1件、横笛1件、答腊鼓1件。共17件。
舞蹈种类：长巾独舞1组。

第220窟

时　代：初唐（中唐、晚唐、五代、宋、清重修）
形　制：覆斗形顶，西壁开一龛。
内　容：主室　南壁　初唐画西方净土变一铺。
　　　　　　上画不鼓自鸣乐器8件，自东至西依次为：四弦曲颈琵琶（有相）、答腊鼓、鸡娄鼓、铙、竖箜篌（8弦）、细腰鼓、筝、琵琶。
　　　　　　中画迦陵频伽2身、共命鸟1身奏排箫、孔雀2身。
　　　　　　下画乐舞图1幅，共画乐舞伎18身。舞伎2身居中；乐伎16身，分列两侧，左侧三排，右侧四排。
　　　　　　左侧第一排：筝、笙、四弦直颈琵琶（拨奏，有相）；
　　　　　　左侧第二排：方响、竖箜篌、竖笛；
　　　　　　左侧第三排：排箫、1件模糊；
　　　　　　右侧第一排：羯鼓（两杖击）、细腰鼓、鸡娄鼓；
　　　　　　右侧第二排：横笛；
　　　　　　右侧第三排：答腊鼓、竖笛、埙；
　　　　　　右侧第四排：排箫。
　　　　　西壁　龛内画飞天6身，其中左侧一身演奏琵琶，右侧一身演奏排箫。
　　　　　北壁　初唐画药师经变一铺。
　　　　　　上画不鼓自鸣乐器5件，自西至东依次为：排箫（12管）、细腰鼓、竖笛、羯鼓、鸡娄鼓。
　　　　　　上画飞天6身。
　　　　　　下画乐舞图1幅，共画乐舞伎32身。舞伎4身居中；乐伎28身，分列两侧，左侧15身，右侧13身。每侧分上、下2组。
　　　　　　左侧上方：铙、竖箜篌（12弦）、笙、拍板（5片）、竖笛、竖笛、1件模糊；
　　　　　　左侧下方：羯鼓、横笛、都昙鼓、答腊鼓、鼗鼓与鸡娄鼓（1身兼奏）、钲（兼歌唱）、拍板、贝；
　　　　　　右侧上方：花形阮（5弦、曲颈）、方响（音片约16枚，双层悬挂）、竖笛、排箫、筝、筚篥；
　　　　　　右侧下方：细腰鼓、横笛、都昙鼓、细腰鼓、横笛、拍板（5片）、钲。
合　计：此窟画不鼓自鸣乐器13件；飞天12身，乐器2件；经变乐舞图2铺，乐伎2组，舞伎6身，乐伎44身，乐器43件；迦陵频伽2身，共命鸟1身，乐器1件。
乐器种类：琵琶4件（其中四弦琵琶2件）、答腊鼓3件、鸡娄鼓4件、铙2件、竖箜篌3件、细腰鼓5件、筝3件、方响2件、笙2件、排箫6件、竖笛6件、羯鼓3件、横笛4件、埙1件、都昙鼓2件、鼗鼓1件、拍板3件、贝1件、钲2件、阮1件、筚篥1件。共59件。模糊乐器2件。
舞蹈种类：长巾双人舞1组、长巾四人舞（胡旋舞）1组、迦陵频伽舞1组。

第223窟

时　代：盛唐（西夏、清重修）
形　制：覆斗形顶，南、西、北壁各开一龛。
内　容：主室　西壁　佛龛内画飞天2身。
　　　　　东壁　门北画飞天乐伎2身。
　　　　　　　　门南画飞天乐伎2身。
合　计：此窟画飞天6身。

第225窟

时　代：盛唐（中唐、五代、清重修）
形　制：覆斗形顶，南、西、北壁各开一龛。
内　容：主室 窟顶 藻井残存飞天6身。
　　　　南壁 佛龛顶画不鼓自鸣乐器7件：竖箜篌、
　　　　　　鸡娄鼓、细腰鼓、细腰鼓、筝、排箫、
　　　　　　四弦曲颈琵琶。
　　　　佛龛顶东侧画迦陵频伽1身，西侧画共命
　　　　　　鸟1身，均双手合十，飞行于空中。
　　　　西壁 佛龛顶残存飞天3身。
　　　　北壁 涅槃经变一铺，释迦身光中画凤鸟1
　　　　　　只、迦陵频伽1身演奏琵琶。
合　计：此窟画不鼓自鸣乐器7件；飞天9身；迦
　　　　陵频伽2身，乐器1件；共命鸟1身。
乐器种类：竖箜篌1件、鸡娄鼓1件、细腰鼓2件、
　　　　筝1件、排箫1件、琵琶2件（四弦琵琶
　　　　1件）。共8件。

第227窟

时　代：晚唐（宋重修）
形　制：覆斗形顶，西壁开一龛。
内　容：南壁 画阿弥陀经变一铺。
　　　　下画乐舞图1幅，共画乐舞伎7身。长巾舞
　　　　　　伎1身居中；乐伎6身，对称分列两侧。
　　　　左侧：曲颈琵琶（拨奏）、筚篥、横笛；
　　　　右侧：拍板、排箫、笙。
　　　　北壁 画药师经变一铺。
　　　　下画乐舞图1幅，共画乐舞伎7身。长巾
　　　　　　舞伎1身居中；乐伎6身，对称分列
　　　　　　两侧。
　　　　左侧：2件模糊、排箫；
　　　　右侧：3件模糊。
合　计：此窟画经变乐舞图2幅，乐队2组，舞伎
2身，乐伎12身，乐器7件。
乐器种类：琵琶1件、筚篥1件、横笛1件、拍板1件、
　　　　排箫2件、笙1件。共7件。模糊乐器5件。
舞蹈种类：长巾独舞2组。

第231窟

时　代：中唐（宋、清重修）
形　制：覆斗形顶，西壁开一龛。
内　容：窟外 门北宋画不鼓自鸣乐器4件：细腰鼓、
　　　　　　琵琶、拍板、细腰鼓。
　　　　窟外顶北侧宋画说法图中菩萨伎乐1身，
　　　　　　持贝（未演奏）。
　　　　主室 窟顶 藻井中画迦陵频伽3身。
　　　　四披画飞天一周，每披3身，共12身，
　　　　　　其中飞天乐伎8身。
　　　　南披：排箫、四弦直颈琵琶（拨奏）；
　　　　西披：笙、竖笛；
　　　　北披：拍板（6片）；
　　　　东披：拍板、毛员鼓、铙。
　　　　南壁 东起第一铺画天请问经变。
　　　　上画不鼓自鸣乐器8件，自东至西依次为：
　　　　　　竖笛、排箫（13管）、笙、直颈琵琶
　　　　　　（2弦）、竖箜篌（9弦）、拍板（4片）、
　　　　　　细腰鼓、义觜笛。
　　　　上方中间院落内画乐队1组，乐伎6身，
　　　　　　对称分列两侧。
　　　　左侧：直颈琵琶、横笛、竖笛；
　　　　右侧：拍板、排箫、笙。
　　　　中间院落下方画乐舞2组。长巾舞伎各1
　　　　　　身居中舞蹈，乐伎各2身分列两侧奏乐。
　　　　左侧：竖笛、横笛；
　　　　右侧：笙、直颈琵琶。
　　　　说法图右侧画菩萨伎乐1身，弹四弦直颈
　　　　　　琵琶。

说法图菩提树周围画飞天4身，其中飞天乐伎2身，1身吹笙、1身弹四弦直颈琵琶。

东起第二铺画法华经变。

上画不鼓自鸣乐器11件，自东至西依次为：直颈琵琶、笙、铙、筚篥、笛、拍板、排箫、细腰鼓、笛、羯鼓、笙。

上画飞天2身。

说法图右侧画菩萨伎乐1身，弹琵琶。

火宅喻品中画童子乐舞图1幅，共3人。童子长袖舞伎1身居中舞蹈，乐伎2身分列两侧，乐器有：横笛、拍板。

东起第三铺画观无量寿经变。

上画不鼓自鸣乐器9件，自东至西依次为：笙、直颈琵琶、细腰鼓、1件模糊、筚篥、竖箜篌（10弦）、细腰鼓、横笛、排箫。

经变中画乐舞图1幅，共4组，自上而下分四层排列。

第一层乐队1组，乐伎共13身，位于上方两侧平台上。

左侧第1排：拍板；

左侧第2排：琵琶、排箫、1件模糊；

左侧第3排：竖笛、笙、横笛；

右侧第1排：羯鼓、横笛；

右侧第2排：直颈琵琶（3弦，拨奏）、鼗鼓与鸡娄鼓、义觜笛、拍板。

乐队前方各画童子舞伎2身，共4身。

第二层乐舞一组，位于主尊两侧平台上。

左侧前排：筚篥、笙；

左侧后排：琵琶、拍板；

右侧前排：横笛、竖笛；

右侧后排：竖箜篌、拍板。

第三层乐舞1组，共画乐舞伎14身，位于主尊下方。反弹琵琶舞伎1身居中（4弦，直颈）；乐伎13身，分列两侧，每侧两排。

左侧前排：阮（3弦，4轸，拨奏）、排箫、笙；

左侧后排：拍板、筚篥、义觜笛；

右侧前排：细腰鼓（置于地上）、笛（未演奏）、羯鼓（左手持杖）、横笛（未演奏）；

右侧后排：筚篥（未演奏）、答腊鼓、鼗鼓。

第四层乐舞1组，共6身，背向台中，分列两侧。

左侧：四弦直颈琵琶（拨奏）、筚篥、笙；

右侧：排箫、横笛、竖箜篌。

两侧乐队前各画童子舞伎2身，共4身，其中右侧1身奏拍板。

右下平台上画迦陵频伽1身。

下部东起第六扇屏风画中画世俗乐舞图1幅，共6人。其中1人跳舞，5人奏乐，乐器有：四弦直颈琵琶、横笛、竖笛、拍板、1件模糊。

西壁　佛龛南侧画普贤经变。

上画飞天乐伎2身，乐器有：琵琶、竖笛。

下画乐队1组，共2身。乐器有：拍板、排箫。

佛龛北侧画文殊经变。

上画飞天2身。

右侧从众中画乐伎1身，弹琵琶（拨奏）。

下画乐队1组，共2身。乐器有：筚篥、拍板。

佛坛下画壸门伎乐，图像漫漶。可见排箫1件，余残。

北壁　西起第一铺画药师经变。

上画不鼓自鸣乐器11件：笛、琵琶、排箫、竖箜篌、1件模糊、拍板、1件模糊、笙、1件模糊、细腰鼓、笛。

上画飞天4身。

下画乐舞图1幅，共画乐舞伎13身。长巾舞伎1身居中；乐伎12身，对称分列两侧，每侧两排。

左侧前排：细腰鼓、羯鼓（两杖击）、横笛；

左侧后排：鼗鼓与鸡娄鼓（1身兼奏）、筚篥、答腊鼓；

右侧前排：排箫、竖笛、笙；
右侧后排：曲颈琵琶（拨奏）、铙、拍板。
西起第二铺画华严经变。
上画不鼓自鸣乐器 11 件：琵琶、细腰鼓、竖笛、笙、竖箜篌、筚篥、筚篥、拍板、排箫、羯鼓、方响。
左上画乐队 1 组，乐伎 4 身，对称分列两侧。
左侧：竖笛、横笛；
右侧：直颈琵琶（拨奏）、拍板。
华严海中可见乐器 1 件：贝。
西起第三铺画弥勒经变。
上残存不鼓自鸣乐器 8 件，自西至东依次为：羯鼓、筚篥、竖笛、竖箜篌、细腰鼓、直颈琵琶、排箫、拍板。
上画乐舞图 1 幅，共 3 组。
左侧 1 组，共画乐舞伎 6 身。其中 1 身舞蹈，乐伎 4 身，乐器有：拍板、竖笛、直颈琵琶、竖笛；
中间 1 组，共有乐伎 8 身。
左侧：拍板、竖笛、2 件模糊；
右侧：横笛、琵琶、拍板、竖笛。
右侧 1 组，共 7 身。其中 1 身舞蹈；乐伎 4 身，乐器有：笙、琵琶、横笛、拍板。
上画飞天 2 身。
主尊右侧画乐神乾闼婆伎乐 1 身，演奏琵琶。
主尊下画童子舞伎 2 身，左侧 1 身边击细腰鼓边跳舞。
东壁　门南侧画报恩经变一铺。
上画不鼓自鸣乐器 8 件，自北至南依次为：羯鼓、直颈琵琶（2 弦）、筚篥、排箫（12 管）、笙、拍板（5 片）、竖箜篌、细腰鼓。
下画乐舞图 1 幅，共画乐舞伎 10 身。舞伎 1 身居中，拍手跳舞；下画童子 3 身，1 身舞蹈、1 身吹横笛、1 身吹竖笛；

乐伎 6 身，对称分列两侧。
左侧：筚篥、排箫、笙；
右侧：四弦直颈琵琶（拨奏）、横笛、拍板（5 片）。

合　　计：此窟画不鼓自鸣乐器 70 件（4 件模糊）；飞天 28 身，其中飞天乐伎 12 身，乐器 12 件；经变乐舞图 6 幅，乐队 13 组，舞伎 7 身，乐伎 84 身，乐器 83 件，童子舞伎 11 身（乐器 2 件），童子乐伎 2 身，乐器 2 件；文殊经变、普贤经变各 1 铺，乐队 2 组，乐伎 5 身，乐器 5 件；菩萨伎乐 3 身，乐器 3 件；乐神乾闼婆 1 身，乐器 1 件；迦陵频伽 4 身；世俗乐舞图 2 幅，舞伎 1 身，童子舞伎 1 身，乐伎 6 身，乐器 4 件，童子乐伎 2 身，乐器 2 件；华严海中乐器 1 件。

乐器种类：琵琶 29 件（其中四弦琵琶 6 件）、拍板 28 件、排箫 16 件、细腰鼓 13 件、笛 5 件、笙 18 件、铙 3 件、竖箜篌 8 件、义觜笛 3 件、筚篥 13 件、羯鼓 7 件、阮 1 件、鼗鼓 3 件、鸡娄鼓 2 件、横笛 16 件、答腊鼓 2 件、竖笛 17 件、贝 2 件、方响 1 件。共 187 件。模糊乐器 8 件。

舞蹈种类：反弹琵琶独舞 1 组、长巾独舞 5 组、拍手独舞 1 组、童子舞 5 组（其中长袖舞 1 组）、民间舞 1 组。

第 232 窟

时　　代：晚唐
形　　制：覆斗形顶，西壁开一龛。
内　　容：南壁　东起第二铺画观无量寿经变。
下画乐舞图 1 幅，分上、下两层排列。
上层乐舞 1 组，共画乐舞伎 9 身。长巾舞伎 1 身居中；乐伎 8 身，对称分列两侧。

左侧：直颈琵琶（拨奏，有相）、笙、横笛、竖箜篌；

右侧：筚篥、排箫、筝、拍板。

下层宝池内画鸟乐舞1组。

左侧：迦陵频伽1身，乐器模糊，孔雀1只；

右侧：共命鸟1身，奏排箫，鹅1只。

西壁 佛龛内西壁北侧画四弦直颈琵琶1件，未见乐伎。

佛床画壸门12个，其中残存壸门伎乐7身，可见乐器5件。

北向面：凤首箜篌、排箫；

东向面：古琴；

南向面：笙、四弦直颈琵琶。

北壁 西起第一铺画药师经变。

下画乐舞图1幅，共画乐舞伎9身。长巾舞伎1身居中；乐伎8身，对称分列两侧。

左侧：直颈琵琶（拨奏）、笙、横笛、拍板；

右侧：筝、竖笛、排箫、竖箜篌（擘奏）。

乐队两侧画迦陵频伽2身，托花盘。

下部屏风画中画世俗乐舞图1幅，共4人。其中1人弹琵琶、1人奏拍板、2人模糊。

东壁 门北画不空绢索观音变一铺。

画菩萨伎乐2身，其中1身舞蹈，1身持贝。

东壁门上画千手眼经变一铺。

画菩萨伎乐1身，弹四弦直颈琵琶。

门南画如意轮观音变一铺。

画菩萨1身，持贝。

合　计：此窟画经变乐舞图2幅，乐队3组，舞伎2身，乐伎16身，乐器16件；迦陵频伽3身；共命鸟1身，乐器1件；壸门伎乐7身，乐器5件；菩萨伎乐4身，乐器3件；世俗乐舞图1幅，乐伎4身，乐器2件。

乐器种类：琵琶6件（其中四弦琵琶3件）、笙3件、横笛2件、竖箜篌2件、筚篥1件、排箫4件、筝2件、拍板3件、古琴1件、竖笛1件、贝2件、凤首箜篌1件。共28件。模糊乐器3件。

舞蹈种类：长巾独舞2组、迦陵频伽舞1组、民间舞1组、菩萨独舞1组。

第233窟

时　代：宋（西夏、清重修）

形　制：覆斗形顶，设中心佛坛。

内　容：前室 甬道 南壁 画飞天8身。

北壁 残存飞天7身。

主室 窟顶 四披画飞天一周，共残存30身（其中南披8身、西披残存6身、北披残存7身、东披8身），飞天乐伎与托花飞天相间出现，飞天乐伎共14身。

南披：竖箜篌、贝、筚篥、手鼓（左手持鼓，右手槌击）；

西披：拍板、凤首箜篌；

北披：曲颈琵琶、笙、排箫、细腰鼓；

东披：细腰鼓、筚篥、横笛、钹。

合　计：此窟画飞天45身，其中飞天乐伎14身，乐器14件。

乐器种类：竖箜篌1件、贝1件、筚篥2件、手鼓1件、拍板1件、凤首箜篌1件、琵琶1件、笙1件、排箫1件、细腰鼓2件、横笛1件、钹1件。共14件。

第234窟

时　代：宋

形　制：覆斗形顶。

内　容：主室 南壁 西侧画菩萨伎乐1身，持贝。

北壁 画菩萨伎乐1身，舞蹈。

合　　计：此窟画菩萨伎乐2身，乐器1件。
乐器种类：贝1件。共1件。

第236窟

时　　代：中唐（五代、清重修）
形　　制：顶毁，西壁开一龛。
内　　容：主室 南壁 东起第二铺画观无量寿经变。
　　　　　上画不鼓自鸣乐器7件，自东至西依次为：
　　　　　　　钲、笙、义觜笛、筝、排箫、羯鼓、
　　　　　　　拍板。
　　　　　华盖两侧画飞天2身。
　　　　　两侧画迦陵频伽2身。左侧奏拍板，右侧
　　　　　　　弹凤首箜篌。
　　　　　下画乐舞图1幅，共画乐舞伎7身。反弹
　　　　　　　琵琶舞伎1身居中；乐伎6身，对称
　　　　　　　分列两侧。
　　　　　左侧：直颈琵琶（拨奏）、1件模糊、竖箜篌；
　　　　　右侧：细腰鼓、笙、拍板。
　　　　　西壁 南、北两侧上画飞天4身。
　　　　　佛床下画壸门伎乐，其中1身奏排箫，余
　　　　　　　模糊。
　　　　　北壁 西起第一铺画药师经变。
　　　　　上画不鼓自鸣乐器8件：竖笛、竖笛、答
　　　　　　　腊鼓、笙、直颈琵琶、排箫、筝、筚篥。
　　　　　上画飞天2身。
　　　　　下画乐舞图1幅，共画乐舞伎7身。长巾
　　　　　　　舞伎1身居中；乐伎6身，对称分列
　　　　　　　两侧。
　　　　　左侧：笙、四弦直颈琵琶（拨奏）、排箫；
　　　　　右侧：竖笛、横笛、拍板。
　　　　　下画孔雀1只。
合　　计：此窟画不鼓自鸣乐器15件；飞天8身；经
　　　　　变乐舞图2幅，乐队2组，舞伎2身，乐
　　　　　伎12身，乐器11件；迦陵频伽2身，乐
器2件；壸门伎乐1身，乐器1件。
乐器种类：笙4件、筝2件、排箫4件、羯鼓1件、
　　　　　拍板4件、凤首箜篌1件、琵琶4件（其
　　　　　中四弦琵琶1件）、竖笛3件、竖箜篌1件、
　　　　　细腰鼓1件、横笛1件、答腊鼓1件、筚
　　　　　篥1件、钲1件、义觜笛1件。共30件。
　　　　　模糊乐器1件。
舞蹈种类：反弹琵琶独舞1组、长巾独舞1组。

第237窟

时　　代：中唐（西夏、清重修）
形　　制：覆斗形顶，西壁开一龛。
内　　容：前室 南壁 上残存西夏画不鼓自鸣乐器1
　　　　　　　件：答腊鼓（模糊）。
　　　　　西壁 门南残存西夏画不鼓自鸣乐器5件，
　　　　　　　自南至北依次为：1件模糊、细腰鼓、
　　　　　　　义觜笛、拍板、1件模糊。
　　　　　门上残存西夏画不鼓自鸣乐器6件，自南
　　　　　　　至北依次为：1件模糊、拍板、横笛、
　　　　　　　筚篥、细腰鼓、1件模糊。
　　　　　门北残存西夏画不鼓自鸣乐器3件，自南
　　　　　　　至北依次为：竖箜篌、细腰鼓、拍板，
　　　　　　　其余模糊。
　　　　　北壁 上残存西夏画不鼓自鸣乐器2件，
　　　　　　　自西至东依次为：1件模糊、笛。
　　　　　主室 南壁 东起第一铺弥勒经变。
　　　　　上画乐舞4组，每组均为舞伎1身，居中
　　　　　　　舞蹈，乐伎2身，分列两侧立奏。乐
　　　　　　　器有：
　　　　　第一组：拍板、1件不清；
　　　　　第二组：1件不清、拍板；
　　　　　第三组：直项琵琶、拍板；
　　　　　第四组：拍板、横笛。
　　　　　上画飞天2身。

东起第二铺画观无量寿经变。
上画不鼓自鸣乐器 6 件，自东至西依次为：
　　竖笛（7 音孔）、横笛、拍板（5 片）、
　　细腰鼓、直颈琵琶、筚篥。
右上钟楼内挂大钟 1 件。
主尊两侧画迦陵频伽 4 身。
下画乐舞图 1 幅，分上、下两层排列。
上层乐舞 1 组，共画乐舞伎 17 身。反弹
　　琵琶舞伎 1 身居中（直颈）；乐伎 16 身，
　　对称分列两侧，每侧两排。
左侧前排：答腊鼓、毛员鼓、鼗鼓与鸡娄
　　鼓（1 身兼奏）、羯鼓（右手持杖）；
左侧后排：横笛、竖笛、拍板、排箫；
右侧前排：筝、四弦直颈琵琶（拨奏）、四
　　弦直颈阮（拨奏）、竖箜篌；
右侧后排：拍板、竖笛、筚篥、笙。
下层画鸟乐舞 1 组。孔雀 1 身居中。迦陵
　　频伽 4 身，列于四周奏乐。
左侧：直颈琵琶、拍板；
右侧：笙、竖笛。
下画鹦鹉 1 只、仙鹤 2 只。
东起第三铺画法华经变。
火宅喻品中画乐舞图 1 幅，共 3 人。童子
　　舞伎 1 身居中，两侧画童子 2 身拍手。
西壁　佛龛南侧画普贤经变。
上画飞天 2 身。
中画乐队 1 组，共乐伎 3 人。乐器有：横笛、
　　拍板、筚篥。
佛龛北侧画文殊经变。
上画飞天 2 身。
中画乐队 1 组，共乐伎 3 身，乐器有：义
　　觜笛、笙、四弦直颈琵琶（拨奏）。
北壁　西起第一铺画华严经变。
上画不鼓自鸣乐器 8 件：笙、答腊鼓、笛、
　　竖箜篌、排箫、横笛、铙、拍板。
西起第二铺画药师经变。

上画不鼓自鸣乐器 7 件，自西至东依次为：
　　答腊鼓、笙、筚篥、排箫、竖箜篌、
　　细腰鼓、直颈琵琶。
下画乐舞图 1 幅，共画乐舞伎 17 身。长
　　巾舞伎 1 身，位于上方平台中央。乐
　　伎 16 身，位于下方平台，对称分列
　　两侧，每侧两排。
左侧前排：筝、阮（4 弦，拨奏）、四弦直
　　颈琵琶、竖箜篌；
左侧后排：拍板、竖笛、筚篥、笙；
右侧前排：细腰鼓、鸡娄鼓、方响、答腊鼓；
右侧后排：拍板、贝、横笛、排箫。
乐队两侧画迦陵频伽 4 身奏乐。
左上：四弦曲颈琵琶；
左下：排箫；
右上：排箫；
右下：笙。
最下部西起第八扇屏风画中画乐伎 1 身，
　　弹四弦直颈琵琶。
合　计：此窟画不鼓自鸣乐器 38 件（5 件模糊）；
　　飞天 6 身；经变乐舞图 3 幅，乐队 7 组，
　　舞伎 6 身，乐伎 40 身，乐器 39 件；文殊
　　经变、普贤经变各 1 铺，乐队 2 组，乐伎
　　6 身，乐器 6 件；迦陵频伽 12 身，乐器 8
　　件；世俗乐舞图 2 幅，舞伎 1 身，乐伎 1 身，
　　乐器 1 件。
乐器种类：竖笛 5 件、横笛 7 件、拍板 15 件、细腰
　　鼓 6 件、琵琶 10 件（其中四弦琵琶 5 件）、
　　笛 2 件、答腊鼓 5 件、鼗鼓 1 件、羯鼓 1 件、
　　排箫 6 件、筝 2 件、阮 2 件、竖箜篌 5 件、
　　筚篥 6 件、笙 7 件、义觜笛 2 件、鸡娄鼓
　　2 件、方响 1 件、贝 1 件、铙 1 件、大钟
　　1 件。共 88 件。模糊乐器 7 件。
舞蹈种类：反弹琵琶独舞 1 组、长巾独舞 1 组、民间
　　独舞 4 组、童子独舞 1 组、迦陵频伽舞 1 组。

第238窟

时　代：中唐（西夏重修）
形　制：覆斗形顶，西壁开一龛。
内　容：主室　南壁　东起第一铺画报恩经变。
　　　　　　上画不鼓自鸣乐器4件，自东至西依次为：曲颈琵琶、竖笛、答腊鼓、义觜笛。
　　　　　　下画乐舞图1幅，残存左侧直颈琵琶1件、迦陵频伽1身。
　　　　　东起第二铺画观无量寿经变。
　　　　　　上画不鼓自鸣乐器6件：拍板、筝、笙、排箫、笛、鸡娄鼓。
　　　　　　上画迦陵频伽1身，飞行于空中，吹横笛。
　　　　　　下画乐舞图1幅，共画乐舞伎7身。反弹琵琶舞伎1身居中；乐伎6身，分列两侧。
　　　　　　左侧：筚篥、笙、义觜笛；
　　　　　　右侧：曲颈琵琶（拨奏）、拍板、羯鼓（有牙床、杖击）。
　　　　　　下画迦陵频伽1身。
　　　　西壁　佛龛南北两壁边缘卷草纹中各画迦陵频伽1身。
　　　　　　佛龛南侧普贤经变中画乐伎1身，演奏笙。
　　　　　　佛龛北侧文殊经变中画乐伎1身，演奏排箫。
　　　　北壁　西起第一铺画药师经变。
　　　　　　上画不鼓自鸣乐器共5件：义觜笛、钲、排箫、笛、答腊鼓。
　　　　　　上画飞天2身。
　　　　　　下画乐舞图1幅，共画乐舞伎7身。长巾舞伎1身居中；乐伎6身，对称分列两侧。
　　　　　　左侧：四弦直颈琵琶（拨奏）、竖箜篌、拍板；
　　　　　　右侧：排箫、横笛、拍板。
　　　　　　下画迦陵频伽1身，反弹琵琶。
合　计：此窟画不鼓自鸣乐器15件；飞天2身；经变乐舞图3幅，乐队3组，舞伎2身，乐伎13身，乐器13件；迦陵频伽5身，乐器2件；文殊经变、普贤经变各1铺，乐伎2身，乐器2件。
乐器种类：琵琶6件（其中四弦琵琶1件）、笛2件、义觜笛3件、答腊鼓2件、拍板4件、筝1件、笙3件、排箫4件、鸡娄鼓1件、横笛2件、竖笛1件、筚篥1件、羯鼓1件、钲1件、竖箜篌1件。共33件。
舞蹈种类：反弹琵琶独舞1组、长巾独舞1组、迦陵频伽反弹琵琶舞1组。

第240窟

时　代：中唐
形　制：覆斗形顶，西壁开一龛。
内　容：南壁　东起第二铺画观无量寿经变，图像漫漶。
　　　　　　上画不鼓自鸣乐器，可见3件：细腰鼓、排箫、拍板，其余模糊。
　　　　　　左上钟楼内挂大钟1件。
　　　　　　下画乐舞图1幅，分上、下两层排列。
　　　　　　上层乐舞1组，共9身。长巾舞伎1身居中；左上画迦陵频伽1身；乐伎8身，对称分列两侧，每侧两排。
　　　　　　左侧前排：筚篥、竖箜篌；
　　　　　　左侧后排：钲、1件模糊；
　　　　　　右侧前排：横笛、笙；
　　　　　　右侧后排：直颈琵琶、排箫。
　　　　　　下层画鸟乐舞1组。迦陵频伽3身，中间1身舞蹈，两侧2身奏乐。
　　　　　　左侧：横笛；
　　　　　　右侧：细腰鼓。
　　　　　　另有鹦鹉1身、孔雀1身、鹤2身。
　　　　北壁　西起第一铺画药师经变，上剥落，

下图像漫漶。

下画乐舞图1幅，共画乐舞伎9身。长巾舞伎1身居中；乐伎8身，对称分列两侧。

左侧前排：羯鼓（杖击）、1件模糊（乐伎右手持杖）；

左侧后排：鼗鼓与鸡娄鼓（1身兼奏）、1件模糊；

右侧前排：细腰鼓、筚篥；

右侧后排：拍板、答腊鼓。

合　　计：此窟画不鼓自鸣乐器3件；经变乐舞图2幅，乐队3组，舞伎2身，乐伎16身，乐器14件；迦陵频伽4身，乐器2件。

乐器种类：细腰鼓3件、排箫2件、拍板2件、筚篥2件、竖箜篌1件、钲1件、横笛2件、笙1件、琵琶1件、羯鼓1件、答腊鼓1件、鼗鼓1件、鸡娄鼓1件、大钟1件。共20件。模糊乐器3件。

舞蹈种类：长巾独舞2组、迦陵频伽舞1组。

第244窟

时　　代：隋（五代、西夏重修）
形　　制：覆斗形顶，南、西、北壁设佛床。
内　　容：主室　四壁　上隋画飞天一周，共42身。其中南壁12身、西壁8身、北壁12身、东壁10身。

四壁下画壸门31个（其中南、北、东壁各画8个，西壁7个），内画壸门伎乐，可见乐器7件。

南壁（西夏画）：细腰鼓、方响、竖箜篌；
北壁（五代画）：凤首箜篌、方响、排箫、铙；
西壁　须弥座下画壸门5个，壸门伎乐5身。

合　　计：此窟画飞天42身，壸门36个，乐器7件。

乐器种类：细腰鼓1件、方响2件、竖箜篌1件、凤首箜篌1件、排箫1件、铙1件。共7件。

第242窟

时　　代：初唐（宋、清重修）
形　　制：覆斗形顶，西壁开一龛。
内　　容：西壁　龛顶残存飞天5身。
合　　计：此窟画飞天5身。

第245窟

时　　代：回鹘
形　　制：覆斗形顶，西壁开一龛。
内　　容：南壁　上画飞天2身。
　　　　　北壁　上画飞天2身。
合　　计：此窟画飞天4身。

第243窟

时　　代：隋（宋、清重修）
形　　制：覆斗形顶，西壁开一龛。
内　　容：西壁　龛顶残存飞天6身。
合　　计：此窟画飞天6身。

第248窟

时　　代：西魏（五代重修）
形　　制：前部人字披顶，后部平棋顶，有中心塔柱，柱四面各开一龛。
内　　容：主室　中心柱　下画药叉伎乐共8身，未持乐器。

窟顶　人字披西披画飞天11身。

南壁　上画天宫伎乐，共17身。其中乐

伎8身，乐器有：排箫、琵琶、竖笛、细腰鼓、琵琶、横笛、贝、竖箜篌（6弦）。舞伎9身，其中东起第五、第十五身击掌。第1、第17身为劳度跋提。

东侧说法图两侧画飞天3身。左侧1身、右侧2身。

下画药叉乐伎共9身，残存8身，乐器有：竖笛、直颈琵琶、细腰鼓、齐鼓、横笛。

西壁 上画天宫伎乐，共9身。其中乐伎2身，乐器有：排箫、竖笛；舞伎7身，其中南起第一身为S形舞姿，第二、三、四、五、七身击掌。第九身为劳度跋提。

下画药叉伎乐，共4身。其中1身拍击细腰鼓。

北壁 上画天宫伎乐，共16身。其中乐伎7身，乐器有：五弦直颈琵琶、横笛、担鼓、凸面细腰鼓、琵琶、竖箜篌、细腰鼓。舞伎9身，其中西起第十一、十三、十五、十六身击掌。

东侧说法图两侧画飞天2身。

下画药叉伎乐，共8身，其中1身弹竖箜篌，1身弹曲颈琵琶。

东壁 上画天宫伎乐，共12身。均为舞伎，北起第2、11身作手舞状，其余均击掌。

下画药叉伎乐，共4身，已残。

合　计：此窟画飞天16身；药叉伎乐33身，乐器8件；天宫伎乐54身，其中乐伎17身，乐器17件，舞伎37身。

乐器种类：排箫2件、琵琶6件（其中五弦琵琶1件）、竖笛3件、细腰鼓4件、凸面细腰鼓1件、横笛3件、贝1件、竖箜篌3件、齐鼓1件、担鼓1件。共25件。

舞蹈种类：击掌舞21身、手姿舞23身。

第249窟

时　代：西魏（清重修）
形　制：覆斗形顶，西壁开一龛。
内　容：主室 窟顶 南披画飞天1身。

南披画飞天2身。

西披画雷公鼓图1幅，雷鼓1组，共12面。

东披画飞天2身。下画力士倒立1身。

北披画飞天1身。

南壁 上画劳度跋提1身。天宫伎乐20身。其中乐伎12身，乐器有：贝、竖笛、竖箜篌、齐鼓、直颈琵琶、横笛、贝、弯角、直颈琵琶、竖笛、凸面细腰鼓、直颈琵琶；舞伎8身，其中2身合掌，5身作手舞状。

中画说法图1幅，上画飞天4身。下画菩萨4身，作手舞状。

下残存药叉伎乐，共6身，其中1身弹直颈琵琶，1身吹横笛。

西壁 上画天宫伎乐，共6身。乐伎2身：1身吹竖笛，1身吹横笛；舞伎4身，其中1身合掌，3身作手舞状。

龛楣内画化生伎乐，共5身：舞伎1身居中；乐伎4身分列两侧。

左侧：弯角、横笛；

左侧：竖笛、排箫。

龛内画飞天乐伎4身。

左侧：竖笛、齐鼓；

右侧：横笛、细腰鼓。

北壁 上画天宫伎乐，共20身。其中乐伎6身，乐器有：细腰鼓、琵琶、排箫、竖箜篌、贝、竖笛；舞伎14身，其中4身击掌，10身作手舞状。

下残存药叉伎乐，共7身。其中乐器3件：直颈琵琶、竖笛、细腰鼓。

东壁 上残存天宫伎乐2身。

合　　计：此窟画飞天14身，其中飞天乐伎4身，乐器4件；药叉伎乐13身，乐器5件；天宫伎乐48身，其中乐伎20身，乐器20件，舞伎28身；化生伎乐5身，乐器4件；雷公击鼓图1幅，乐器1组。
乐器种类：雷鼓1组（12面），贝3件、竖笛7件、竖箜篌2件、琵琶6件、横笛5件、弯角2件、细腰鼓3件、凸面细腰鼓1件、齐鼓2件、排箫2件。共34件（组）。
舞蹈种类：击掌舞7身、手姿舞17身。

第250窟

时　　代：北周
形　　制：平顶，西壁开一龛。
内　　容：窟顶　残存飞天乐伎6身。
　　　　　　西披：竖箜篌（左手持箜篌，右手弹奏）、竖箜篌（左手持箜篌，右手弹奏）、曲颈琵琶、直颈琵琶；
　　　　　　北披：笙、笙。
　　　　　西壁　佛龛顶残存飞天2身，其中飞天乐伎1身，弹琵琶。
合　　计：此窟画飞天8身，其中飞天乐伎7身，乐器7件。
乐器种类：竖箜篌2件、琵琶3件、笙2件。共7件。

第251窟

时　　代：北魏（五代、清重修）
形　　制：前部人字披顶，后部平棋顶，有中心塔柱，柱东向面开一龛，南、西、北向面上、下层各开一龛。
内　　容：中心塔柱　东向面龛楣内画化生伎乐7身。
　　　　　　东向面龛楣外画化生伎乐4身。

东向面佛龛内画飞天4身。
南西北向面下各画药叉伎乐4身，共12身。
窟顶　人字披西披画化生伎乐14身。
人字披东披残存化生伎乐12身。
平棋顶中画飞天23身。
南壁　上画天宫伎乐23身。其中乐伎8身，乐器有：横笛、竖笛、凸面细腰鼓、曲颈琵琶、贝、凸面细腰鼓、齐鼓、横笛；舞伎15身，东起第一、六、八、十、十一、十二、十三、十七、二十、二十二身击掌，其余均作手舞状。
人字披下说法图两侧画飞天2身。
平顶下说法图两侧画飞天4身。
下画药叉伎乐18身（东起前五身残），其中1身吹横笛，1身弹琵琶。
西壁　上层天宫南起第1身为半身菩萨像；第10身为1尊坐佛像；其余为天宫乐，共16身，均为舞伎，其中第三、五、六、九、十一、十四、十六、十七身击掌。
下画药叉伎乐12身，未持乐器。
北壁　上画天宫伎乐26身。其中乐伎8身，乐器有：琵琶、凸面细腰鼓、横笛、竖笛、直颈琵琶、贝、琵琶、横笛；舞伎18身：西起第一、五、七、九、十一、十四、十五、十六、十八、二十三、二十五、二十六击掌，其余均作手舞状。
平顶下说法图两侧画飞天4身。
人字披下说法图两侧画飞天2身。
下画药叉伎乐20身。其中1身吹横笛，1身弹琵琶。
东壁　上画天宫伎乐13身，均为舞伎，北起第2、4、10、11、12、13身击掌，其余7身作手舞状。

合　计：此窟画飞天 39 身；天宫伎乐 78 身，其中乐伎 16 身，乐器 16 件，舞伎 62 身。化生伎乐 37 身；药叉伎乐 62 身，乐器 4 件。
乐器种类：横笛 6 件、竖笛 2 件、琵琶 6 件、贝 2 件、凸面细腰鼓 3 件、齐鼓 1 件。共 20 件。
舞蹈种类：击掌舞 36 身、手姿舞 28 身。

第 254 窟

时　代：北魏（隋重修）
形　制：前部人字披顶，后部平棋顶，有中心塔柱，东向面开一龛，南、西、北向面上、下层各开一龛。南、北壁前部各开一龛，后部各开四龛。
内　容：主室　中心柱　佛龛内共画飞天 18 身。其中火焰内 12 身，火焰外 4 身、龛楣顶 2 身。
中心柱南向面画飞天 2 身。
中心柱北向面画飞天 2 身。
中心柱画化生伎乐 25 身。
中心柱下画药叉伎乐 30 身。其中南向面 8 身、西向面 6 身、北向面 6 身、东向面 10 身。
窟顶　平棋内画飞天 38 身。
南壁　人字披下残存天宫伎乐 9 身。乐伎 2 身：东起第二身吹横笛，第三身弹琵琶；舞伎 7 身：东起第一身残，其余 6 身均合掌舞蹈。
平棋顶下画天宫伎乐 16 身。其中乐伎 6 身：东起第二身吹贝，第五身弹琵琶，第六身吹横笛，第七身拍击细腰鼓，第八身吹竖笛，第九身弹阮；舞伎 10 身：第一、四、十、十一、十二、十三、十五、十六身合掌，第三、十四身作手舞状。
画化生伎乐 20 身，未持乐器。

舍身饲虎图中塔两侧画飞天 6 身。
说法图中画飞天 2 身。
龛内最西侧画飞天 1 身。
下画药叉伎乐 25 身，多残毁，残存乐器 5 件：贝、竖箜篌、担鼓、横笛、琵琶。
西壁　上画天宫伎乐 17 身。其中乐伎 2 身：第九身吹横笛，第十二身弹琵琶；舞伎 15 身，其中第四、五、八、十、十一身合掌，第六、七、十三、十四、十五、十六、十七身作手舞状；南起第 1 至 3 身残；第 18 身为劳度跋提。
下画药叉伎乐 17 身。
北壁　人字披下画天宫伎乐 8 身。其中乐伎 3 身：西起第 5 身吹排箫，第 7 身弹琵琶，第 8 身吹竖笛；舞伎 5 身：第二、三身合掌，第一、四、六身作手舞状。
平顶下画天宫伎乐 18 身。其中乐伎 7 身：西起第七身吹尺八，第九身弹阮（圆形箱，曲颈），第 12 身弹竖箜篌，第十四身拍击细腰鼓，第十五身弹琵琶，第十六身吹横笛，第十八身吹埙；舞伎 11 身：第一、三、四、九身作手舞状，第二、六、八、十三、十七身合掌，第五、十一身托花。
画化生伎乐 21 身，未持乐器。
说法图中画飞天 10 身。
下画药叉伎乐，残存 26 身。乐器 6 件：排箫、竖箜篌、担鼓、横笛、竖笛、琵琶。
东壁　上画天宫伎乐 16 身。乐伎 7 身：北起第一身吹筚篥，第四身吹笙，第五、十身吹横笛，第六身拍击细腰鼓，第七身吹贝，第八身吹埙；舞伎 9 身：其中第二、三、九、十二、十四、十五身合掌，第十一、十三作手舞状。

门上画朱鹤（凤鸟）1只。
下残存药叉伎乐约4身。

合　　计：此窟画飞天79身；天宫伎乐84身，其中乐伎27身，乐器27件，舞伎57身；化生伎乐66身；药叉伎乐102身，乐器11件。

乐器种类：横笛8件、筚篥1件、琵琶7件、贝3件、埙2件、笙1件、竖笛3件、阮2件、担鼓2件、竖箜篌3件、细腰鼓3件、排箫2件、尺八1件。共38件。

舞蹈种类：击掌舞38身、手姿舞18身。

第255窟

时　　代：隋
形　　制：人字披顶，西壁开一龛。
内　　容：西壁　上画飞天2身。
合　　计：此窟画飞天2身。

第256窟

时　　代：宋（清重修）
形　　制：覆斗形顶，设中心佛坛。
内　　容：主室　中心佛坛　上层佛坛四周共画壸门51个，其中画壸门伎乐，可见乐器5件。
　　　　南侧：四弦曲颈琵琶；
　　　　西侧：拍板、筝；
　　　　北侧：筝、四弦曲颈琵琶。
　　　　下层佛坛四周共画壸门34个，其中画壸门伎乐，可见乐器6件。
　　　　南侧壸门8个，乐器有：拍板、曲颈琵琶、竖笛、横笛、细腰鼓；
　　　　西侧壸门6个，已残；
　　　　北侧壸门9个，乐器有：筝；
　　　　东侧壸门11个，已残。

合　　计：此窟画壸门85个，壸门伎乐11身，乐器11件。

乐器种类：琵琶3件（其中四弦琵琶2件）、拍板2件、筝3件、竖笛1件、横笛1件、细腰鼓1件。共11件。

第257窟

时　　代：北魏（宋重修）
形　　制：前部人字披顶，后部平棋顶，有中心塔柱，柱东向面开一龛，南、西、北向三面上、下层各开一龛。
内　　容：中心柱　东向面佛龛内火焰纹左右各画飞天2身，共4身。左侧1身弹曲颈琵琶，右侧1身弹直颈琵琶。
　　　　火焰纹内侧画飞天16身。左右各8身，未持乐器。
　　　　佛光内画化生童子19身。
　　　　龛楣内画化生伎乐5身，中间1身舞蹈。乐伎4身分列两侧。
　　　　左侧：横笛、直颈琵琶；
　　　　右侧：担鼓、竖笛。
　　　　窟顶　残存平棋7方，画飞天10身。其中前顶东南角存角斗四莲池童子、飞天图案1方。
　　　　南壁　上残存天宫伎乐23身。其中乐伎8身：东起第八身双手拍击担鼓，第十身吹竖笛，第十一身弹曲颈琵琶，第十二身吹横笛，第十四身双手拍击细腰鼓，第十六身手持串响，第十八身吹尺八，第二十三身弹琵琶；舞伎15身：第一、三、四、七、二十身作手舞状，第二身手舞长巾，第五、六、九、十三、十五、十七、十九、二十一、二十二身击掌。

画飞天 10 身。

西壁 上画天宫伎乐 16 身。其中乐伎 3 身，乐器 3 件：南起第 1、14 身吹横笛，第 15 身吹竖笛；舞伎 13 身，均击掌舞蹈。

北壁 上残存天宫伎乐 21 身。其中乐伎 11 身：西起第 2、18 身击担鼓，第 3、17 身吹横笛，第 4 身弹琵琶，第 12 身吹竖笛，第 14 身弹曲颈琵琶，第 15 身拍击细腰鼓，第 11 身持串响，第 16、第 20 身吹排箫；舞伎 10 身，均击掌舞蹈。

前部说法图两侧画飞天，残存左侧 8 身。

南、西、北壁 下残存药叉伎乐 55 身。乐器 2 件：排箫、细腰鼓。

合　　计：此窟画飞天 48 身，其中飞天乐伎 2 身，乐器 2 件；天宫伎乐 60 身，其中乐伎 22 身，乐器 22 件，舞伎 38 身。化生伎乐 5 身，乐器 4 件；药叉伎乐 55 身，乐器 2 件。

乐器种类：琵琶 7 件、横笛 6 件、竖笛 4 件、担鼓 4 件、细腰鼓 3 件、排箫 3 件、尺八 1 件、串响 2 件。共 30 件。

舞蹈种类：长巾舞 1 身、击掌舞 32 身。

第 258 窟

时　　代：中唐（五代、清重修）
形　　制：覆斗形顶，西壁开一龛。
内　　容：主室 南壁 报恩经变一铺。

下画乐舞图 1 幅，共画乐舞伎 14 身。长巾舞伎 2 身居中，右侧 1 身残；乐伎 12 身，对称分列两侧。

左侧前排：答腊鼓、羯鼓、细腰鼓；
左侧后排：拍板、横笛、鼗鼓与鸡娄鼓（1 身兼奏）；
右侧前排：直颈琵琶（拨奏）、竖笛、义觜笛；
右侧后排：1 身残、排箫、笙。

西壁 画飞天 2 身。

北壁 画观无量寿经变一铺。

下画乐舞图 1 幅，分上、下两层排列。

上层乐舞 1 组，共画乐舞伎 13 身。长巾舞伎 1 身居中；乐伎 12 身，对称分列两侧。

左侧第一排：细腰鼓、1 件模糊；
左侧第二排：竖笛、1 件模糊；
左侧第三排：筚篥、1 件模糊；
右侧第一排：笙、竖笛；
右侧第二排：筝、琵琶；
右侧第三排：2 件模糊。

西侧画乐伎 1 身，弹琵琶。

下层画鸟乐舞 1 组。孔雀 1 只居中舞蹈；迦陵频伽 5 身，共命鸟 1 身，分列四周奏乐，乐器有：拍板、竖笛，其余模糊。另有鹦鹉、白鹤等鸟类。

合　　计：此窟画飞天 2 身；经变乐舞图 2 幅，乐队 3 组，舞伎 3 身，乐伎 24 身，乐器 19 件；迦陵频伽 5 身，乐器 2 件，共命鸟 1 身；世俗乐舞图 1 幅，乐伎 1 身，乐器 1 件。

乐器种类：答腊鼓 1 件、羯鼓 1 件、细腰鼓 2 件、拍板 2 件、横笛 1 件、鼗鼓 1 件、鸡娄鼓 1 件、琵琶 3 件、竖笛 4 件、义觜笛 1 件、排箫 1 件、笙 2 件、筚篥 1 件、筝 1 件。共 22 件。模糊乐器 9 件。

舞蹈种类：长巾独舞 1 组、长巾双人舞 1 组。

第 259 窟

时　　代：北魏（宋重修）
形　　制：前部人字披顶，后部平棋顶，西壁中间出半塔柱形，正面开一龛，南壁上层存三龛，下层存一龛，北壁上层开四龛、下层开三龛。

内　容：窟顶　人字披西披残存飞天22身，图像漫漶。其中可见飞天乐伎3身,乐器有：竖笛、横笛、竖笛。

南壁　人字披下残存飞天6身。

东起第一龛顶画飞天2身。

西壁　佛龛内画飞天10身。

龛楣内画化生伎乐9身。乐器4件：横笛、直颈琵琶、细腰鼓、竖笛。

北壁　人字披下残存飞天9身。

上层佛龛西起第三龛内画飞天2身。

下层佛龛西起第三龛内画飞天2身。

下端有药叉伎乐，一身奏横笛，其余图像模糊。

合　计：此窟画飞天53身，其中飞天乐伎3身，乐器3件；化生伎乐9身，乐器4件。

乐器种类：竖笛3件、横笛2件、琵琶1件、细腰鼓1件。共7件。

第260窟

时　代：北魏（宋重修）

形　制：前部人字披顶，后部平棋顶，有中心塔柱，柱东向面开一龛，南、西、北向三面上、下层各开一龛。

内　容：主室　中心柱　东向面　佛龛火焰纹内画飞天16身，火焰外两侧画飞天2身。

火焰外影塑化生伎乐4身。

南向面上层阙形龛内画飞天2身，龛上塑化生伎乐4身。

西向面圆券龛上影塑化生伎乐2身。

北向面上层阙形龛阙楼顶塑化生伎乐4身，凤鸟2只。

塔座下共画药叉伎乐16身，其中西向面北侧1身、北向面西侧1身为药叉伎乐，均演奏担鼓。

窟顶　平棋中残存飞天40身。

南壁　人字披下画天宫伎乐10身，图像残。其中乐伎4身：东起第2身拍击细腰鼓，第7身吹横笛，第9身弹直颈琵琶，第10身击羯鼓；舞伎6身，均作手舞状。

平顶下画天宫伎乐13身。其中乐伎5身：东起第三身击细腰鼓，第四身弹琵琶，第五身吹横笛，第六身吹排箫，第十二身演奏羯鼓；舞伎8身。

西侧说法图两侧画飞天4身。

下画药叉伎乐，其中3身奏乐，乐器有：细腰鼓、贝、担鼓。

西壁　上画天宫伎乐15身。其中乐伎6身：南起第一、四、十二身吹横笛，第2身击细腰鼓，第5身弹琵琶，第十四身拍击细腰鼓；舞伎9身，其中第三身击掌。

北壁　人字披下画天宫伎乐11身，图像残。

平顶下画天宫伎乐15身。其中乐伎6身：西起第三身弹琵琶，第四、七身吹横笛，第五身弹竖箜篌，第六身吹竖笛，第八身击细腰鼓；舞伎九身，均作手舞状。

西侧说法图两侧画飞天2身。

东侧说法图两侧画飞天4身。

东壁　门北人字披下残存天宫伎乐5身。其中1身击细腰鼓。余残。

门南宋画菩萨伎乐1组，图像模糊，可见乐伎3身，乐器3件：琵琶、横笛、竖箜篌。

合　计：此窟画飞天70身；天宫伎乐69身，其中乐伎22身，乐器22件，舞伎47身；化生伎乐14身；菩萨伎乐1组，乐伎3身，乐器 3 件；药叉伎乐 5 身，乐器 5 件。
乐器种类：琵琶 5 件、羯鼓 2 件、横笛 8 件、竖笛 1 件、排箫 1 件、细腰鼓 7 件、竖箜篌 2 件、贝 1 件、担鼓 3 件。共 30 件。
舞蹈种类：击掌舞 4 身、手姿舞 36 身。

第 261 窟

时　　代：五代
形　　制：覆斗形顶，西壁设佛坛。
内　　容：主室　窟顶　南披垂幔下残存飞天 4 身，其中乐伎 3 身，乐器有：铙、拍板（4 片）、横笛。
　　　　　西披画飞天 2 身。
　　　　　南壁　画法华经变一铺。
　　　　　火宅喻品中画乐舞图 1 幅，共 4 人。舞伎 1 身，乐伎 3 身，乐器有：横笛、拍板、琵琶。
　　　　　西壁　上画飞天 2 身。
　　　　　佛坛下残存壸门伎乐 1 身，弹竖箜篌。
　　　　　东壁　门北普贤经变中画乐队 1 组，乐伎 8 身，乐器有：四弦曲颈琵琶（拨奏）、排箫、横笛、筚篥、竖箜篌、拍板、竖笛、竖箜篌。
　　　　　门南文殊经变中画乐队 1 组，乐伎 6 身，乐器有：筚篥、琵琶（拨奏）、横笛、筚篥、笙、拍板。
合　　计：此窟画飞天 8 身，其中飞天乐伎 3 身，乐器 3 件；文殊经变、普贤经变各 1 铺，乐队 2 组，乐伎 14 身，乐器 14 件；世俗乐舞图 1 幅，舞伎 1 身，乐伎 3 身，乐器 3 件；壸门伎乐 1 身，乐器 1 件。
乐器种类：铙 1 件、拍板 4 件、横笛 4 件、琵琶 3 件（其中四弦琵琶 1 件）、竖箜篌 3 件、竖笛 1 件、笙 1 件、筚篥 3 件、排箫 1 件。共 21 件。

舞蹈种类：民间舞（独舞）1 组。

第 262 窟

时　　代：隋
形　　制：前部人字披顶，后部平顶，西壁开一龛。
内　　容：西壁　龛顶残存飞天 4 身，乐器模糊。
　　　　　龛北侧画菩萨伎乐 1 身，持细腰琵琶（面板呈葫芦形，5 弦，拨奏）。
　　　　　北侧画飞天 2 身。
合　　计：此窟画飞天 6 身；菩萨伎乐 1 身，乐器 1 件。
乐器种类：细腰琵琶 1 件。共 1 件。模糊乐器 4 件。

第 263 窟

时　　代：北魏（五代、西夏重修）
形　　制：前部人字披顶，后部平顶，有中心柱，柱东向面开一龛，南、北壁前部各开一龛。
内　　容：主室　中心柱　四面顶西夏画飞天 10 身。
　　　　　南壁　龛顶西夏画飞天 2 身。
　　　　　西侧说法图中北魏画飞天 2 身。
　　　　　人字披下北魏画天宫伎乐 1 组，残存 3 身。
　　　　　北壁　佛龛顶西夏画飞天 2 身。
　　　　　东侧说法图中残存北魏画飞天 5 身，其中 1 身仅存头部。
　　　　　人字披下北魏画天宫伎乐 1 组，残存 3 身。
　　　　　说法图北侧画菩萨舞伎 12 身。
合　　计：此窟画飞天 21 身；天宫伎乐 6 身，其中舞伎 6 身；菩萨舞伎 12 身。

第264窟

时　代：盛唐（宋重修）
形　制：覆斗形顶，西壁开一龛。
内　容：窟顶 四披残存飞天12身。
合　计：此窟画飞天12身。

第266窟

时　代：隋（清重修）
形　制：覆斗形顶，西壁开一龛。
内　容：窟顶 四披画飞天一周，共21身，其中乐伎4身。
　　　　南披5身，乐器4件：埙、横笛、竖笛、曲颈琵琶（拨奏）；
　　　　西披6身，未持乐器；
　　　　北披6身，未持乐器；
　　　　东披4身，乐器1件：笙。
　　　　西壁 龛内画飞天2身。
　　　　龛楣内画化生童子1身，双手托花。
合　计：此窟画飞天23身，其中飞天乐伎5身，乐器5件；化生童子1身。
乐器种类：埙1件、横笛1件、竖笛1件、琵琶1件、笙1件。共5件。

第267窟

时　代：十六国（隋重修）
形　制：平顶
内　容：主室 南壁 佛龛内残存飞天1身。
合　计：此窟画飞天1身。

第268窟

时　代：十六国（隋、宋重修）
形　制：纵长平顶，西壁开一龛，南、北侧各开二禅窟。
内　容：窟顶 东起第一、二方平棋内画化生伎乐2身、飞天8身。
　　　　南壁 上北魏画飞天4身。
　　　　下北魏画药叉伎乐2身。
　　　　西壁 龛楣两侧画飞天2身。
　　　　北壁 上北魏画飞天2身。
　　　　下北魏画药叉伎乐3身。
合　计：此窟画飞天16身；化生伎乐2身；药叉伎乐5身。

第272窟

时　代：十六国（五代重修）
形　制：覆斗形顶，西壁开一龛。
内　容：主室 窟顶 藻井井心画飞天4身。
　　　　南披画飞天6身，天宫伎乐5身。中有乐伎1身，弹曲颈琵琶；舞伎4身，其中3身作手舞状，1身击掌。
　　　　西披画天宫伎乐6身。天宫伎乐中有乐伎3身：1身击细腰鼓，1身吹贝，1身吹横笛；舞伎3身，作手舞状。
　　　　北披画飞天6身。天宫伎乐6身。均为舞伎，其中4身作手舞状，2身击掌。
　　　　东披画飞天5身，天宫伎乐5身。天宫伎乐中有乐伎1身，吹贝；舞伎4身：1身击掌，3身作手舞状。
　　　　南壁 说法图两侧各画飞天2身。
　　　　西壁 龛内背光中画飞天10身。
　　　　北壁 说法图两侧各画飞天2身。
合　计：此窟画飞天35身；天宫伎乐22身，其中乐伎5身，乐器5件，舞伎17身。
乐器种类：琵琶1件、细腰鼓1件、贝2件、横笛1件。共5件。
舞蹈种类：击掌舞4身、手姿舞13身。

第275窟

时　　代：十六国（宋重修）
形　　制：纵向盝顶，西壁塑像，南、北壁上部各开三龛。
内　　容：主室 窟顶 残存宋画飞天5身。其中南侧4身，1身吹竖笛，1身吹排箫；北侧1身吹笙。
　　　　　南壁 龛下画飞天8身，画菩萨伎乐4组，持站姿奏乐。自东至西依次为：
　　　　　第一组3身，乐器有：四弦琵琶、横笛、竖箜篌；
　　　　　第二组3身，乐器有：曲颈琵琶、横笛、竖箜篌；
　　　　　第三组2身，乐器有：竖箜篌、曲颈琵琶；
　　　　　第四组1身，演奏琵琶。
　　　　　西壁 主尊头光两侧残存宋画飞天3身。
　　　　　北壁 龛下画飞天10身。
　　　　　最西端下画伎乐供养人8身，西起第一、二身，均吹长角，后6身乐器模糊。
合　　计：此窟画飞天26身，其中飞天乐伎3身，乐器3件；菩萨伎乐9身，乐器9件；世俗乐舞图1幅，乐伎8身，乐器2件。
乐器种类：竖笛1件、排箫1件、笙1件、琵琶4件（其中四弦琵琶1件）、横笛2件、竖箜篌3件、角2件。共14件。模糊乐器6件。

第276窟

时　　代：隋（西夏重修）
形　　制：覆斗形顶，西壁开一龛。
内　　容：窟顶 残存隋画飞天乐伎2身。
　　　　　南侧：四弦曲颈琵琶；
　　　　　北侧：竖箜篌。
　　　　　南壁 西南角西夏画飞天乐伎1身，弹四弦曲颈琵琶。
　　　　　西壁 龛内西夏画飞天1身。
合　　计：此窟画飞天4身，其中飞天乐伎3身，乐器3件。
乐器种类：四弦琵琶2件、竖箜篌1件。共3件。

第277窟

时　　代：隋（五代重修）
形　　制：覆斗形顶，西壁开一龛。
内　　容：西壁 龛内画飞天4身，其中乐伎2身，均演奏琵琶。
合　　计：此窟画飞天4身，其中飞天乐伎2身，乐器2件。
乐器种类：琵琶2件。共2件。

第278窟

时　　代：隋（五代重修）
形　　制：人字披顶，西壁开一龛。
内　　容：南壁 天宫栏墙内残存飞天2身。
　　　　　说法图上残存飞天1身。
　　　　　西壁 龛内上画飞天2身。
　　　　　龛外上画飞天童子2身、飞天2身。
　　　　　龛南夜半逾城中画飞天童子5身。
　　　　　龛北乘象入胎中画菩萨伎乐4身。其中象

牙莲花上立 2 身，乐器有：竖箜篌、
笙(模糊)；象尾莲花上立 2 身，乐器有：
曲颈琵琶、竖箜篌。
佛坛下五代画壸门伎乐 2 身，图像模糊。
北壁　天宫栏墙内画飞天 2 身：1 身弹琵琶，
另 1 身模糊。
说法图中画飞天 4 身，其中飞天乐伎 1 身，
弹直颈琵琶。

合　计：此窟画飞天 13 身，其中飞天乐伎 2 身，
乐器 2 件；飞天童子 7 身；菩萨伎乐 4 身，
乐器 4 件；壸门伎乐 2 身。
乐器种类：琵琶 3 件、笙 1 件、竖箜篌 2 件。共 6 件。

第 279 窟

时　代：隋
形　制：覆斗形顶，西壁设佛床。
内　容：南壁　画飞天 4 身。
　　　　北壁　画飞天 4 身。
合　计：此窟画飞天 8 身。

第 280 窟

时　代：隋（五代重修）
形　制：前部平顶，后部人字披顶，西壁塑像。
内　容：主室　西壁　画飞天 5 身。南侧象牙上画菩
萨伎乐 6 身，乐器有：曲颈琵琶、竖箜篌、
笙、直颈琵琶、排箫、横笛。
合　计：此窟画飞天 5 身；菩萨伎乐 6 身，乐器 6 件。
乐器种类：琵琶 2 件、竖箜篌 1 件、笙 1 件、排箫 1 件、
横笛 1 件。共 6 件。

第 282 窟

时　代：隋
形　制：前部平顶，后部人字披顶，西壁开一龛，南、
北壁塑像。
内　容：主室　西壁　佛龛内画飞天 6 身，其中 2 身
髡首。
佛坛下画药叉乐伎 4 身。
合　计：此窟画飞天 6 身；药叉乐伎 4 身。

第 283 窟

时　代：初唐
形　制：覆斗形顶，西壁开一龛。
内　容：西壁　龛内画飞天 4 身。
龛外上画飞天 2 身、飞天童子 2 身。
龛南乘象入胎中画童子飞天 4 身。
龛北乘象入胎中共画菩萨伎乐 4 身。其中
象牙莲花上立 2 身，乐器有：竖箜篌、
琵琶；象尾莲花上立 2 身，乐器有：
琵琶、竖箜篌。
合　计：此窟画飞天 6 身，飞天童子 6 身，菩萨伎
乐 4 身，乐器 4 件。
乐器种类：琵琶 2 件、竖箜篌 2 件。共 4 件。

第 284 窟

时　代：隋
形　制：覆斗形顶，西壁开一龛。
内　容：西壁　龛内画飞天 2 身。
合　计：此窟画飞天 2 身。

第285窟

时　代：西魏（中唐、宋、西夏、元重修）
形　制：覆斗形顶，西壁开三龛，南、北壁各开四禅窟。
内　容：主室　窟顶　南披画飞天4身；
　　　　　西披上画飞天4身；雷公击鼓图2幅：左侧雷鼓一组，共11面，右侧雷鼓一组，共12面；右下画飞天1身。
　　　　北披画飞天5身。
　　　　东披画飞天1身。
　　　　南壁　上画飞天12身，其中乐伎10身，乐器有：齐鼓、细腰鼓、竖笛、横笛、排箫、笙、直颈琵琶、四弦曲颈琵琶（拨奏）、阮（四弦、有品柱）、竖箜篌（7弦）。
　　　　西侧说法图华盖两侧画飞天2身，均裸体。
　　　　西壁　中央龛顶画飞天4身。
　　　　中央龛楣中画化生伎乐11身，乐器有：横笛、细腰鼓、五弦直颈琵琶、竖笛、排箫、四弦曲颈琵琶。
　　　　两侧小佛龛内各画飞天2身。
　　　　北壁　西起第一、三、四、五铺说法图两侧各画飞天2身，共8身。其中第一铺右侧1身演奏横笛。
　　　　西起第二铺说法图两侧画化生伎乐2身。
　　　　下画药叉伎乐5身。
合　计：此窟画飞天43身，其中飞天乐伎11身，乐器11件；雷公击鼓图2幅，乐器2组；化生伎乐13身，乐器6件；药叉伎乐10身。
乐器种类：雷鼓2组（11面、12面），齐鼓1件、细腰鼓2件、竖笛2件、横笛3件、排箫2件、笙1件、琵琶4件（其中四弦琵琶2件、五弦琵琶1件）、阮1件、竖箜篌1件。共19件（组）。

第287窟

时　代：初唐（五代、清重修）
形　制：覆斗形顶，西壁开一龛。
内　容：主室　西壁　龛内画飞天2身。
合　计：此窟画飞天2身。
注：此窟位于第285窟前室西壁门北。

第288窟

时　代：西魏（晚唐、五代重修）
形　制：前部人字披顶，后部平棋顶，有中心塔柱，柱东向面开一龛，南、西、北向三面上、下层各开一龛。
内　容：主室　窟顶　后部平顶平棋内画飞天28身。
　　　　中心柱　四面佛龛中各画飞天2身，共8身。
　　　　佛坛下四面共画药叉伎乐13身，未持乐器。
　　　　南壁　上画天宫伎乐19身。其中乐伎10身，东起第二身击担鼓，第四4身吹排箫，第五身弹阮（直长颈，圆形音箱，约15品柱），第六身弹竖箜篌，第七、十三身吹横笛，第十四身击细腰鼓，第十五身吹竖笛，第十六身弹曲颈琵琶，第十七身吹贝。舞伎9身，其中第一、八、九、十、十一身作手舞状，第三、十二身击掌，第十八身双手托莲花，第十九身作手舞状。
　　　　说法图两侧画飞天4身。
　　　　西壁　上画天宫伎乐13身。其中乐伎6身：第二、十二身击细腰鼓，第三身弹竖箜篌，第十一、十三身击担鼓，第六身吹横笛。舞伎7身，南起第一、五、七、十身作手舞状，第四、八、九身双手持花。
　　　　北壁　上画天宫伎乐17身。其中乐伎13身：

西起第一、十一、十四身吹横笛，第二、第十五身吹竖笛，第三身击铙，第四、十六身弹直颈琵琶，第五身弹竖箜篌，第六、十三身击细腰鼓，第七身吹排箫，第十身弹阮。舞伎4身，其中第八、九、十七身作手舞状，第十二身击掌。

说法图两侧画飞天4身。

东壁 上画天宫伎乐14身。其中乐伎6身：北起第三、十三身吹横笛，第四身弹阮，第六、十身击担鼓，第九身击细腰鼓。舞伎8身：第一、五、八身持花，第二、十一身作手舞状，第七、十二、十四身击掌。

合 计：此窟画飞天44身；天宫伎乐63身，其中乐伎35身，乐器35件，舞伎28身；药叉伎乐13身。

乐器种类：担鼓5件、排箫2件、阮3件、竖箜篌3件、横笛8件、细腰鼓6件、竖笛3件、琵琶3件、贝1件、铙1件。共35件。

舞蹈种类：击掌舞5身、手姿舞18身。

第290窟

时 代：北周（宋重修）
形 制：前部人字披顶，后部平棋顶，有中心塔柱，四面各开一龛。
内 容：西甬道 顶画化生童子16身。

主室 中心柱 佛坛下东向面残存药叉伎乐5身。

窟顶 人字披及佛龛前顶画佛传故事，其中包含乐舞图像14组。东、西披各分三层绘制。

东披第一层，自南至北依次为：
第一组：乐伎2身，乐器有：横笛、竖箜篌；
第二组：乐伎2身，乐器有：竖箜篌2件；
第三组：飞天乐伎2身，乐器有：竖箜篌2件。

东披第二层，自北至南依次为：
第四组：乐伎1身，乐器有：竖箜篌；
第五组：乐伎1身，乐器有：竖箜篌；
第六组：飞天1身，未持乐器；
第七组：飞天乐伎2身，乐器有：竖箜篌2件。

东披第三层，自南至北依次为：
第八组：飞天1身，未持乐器；
第九组：乐伎4身，乐器有：曲颈琵琶、竖笛、竖箜篌、排箫；

西披第一层，自北至南依次为：
第十组：乐伎1身，乐器有：竖箜篌；
第十一组：乐伎5身，乐器有：竖箜篌、横笛、曲颈琵琶、细腰鼓、排箫。

西披第二层南侧：
第十二组：乐伎7身，乐器有：琵琶、横笛、竖箜篌、竖箜篌、1件模糊、竖箜篌、排箫；

西披第一层北侧：
第十三组：飞天1身，未持乐器；

佛龛前顶部：
第十四组：飞天8身。

平棋顶中画飞天38身，化生伎乐10身。

南壁 上画飞天23身，其中乐伎13身，乐器有：细腰鼓、竖笛、竖笛、鸡娄鼓、竖笛、鸡娄鼓、贝、贝、竖箜篌、直颈琵琶、曲颈琵琶、细腰鼓、排箫。

下残存药叉伎乐12身，其中1身弹琵琶。

西壁 上画飞天23身，未持乐器。
下画药叉伎乐11身，其中1身拍击答腊鼓，1身吹横笛。

北壁 上画飞天30身，其中乐伎12身，乐器有：直颈琵琶、竖箜篌、笙、排箫、横笛、阮、竖箜篌、细腰鼓、细腰鼓、横笛、筝、筝。

　　　　　下残存药叉伎乐 10 身。
　　东壁　上画飞天 20 身，其中飞天乐伎 18 身，乐器有：羯鼓与鸡娄鼓（1 身兼奏）、碰铃、阮（曲颈，4弦）、阮（曲颈）、笙、笙、筝、筝、竖箜篌、竖箜篌、五弦直颈琵琶（拨奏）、五弦直颈琵琶（拨奏）、四弦曲颈琵琶（拨奏）、四弦曲颈琵琶（拨奏）、排箫、排箫、横笛、横笛。
合　计：此窟画飞天 149 身，其中飞天乐伎 47 身，乐器 48 件；化生伎乐 10 身；化生童子 16 身；药叉伎乐 38 身，乐器 3 件；世俗乐舞图 1 幅，乐伎 23 身，乐器 22 件。
乐器种类：横笛 8 件、竖箜篌 20 件、琵琶 11 件（其中四弦琵琶 2 件、五弦琵琶 2 件）、竖笛 4 件、排箫 7 件、细腰鼓 5 件、鸡娄鼓 3 件、贝 2 件、答腊鼓 1 件、阮 3 件、羯鼓 1 件、碰铃 1 件、笙 3 件、筝 4 件。共 73 件。模糊乐器 1 件。

第291窟

时　代：北周（西夏重修）
形　制：覆斗形顶，西壁开一龛。
内　容：南壁　华盖两侧西夏画飞天 2 身。
　　北壁　华盖两侧西夏画飞天 2 身。
　　东壁　门南、北西夏画飞天各 2 身，共 4 身。
合　计：此窟画飞天 8 身。

第292窟

时　代：隋（盛唐、五代、西夏、清重修）
形　制：前部人字披顶，后部平顶，有中心柱。柱南西北向三面各开一龛，东向面与南、北壁前部各塑立佛一铺。

内　容：主室　中心柱　南、西、北向面龛壁上各画飞天 2 身，共 6 身。
　　窟顶　西披画飞天 4 身。
　　四壁　上画飞天一周，共 35 身，图像漫漶，可见乐伎 4 身，乐器有：竖箜篌、五弦直颈琵琶、竖箜篌、竖笛。
　　下画药叉共 35 身，乐器有：竖箜篌 2 件、曲颈琵琶 1 件、竖笛 1 件，余模糊。
合　计：此窟画飞天 45 身，其中飞天乐伎 4 身，乐器 4 件；药叉伎乐 35 身，乐器 4 件。
乐器种类：竖箜篌 4 件、琵琶 2 件（其中五弦琵琶 1 件）、竖笛 2 件。共 8 件。

第294窟

时　代：北周（五代、清重修）
形　制：覆斗形顶，西壁开一龛。
内　容：前室　窟顶　北侧五代画飞天 2 身。
　　南壁　残存五代画飞天 4 身。
　　北壁　五代画千手眼观音变一铺，观音左侧一手持贝。
　　甬道　盝形顶中央五代画药师经变一铺。
　　下画乐舞图 1 幅，共画乐舞伎 5 身。长巾舞伎 1 身居中；乐伎 4 身，对称分列两侧。
　　左侧：横笛、拍板；
　　右侧：竖笛、拍板。
　　主室　窟顶　画飞天一周，共 43 身，其中乐伎 9 身。
　　南披 13 身，乐伎 1 身，乐器有：排箫，余模糊；
　　西披 8 身，乐伎 6 身，乐器有：直颈琵琶、曲颈琵琶、竖箜篌、竖箜篌、琵琶、琵琶；
　　北披 12 身，乐伎 2 身，乐器有：细腰鼓、

　　　　　古琴，余模糊。
　　　　东披 10 身，图像漫漶。
　　南壁　说法图中画飞天 4 身，其中乐伎 1 身，演奏竖箜篌，其余模糊。
　　西壁　佛龛内画飞天 2 身。
　　　　龛楣画化生童子 7 身。
　　　　龛外北侧上画飞天 1 身。
　　北壁　说法图中画飞天 4 身。
　　　　左侧：排箫、1 件模糊。
　　　　右侧：琵琶、竖箜篌。
　　四壁　下画药叉 30 身，图像模糊。
合　　计：此窟画飞天 60 身，其中飞天乐伎 13 身，乐器 13 件；化生童子 7 身；经变乐舞图 1 幅，乐队 1 组，舞伎 1 身，乐伎 4 身，乐器 4 件；药叉伎乐 30 身。
乐器种类：横笛 1 件、拍板 2 件、竖笛 1 件、排箫 2 件、细腰鼓 1 件、琵琶 5 件、竖箜篌 4 件、古琴 1 件、贝 1 件。共 18 件。模糊乐器 1 件。
舞蹈种类：长巾独舞 1 组。

第295窟

时　　代：隋（清重修塑像）
形　　制：人字披顶，西壁开一龛。
内　　容：主室　窟顶　西披画飞天 2 身。
合　　计：此窟画飞天 2 身。

第296窟

时　　代：北周（五代、清重修）
形　　制：覆斗形顶，西壁开一龛。
内　　容：主室　窟顶　藻井内画飞天 4 身。
　　　　四披画飞天一周，共 41 身，其中乐伎 16 身。
　　　　南披 12 身，乐伎 5 身，乐器有：笙、竖笛、横笛、排箫、曲颈琵琶（拨奏）；
　　　　西披 5 身，乐伎 1 身，乐器有：竖箜篌；
　　　　北披 13 身，乐伎 6 身，乐器有：曲颈琵琶、竖笛、直颈琵琶、横笛、细腰鼓、竖笛；
　　　　东披 11 身，乐伎 4 身，乐器有：横笛、曲颈琵琶、直颈琵琶、笙。
　　　　窟顶佛传故事中，东北角画乐伎 3 人，乐器有：直颈琵琶、曲颈琵琶、琵琶。
　　南壁　下画药叉伎乐 8 身。
　　西壁　龛顶画飞天 2 身。
　　　　龛楣中画化生伎乐 1 身。
　　　　龛两侧东王公、西王母图中各画飞天 4 身。
　　北壁　下画药叉伎乐 9 身。
　　东壁　下画药叉伎乐 6 身。
合　　计：此窟画飞天 51 身，其中飞天乐伎 16 身，乐器 16 件；化生伎乐 1 身；世俗乐舞图 1 幅，乐伎 3 身，乐器 3 件；药叉伎乐 23 身。
乐器种类：笙 2 件、竖笛 3 件、横笛 3 件、排箫 1 件、琵琶 8 件、竖箜篌 1 件、细腰鼓 1 件。共 19 件。

第297窟

时　　代：北周（五代重修）
形　　制：覆斗形顶，西壁开一龛。
内　　容：主室　窟顶　四披画飞天一周，共 20 身，其中乐伎 9 身。
　　　　南披 6 身，乐器有：竖笛；
　　　　西披 2 身；
　　　　北披 7 身，乐器有：竖箜篌、直颈琵琶、笙、横笛、竖笛、排箫、筝；
　　　　东披 5 身，乐器有：串响。
　　南壁　下画药叉伎乐，可见 4 身，图像模糊。
　　西壁　龛内画飞天 2 身。
　　　　龛下画供养人乐舞图 1 幅，共 5 身。舞伎

　　　　　　2人居左；乐伎3人居右，乐器有：竖
　　　　　　箜篌、曲颈琵琶、笙。
合　　计：此窟画飞天22身，其中飞天乐伎9身，
　　　　　乐器9件；世俗乐舞图1幅，舞伎2身，
　　　　　乐伎3身，乐器3件；药叉伎乐4身。
乐器种类：竖笛2件、竖箜篌2件、琵琶2件、笙2件、
　　　　　横笛1件、排箫1件、筝1件、串响1件。
　　　　　共12件。
舞蹈种类：民间双人舞1组。

第298窟

时　　代：北周（西夏重修）
形　　制：人字披顶。
内　　容：西壁 华盖两侧画飞天2身。
合　　计：此窟画飞天2身。

第299窟

时　　代：北周（五代、清重修）
形　　制：覆斗形顶，西壁开一龛。
内　　容：主室 窟顶 四披残存飞天16身，其中乐
　　　　　伎14身。
　　　　　　南披4身，乐器4件：筝、笙、五弦直颈琵琶、
　　　　　　　竖箜篌；
　　　　　　西披2身，乐器2件：弓形箜篌、五弦直
　　　　　　　颈琵琶；
　　　　　　北披8身，乐器8件：四弦曲颈琵琶、笙、
　　　　　　　竖笛、横笛、排箫、贝、凸面细腰鼓、
　　　　　　　腰鼓；
　　　　　　东披残存2身。
　　　　　西壁 龛楣两侧画飞天2身。
　　　　　龛楣画化生伎乐1组，共画乐舞伎6身。
　　　　　　其中舞伎1身居中；乐伎4身，乐器有：

　　　　　　竖笛、竖箜篌、曲颈琵琶（拨奏）、笙。
　　　　　　右侧1身未持乐器。
　　　　　龛座下残存药叉伎乐7身。
合　　计：此窟画飞天18身，其中飞天乐伎14身，
　　　　　乐器14件；化生伎乐6身，舞伎1身，
　　　　　乐伎4身，乐器4件；药叉伎乐7身。
乐器种类：筝1件、笙3件、琵琶4件（其中四弦琵
　　　　　琶1件、五弦琵琶2件）、竖箜篌2件、
　　　　　弓形箜篌1件、竖笛2件、横笛1件、排
　　　　　箫1件、凸面细腰鼓1件、腰鼓1件、贝
　　　　　1件。共18件。

第301窟

时　　代：北周（五代重修）
形　　制：覆斗形顶，西壁开一龛。
内　　容：主室 窟顶 四披共画飞天35身，其中乐
　　　　　伎13身。
　　　　　　南披7身，乐器有：串响3件；
　　　　　　西披12身，乐器有：串响2件；
　　　　　　北披9身，乐器有：竖箜篌、四弦曲颈琵琶、
　　　　　　　五弦直颈琵琶、横笛、竖笛、笙、排箫；
　　　　　　东披7身，乐器有：串响。
　　　　　南壁 说法图中画飞天2身。
　　　　　下残存药叉伎乐3身。
　　　　　西壁 龛楣画飞天乐伎4身。
　　　　　南侧：阮（5弦）、竖箜篌；
　　　　　北侧：笙、四弦曲颈琵琶。
　　　　　龛楣画化生童子3身。
　　　　　北壁 说法图中画飞天2身。
　　　　　下残存药叉伎乐1身。
合　　计：此窟画飞天43身，其中飞天乐伎17身，
　　　　　乐器17件；化生童子3身；药叉伎乐4身。
乐器种类：串响6件、竖箜篌2件、琵琶3件（其中
　　　　　四弦琵琶2件、五弦琵琶1件）、横笛1件、

竖笛1件、笙2件、排箫1件、阮1件。共17件。

第302窟

时　代：隋（宋、清重修）
形　制：前部人字披顶，后部平棋顶，有中心塔柱，柱四面各开一龛，南、西、北三壁各开一龛。
内　容：主室 窟顶 中心柱与平顶交界处画飞天乐伎1身，弹琵琶（拨奏）。
　　　　人字披顶画飞天2身。
　　　　平棋顶中画飞天15身。
　　　　四壁 共画飞天42身，其中乐伎16身。
　　　　南壁12身，乐器7件：细腰鼓、竖笛、排箫、答腊鼓、曲颈琵琶（拨奏）、竖箜篌、横笛；
　　　　西壁10身；
　　　　北壁12身，乐器7件：横笛、响板（左手持响板，右手持槌）、担鼓、筝、琵琶（拨奏）、竖箜篌、竖笛；
　　　　东壁8身，乐器2件：铜角、竖笛。
　　　　南壁 说法图两侧残存飞天1身。
　　　　北壁 说法图两侧画飞天2身。
合　计：此窟画飞天63身，其中飞天乐伎17身，乐器17件。
乐器种类：琵琶3件、细腰鼓1件、竖笛3件、排箫1件、答腊鼓1件、竖箜篌2件、横笛2件、筝1件、响板1件、担鼓1件、铜角1件。共17件。

第303窟

时　代：隋（五代、清重修）
形　制：前部人字披顶，后部平顶，有中心塔柱，柱四面各开一龛。

内　容：前室 南壁 五代画舞伎1身。
　　　　主室 中心塔柱 南、西、北三向面下各画药叉2身，共6身。
　　　　窟顶 平顶残存飞天6身。
　　　　四壁 上画飞天一周，共46身，其中乐伎12身。
　　　　南壁12身，乐器2件：笙、筝。
　　　　西壁10身，乐器模糊；
　　　　北壁14身，乐器模糊；
　　　　东壁10身，乐器10件：贝、排箫、笙、曲颈琵琶、竖箜篌、竖箜篌、曲颈琵琶、直颈琵琶、横笛、竖笛。
　　　　南壁 说法图中画飞天乐伎2身，乐器有：竖箜篌、阮。
　　　　北壁 说法图中画飞天2身。
合　计：此窟画飞天56身，其中飞天乐伎14身，乐器14件；药叉伎乐6身。
乐器种类：笙2件、筝1件、琵琶3件、横笛1件、竖笛1件、贝1件、排箫1件、竖箜篌3件、阮1件。共14件。

第304窟

时　代：隋（清重修）
形　制：覆斗形顶，西壁开一龛。
内　容：主室 窟顶 四披各画天宫伎乐6身，共24身，其中乐伎7身，舞伎17身。
　　　　西披乐伎6身，乐器有：竖笛、曲颈琵琶、竖箜篌、竖箜篌、直颈琵琶、笙；
　　　　北披乐伎1身，乐器有：横笛。
合　计：此窟画天宫伎乐24身，其中乐伎7身，乐器7件，舞伎17身。
乐器种类：竖笛1件、琵琶2件、竖箜篌2件、笙1件、横笛1件。共7件。

第305窟

时　代：隋（五代、清重修）
形　制：覆斗形顶，设中心方坛，南、西、北壁各开一龛。
内　容：前室　西壁　门北五代画文殊经变中画乐队1组，共乐伎3身。乐器有：排箫、横笛、拍板。
　　　　门南五代画普贤经变中画乐队1组，共乐伎4身。乐器有：琵琶、竖笛、拍板、笙。
　　　　主室　窟顶　藻井中画飞天4身。
　　　　四披共画飞天31身，分上、下两层排列。上层14身，其中13身为髡首。下层17身。
合　计：此窟画飞天35身；文殊经变、普贤经变各1铺，乐伎7身，乐器7件。
乐器种类：琵琶1件、竖笛1件、拍板2件、笙1件、排箫1件、横笛1件。共7件。

第306窟

时　代：隋（五代、西夏重修）
形　制：前部人字披顶，后部平顶。
内　容：主室　西壁　西夏画阿弥陀经变一铺。下画长巾舞伎1身。
　　　　东壁　西夏画阿弥陀经变一铺。下画长巾舞伎1身。
合　计：此窟画经变乐舞图2幅，舞伎2身。
舞蹈种类：长巾独舞2组。

第307窟

时　代：隋（五代、西夏、清重修）
形　制：前部人字披顶，后部平顶，西壁开一龛。
内　容：主室　南壁　东起第二铺西夏画净土变。
　　　　上画不鼓自鸣乐器4件：拍板（5片）、细腰鼓、琵琶、筚篥。
　　　　西壁　龛内西夏画飞天8身。
　　　　北壁　西起第一铺西夏画净土变。
　　　　上画不鼓自鸣乐器6件：铙、笙、笛、拍板、直颈琵琶（4轸）、筚篥。
合　计：此窟画不鼓自鸣乐器10件；飞天8身。
乐器种类：拍板2件、细腰鼓1件、琵琶2件（其中四弦琵琶1件）、筚篥2件、铙1件、笙1件、笛1件。共10件。

第308窟

时　代：隋（五代、西夏重修）
形　制：前部人字披顶，后部平顶。
内　容：主室　西壁　西夏画净土变一铺。下画长巾舞伎1身。
　　　　东壁　西夏画净土变一铺。下画长巾舞伎1身。
合　计：此窟画经变乐舞图2幅，舞伎2身。
舞蹈种类：长巾独舞2组。

第309窟

时　代：隋（西夏、清重修）
形　制：前部人字披顶，后部平顶，西壁开一龛。
内　容：主室　南壁　西夏画飞天1身。
　　　　西壁　龛楣中画化生童子1身。
　　　　龛内画飞天4身。

北壁　西夏画飞天1身。

合　　计：此窟画飞天6身；化生童子1身。

第310窟

时　　代：隋（西夏、清重修）
形　　制：覆斗形顶，西壁开一龛。
内　　容：主室　西壁　内层龛顶画飞天童子2身。
合　　计：此窟画飞天童子2身。

第311窟

时　　代：隋（五代、清重修）
形　　制：覆斗形顶，西壁开一龛。
内　　容：主室　窟顶　藻井内画化生伎乐4身，其中1身弹四弦曲颈琵琶。
　　　　　南壁　说法图中画飞天2身。
　　　　　西壁　外层龛顶画飞天6身。
　　　　　北壁　说法图中画飞天2身。
合　　计：此窟画飞天10身；化生伎乐4身，乐器1件。
乐器种类：四弦琵琶1件。共1件。

第312窟

时　　代：隋（五代、清重修）
形　　制：人字披顶，西壁开一龛。
内　　容：主室　西壁　龛内画飞天2身。
合　　计：此窟画飞天2身。

第313窟

时　　代：隋（晚唐、西夏、清重修）
形　　制：覆斗形顶。
内　　容：主室　南壁　上画飞天4身。
　　　　　西壁　上画飞天2身。
　　　　　北壁　上画飞天4身，其中乐伎2身，乐器有：五弦直颈琵琶、四弦曲颈琵琶。
合　　计：此窟画飞天10身，其中飞天乐伎2身，乐器2件。
乐器种类：四弦琵琶1件、五弦琵琶1件。共2件。

第314窟

时　　代：隋（西夏、清重修）
形　　制：覆斗形顶，西壁开一龛。
内　　容：主室　窟顶　藻井井心画化生童子4身。
　　　　　西壁　火焰纹内画飞天6身、飞天童子2身。
　　　　　龛内画化生伎乐3身，中间1身弹曲颈琵琶。
　　　　　龛外南、北两侧画飞天2身。
合　　计：此窟画飞天8身；飞天童子2身；化生童子4身；化生伎乐3身，乐器1件。
乐器种类：琵琶1件。共1件。

第315窟

时　　代：隋（清重修塑像）
形　　制：覆斗形顶，西壁开一龛。
内　　容：西壁　内层龛顶画飞天2身。
合　　计：此窟画飞天2身。

第318窟

时　　代：隋（清重修）
形　　制：人字披顶，西壁开一龛。
内　　容：西壁　佛龛内西壁画飞天2身，分别持串珠、串响。
合　　计：此窟画飞天2身，其中飞天乐伎1身，乐器1件。
乐器种类：串响1件。共1件。

第320窟

时　　代：盛唐（中唐、宋、元重修）
形　　制：覆斗形顶，西壁开一龛。
内　　容：主室　南壁　释迦说法图上画飞天4身。
　　　　　　下画乐舞图1幅，共画乐舞伎3身。长巾舞伎1身居中；乐伎2身分列两侧。
　　　　　　左侧：竖笛；
　　　　　　右侧：笙。
　　　　　北壁　画观无量寿经变一铺。
　　　　　　上画不鼓自鸣乐器10件，自西至东依次为：竖箜篌、拍板、筝、直颈琵琶、1件模糊、排箫、细腰鼓、1件模糊、拍板（5片）、鼗鼓。
　　　　　　下画乐舞图1幅，共画乐舞伎11身。长巾舞伎1身居中；乐伎10身，对称分列两侧。
　　　　　　左侧：拍板、竖笛、笙、五弦直颈琵琶、竖箜篌；
　　　　　　右侧：埙、横笛、拍板、排箫、方响。
　　　　　　下画迦陵频伽2身。
合　　计：此窟画不鼓自鸣乐器10件（2件模糊）；飞天4身；经变乐舞图2幅，乐队2组，舞伎2身，乐伎12身，乐器12件；迦陵频伽2身。

乐器种类：竖笛2件、笙2件、竖箜篌2件、筝1件、拍板4件、排箫2件、琵琶2件（其中五弦琵琶1件）、细腰鼓1件、鼗鼓1件、埙1件、横笛1件、方响1件。共20件。模糊乐器2件。
舞蹈种类：长巾独舞2组。

第321窟

时　　代：初唐（五代、清重修）
形　　制：覆斗形顶，西壁开一龛。
内　　容：主室　南壁　画十轮经变一铺。
　　　　　　上画不鼓自鸣乐器1件：答腊鼓。
　　　　　华盖两侧画不鼓自鸣乐器5件：
　　　　　　左侧：羯鼓、排箫；
　　　　　　右侧：横笛、羯鼓、排箫。
　　　　　西壁　龛顶画散花天人13身，飞天8身。
　　　　　龛南壁上画迦陵频伽1身，飞行于空中，弹曲颈琵琶。
　　　　　龛北壁上画迦陵频伽1身，飞行于空中，双手合十。
　　　　　龛背屏菩提树旁各画迦陵频伽1身，飞行于空中。
　　　　　北壁　画阿弥陀经变一铺。
　　　　　上画不鼓自鸣乐器37件，自西至东依次为：答腊鼓、竖笛、古琴、答腊鼓、四弦曲颈琵琶、横笛、鸡娄鼓、鼗鼓、横笛、答腊鼓、鼗鼓、竖笛、竖笛、排箫、竖箜篌（14弦）、排箫、鼗鼓、排箫、横笛、细腰鼓、鸡娄鼓、笙、答腊鼓、鼗鼓、古琴、答腊鼓、笙、细腰鼓、竖笛、筚篥、五弦直颈琵琶、横笛、排箫、铙、答腊鼓、古琴、铙。
　　　　　下画乐舞图1幅，共画乐舞伎12身。长巾舞伎2身居中；乐伎10身，对称分列两侧，图像漫漶，乐器仅可见右侧琵琶和排箫。

上画迦陵频伽2身。

东壁 门北十一面观音变下画迦陵频伽2身，其中左侧1身弹琵琶。

合　　计：此窟画不鼓自鸣乐器43件；飞天8身；经变乐舞图1幅，乐队1组，舞伎2身，乐伎10身，乐器2件；迦陵频伽7身，乐器1件。

乐器种类：答腊鼓7件、羯鼓2件、排箫7件、横笛5件、竖笛4件、古琴3件、琵琶5件（其中四弦琵琶1件、五弦琵琶1件）、鸡娄鼓2件、鼗鼓4件、竖箜篌1件、细腰鼓2件、笙2件、筚篥1件、铙2件。共47件。

舞蹈种类：长巾双人舞1组、迦陵频伽舞1组。

第322窟

时　　代：初唐（五代重修）

形　　制：覆斗形顶，西壁开一龛。

内　　容：主室 窟顶 藻井四披各画飞天4身，共16身，其中飞天乐伎12身。

南披乐器3件：筝、竖笛、五弦直颈琵琶（拨奏）；

西披乐器4件：排箫、方响（音片双层悬挂）、横笛、曲颈琵琶；

北披乐器3件：钹、竖箜篌、细腰琵琶（共鸣箱呈葫芦形）；

东披乐器2件：竖笛、竖箜篌。

南壁 千佛中央画说法图一铺。

上画飞天4身。

西壁 内龛顶画飞天10身。

龛南壁夜半逾城中画飞天2身，飞天童子2身。

龛北壁乘象入胎中画飞天2身，飞天童子4身，化生伎乐2身。

北壁 千佛中央画阿弥陀经变一铺。

华盖四周画乐器6件：筝、排箫、曲颈琵琶、五弦直颈琵琶、竖箜篌、答腊鼓。

华盖两侧画飞天6身。

合　　计：此窟画不鼓自鸣乐器6件；飞天40身，其中飞天乐伎12身，乐器12件；飞天童子6身。

乐器种类：筝2件、竖笛2件、琵琶4件（其中五弦琵琶2件）、排箫2件、方响1件、横笛1件、钹1件、细腰琵琶1件、竖箜篌3件、答腊鼓1件。共18件。

第323窟

时　　代：初唐（五代、西夏、清重修）

形　　制：覆斗形顶，西壁开一龛。

内　　容：西壁 龛内画飞天2身。

北壁 释迦浣衣池与晒衣石故事画中，画雷公击鼓图1幅，雷鼓1组，可见11面。

合　　计：此窟画飞天2身；雷公击鼓图1幅，雷鼓1组（11面）。

乐器种类：雷鼓1组。共1组。

第326窟

时　　代：西夏

形　　制：覆斗形顶，西壁开一龛。

内　　容：主室 佛坛 下画壸门伎乐4身，图像模糊。

西壁 画飞天童子6身。

龛内南壁上画飞天3身。

龛内北壁上画飞天3身。

合　　计：此窟画飞天6身；飞天童子6身；壸门伎乐4身。

第327窟

时　代：西夏（清重修）
形　制：覆斗形顶，西壁开一龛。
内　容：主室 四披 上画飞天一周，残存25身，其中乐伎12身。
　　　　　南披8身，乐器4件：竖笛、四弦曲颈琵琶（拨奏）、笙、排箫；
　　　　　西披2身；
　　　　　北披10身，乐器4件：阮（直颈）、竖笛、手鼓（右手持鼓，左手槌击）、竖箜篌；
　　　　　东披5身，乐器4件：横笛、凤首箜篌（颈部设品）、贝、方响。
　　　　西壁 龛内画飞天16身。
　　　　　龛下画壸门伎乐8身，乐器有：排箫（10管）、横笛、四弦曲颈琵琶（拨奏）、拍板（5片）、筝（有雁柱）、笙、竖笛、钹。
合　计：此窟画飞天41身，其中飞天乐伎12身，乐器12件；壸门伎乐8身，乐器8件。
乐器种类：竖笛3件、四弦琵琶2件、笙2件、排箫2件、阮1件、手鼓1件、竖箜篌1件、横笛2件、凤首箜篌1件、贝1件、方响1件、拍板1件、筝1件、钹1件。共20件。

第329窟

时　代：初唐（五代、清重修）
形　制：覆斗形顶，西壁开一龛。
内　容：主室 窟顶 藻井井心画飞天4身。
　　　　　四披各画飞天3身，共12身。其中飞天乐伎8身。
　　　　　南披：筝、竖箜篌；
　　　　　西披：瓮、横笛；
　　　　　北披：曲颈琵琶；
　　　　　东披：竖笛、细腰鼓、直颈琵琶（反弹）。
　　　　南壁 画阿弥陀经变一铺。
　　　　　上画不鼓自鸣乐器10件，自东至西依次为：1件模糊、细腰鼓、排箫、鸡娄鼓、横笛、曲颈琵琶、笛、筚篥、直颈琵琶、鸡娄鼓。
　　　　　上画飞天4身。
　　　　　莲池中画迦陵频伽2身。
　　　　　下画乐舞图1幅，共画乐舞伎7身。长巾舞伎1身居中；乐伎6身，对称分列两侧。
　　　　　左侧：五弦直颈琵琶、竖箜篌、竖笛；
　　　　　右侧：拍板、直颈琵琶、竖笛。
　　　　西壁 佛龛顶画飞天12身，其中乐伎5身，乐器有：琵琶（拨奏）、竖笛、横笛、笙、竖箜篌。
　　　　　龛顶北侧画雷公击鼓图1幅，雷鼓一组，共9面。
　　　　　西龛两侧莲花上各画化生童子舞伎2身，共4身。
　　　　北壁 画弥勒经变一铺。
　　　　　西侧下画菩萨伎乐1身，弹四弦曲颈琵琶。
　　　　东壁 上画说法图四铺。其中第一、三、四铺说法图华盖两侧各画飞天2身，共6身。
合　计：此窟画不鼓自鸣乐器10件（1件模糊）；飞天38身，其中飞天乐伎13身，乐器13件；经变乐舞图1幅，乐队1组，舞伎1身，乐伎6身，乐器6件；迦陵频伽2身；菩萨伎乐1身，乐器1件；雷公击鼓图1幅，乐器1组；化生童子舞伎4身。
乐器种类：筝1件、竖箜篌3件、琵琶8件（其中四弦琵琶1件、五弦琵琶1件）、笛1件、鸡娄鼓2件、细腰鼓2件、筚篥1件、排箫1件、瓮1件、横笛3件、竖笛4件、拍板1件、笙1件、雷鼓1组（9面）。

共 30 件（组）。模糊乐器 1 件。
舞蹈种类：长巾独舞 1 组、反弹琵琶独舞 1 身、童子舞 4 身。

第 331 窟

时　代：初唐（五代、清重修）
形　制：覆斗形顶，西壁开一龛。
内　容：主室　窟顶　四披画飞天童子一周。西、北披图像残；东、南披各残存 3 身，共 6 身，乐器有：
南披：横笛；
东披：细腰鼓。
南壁　画弥勒经变一铺。
上画飞天 7 身。
右上画菩萨伎乐 2 身，演奏细腰鼓、横笛。
下画乐队 1 组，共乐伎 6 身，位于经变两侧下方，持站姿奏乐。
左侧：毛员鼓、细腰鼓、直颈琵琶；
右侧：琵琶、竖笛、竖箜篌。
西南角文殊经变中画乐队 1 组，共乐伎 2 身。乐器有：横笛、细腰鼓。
西壁　龛顶画飞天 23 身，其中乐伎 15 身。
外层：笙、排箫、竖箜篌、竖笛、曲颈琵琶、铙、直颈琵琶、细腰鼓、筝、方响；
内层：琵琶、竖笛、阮、横笛、竖笛。
北壁　画阿弥陀经变一铺。
上画不鼓自鸣乐器 8 件，自西至东依次为：笛、细腰鼓、四弦曲颈琵琶、筚篥、笛、鼗鼓、答腊鼓、细腰鼓。
左上画菩萨伎乐 3 身，乐器有：竖笛、笙、直颈琵琶。
经变上两侧楼阁内画菩萨伎乐 1 组，共 3 身。
西侧：直颈琵琶（拨奏）、贝；
东侧：琵琶（拨奏）。
华盖两侧栏杆上画鹦鹉 2 只。
说法图左侧平台上画孔雀 2 只。右侧平台上画鹤 2 只，迦陵频伽 1 身。
七宝莲池中画迦陵频伽 2 身。
下画乐舞图 1 幅，共画乐舞伎 11 身。长巾舞伎 1 身居中；乐伎 10 身，对称分列两侧。
左侧前排：直颈琵琶、竖笛、1 件模糊；
左侧后排：竖箜篌、1 件模糊；
右侧前排：琵琶、笙、细腰鼓；
右侧后排：排箫、横笛。
西北角普贤经变中画乐队 1 组，共乐伎 3 身。乐器有：笙、竖笛、琵琶。
东壁　门上法华经变上画飞天 2 身。
门南说法图上画飞天 2 身。
合　计：此窟画不鼓自鸣乐器 8 件；飞天 34 身，其中飞天乐伎 15 身，乐器 15 件；飞天童子 6 身，乐器 2 件；经变乐舞图 2 幅，乐队 3 组，舞伎 1 身，乐伎 19 身，乐器 17 件；迦陵频伽 3 身；文殊经变、普贤经变各 1 铺，乐队 2 组，乐伎 5 身，乐器 5 件；菩萨伎乐 5 身，乐器 2 件。
乐器种类：细腰鼓 8 件、琵琶 12 件（其中四弦琵琶 1 件）、毛员鼓 1 件、竖笛 7 件、竖箜篌 3 件、横笛 5 件、笙 4 件、排箫 2 件、筝 1 件、方响 1 件、阮 1 件、笛 2 件、筚篥 1 件、答腊鼓 1 件、鼗鼓 1 件、铙 1 件。共 52 件。模糊乐器 2 件。
舞蹈种类：长巾独舞 1 组、迦陵频伽舞 1 组。

第332窟

时　代：初唐（五代、元、清重修）
形　制：前部人字披顶，后部平顶，有中心柱，西壁开一龛。
内　容：主室　窟顶　藻井内画飞天16身。
　　　　南壁　人字披下画飞天2身。
　　　　中画飞天2身。
　　　　西壁　龛内残存飞天2身。
　　　　龛楣飞天残毁。
　　　　北壁　人字披下画飞天2身。
　　　　中画飞天2身，已残。
合　计：此窟画飞天26身。

第334窟

时　代：初唐（五代、清重修）
形　制：覆斗形顶，西壁开一龛。
内　容：甬道　南北壁下画壸门伎乐2身。1身持金刚杵、1身持金刚铃。
　　　　主室　南壁　画弥勒经变一铺。
　　　　上画飞天童子2身，均手持串响。
　　　　西壁　龛顶画飞天2身。
　　　　北壁　画阿弥陀经变一铺。
　　　　上画不鼓自鸣乐器7件：细腰鼓、答腊鼓、笛、鼗鼓、答腊鼓、鸡娄鼓、排箫。
　　　　宝莲池平台前画乐舞图1幅，共画乐舞伎11身。长巾舞伎1身居中；乐伎10身，对称分列两侧。
　　　　左侧第一排：曲颈琵琶；
　　　　左侧第二排：细腰鼓、竖笛；
　　　　左侧第三排：筚篥（竖笛）、排箫；
　　　　右侧第一排：羯鼓；
　　　　右侧第二排：细腰鼓、1件模糊；
　　　　右侧第三排：横笛、鼗鼓与鸡娄鼓（1身兼奏）。
合　计：此窟画不鼓自鸣乐器7件；飞天2身；飞天童子2身，乐器2件；经变乐舞图1幅，乐队1组，舞伎1身，乐伎10身，乐器10件；壸门伎乐2身，乐器1件。
乐器种类：金刚铃1件、串响2件、细腰鼓3件、答腊鼓2件、笛1件、鼗鼓2件、鸡娄鼓2件、排箫2件、琵琶1件、羯鼓1件、横笛1件、竖笛1件、筚篥1件。共20件。模糊乐器1件。
舞蹈种类：长巾独舞1组。

第335窟

时　代：初唐（中唐、宋、元、清重修）
形　制：覆斗形顶，西壁开一龛。
内　容：主室　南壁　画阿弥陀经变一铺。
　　　　上画不鼓自鸣乐器24件，自东至西依次为：四弦曲颈琵琶、羯鼓、横笛、排箫、竖箜篌、古琴、鸡娄鼓、方响、答腊鼓、细腰鼓、古琴、鸡娄鼓、答腊鼓、鸡娄鼓、答腊鼓、细腰鼓、答腊鼓、答腊鼓、四弦曲颈琵琶、笛、细腰鼓、筝、铙、鸡娄鼓。
　　　　说法图左上画飞行的迦陵频伽1身，右上画飞行的孔雀1只。
　　　　经变中画乐舞图1幅，分3组，上、中、下三层排列。
　　　　上层乐队1组，位于左、右上角阁楼上，共伎乐13身，分列两侧立奏。
　　　　左侧7身：排箫、琵琶，其余模糊；
　　　　右侧6身：琵琶、横笛，其余模糊。
　　　　主尊下画迦陵频伽2身，演奏琵琶、排箫。
　　　　中层乐队1组，位于中部右侧阁楼内，共2身，乐器有：琵琶、横笛。

下层画乐舞图1幅，共画乐舞伎20身。舞伎2身居中，1身跳长巾舞、1身模糊；乐伎18身，对称分列两侧，每侧三排。
左侧第一排：曲颈琵琶、筝、凤首箜篌；
左侧第二排：1件模糊、直颈琵琶、排箫；
左侧第三排：3件模糊。
右侧第一排：鸡娄鼓、琵琶、横笛；
右侧第二排：细腰鼓、答腊鼓、鼗鼓与鸡娄鼓（1身兼奏）；
右侧第三排：羯鼓、排箫、竖笛。
西壁 龛内西南角画迦陵频伽1身。
合　　计：此窟画不鼓自鸣乐器24件；迦陵频伽4身，乐器2件；经变乐舞图1幅，乐队3组，舞伎2身，乐伎33身，乐器21件。
乐器种类：羯鼓2件、琵琶9件（其中四弦琵琶2件）、排箫5件、竖箜篌1件、古琴2件、方响1件、答腊鼓6件、细腰鼓4件、鸡娄鼓6件、笛1件、筝2件、凤首箜篌1件、铙1件、横笛4件、鼗鼓1件、竖笛1件。共47件。模糊乐器14件。
舞蹈种类：长巾双人舞1组、迦陵频伽舞1组。

第337窟

时　　代：晚唐（五代重修）
形　　制：覆斗形顶，北壁开一龛。
内　　容：西壁 画观无量寿经变一铺。
下画乐舞图1幅，分上、下两层排列。
上层乐舞1组，共画乐舞伎7身。长巾舞伎1身居中；乐伎6身，对称分列两侧。
左侧：四弦直颈琵琶（搊弹）、筝、拍板；
右侧：竖笛、横笛、笙。
下层画迦陵频伽乐舞1组，共3身。1身居中反弹琵琶（直颈），2身分列两侧奏乐。
左侧：拍板（4片）；
右侧：竖笛。
北壁 龛外画飞天2身，1身弹直颈琵琶、1身模糊。
东壁 画药师经变一铺。
下画乐舞图1幅，共画乐舞伎14身。长巾舞伎2身居中；乐伎12身，对称分列两侧。
左侧前排：羯鼓（右杖击）、细腰鼓、鼗鼓与鸡娄鼓（1身兼奏）；
左侧后排：羯鼓（有牙床，2杖击）、拍板（4片）、1件模糊；
右侧前排：笙、排箫、竖箜篌；
右侧后排：筚篥、横笛、拍板。
合　　计：此窟画飞天2身，其中飞天乐伎1身，乐器1件；经变乐舞图2铺，乐队3组，舞伎3身，乐伎18身，乐器18件；迦陵频伽3身，乐器3件。
乐器种类：琵琶3件（其中四弦琵琶1件）、筝1件、拍板4件、笙2件、竖笛2件、筚篥1件、羯鼓2件、细腰鼓1件、鼗鼓1件、鸡娄鼓1件、排箫1件、竖箜篌1件、横笛2件。共22件。模糊乐器1件。
舞蹈种类：长巾独舞1组、长巾双人舞1组、迦陵频伽反弹琵琶舞1组。

第338窟

时　　代：初唐（晚唐、清重修）
形　　制：覆斗形顶，西壁开一龛。
内　　容：前室 南壁 晚唐画飞天2身。
西壁 门南晚唐画迦陵频伽1身。
北壁 晚唐画千手千钵文殊经变一铺。
上画不鼓自鸣乐器3件：义觜笛、曲颈琵琶、

　　　　　细腰鼓。
　　　　甬道 盝形顶 中央晚唐画药师经变一铺。
　　　　华盖两侧画飞天2身，左侧1身弹直颈琵琶（拨奏）。
合　计：此窟画不鼓自鸣乐器3件；飞天4身，其中飞天乐伎1身，乐器1件；迦陵频伽1身。
乐器种类：义觜笛1件、琵琶2件、细腰鼓1件。共4件。

第339窟

时　代：初唐（五代、西夏、清重修）
形　制：覆斗形顶，西壁开一龛。
内　容：前室 南壁 西夏画文殊经变中乐队1组，乐伎5身，乐器有：竖箜篌、竖笛、横笛、排箫、拍板。
　　　　北壁 西夏画普贤经变中乐队1组，乐伎4身。乐器有：琵琶、排箫、拍板、1件模糊。
　　　　主室 西壁 佛龛顶西夏画散花飞天8身。
合　计：此窟画飞天8身；文殊经变、普贤经变各1铺，乐队2组，乐伎9身，乐器8件。
乐器种类：横笛1件、竖笛1件、排箫2件、竖箜篌1件、琵琶1件、拍板2件。共8件。模糊乐器1件。

第340窟

时　代：初唐（中唐、晚唐、元、清重修）
形　制：覆斗形顶，西壁开一龛。
内　容：主室 南壁 千佛中央画净土变一铺。三顶华盖两侧各画飞天2身，共6身。
　　　　西壁 龛顶画飞天2身。
　　　　北壁 千佛中央画净土变一铺。
　　　　上画不鼓自鸣乐器4件：细腰鼓、鸡娄鼓、直颈琵琶、答腊鼓。
　　　　上画飞天4身。
　　　　下画乐舞图1幅，共画乐舞伎10身。舞伎2身；乐伎8身。图像漫漶模糊。
　　　　舞伎两侧画迦陵频伽2身，图像已残。
合　计：此窟画不鼓自鸣乐器4件；飞天12身；经变乐舞图1幅，乐队1组，舞伎2身，乐伎8身；迦陵频伽2身。
乐器种类：细腰鼓1件、鸡娄鼓1件、琵琶1件、答腊鼓1件。共4件。模糊乐器8件。

第341窟

时　代：初唐（五代、清重修）
形　制：覆斗形顶，西壁开一龛。
内　容：主室 南壁 画阿弥陀经变一铺。
　　　　上画不鼓自鸣乐器40件：四弦曲颈琵琶、笛、答腊鼓、答腊鼓、鸡娄鼓、古琴、方响、答腊鼓、答腊鼓、横笛、曲颈琵琶、答腊鼓、古琴、细腰鼓、鸡娄鼓、四弦曲颈琵琶、鸡娄鼓、铙、方响、答腊鼓、答腊鼓、笛、答腊鼓、鸡娄鼓、细腰鼓、古琴、鸡娄鼓、鸡娄鼓、答腊鼓、鸡娄鼓、细腰鼓、横笛、鸡娄鼓、答腊鼓、答腊鼓、答腊鼓、古琴、鸡娄鼓、曲颈琵琶、答腊鼓。
　　　　上画飞天1身。
　　　　下画乐舞图1幅，共画乐舞伎2组，分别位于中央与左侧。
　　　　中央乐舞1组共画乐舞伎26身。长巾舞伎2身居中；下画迦陵频伽1身、孔雀1只；乐伎24身，对称分列两侧。图像漫漶模糊，可见乐器9件。
　　　　左侧：琵琶、排箫、阮，其余模糊；
　　　　右侧：筝、琵琶、方响、排箫、细腰鼓

答腊鼓，其余模糊。
左侧残存乐舞 1 组，共画乐舞伎 10 身。长巾舞伎 1 身居右；左侧画孔雀 1 只舞蹈；乐伎 9 身居左。
第一排：琵琶、排箫；
第二排：1 身模糊、横笛；
第三排：1 件模糊、答腊鼓；
第四排：羯鼓、细腰鼓、鼗鼓与鸡娄鼓（1 身兼奏）。
北壁 画弥勒经变一铺。
上画不鼓自鸣乐器 23 件，自西至东依次为：鸡娄鼓、方响、古琴、细腰鼓、答腊鼓、笙、琵琶、答腊鼓、鸡娄鼓、古琴、答腊鼓、细腰鼓、鸡娄鼓、答腊鼓、笛、古琴、答腊鼓、笛、答腊鼓、细腰鼓、笛、四弦曲颈琵琶、笛。
上画飞天 4 身。
下画乐舞图 1 幅，共 3 组。分列中央、左侧、右侧。
中央乐舞 1 组，共画乐舞伎 20 身。长巾舞伎 2 身居中；乐伎 18 身，对称分列两侧。
左侧：羯鼓、细腰鼓、琵琶，另 6 件模糊；
右侧：琵琶、排箫，另 7 件模糊。
下画迦陵频伽 1 身，鹦鹉 2 只。
左侧婚嫁图中画乐队 1 组，共 7 身，1 身舞蹈，6 身站立奏乐。
前排：横笛、琵琶、细腰鼓；
后排：拍手歌唱、竖笛、1 件模糊；
右侧画乐队 1 组，共乐伎 4 身。乐器有：细腰鼓、笙、鼗鼓与鸡娄鼓（1 身兼奏）、1 件模糊。
合　　计：此窟画不鼓自鸣乐器 63 件；飞天 5 身；经变画乐舞图 2 幅，乐队 2 组，舞伎 5 身，乐伎 51 身，乐器 22 件；迦陵频伽 2 身；世俗乐舞图 1 幅，乐队 2 组，舞伎 1 身，乐伎 10 身，乐器 8 件。
乐器种类：细腰鼓 11 件、琵琶 12 件（其中四弦琵琶 3 件）、答腊鼓 21 件、笛 6 件、古琴 7 件、鼗鼓 2 件、鸡娄鼓 14 件、方响 4 件、铙 1 件、筝 1 件、排箫 4 件、阮 1 件、笙 2 件、羯鼓 2 件、横笛 4 件、竖笛 1 件。共 93 件。模糊乐器 17 件。
舞蹈种类：长巾独舞 1 组、长巾双人舞 2 组（胡旋舞）、民间舞 1 组、迦陵频伽舞 2 组。

第 343 窟

时　　代：晚唐
形　　制：覆斗形顶，北壁开一龛。
内　　容：主室 东壁 画观无量寿经变。
下画乐舞图 1 幅，共画乐舞伎 9 身。长巾舞伎 1 身居中；乐伎 8 身，分列两侧。
左侧：琵琶（拨奏）、排箫、拍板、横笛；
右侧：羯鼓（左手持鼓，右手杖击）、拍板、笙、竖笛。
合　　计：此窟画经变乐舞图 1 幅，乐队 1 组，舞伎 1 身，乐伎 8 身，乐器 8 件。
乐器种类：琵琶 1 件、排箫 1 件、拍板 2 件、横笛 1 件、羯鼓 1 件、笙 1 件、竖笛 1 件。共 8 件。
舞蹈种类：长巾独舞 1 组。

第 344 窟

时　　代：唐（西夏、清重修）
形　　制：覆斗形顶，西壁开一龛。
内　　容：主室 窟顶 四披画飞天一周，残存 28 身。
西壁 龛顶残存飞天 4 身。
佛坛下西夏画壹门伎乐 8 身，可见乐器 5 件：竖箜篌、排箫、筝、琵琶（拨奏）、笙，另3件模糊。
合　计：此窟画飞天32身；壸门伎乐8身，乐器5件。
乐器种类：竖箜篌1件、排箫1件、筝1件、琵琶1件、笙1件。共5件。模糊乐器3件。

第345窟

时　代：盛唐（五代、西夏、清重修）
形　制：覆斗形顶，西壁开一龛。
内　容：主室　窟顶　四披西夏画飞天各6身，共24身。其中乐伎4身。
　　　　南披：筝、琵琶；
　　　　北披：笙、竖箜篌。
　　　　西壁　龛顶残存西夏画飞天3身。
　　　　龛外两侧西夏画飞天2身。
合　计：此窟画飞天29身，其中飞天乐伎4身，乐器4件。
乐器种类：筝1件、琵琶1件、笙1件、竖箜篌1件。共4件。

第351窟

时　代：五代（西夏、清重修）
形　制：覆斗形顶，西壁开一龛。
内　容：前室　西壁　残存西夏画飞天2身。
　　　　北壁　西夏画阿弥陀经变一铺。
　　　　上画不鼓自鸣乐器5件：横笛、细腰鼓、排箫、琵琶、拍板。
　　　　主室　窟顶　四披西夏画飞天30身，其中乐伎13身。
　　　　南披8身，乐器4件：钹、横笛、四弦曲颈琵琶（拨奏）、竖箜篌；
　　　　西披6身，乐器2件：竖笛、拍板；
　　　　北披8身，乐器4件：手鼓（右手持鼓，左手槌击）、尺八、贝、筝；
　　　　东披8身，乐器3件：竖笛、横笛、凤首箜篌。
合　计：此窟画不鼓自鸣乐器5件；飞天32身，其中飞天乐伎13身，乐器13件。
乐器种类：钹1件、琵琶2件（其中四弦琵琶1件）、竖箜篌1件、手鼓1件、横笛3件、竖笛2件、细腰鼓1件、排箫1件、拍板2件、贝1件、尺八1件、筝1件、凤首箜篌1件。共18件。

第353窟

时　代：盛唐（西夏、清重修）
形　制：覆斗形顶，南、西、北壁各开一龛。
内　容：主室　窟顶　四披西夏画飞天各6身，共24身，其中乐伎11身。
　　　　南披：钹、曲颈琵琶、竖笛；
　　　　西披：排箫、笙；
　　　　北披：横笛、鼗鼓；
　　　　东披：筝、竖笛、拍板、竖箜篌。
　　　　南壁　龛顶西夏画飞天4身。
　　　　西壁　龛顶西夏画飞天6身。
　　　　北壁　龛顶西夏画飞天4身。
合　计：此窟画飞天38身，其中飞天乐伎11身，乐器11件。
乐器种类：钹1件、琵琶1件、竖笛2件、排箫1件、笙1件、横笛1件、鼗鼓1件、筝1件、拍板1件、竖箜篌1件。共11件。

第354窟

时　代：西夏
形　制：覆斗形顶，西壁开一龛。
内　容：主室 南壁 画净土变一铺。
　　　　　　上画不鼓自鸣乐器6件：竖笛、排箫、曲颈琵琶、细腰鼓、竽篥、拍板。
　　　　北壁 画净土变一铺。
　　　　　　上画不鼓自鸣乐器6件：曲颈琵琶、筝、笙、铙、竽篥、拍板。
合　计：此窟画不鼓自鸣乐器12件。
乐器种类：竖笛1件、竽篥2件、排箫1件、曲颈琵琶2件、细腰鼓1件、拍板2件、筝1件、笙1件、铙1件。共12件。

第358窟

时　代：中唐（五代、西夏、清重修）
形　制：覆斗形顶，西壁开一龛。
内　容：主室 窟顶 四披下画飞天一周，每披2身，共8身。
　　　　西披中上画飞天2身。
　　　　西披下两角画飞天2身。
　　　　西披中下画孔雀1身，两侧画迦陵频伽2身，演奏笙、竖笛。
　　　　南壁 东起第二铺画观无量寿经变。
　　　　上画不鼓自鸣乐器5件，自东至西依次为：拍板（5片）、筝、排箫、1件模糊、排箫。
　　　　左上钟楼内挂大钟1件。
　　　　下画乐舞图1幅，共画乐舞伎7身。长巾舞伎1身居中；乐伎6身，对称分列两侧。
　　　　左侧：直颈琵琶（拨奏）、横笛、拍板（6片）；
　　　　右侧：筝、竽篥、竖箜篌（14弦）；
　　　　西侧下画乐伎1身，弹曲颈琵琶。
西壁 龛南普贤经变中画乐队1组，共乐伎2身。乐器有：直颈琵琶、拍板。
龛北文殊经变中画乐队1组，共乐伎2身。乐器有：笙、横笛。
龛内画壸门15个，其中可见东向面壸门伎乐2身，演奏横笛、竖笛。
龛下画壸门5个，自南至北依次为：
第一壸门：乐伎3身坐奏，1身演奏琵琶，另2身模糊；
第二壸门：长巾舞伎1身，乐伎1身，演奏拍板；
第三壸门：供器；
第四壸门：长巾舞伎1身，乐伎1身，乐器模糊；
第五壸门：乐伎3身坐奏，演奏羯鼓（杖击）、毛员鼓（手拍）、细腰鼓（杖击）；
北壁 西起第一铺画药师经变。
上画不鼓自鸣乐器4件：笙、笛、笛、拍板。
右上画世俗乐舞图1幅，舞伎1身，乐伎1身，演奏拍板。
下画乐舞图1幅，共画乐舞伎9身。长巾舞伎1身居中；乐伎8身，对称分列两侧。
左侧：细腰鼓、毛员鼓、羯鼓（有牙床，2杖击）、拍板（5片）；
右侧：竽篥、义觜笛、直颈琵琶（拨奏）、竖箜篌。
西起第二铺画天请问经变。
下画乐舞图1幅，共画乐舞伎7身，图像漫漶。长巾舞伎1身居中；乐伎6身，对称分列两侧。
左侧：琵琶（拨奏）、笙、竽篥；
右侧：横笛、竖笛、拍板。
东壁 门北画飞天2身，1身吹横笛，1身吹竖笛。

门南上画飞天乐伎2身，1身吹竖笛，1身吹横笛。

合　计：此窟画不鼓自鸣乐器9件（1件模糊）；飞天16身，其中飞天乐伎4身，乐器4件；经变乐舞图3幅，乐队3组，舞伎3身，乐伎20身，乐器20件；迦陵频伽2身，乐器2件；文殊经变、普贤经变各1铺，乐队2组，乐伎4身，乐器4件；世俗乐舞图2幅，舞伎1身，乐伎2身，乐器2件；壸门伎乐12身，舞伎2身，乐伎10身，乐器7件。

乐器种类：笛2件、笙4件、竖笛5件、拍板8件、筝2件、排箫2件、琵琶6件、横笛6件、筚篥3件、竖箜篌2件、细腰鼓2件、毛员鼓2件、羯鼓2件、义觜笛1件、大钟1件。共48件。模糊乐器4件。

舞蹈种类：长巾独舞5组、民间舞1组、迦陵频伽舞1组。

第359窟

时　代：中唐（五代、清重修）
形　制：覆斗形顶，西壁开一龛。
内　容：主室　窟顶　西披画不鼓自鸣乐器12件：1件模糊、答腊鼓、竖箜篌、竖箜篌、直颈琵琶、1件模糊、1件模糊、1件模糊、拍板、方响、1件模糊、曲颈琵琶。

西披画迦陵频伽乐舞与化生乐舞1组。孔雀1只居中，左右各画迦陵频伽1身。两侧画化生伎乐2身，乐器有：琵琶（拨奏）、拍板。

南壁　东起第一铺画金刚经变。
上画飞天2身。
下画乐舞图1幅，共画乐舞伎9身。舞伎1身居中；乐伎8身，对称分列两侧。

左侧：拍板、横笛、筚篥、排箫；
右侧：曲颈琵琶（拨奏）、笙、竖笛、筝。

东起第二铺画阿弥陀经变，中央与左侧图像残。
上画不鼓自鸣乐器4件：答腊鼓、直颈琵琶、拍板、笛。
左上钟楼内挂大钟1件。
下画乐舞图1幅，残存右侧乐伎4身。
左侧：图像残；
右侧：筝、横笛、鼗鼓与鸡娄鼓（1身兼奏）、竖箜篌。
乐舞两侧画迦陵频伽2身。

西壁　龛南侧普贤经变中上画不鼓自鸣乐器2件：拍板、答腊鼓；画乐队1组，乐伎2身，乐器有：横笛、拍板。

龛北侧文殊经变中上画不鼓自鸣乐器3件：答腊鼓、曲颈琵琶、拍板；画乐队1组，乐伎2身，乐器有：琵琶、笙。

北壁　西起第一铺画药师经变。
上画不鼓自鸣乐器2件：答腊鼓、直颈琵琶。
右上钟楼内挂大钟1件。
下画乐舞图1幅，共画乐舞伎7身。长巾舞伎1身居中；乐伎6身，对称分列两侧。
左侧：直颈琵琶（拨奏）、笙、排箫；
右侧：拍板、竖笛、竖箜篌。
乐队上两侧画迦陵频伽2身，手托供品。
西起第二铺画弥勒经变。
上画孔雀1只。
中画迦陵频伽1身，反弹琵琶。

合　计：此窟画不鼓自鸣乐器23件（5件模糊）；飞天2身；经变乐舞图3幅，乐队3组，舞伎2身，乐伎18身，乐器19件；化生伎乐2身，乐器2件；迦陵频伽7身，乐器1件；文殊经变、普贤经变各1铺，乐队2组，乐伎4身，乐器4件。

乐器种类：答腊鼓5件、拍板8件、琵琶10件、方响1件、横笛3件、筚篥1件、排箫2件、笙3件、竖笛2件、筝2件、笛1件、鼗鼓1件、鸡娄鼓1件、竖箜篌4件、大钟2件。共46件。模糊乐器5件。

舞蹈种类：长巾独舞2组、迦陵频伽舞2组。

第360窟

时　代：中唐（五代、清重修）
形　制：覆斗形顶，西壁开一龛。
内　容：主室　窟顶　藻井井心画迦陵频伽1身，弹四弦曲颈琵琶（拨奏）。

南壁　东起第一铺画弥勒经变。
上画不鼓自鸣乐器4件：竖笛、笙、直颈琵琶、义觜笛。
画飞天4身。
中画乐神乾闼婆伎乐1身，弹直颈琵琶（拨奏）。
东起第二铺画观无量寿经变。
上画不鼓自鸣乐器2件：筚篥、排箫。
右上钟楼内挂大钟1件。
下画乐舞图1幅，分上、下两层排列。
上层乐舞1组，共13身。长巾舞伎1身居中；乐伎12身，对称分列两侧，每侧两排。
左前排：贝、横笛、拍板（4片）；
左后排：笙、铙、排箫；
右前排：拍板、毛员鼓（左侧杖击）、答腊鼓；
右后排：阮（未演奏）、直颈琵琶（拨奏）、筚篥。
下层画鸟乐舞1组，共7身。孔雀1只；迦陵频伽4身，右侧1身吹笛（图像残），其余持供品；水池内画鹤2只。
东起第三铺画释迦曼荼罗。

中画菩萨伎乐4身。其中1身舞蹈，2身持贝，1身演奏四弦直颈琵琶（拨奏）。
西壁　佛坛下五代画壸门伎乐18身，图像模糊。
龛南侧普贤经变中画乐队1组，共3身。乐器有：竖笛、四弦直颈琵琶（拨奏）、拍板。
上画飞天2身。
龛北侧文殊经变中画乐队1组，共3身。乐器有：笙、拍板、排箫。
上画飞天2身。
北壁　西起第一铺画千手千钵文殊经变。
上画飞天2身，其中乐伎1身，吹横笛。
西起第二铺画药师经变。
上画不鼓自鸣乐器4件：横笛、拍板、筚篥、义觜笛。
右上钟楼内挂大钟1件。
下画乐舞图1幅，共画乐舞伎15身。细腰鼓舞伎1身居中；乐伎14身，对称分列两侧，每侧两排。
左前排：筝、四弦直颈琵琶、竖箜篌（擘奏）；
左后排：阮、竖笛、铙（存疑，或为弹指击节）、拍板（兼歌唱）；
右前排：筚篥、笙、竖笛；
右后排：横笛、排箫、横笛、拍板。
下画迦陵频伽1身，反弹琵琶（曲颈）。
下屏风画，自西向东第6扇中画一妇人演奏四弦直颈琵琶。
东壁　画维摩诘经变。
门南下屏风画中画宴乐图1幅，共8人。舞伎1身居右；乐伎7身居左，坐于方桌两侧。乐器可见拍板1件，其余模糊。

合　计：此窟画不鼓自鸣乐器10件；飞天10身，其中飞天乐伎1身，乐器1件；经变乐舞图2幅，乐队3组，舞伎2身，乐伎26身，乐器 26 件；迦陵频伽 6 身，乐器 3 件；文殊经变、普贤经变各 1 铺，乐队 2 组，乐伎 6 身，乐器 6 件；菩萨伎乐 4 身，乐器 3 件；乐神乾闼婆 1 身，乐器 1 件；世俗乐舞图 2 幅，舞伎 1 身，乐伎 8 身，乐器 2 件；壶门伎乐 18 身。

乐器种类：琵琶 9 件（其中四弦琵琶 5 件）、竖笛 4 件、笙 4 件、义觜笛 2 件、排箫 4 件、贝 3 件、横笛 5 件、拍板 8 件、铙 2 件、毛员鼓 1 件、答腊鼓 1 件、阮 2 件、筚篥 4 件、笛 1 件、细腰鼓 1 件、筝 1 件、竖箜篌 1 件、大钟 2 件。共 55 件。

舞蹈种类：长巾独舞 1 组、细腰鼓独舞 1 组、迦陵频伽舞 3 组、民间舞 1 组、菩萨独舞 1 组。

第 361 窟

时　代：中唐（五代重修）
形　制：覆斗形顶，西壁开一龛。
内　容：主室　窟顶　藻井井心东披画乐伎 1 身，演奏琵琶。

四披画飞天一周，共 14 身，其中乐伎 9 身。
南披 4 身，乐器 4 件：排箫、细腰鼓、拍板、竖箜篌；
西披 2 身，未持乐器；
北披 4 身，乐器 3 件：笙、琵琶、细腰鼓；
东披 4 身，乐器 2 件：排箫、竖笛。
西披画不鼓自鸣乐器 8 件：义觜笛 5 件、笛 2 件、排箫 1 件。
西披中央画孔雀 1 身，两侧画迦陵频伽 2 身。
南壁　东起第一铺画金刚经变。
上画不鼓自鸣乐器 4 件，自东至西依次为：排箫、竖箜篌、笛、细腰鼓。
左上画百戏图 1 幅，共 4 人。其中童子 2 人居中，表演戴竿之戏；左侧 1 人护持，

右侧 1 人吹横笛。
下画乐舞图 1 幅，共画乐舞伎 9 身。长巾舞伎 1 身居中；乐伎 8 身，对称分列两侧。
左侧：羯鼓、细腰鼓、答腊鼓、筚篥；
右侧：鼗鼓与鸡娄鼓（1 身兼奏）、义觜笛、拍板、1 身模糊。
下画童子百戏图 1 幅，共 6 人，裸体表演杂技。
东起第二铺画阿弥陀经变。
上画不鼓自鸣乐器 8 件：细腰鼓、拍板、笙、义觜笛、笛、四弦直颈琵琶、细腰鼓、排箫。
下画乐舞图 1 幅，分上、下两层。
上层乐舞 1 组，共 15 身。长巾舞伎 1 身居中；乐伎 8 身，对称分列两侧。
左侧：琵琶、筝、阮、竖箜篌；
右侧：3 身模糊、笙。
下层乐舞 1 组，迦陵频伽 1 身、童子细腰鼓舞伎 1 身居中。上画迦陵频伽 2 身，持乐器否不详。乐伎 6 身，对称分列两侧立奏。
左侧：拍板、琵琶、笙；
右侧：排箫、横笛、竖笛。
乐舞两侧各画迦陵频伽 1 身，鸟类 4 身，呈对称排列。
西壁　龛沿画迦陵频伽 6 身，呈飞行状，乐器有：竖笛、笙、义觜笛。
下画壶门 5 个，自南至北依次为：
第一壶门：乐伎 2 身，乐器模糊；
第二壶门：乐伎 1 身，演奏拍板，舞伎 1 身；
第三壶门：供器；
第四壶门：舞伎 1 身，乐伎 1 身，乐器模糊；
第五壶门：乐伎 2 身，乐器有：竖箜篌、琵琶（拨奏）。
北壁　西起第一铺画药师经变。

上画不鼓自鸣乐器6件：拍板、琵琶、竽篥、排箫、细腰鼓、义觜笛。

画经变乐舞图1幅，共画乐舞伎16身。自上而下分四层排列。

第一层乐舞位于主尊上方左、右两侧，共乐伎8身。

左侧前排：竖笛、排箫；

左侧后排：横笛、拍板；

右侧前排：笙、拍板；

右侧后排：横笛、排箫。

第二层乐舞共乐伎8身。长巾舞伎2身居中；乐伎6身，对称分列两侧。

左侧：拍板、排箫、笙；

右侧：四弦曲颈琵琶、横笛、竽篥。

下画裸体童子舞伎2身。

第三层乐舞左侧残，仅存右侧乐伎4身。

左侧：图像残；

右侧前排：细腰鼓、横笛；

右侧后排：竖笛、拍板。

第四层乐舞左侧图像残，仅存右侧乐伎2身，立奏。

左侧：图像残；

右侧：笙、直颈琵琶。

西起第二铺画弥勒经变。

上画不鼓自鸣乐器7件，自西至东依次为：琵琶、笙、笛、笛、细腰鼓、竽篥、羯鼓。

说法图左侧画乐神乾闼婆1身，弹琵琶。

左下画世俗乐舞图1幅，乐伎3身，演奏横笛、竖笛、拍板。

东壁 门北上层千手眼观音变，主尊右上方画菩萨伎乐2身，1身舞蹈，1身演奏凤首箜篌，画奏乐天王1身，弹琵琶（拨奏）。

门南上层画千手千钵文殊经变、门南下层画不空绢索观音变，主尊右上方各画菩萨伎乐2身，1身舞蹈，1身弹琵琶（拨奏）。

合　　计：此窟画不鼓自鸣乐器33件；飞天14身，其中飞天乐伎9身，乐器9件；经变画乐舞图3幅，乐队7组，舞伎4身，童子舞伎3身，乐伎42身，乐器39件；迦陵频伽13身，乐器3件；百戏图2铺，杂技童子8身，护持1身，乐伎1身，乐器1件；奏乐天王1身，乐器1件；乐神乾闼婆1身，乐器1件；菩萨伎乐6身，乐器3件；壸门伎乐8身，舞伎2身，乐伎6身，乐器3件；世俗乐舞图1幅，乐伎3身，乐器3件。

乐器种类：笙9件、琵琶14件（其中四弦琵琶2件）、细腰鼓10件、排箫10件、竖笛6件、拍板11件、竖箜篌4件、羯鼓2件、竽篥4件、鼗鼓1件、鸡娄鼓1件、横笛7件、筝1件、阮1件、义觜笛9件、笛6件、答腊鼓1件、凤首箜篌1件。共98件。模糊乐器7件。

舞蹈种类：长巾独舞2组、长巾双人舞1组、迦陵频伽舞1组、童子细腰鼓舞1组、菩萨独舞3组。

第363窟

时　　代：中唐（西夏重修）

形　　制：覆斗形顶，西壁开一龛。

内　　容：主室 西壁 龛南、北侧西夏各画裸体飞天童子2身，共4身。

东壁 门两侧画飞天童子2身。

合　　计：此窟画飞天童子6身。

第364窟

时 代：宋
形 制：平顶。
内 容：南壁 上画飞天1身。
　　　　北壁 上画飞天1身。
合 计：此窟画飞天2身。

第365窟

时 代：中唐（宋、清重修）
形 制：横券顶，西壁设佛坛。
内 容：主室 东壁 门南、北两侧各画飞天2身，共4身。
合 计：此窟画飞天4身。

第366窟

时 代：中唐（宋、清重修）
形 制：覆斗形顶，西壁开一龛。
内 容：主室 南壁 残存化生童子6身。
　　　　西壁 画化生童子2身。
　　　　北壁 画化生童子7身。
　　　　东壁 门两侧画飞天2身。
　　　　门南、北说法图华盖两侧各画飞天2身，共4身。
合 计：此窟画飞天6身；化生童子15身。

第367窟

时 代：西夏（清重修）
形 制：覆斗形顶，西壁开一龛。
内 容：主室 南壁 上画不鼓自鸣乐器5件：直颈琵琶、龙首笛、拍板、钹、笙。
　　　　西壁 龛内画飞天10身。
　　　　龛两侧画飞天4身。
　　　　北壁 上画不鼓自鸣乐器6件：筝、笙、钹、拍板、排箫、龙首笛。
合 计：此窟画不鼓自鸣乐器11件；飞天14身。
乐器种类：琵琶1件、龙首笛2件、拍板2件、钹2件、笙2件、筝1件、排箫1件。共11件。

第368窟

时 代：中唐（宋、清重修）
形 制：覆斗形顶，西壁开一龛。
内 容：主室 西壁 龛内画飞天6身。
合 计：此窟画飞天6身。

第369窟

时 代：中唐（五代、清重修）
形 制：覆斗形顶，西壁开一龛。
内 容：主室 南壁 东起第一铺画阿弥陀经变。
　　　　上画飞天2身。
　　　　下画乐舞图1幅，共画乐舞伎11身。长巾舞伎1身居中；下画迦陵频伽1身，反弹琵琶（四弦曲颈）；乐伎10身，对称分列两侧，每侧两排。
　　　　左侧前排：四弦直颈琵琶（拨奏）、竖笛、排箫；
　　　　左侧后排：笙、拍板；
　　　　右侧前排：横笛、贝、筚篥；
　　　　右侧后排：筝、拍板。
　　　　东起第二铺画金刚经变。
　　　　上画不鼓自鸣乐器6件，自东至西依次为：排箫、义觜笛、竖箜篌、筝、笙、拍板。

左上钟楼内挂大钟 1 件。
下画乐舞图 1 幅，分上下两层排列。
上层乐舞 1 组，共画乐舞伎 7 身。长巾舞伎 1 身居中；乐伎 6 身，对称分列两侧。
左侧：直颈琵琶（拨奏）、竽篥、笙；
右侧：拍板、横笛、排箫。
下层画童子与迦陵频伽伎乐 1 组。童子舞伎 1 身居上，迦陵频伽共 4 身奏乐。
左侧：直颈琵琶、竖笛；
右侧：拍板、横笛。
东起第三铺画未知名经变。
右侧画奏乐天王 1 身，演奏琵琶。
西壁　龛内华盖两侧画飞天 2 身。
龛下画壸门伎乐 4 身，乐器有：拍板、筝、竖箜篌、横笛。
龛北侧普贤经变中画乐队 1 组，共乐伎 3 身。乐器有：拍板（兼歌唱）、竖笛、阮。
龛南侧文殊经变中画乐队 1 组，共乐伎 3 身。乐器有：拍板（兼歌唱）、横笛、阮（搁弹）。
北壁　西起第二铺画药师经变。
上画不鼓自鸣乐器 4 件：义觜笛、直颈琵琶、羯鼓、细腰鼓。
上画飞天 2 身。
右侧阁楼内画乐伎 1 身，吹奏横笛。
下画乐舞图 1 幅，共画乐舞伎 7 身。细腰鼓舞伎 1 身居中；乐伎 6 身，对称分列两侧。
左侧：筝（有雁柱）、义觜笛、笙；
右侧：琵琶、竽篥、拍板。
下画童子舞伎 2 身，左侧 1 身反弹琵琶。
下画迦陵频伽 1 身，演奏排箫。
西起第三铺画弥勒经变。
右侧画乐神乾闼婆 1 身，演奏琵琶。
合　　计：此窟画不鼓自鸣乐器 10 件；飞天 6 身；经变乐舞图 3 幅，乐队 4 组，舞伎 3 身，童子舞伎 3 身，乐伎 22 身，乐器 22 件；迦陵频伽 6 身，乐器 6 件；文殊经变、普贤经变各 1 铺，乐队 2 组，乐伎 6 身，乐器 6 件；壸门伎乐 4 身，乐器 4 件；奏乐天王 1 身，乐器 1 件；乐神乾闼婆 1 身，乐器 1 件。
乐器种类：排箫 4 件、竖笛 3 件、琵琶 9 件（其中四弦琵琶 2 件）、拍板 9 件、阮 2 件、笙 4 件、竽篥 3 件、贝 1 件、横笛 6 件、筝 4 件、义觜笛 3 件、竖箜篌 2 件、羯鼓 1 件、细腰鼓 2 件、大钟 1 件。共 54 件。
舞蹈种类：长巾独舞 2 组、细腰鼓独舞 1 组、童子反弹琵琶舞 1 组、迦陵频伽反弹琵琶舞 1 组。

第 370 窟

时　　代：中唐（宋、清重修）
形　　制：覆斗形顶，西壁开一龛。
内　　容：主室　南壁　画观无量寿经变一铺，图像已残。
上画不鼓自鸣乐器 2 件：排箫、直颈琵琶。
下画乐舞图 1 幅，残存 6 身。长巾舞伎 1 身居中；乐伎残存 5 身。
左侧：笙（残）、拍板；
右侧：筝、排箫、横笛。
西壁　龛两侧上画飞天 2 身。
北壁　画药师经变一铺。
下画乐舞图 1 幅，共画乐舞伎 7 身。长巾舞伎 1 身居中；乐伎 6 身，对称分列两侧。
左侧：四弦直颈琵琶、筝、阮（4 弦，直颈，搁弹）；
右侧：拍板、横笛、竽篥。
说法图左下角画迦陵频伽 1 身，弹琵琶。
右上画一妇人弹琵琶。下画世俗舞伎 1 身。
东壁　门两侧主尊华盖两侧各画飞天 2 身，

共 4 身。
合 计：此窟画不鼓自鸣乐器 2 件；飞天 6 身；经变乐舞图 2 幅，乐队 2 组，舞伎 2 身，乐伎 11 身，乐器 11 件；迦陵频伽 1 身，乐器 1 件；世俗乐舞图 1 幅，舞伎 1 身，乐伎 1 身，乐器 1 件。
乐器种类：排箫 2 件、琵琶 4 件（其中四弦琵琶 1 件）、笙 1 件、拍板 2 件、筝 2 件、横笛 2 件、阮 1 件、筚篥 1 件。共 15 件。
舞蹈种类：长巾独舞 2 组。

第 371 窟

时　代：初唐（盛唐、清重修）
形　制：人字披顶，西壁下设佛坛。
内　容：前室　南壁　上残存飞天 1 身。
　　　　　北壁　上残存飞天 2 身，其中 1 身弹琵琶。
　　　　　主室　南壁　上画飞天 2 身。
合　计：此窟画飞天 5 身，其中飞天乐伎 1 身，乐器 1 件。
乐器种类：琵琶 1 件。共 1 件。

第 372 窟

时　代：初唐（宋、清重修）
形　制：覆斗形顶，西壁开一龛。
内　容：主室　南壁　画阿弥陀经变一铺。
　　　　　上画不鼓自鸣乐器 8 件，自东至西依次为：细腰鼓、竖笛、答腊鼓、排箫、细腰鼓、鸡娄鼓、羯鼓、细腰鼓、筚篥。

共画飞天 6 身，其中左侧 2 身为乐伎，乐器有：笙、排箫。
共画迦陵频伽 4 身，乐器有：排箫、曲颈琵琶、笙；另有孔雀、白鹤、鹦鹉等鸟类。
西壁　龛内画飞天 2 身。
北壁　画说法图一铺。
上画不鼓自鸣乐器 2 件：竖箜篌、四弦曲颈琵琶。
华盖两侧各画飞天 2 身，共 4 身。
合　计：此窟画不鼓自鸣乐器 11 件；飞天 12 身，其中飞天乐伎 2 身，乐器 2 件；迦陵频伽 4 身，乐器 3 件。
乐器种类：细腰鼓 3 件、竖笛 1 件、答腊鼓 1 件、排箫 3 件、鸡娄鼓 1 件、羯鼓 1 件、筚篥 1 件、笙 2 件、琵琶 2 件（其中四弦琵琶 1 件）、竖箜篌 1 件。共 16 件。
舞蹈种类：迦陵频伽舞 1 组。

第 373 窟

时　代：初唐（宋、清重修）
形　制：覆斗形顶，西壁开一龛。
内　容：窟顶　四披画飞天一周，每披 2 身，共 8 身。
　　　　　南壁　上画飞天 2 身。
　　　　　西壁　龛内画飞天 2 身。
　　　　　莲座下画壸门伎乐 1 身。
　　　　　北壁　上画飞天 2 身、化生童子 2 身。
合　计：此窟画飞天 14 身；化生童子 2 身；壸门伎乐 1 身。

第374窟

时　代：盛唐（五代、清重修）
形　制：覆斗形顶，西壁开一龛。
内　容：主室　窟顶　藻井井心四披画菩萨伎乐1组，
　　　　东、西两披各画舞伎1身，南、北两壁各
　　　　画乐伎1身，分别演奏琵琶、竖笛。
　　　　南壁　华盖两侧画飞天2身。
　　　　西壁　龛内画飞天2身。
　　　　北壁　华盖两侧画飞天2身。
合　计：此窟画飞天6身；菩萨伎乐4身，舞伎2身，
　　　　乐伎2身，乐器2件。
乐器种类：琵琶1件、竖笛1件。共2件。
舞蹈种类：长巾舞2组。

第375窟

时　代：初唐（五代、清重修）
形　制：覆斗形顶，西壁开一龛。
内　容：主室　窟顶　四披共画飞天10身。
　　　　南披3身，乐器有：竖箜篌、竖笛、细腰鼓；
　　　　西披2身，乐器有：直颈琵琶、曲颈琵琶；
　　　　北披3身，乐器有：笙、1件模糊、方响；
　　　　东披2身，乐器模糊。
　　　　南壁　上画飞天4身。
　　　　西壁　龛顶画飞天7身，其中飞天乐伎3身，
　　　　　　　乐器有：排箫、直颈琵琶、曲颈琵琶；
　　　　　　　画飞天童子2身。
　　　　龛南侧画夜半逾城。上画飞天2身，下画
　　　　　　　飞天童子4身。
　　　　龛北侧画乘象入胎。上画飞天2身。象后
　　　　　　　画菩萨乐队1组，共乐伎2身，乐器有：
　　　　　　　曲颈琵琶、竖箜篌。
　　　　北壁　上画飞天4身。
合　计：此窟画飞天29身，其中飞天乐伎10身，
乐器10件；飞天童子6身；菩萨伎乐2身，
乐器2件。
乐器种类：排箫1件、竖箜篌2件、竖笛1件、细腰
鼓1件、琵琶5件、笙1件、方响1件。
共12件。模糊乐器3件。

第376窟

时　代：隋（宋、清重修）
形　制：覆斗形顶，西壁开一龛。
内　容：主室　西壁　龛内宋画飞天4身。
合　计：此窟画飞天4身。

第378窟

时　代：隋（宋、清重修）
形　制：覆斗形顶，西壁开一龛。
内　容：主室　西壁　龛内宋画飞天4身。
合　计：此窟画飞天4身。

第379窟

时　代：隋（盛唐、中唐、五代、清重修）
形　制：覆斗形顶，西壁开一龛。
内　容：南室　南壁　五代画乐队1组，残存拍板、笙、
琵琶各1件。
　　　　北壁　五代画文殊经变中画乐队1组，图
　　　　　　　像漫漶，乐伎数量不清，可见拍板、
　　　　　　　横笛、琵琶各1件。
　　　　甬道　南壁　五代画说法图一铺。
　　　　下画乐舞图1幅，共画乐舞伎9身。长巾
　　　　　　　舞伎1身居中；乐伎8身，对称分列
　　　　　　　两侧。

左侧：筝、竖箜篌、横笛、1件模糊；
右侧：琵琶、排箫、鸡娄鼓、1件模糊。
北壁　五代画说法图一铺。
下画乐舞图1幅，图像漫漶。长巾舞伎1
　　身居中；乐伎模糊，可见乐器3件：
　　竖箜篌、筝、笙。
主室 窟顶　藻井井心画化生童子4身。
四披共画飞天一周，每披4身，共16身，
　　其中乐伎13身。
南披：竖笛、五弦直颈琵琶、四弦曲颈琵琶；
西披：竖箜篌、筝、笙、鸡娄鼓；
北披：细腰鼓、五弦直颈琵琶、四弦曲颈
　　琵琶；
东披：竖箜篌、横笛、曲颈琵琶。
南壁　盛唐画观无量寿经变一铺。
上画不鼓自鸣乐器6件，自东至西依次为：
　　拍板、横笛、排箫、铙、筚篥、钲。
下画乐舞图1幅，共画乐舞伎9身。长巾
　　舞伎1身居中；乐伎8身，对称分列
　　两侧。
左侧：拍板、小手鼓、竖笛、竖箜篌；
右侧：筚篥、笙、义觜笛、直颈琵琶（拨奏）。
两侧平台上画迦陵频伽4身。
西壁　内龛顶盛唐画飞天2身。
北壁　华盖两侧隋画飞天4身。
合　　计：此窟画不鼓自鸣乐器6件；飞天22身，其
　　中飞天乐伎13身，乐器13件；化生童子
　　4身；经变乐舞图3幅，乐队3组，舞伎
　　3身，乐伎19身，乐器17件；迦陵频伽
　　4身；文殊经变、普贤经变（存疑）各1铺，
　　乐队2组，乐伎6身，乐器6件。
乐器种类：筝3件、竖箜篌5件、琵琶9件（其中四
　　弦琵琶2件、五弦琵琶2件）、排箫2件、
　　拍板4件、横笛4件、笙4件、鸡娄鼓2件、
　　铙1件、细腰鼓1件、义觜笛1件、竖笛
　　2件、筚篥2件、钲1件、手鼓1件。共

42件。模糊乐器2件。
舞蹈种类：长巾独舞3组。

第380窟

时　　代：隋（宋、清重修）
形　　制：覆斗形顶，西壁开一龛。
内　　容：主室 四壁　上画飞天26身，南、北壁各
　　7身，东、西壁各6身。其中飞天乐伎6身。
南壁：曲颈琵琶、横笛；
北壁：直颈琵琶、竖笛、细腰鼓；
东壁：横笛。
南壁 说法图两侧画飞天2身，化生童子2身。
西壁 龛顶画飞天6身。
北壁 说法图两侧画飞天2身，化生童子2身。
合　　计：此窟画飞天36身，其中飞天乐伎6身，
　　乐器6件；化生童子4身。
乐器种类：琵琶2件、横笛2件、竖笛1件、细腰鼓
　　1件。共6件。

第381窟

时　　代：初唐（宋件、清重修）
形　　制：覆斗形顶，西壁开一龛。
内　　容：主室 窟顶　四披画飞天一周，每披2身，
　　共8身。
南壁　上画飞天2身。
西壁　龛顶画飞天6身。
北壁　上画飞天2身。
合　　计：此窟画飞天18身。

第383窟

时　代：隋（盛唐、宋、西夏、清重修）
形　制：覆斗形顶，南、西、北壁各开一龛。
内　容：主室　西壁　双层龛内画飞天4身，龛楣上画飞天童子2身、化生童子4身。
　　　　龛南侧乘象入胎中画飞天1身。画菩萨伎乐4身。象牙上2身，演奏直颈琵琶、曲颈琵琶；象后2身，演奏琵琶、竖箜篌。
　　　　龛北侧夜半逾城中画飞天1身、童子飞天4身。
合　计：此窟画飞天6身，飞天童子6身；化生童子4身；菩萨伎乐4身，乐器4件。
乐器种类：琵琶3件、竖箜篌1件。共4件。

第384窟

时　代：盛唐（中唐、五代、清重修）
形　制：覆斗形顶，南、西、北壁各开一龛。
内　容：前室　北壁　中唐画普贤经变中画乐队1组，共5身。乐器有：琵琶、竖箜篌、横笛、竖笛、笙。
　　　　甬道　南壁　五代画弥勒经变一铺。
　　　　下画乐舞图1幅，共画乐舞伎9身，细腰鼓舞伎1身居中；乐伎8身，对称分列两侧。
　　　　左侧前排：横笛、竖笛、拍板；
　　　　左侧后排：琵琶；
　　　　右侧前排：羯鼓、横笛、拍板；
　　　　右侧后排：排箫。
　　　　北壁　五代画药师经变一铺。
　　　　下画乐舞图1幅，共画乐舞伎11身。长巾舞伎1身居中；乐伎10身，对称分列两侧，前排坐奏，后排立奏。
　　　　左侧前排：阮、横笛、拍板；

左侧后排：竖笛、排箫；
右侧前排：筝、竖笛、拍板；
右侧后排：1件模糊、横笛。
主室　南壁　龛内中唐画飞天2身。
东起第一铺中唐画六臂不空绢索观音变。
上画飞天4身。
北壁　龛内中唐画飞天2身。
合　计：此窟画飞天8身；经变乐舞图2幅，乐队2组，舞伎2身，乐伎18身，乐器17件；普贤经变1铺，乐队1组，乐伎5身，乐器5件。
乐器种类：琵琶2件、竖箜篌1件、横笛5件、竖笛4件、笙1件、细腰鼓1件、拍板4件、羯鼓1件、排箫2件、阮1件、筝1件。共23件。模糊乐器1件。
舞蹈种类：细腰鼓独舞1组、长巾独舞1组。

第386窟

时　代：初唐（中唐、五代、清重修）
形　制：覆斗形顶，西壁开一龛。
内　容：主室　窟顶　四披初唐画飞天一周，每披2身，共8身。
　　　　南壁　东起第一铺中唐画弥勒经变。
　　　　上画飞天4身。
　　　　东起第二铺中唐画阿弥陀经变。
　　　　上画不鼓自鸣乐器6件：笙、排箫、筝、四弦直颈琵琶、竖笛、拍板。
　　　　上画飞天4身。
　　　　说法图两侧画迦陵频伽2身，分别演奏直颈琵琶、拍板。
　　　　下画乐舞图1幅，共画乐舞伎22身，分2组，上、下两层排列。
　　　　上层乐舞1组，共画乐舞伎13身。长巾舞伎1身居中；乐伎12身，对称分列两侧，每侧两排。
左侧前排：四弦曲颈琵琶（拨奏）、筝、竖
箜篌；
左侧后排：毛员鼓、笙、拍板；
右侧前排：拍板、横笛、排箫；
右侧后排：竖笛、贝、鼗鼓。
下画迦陵频伽1身居中，弹直颈琵琶。
下层乐舞1组，乐伎8身，对称分列两侧，
每侧两排。
左侧前排：直颈琵琶、竖笛；
左侧后排：横笛、拍板；
右侧前排：毛员鼓、笙；
右侧后排：拍板、竖笛。
北壁 西起第一铺中唐画药师经变。
上画不鼓自鸣乐器6件：1件模糊、拍板、
排箫、笙、直颈琵琶、横笛。
下画乐舞图1幅，共画乐舞伎9身。长巾
舞伎1身居中；乐伎8身，对称分列
两侧。
左侧：直颈琵琶（拨奏）、竖笛、笙、排箫；
右侧：筝、1件模糊、义觜笛、竖箜篌。
下画迦陵频伽2身、孔雀1只。
西起第二铺中唐画天请问经变，图像残。
上画不鼓自鸣乐器3件：1件模糊、笙、拍板。
下画乐舞图1幅，共画乐舞伎4身。长巾
舞伎1身居中；乐伎分列两侧。残存
左侧乐伎3身。
左侧：直颈琵琶（拨奏）、横笛、排箫。
右侧：图像残毁。
东壁 门北中唐画普贤经变。
上画飞天2身。
下画乐队1组，共乐伎4身。乐器有：拍板(6
片)、横笛、笙、排箫。
门南中唐画文殊经变。
上画飞天2身。
下画乐队1组，共乐伎3身。乐器有：拍板(6
片)、竖笛、琵琶。

合　计：此窟画不鼓自鸣乐器15件（2件模糊）；
飞天20身；经变乐舞图3幅，乐队4组，
舞伎3身，乐伎31身，乐器30件；迦陵
频伽5身，乐器3件；文殊经变、普贤经
变各1铺，乐队2组，乐伎7身，乐器7件。
乐器种类：排箫6件、筝3件、琵琶9件（其中四弦
琵琶2件）、竖笛6件、拍板10件、竖箜
篌2件、毛员鼓2件、笙7件、横笛5件、
贝1件、鼗鼓1件、义觜笛1件。共53件。
模糊乐器3件。
舞蹈种类：长巾独舞3组、迦陵频伽舞2组。

第387窟

时　代：盛唐（五代、清重修）
形　制：覆斗形顶，西壁开一龛。
内　容：主室 窟顶 藻井四披画飞天一周，每披4
身，共16身。其中西披4身为飞天乐伎，
乐器有：竖箜篌、排箫、竖笛、横笛。
西壁 龛顶画飞天20身。
合　计：此窟画飞天36身，其中飞天乐伎4身，
乐器4件。
乐器种类：竖箜篌1件、排箫1件、竖笛1件、横笛
1件。共4件。

第388窟

时　代：隋（五代、西夏、清重修）
形　制：覆斗形顶，西壁开一龛。
内　容：主室 窟顶 四披画飞天一周，每披2身，
共8身。
西壁 龛内残存飞天4身。
合　计：此窟画飞天12身。

第389窟

时　代：隋（五代、西夏、清重修）
形　制：覆斗形顶，西壁开一龛。
内　容：主室　西壁　内外层龛各画飞天2身，共4身。
　　　　龛楣画化生伎乐5身。中间1身舞蹈，两侧4身奏乐，乐器有：横笛、直颈琵琶、曲颈琵琶、竖笛。
　　　　南壁　华盖两侧画飞天2身。
　　　　北壁　华盖两侧画飞天2身。
合　计：此窟画飞天8身；化生伎乐5身，舞伎1身，乐伎4身，乐器4件。
乐器种类：横笛1件、琵琶2件、竖笛1件。共4件。

第390窟

时　代：隋（五代、清重修）
形　制：覆斗形顶，西壁开一龛。
内　容：甬道　南壁　五代画普贤经变中画乐队1组，共乐伎3身。乐器有：琵琶、竖箜篌、横笛。
　　　　北壁　五代画文殊经变中画乐队1组，共3身。乐器有：琵琶、横笛、横笛。
　　　　主室　四壁　上画飞天一周，共38身。南、西、北壁各10身，东壁8身，其中飞天乐伎14身。
　　　　南壁：横笛、细腰鼓、五弦直颈琵琶、方响（音片双层悬挂）；
　　　　西壁：曲颈琵琶、竖箜篌、竖笛；
　　　　北壁：笙、横笛、直颈琵琶、排箫、曲颈琵琶。
　　　　东壁：笙、曲颈琵琶。
　　　　南壁　华盖两侧画飞天乐伎2身，乐器有：曲颈琵琶、五弦直颈琵琶。
　　　　下东段画供养人伎乐1组，共乐伎8身。
　　　　前排：方响、竖箜篌、曲颈琵琶、钹、曲颈琵琶；
　　　　后排：排箫、横笛、横笛。
　　　　西壁　内层龛顶画飞天12身，其中飞天乐伎3身，乐器有：曲颈琵琶、横笛、竖箜篌。
　　　　外层龛顶画飞天6身。
　　　　北壁　华盖两侧画飞天2身。
合　计：此窟画飞天60身，其中飞天乐伎19身，乐器19件；文殊经变、普贤经变各1铺，乐队2组，乐伎6身，乐器6件；世俗乐舞图1幅，乐伎8身，乐器8件。
乐器种类：琵琶12件（其中五弦琵琶2件）、竖箜篌4件、横笛8件、细腰鼓1件、方响2件、笙2件、竖笛1件、排箫2件、钹1件。共33件。

第392窟

时　代：隋（初唐、中唐、五代、清重修）
形　制：覆斗形顶，西壁开一龛。
内　容：主室　窟顶　南、北、东三披残，西披画飞天4身，其中飞天乐伎2身，乐器有：四弦曲颈琵琶、五弦直颈琵琶。
　　　　西壁　内层龛顶残存飞天2身。
　　　　外层龛顶残存飞天2身。
　　　　龛外上画化生童子1身。
合　计：此窟画飞天8身，其中飞天乐伎2身，乐器2件；化生童子1身。
乐器种类：四弦琵琶1件、五弦琵琶1件。共2件。

第393窟

时　　代：隋（宋、清重修）
形　　制：覆斗形顶，西壁塑像。
内　　容：主室 西壁 上画飞天2身。
　　　　　　　　下画药叉2身。
合　　计：此窟画飞天2身；药叉伎乐2身。

第394窟

时　　代：隋（五代、清重修）
形　　制：覆斗形顶，西壁开一龛。
内　　容：主室 南壁 上画飞天8身，其中飞天乐伎2身，乐器有：四弦曲颈琵琶、竖箜篌。
　　　　　西壁 内、外层龛内各画飞天2身，共4身。
　　　　　北壁 残存飞天8身，其中飞天乐伎3身，乐器有：横笛、五弦直颈琵琶、排箫。
合　　计：此窟画飞天20身，其中飞天乐伎5身，乐器5件。
乐器种类：四弦琵琶1件、五弦琵琶1件、竖箜篌1件、横笛1件、排箫1件。共5件。

第395窟

时　　代：隋（五代、西夏、清重修）
形　　制：覆斗形顶，西壁开一龛。
内　　容：主室 窟顶 西披画飞天2身。
合　　计：此窟画飞天2身。

第396窟

时　　代：隋（五代、清重修）
形　　制：覆斗形顶，西壁开一龛。
内　　容：主室 南壁 说法图中画飞天乐伎2身，乐器有：竖箜篌、曲颈琵琶。
　　　　　西壁 龛楣中画化生伎乐4身。乐器有：曲颈琵琶、直颈琵琶。
　　　　　龛内、外共画飞天6身。
　　　　　北壁 上画飞天乐伎2身，乐器有：笙、细腰鼓。
合　　计：此窟画飞天10身，其中飞天乐伎4身，乐器4件；化生伎乐4身，乐器2件。
乐器种类：竖箜篌1件、琵琶3件、笙1件、细腰鼓1件。共6件。

第397窟

时　　代：隋（初唐、五代、清重修）
形　　制：覆斗形顶，西壁开一龛。
内　　容：主室 南壁 初唐画说法图一铺。
　　　　　上画飞天2身。
　　　　　西壁 内层龛顶南侧夜半逾城中画菩萨伎乐2身，乐器有：琵琶（拨奏）、竖箜篌。
　　　　　内层龛顶北侧乘象入胎中画菩萨伎乐2身，立象牙载莲座上，乐器有：曲颈琵琶、笙。
　　　　　龛内、外共画飞天10身、飞天童子5身。
　　　　　北壁 初唐画说法图一铺。
　　　　　上画飞天2身。
合　　计：此窟画飞天14身；飞天童子5身；菩萨伎乐4身，乐器4件。
乐器种类：琵琶2件、竖箜篌1件、笙1件。共4件。

第398窟

时　代：隋（五代、清重修）
形　制：覆斗形顶，西壁开一龛。
内　容：主室 四壁 上画飞天一周，共残存22身。
　　　　南壁9身，其中飞天乐伎4身，乐器有：
　　　　　　曲颈琵琶、横笛、竖箜篌、直颈琵琶；
　　　　西壁4身；
　　　　北壁8身，其中飞天乐伎4身，乐器有：
　　　　　　曲颈琵琶、五弦直颈琵琶、竖箜篌、笙。
　　　　东壁残存3身。
　　　　南壁 说法图中画飞天2身、飞天童子2身。
　　　　西壁 龛内画飞天2身、飞天童子2身。
　　　　龛楣画化生伎乐4身，乐器有：曲颈琵琶、
　　　　　　横笛、竖笛、五弦直颈琵琶。
　　　　龛内两侧下画化生伎乐2身，乐器有：直
　　　　　　颈琵琶、四弦曲颈琵琶。
　　　　北壁 说法图中画飞天1身、飞天童子1身。
合　计：此窟画飞天29身，其中飞天乐伎8身，
　　　　乐器8件；飞天童子5身；化生伎乐6身，
　　　　乐器6件。
乐器种类：琵琶8件（其中四弦琵琶1件、五弦琵琶
　　　　2件）、横笛2件、竖箜篌2件、笙1件、
　　　　竖笛1件。共14件。

第399窟

时　代：隋（西夏、清重修）
形　制：覆斗形顶，西壁开一龛。
内　容：主室 西壁 外层龛顶西夏画飞天2身。
合　计：此窟画飞天2身。

第400窟

时　代：隋（西夏、清重修）
形　制：覆斗形顶，西壁开一龛。
内　容：主室 南壁 西夏画阿弥陀经变一铺。
　　　　上画不鼓自鸣乐器5件：竖箜篌、笙簧、
　　　　　　拍板、筝、竖笛。
　　　　下画乐舞图1幅，共画乐舞伎8身。舞伎
　　　　　　1身居中；乐伎7身，分列两侧，左
　　　　　　侧4身，右侧3身。
　　　　左侧：曲颈琵琶、笙、竖笛、拍板；
　　　　右侧：筝、横笛、琵琶。
　　　　西壁 龛内西夏画飞天2身。
　　　　北壁 西夏画药师经变一铺。
　　　　上画不鼓自鸣乐器2件：拍板、笙簧。
　　　　下画乐舞图1幅，共画乐舞伎9身。长巾
　　　　　　舞伎1身居上；乐伎8身，对称分列
　　　　　　两侧。
　　　　左侧前排：笙、四弦曲颈琵琶（拨奏）；
　　　　左侧后排：拍板（兼歌唱）、横笛；
　　　　右侧前排：筝、竖笛；
　　　　右侧后排：细腰鼓、竖箜篌。
　　　　东壁 上西夏画化生伎乐2组，共4身。
　　　　北侧：1身舞蹈、1身弹琵琶；
　　　　南侧：1身舞蹈、1身奏拍板。
合　计：此窟画不鼓自鸣乐器7件；飞天2身；经
　　　　变画乐舞图2幅，乐队2组，舞伎2身，
　　　　乐伎15身，乐器15件；化生伎乐4身，
　　　　舞伎2身，乐伎2身，乐器2件。
乐器种类：竖箜篌2件、笙簧2件、拍板5件、筝3件、
　　　　竖笛3件、琵琶4件（其中四弦琵琶1件）、
　　　　笙2件、横笛2件、细腰鼓1件。共24件。
舞蹈种类：长巾独舞2组、童子双人舞1组。

第401窟

时　代：隋（初唐、五代、清重修）
形　制：覆斗形顶，南、西、北壁各开一龛。
内　容：主室 窟顶 藻井井心画飞天乐伎4身，乐器有：五弦曲颈琵琶、五弦直颈琵琶、横笛、笙。另有马首鸟身2只、朱雀1只、人首鸟1身，与飞天相间出现，呈环状飞行。
　　　　南壁 龛内初唐画飞天2身。
　　　　西壁 内层龛顶隋画飞天10身，其中飞天乐伎2身，乐器有：曲颈琵琶、直颈琵琶。
　　　　外层龛顶画飞天2身（髡首）。龛顶南、北两侧各画飞天乐伎3身，共6身。
　　　　南侧：竖笛、笙、琵琶；
　　　　北侧：细腰鼓（双手托举细腰鼓）、曲颈琵琶、横笛。
　　　　北壁 龛内隋画飞天6身。
合　计：此窟画飞天30身，其中飞天乐伎12身，乐器12件。
乐器种类：琵琶6件（其中五弦琵琶2件）、横笛2件、笙2件、竖笛1件、细腰鼓1件。共12件。

第402窟

时　代：隋（五代、清重修）
形　制：前部平顶，后部人字披顶，西壁开一龛。
内　容：前室 南壁 顶残存五代画飞天乐伎1身，弹竖箜篌。
　　　　北壁 顶残存五代画飞天1身。
　　　　主室 四壁 上画飞天一周，共35身，其中乐伎11身。
　　　　南壁 13身，其中飞天乐伎5身，乐器有：竖箜篌、曲颈琵琶、直颈琵琶、笙、凸面细腰鼓；
　　　　西壁 2身，无乐器。
　　　　北壁 12身，其中飞天乐伎6身，乐器有：担鼓、横笛、铜角、直颈琵琶、竖箜篌、曲颈琵琶；
　　　　东壁 8身，无乐器。
　　　　南壁 说法图中画飞天2身。
　　　　西壁 外层龛顶画飞天2身、飞天童子2身。
　　　　外层龛内画化生童子4身。
　　　　龛楣画化生童子1身。
　　　　北壁 说法图中画飞天2身。
合　计：此窟画飞天43身，其中飞天乐伎12身，乐器12件；飞天童子2身；化生童子5身。
乐器种类：竖箜篌3件、担鼓1件、铜角1件、琵琶4件、凸面细腰鼓1件、笙1件、横笛1件。共12件。

第404窟

时　代：隋（清重修）
形　制：前部人字披顶，后部平顶，西壁开一龛。
内　容：主室 四壁 上画飞天一周，共36身，其中乐伎8身。
　　　　南壁 11身，图像模糊；
　　　　西壁 4身，乐器1件：曲颈琵琶；
　　　　北壁 11身，乐器2件：竖箜篌、笙；
　　　　东壁 10身，乐器5件：横笛、曲颈琵琶、排箫、竖笛、五弦直颈琵琶（拨奏）。
　　　　南壁 说法图上残存飞天2身。
　　　　西壁 内层龛楣画化生伎乐9身，其中舞伎1身居中，乐伎6身位于两侧奏乐。
　　　　左侧：担鼓、五弦直颈琵琶、曲颈琵琶；
　　　　右侧：竖箜篌、竖笛、横笛。
　　　　外龛顶画飞天4身。
　　　　北壁 说法图上部残存飞天乐伎2身，乐器有：竖箜篌、琵琶。

合　　计 ：此窟画飞天44身，其中飞天乐伎10身，
　　　　　　乐器10件；化生伎乐9身，舞伎1身，
　　　　　　乐伎6身，乐器6件。
乐器种类：琵琶6件（其中五弦琵琶2件）、担鼓1件、
　　　　　　竖箜篌3件、竖笛2件、横笛2件、笙1件、
　　　　　　排箫1件。共16件。

第405窟

时　　代 ：隋（宋、清重修）
形　　制 ：覆斗形顶，西壁开一龛
内　　容 ：主室　南壁　上画飞天2身。
　　　　　　西壁　龛内、外宋画飞天4身。
　　　　　　北壁　上画飞天2身。
　　　　　　下画壸门伎乐，残存舞伎1身。
合　　计 ：此窟画飞天8身。

第406窟

时　　代 ：隋（宋、清重修）
形　　制 ：覆斗形顶，西壁开一龛。
内　　容 ：西壁　内层龛顶画飞天2身。
合　　计 ：此窟画飞天2身。

第407窟

时　　代 ：隋（宋、清重修）
形　　制 ：覆斗形顶，西壁开一龛。
内　　容 ：主室　窟顶　藻井井心画飞天8身。
　　　　　　西壁　内层龛顶画飞天8身，其中飞天乐
　　　　　　　　　伎6身。
　　　　　　左侧：四弦曲颈琵琶、竖箜篌（8弦，左
　　　　　　　　　手持箜篌，右手弹奏）、横笛；
　　　　　　右侧：竖笛、排箫、五弦直颈琵琶（拨奏）。
　　　　　　外层龛顶画飞天6身。
　　　　　　东壁　说法图上宋画飞天2身。
合　　计 ：此窟画飞天24身，其中飞天乐伎6身，
　　　　　　乐器6件。
乐器种类：四弦琵琶1件、五弦琵琶1件、竖箜篌1件、
　　　　　　横笛1件、竖笛1件、排箫1件。共6件。

第408窟

时　　代 ：隋（西夏、清重修）
形　　制 ：人字披顶，西壁开一龛。
内　　容 ：主室　南壁　画飞天童子2身。
　　　　　　下残存壸门伎乐1身。
　　　　　　西壁　龛内西夏画飞天2身。
　　　　　　下残存壸门伎乐2身。
　　　　　　北壁　画飞天童子2身。
　　　　　　下残存壸门伎乐1身，弹琵琶。
合　　计 ：此窟画飞天2身；飞天童子4身；壸门伎
　　　　　　乐4身，乐器1件。
乐器种类：琵琶1件。共1件。

第409窟

时　　代 ：五代（回鹘、清重修）
形　　制 ：前部人字披顶，后部平顶，西壁开一龛。
内　　容 ：主室　西壁　龛顶画飞天2身。
合　　计 ：此窟画飞天2身。

第410窟

时　代：隋
形　制：覆斗形顶，南、西、北壁各开一龛。
内　容：主室　西壁　内层龛顶画飞天2身。
合　计：此窟画飞天2身。

第412窟

时　代：隋（五代、清重修）
形　制：顶毁，西壁开一龛。
内　容：主室　西壁　内层龛画飞天26身。
　　　　外层龛残存飞天6身。
　　　　龛楣画化生伎乐4身，乐器有：拍板、竖箜篌、琵琶、排箫。
合　计：此窟画飞天32身；化生伎乐4身，乐器4件。
乐器种类：拍板1件、竖箜篌1件、琵琶1件、排箫1件。共4件。

第414窟

时　代：隋（清重修）
形　制：覆斗形顶，西壁开一龛。
内　容：西壁　内层龛顶画飞天4身；
　　　　外层龛顶画飞天2身。
合　计：此窟画飞天6身。

第416窟

时　代：隋
形　制：前部人字披顶，后部平棋顶，西壁开一龛。
内　容：窟顶　平棋中残存飞天4身。
　　　　人字披中残存世俗乐伎2身，1身站立演奏排箫，1身模糊。
　　　　南壁　西侧残存飞天乐伎2身，乐器有：琵琶、竖箜篌。
　　　　西壁　南侧残存飞天1身。
合　计：此窟画飞天7身，其中飞天乐伎2身，乐器2件；世俗乐伎2身，乐器1件。
乐器种类：排箫1件、琵琶1件、竖箜篌1件。共3件。模糊乐器1件。

第417窟

时　代：隋
形　制：前部人字披顶，后部平顶。
内　容：窟顶　后部平顶画弥勒上生经变一铺。
　　　　上画乐舞图1幅，共画乐舞伎4身，站立奏乐。乐器有：琵琶、笙、排箫、1件模糊。
　　　　后部平顶画飞天6身，其中北侧1身弹琵琶，南侧1身吹笙（模糊）。
　　　　人字披西披画飞天3身。
　　　　南壁　上残存飞天8身,其中飞天乐伎2身，演奏竖箜篌、曲颈琵琶。
　　　　北壁　上残存飞天7身。
合　计：此窟画飞天24身，其中飞天乐伎4身，乐器4件；经变乐舞图1幅，乐队1组，乐伎4身，乐器3件。
乐器种类：琵琶3件、笙2件、排箫1件、竖箜篌1件。共7件。模糊乐器1件。

第418窟

时　代：隋（西夏重修）
形　制：前部人字披顶，后部平顶，西壁开一龛。
内　容：主室　南壁　西侧上西夏画飞天2身。
　　　　西壁　龛顶隋画飞天乐伎6身。
　　　　左侧：直颈琵琶、横笛、1件模糊；
　　　　右侧：笙、竖笛、竖箜篌。
　　　　龛两侧西夏画飞天2身。
合　计：此窟画飞天10身，其中飞天乐伎5身，乐器5件。
乐器种类：琵琶1件、横笛1件、笙1件、竖笛1件、竖箜篌1件。共5件。模糊乐器1件。

第419窟

时　代：隋（西夏重修）
形　制：前部人字披顶，后部平顶，西壁开一龛。
内　容：前室　西壁　门上残存西夏画飞天2身。
　　　　主室　四壁　上画飞天一周，共50身，其中飞天乐伎12身。
　　　　南壁18身，乐器2件：竖箜篌、横笛；
　　　　西壁2身，乐器1件：直颈琵琶；
　　　　北壁18身，乐器3件：竖笛、排箫、直颈琵琶；
　　　　东壁12身，乐器6件：笙、琵琶（拨奏）、竖箜篌、琵琶（拨奏）、竖笛、横笛。
　　　　四壁下残存药叉伎乐8身。其中西壁北侧2身演奏琵琶、竖箜篌。
　　　　窟顶　后部平顶南、北两侧各画飞天7身，共14身。其中飞天乐伎5身。
　　　　南侧：笙、竖箜篌、笙；
　　　　北侧：曲颈琵琶、排箫。
　　　　弥勒经变中画乐伎1身，弹琵琶。
　　　　西壁　龛顶画飞天6身。

龛楣画化生伎乐1身。
龛北侧画飞天1身。
合　计：此窟画飞天73身，其中飞天乐伎17身，乐器17件；化生伎乐1身；药叉伎乐8身，乐器2件。
乐器种类：笙3件、竖箜篌4件、琵琶7件、排箫2件、横笛2件、竖笛2件。共20件。

第420窟

时　代：隋（宋、西夏重修）
形　制：覆斗形顶，南、西、北壁各开一龛。
内　容：主室　窟顶　藻井画飞天4身。
　　　　四披画飞天一周，共80身，其中乐伎14身。
　　　　南披20身，乐器1件：横笛；
　　　　西披19身，乐器8件：横笛、排箫、笙、细腰琵琶、竖箜篌、筝、方响（1身持方响，1身击奏）、铙；
　　　　北披21身，乐器5件：笙、横笛、排箫、方响、琵琶；
　　　　东披20身，其中4身为飞天童子，均未持乐器。
　　　　南壁　龛顶画飞天2身。
　　　　西壁　龛上画飞天14身。
　　　　内龛顶两侧画飞天15身，其中乐伎8身。
　　　　左侧7身，乐器有：笙、曲颈琵琶、细腰琵琶（5弦，共鸣箱呈葫芦形）、方响（1身持方响，1身击奏）；
　　　　右侧8身，乐器有：竖箜篌、直颈琵琶、笙、横笛。
　　　　龛楣画化生伎乐1组，共画乐舞伎14身，其中舞伎1身居中，乐伎共11身，分列两侧奏乐。
　　　　左侧：细腰鼓、竖笛、排箫、贝（模糊）、直颈琵琶、竖箜篌；

右侧：竖箜篌、曲颈琵琶、笙、筝、横笛。
外层龛南、北壁各画飞天2身，共4身，其中北侧2身为飞天乐伎，乐器有：竖箜篌、直颈琵琶。
北壁 龛顶画飞天乐伎2身。1身弹竖箜篌，1身弹直颈琵琶。
东壁 门上说法图华盖两侧画飞天2身。

合　计：此窟画飞天119身，其中飞天乐伎26身，乐器26件；飞天童子4身；化生伎乐14身，乐器11件。
乐器种类：笙5件、竖箜篌6件、方响3件、琵琶7件、细腰琵琶2件、横笛5件、竖笛1件、排箫3件、贝1件、筝2件、铙1件、细腰鼓1件。共37件。

第421窟

时　代：隋（宋、清重修）
形　制：覆斗形顶，西壁开一龛。
内　容：西壁 龛顶画飞天乐伎2身，乐器有：直颈琵琶、曲颈琵琶。
合　计：此窟画飞天乐伎2身，乐器2件。
乐器种类：琵琶2件。共2件。

第423窟

时　代：隋（西夏重修）
形　制：前部人字披顶，后部平顶，西壁开一龛。
内　容：窟顶 后部平顶两侧各画飞天6身，共12身。
人字披西披画弥勒上生经变。
两侧上画飞天各3身，共6身。
主尊两侧阁楼内画乐队1组。
左侧上层：横笛、竖笛；

左侧中层：五弦直颈琵琶、竖箜篌；
左侧下层：细腰琵琶；
右侧上层：笙；
右侧中层：曲颈琵琶、横笛；
右侧下层：古琴。
人字披东披须达拏太子本生中画乐伎1身，弹直颈琵琶。
四壁 上画飞天一周，共39身，其中乐伎5身。
南壁13身，其中飞天童子2身；
西壁4身，未持乐器；
北壁12身，其中第三至第七身为飞天乐伎，乐器有：细腰琵琶、竖箜篌、古琴、排箫、笙；
东壁10身。
西壁 龛内画飞天2身。
龛两侧下画药叉伎乐2身。

合　计：此窟画飞天57身，其中飞天乐伎5身，乐器5件；飞天童子2身；经变乐舞图1幅，乐队1组，乐伎9身，乐器9件；世俗乐舞图1幅，乐伎1身，乐器1件；药叉伎乐2身。
乐器种类：细腰琵琶2件、琵琶3件（其中五弦琵琶1件）、竖箜篌2件、古琴2件、排箫1件、笙2件、横笛2件、竖笛1件。共15件。

第425窟

时　代：隋（宋重修）
形　制：前部人字披顶，后部平顶，西壁开一龛。
内　容：主室 四壁 上画飞天一周，共33身，其中乐伎9身。
南壁11身，乐器有：答腊鼓、竖笛、细腰鼓、阮、直颈琵琶；
西壁2身，未持乐器；

北壁 12 身,乐器有:曲颈琵琶、竖箜篌、笙、
　　　排箫;
东壁 8 身,未持乐器。
南壁 说法图上画飞天 2 身。
西壁 内层龛顶画飞天 2 身。
　　　龛楣画化生伎乐 5 身,其中 4 身奏乐,乐
　　　器有:横笛、曲颈琵琶、直颈琵琶、笙。
北壁 说法图上画飞天 2 身。
合　计: 此窟画飞天 39 身,其中飞天乐伎 9 身,
　　　乐器 9 件;化生伎乐 5 身,乐器 4 件。
乐器种类:答腊鼓 1 件、竖笛 1 件、细腰鼓 1 件、阮 1 件、
　　　琵琶 4 件、竖箜篌 1 件、笙 2 件、排箫 1 件、
　　　横笛 1 件。共 13 件。

第426窟

时　代: 隋
形　制: 覆斗形顶,西壁开一龛。
内　容: 西壁 龛顶画飞天 2 身。
合　计: 此窟画飞天 2 身。

第427窟

时　代: 隋(宋重修)
形　制: 前部人字披顶,后部平顶,有中心柱,柱南、
　　　西、北向三面各开一龛。
内　容: 窟外 门上宋画壸门伎乐 4 身。
　　　左侧:竖笛、横笛;
　　　右侧:琵琶、拍板;
　　　中画迦陵频伽 2 身,手持供品。
　　　前室 窟顶 西侧画乐舞 1 组,菩萨舞伎 1
　　　　　身,另有鸟类 2 只、瑞兽 1 身。
　　　东壁 门两侧各画飞天 3 身,共 6 身。
　　　下画壸门伎乐 4 身。

主室 窟顶 人字披顶画化生伎乐,图像模
　　　糊,乐器有:直颈琵琶、横笛、曲颈
　　　琵琶、竖箜篌。
南壁 上画飞天 34 身,其中飞天乐伎 2 身,
　　　乐器有:竖箜篌、笙。
华盖两侧画飞天 4 身。
西壁 上画飞天 20 身。
北壁 上画飞天 34 身,其中飞天乐伎 5 身,
　　　乐器有:琵琶、竖箜篌、琵琶、竖箜篌、
　　　竖笛。
华盖两侧画飞天 4 身。
东壁 上画飞天 20 身。
合　计: 此窟画飞天 122 身,其中飞天乐伎 7 身,
　　　乐器 7 件;壸门伎乐 9 身,乐伎 4 身,乐
　　　器 4 件,舞伎 1 身;迦陵频伽 2 身;化生
　　　伎乐 4 身,乐器 4 件。
乐器种类:竖笛 2 件、横笛 2 件、琵琶 5 件、拍板 1 件、
　　　竖箜篌 4 件、笙 1 件。共 15 件。

第428窟

时　代: 北周(五代重修)
形　制: 前部人字披顶,后部平棋顶,有中心塔柱,
　　　柱四面各开一龛。
内　容: 窟外 上方崖壁五代画飞天乐伎 1 身,吹
　　　横笛。
北壁 画飞天 1 身。
主室 中心柱 南向面龛内画飞天 2 身。
龛楣画化生伎乐 8 身,乐器 6 件:竖笛、
　　　横笛、曲颈琵琶、竖箜篌、直颈琵琶、
　　　细腰鼓。
下画药叉 8 身。
西向面龛内画飞天 2 身。
下画药叉伎乐 9 身。
北向面龛内画飞天 2 身,平顶中画飞天 6 身。

下画药叉伎乐 9 身。
东向面龛内画飞天 2 身,平顶中画飞天 3 身。
下画药叉伎乐 9 身,乐器 1 件:曲颈琵琶。
窟顶　中心柱东向面画菩萨 1 组,共 6 身,
　　　其中菩萨伎乐 3 身,乐器 3 件:排箫、
　　　曲颈琵琶、横笛。
窟顶平棋 20 方,画飞天 84 身。其中中心
　　　柱南侧东起第四方平棋内 1 身为飞天
　　　乐伎,吹贝。
南壁　人字披下画飞天 2 身。
东起第一铺跌坐佛说法图华盖两侧画飞天
　　　7 身,其中飞天乐伎 4 身,演奏直颈
　　　琵琶、竖箜篌、横笛、细腰鼓。
东起第二铺卢舍那佛华盖两侧画飞天 4 身,
　　　佛袈裟右上画飞天 2 身,右下画乐伎
　　　1 身,弹琵琶。
东起第三铺跌坐佛说法图华盖两侧画飞天
　　　2 身。
东起第五铺跌坐佛说法图华盖两侧画飞天
　　　乐伎 2 身,乐器有:筚篥、曲颈琵琶。
西壁　南侧佛塔第五层画人首鸟 1 身。中
　　　下画飞天 4 身,其中飞天乐伎 1 身,
　　　吹横笛。
北壁　人字披下画飞天 2 身。
东壁　门北须达拏太子本生故事画中画乐
　　　伎 2 人,乐器有:竖箜篌、曲颈琵琶。
合　计：此窟画飞天 128 身,其中飞天乐伎 9 身,
　　　乐器 9 件;菩萨伎乐 3 身,乐器 3 件;化
　　　生伎乐 8 身,乐器 6 件;药叉乐伎 35 身,
　　　乐器 1 件;世俗乐舞图 2 幅,乐伎 3 身,
　　　乐器 3 件;
乐器种类：横笛 5 件、竖笛 1 件、竖箜篌 3 件、琵琶 8 件、
　　　细腰鼓 2 件、排箫 1 件、贝 1 件、筚篥 1 件。
　　　共 22 件。

第 429 窟

时　代：隋(宋重修)
形　制：人字披顶。
内　容：主室　西壁　上画飞天 2 身。
合　计：此窟画飞天 2 身。

第 430 窟

时　代：北周(宋重修)
形　制：前部人字披顶,后部平棋顶,西壁开一龛。
内　容：主室　窟顶　平棋顶西端画飞天 8 身。
　　　南壁　上画飞天 12 身。
　　　西壁　龛内画飞天 2 身。
　　　龛楣画化生伎乐 7 身,其中 6 身奏乐。乐
　　　　器有:凸面细腰鼓、竖箜篌、排箫、
　　　　曲颈琵琶、横笛、竖笛。
　　　北壁　上画飞天 12 身。
　　　东壁　上画飞天乐伎 8 身,乐器有:笙、笙、
　　　　竖箜篌、竖箜篌、直颈琵琶、直颈琵琶、
　　　　曲颈琵琶、曲颈琵琶。
合　计：此窟画飞天 42 身,其中飞天乐伎 8 身,
　　　乐器 8 件;化生伎乐 7 身,乐器 6 件。
乐器种类：凸面细腰鼓 1 件、竖箜篌 3 件、排箫 1 件、
　　　琵琶 5 件、横笛 1 件、竖笛 1 件、笙 2 件。
　　　共 14 件。

第 431 窟

时　代：北魏(初唐、宋重修)
形　制：前部人字披顶,后部平棋顶,有中心塔柱。
内　容：窟外　上方崖壁上宋画飞天 1 组,共残存 5
　　　身,图像漫漶,乐器有:横笛、筚篥。
　　　门上风窗两侧自南至北依次为:菩萨伎乐

1身，演奏拍板；供养菩萨1身；飞天1身；菩萨伎乐1身，演奏筝。

外墙门两侧画飞天4身。

前室 东壁 上画飞天9身。

门上风窗两侧共画迦陵频伽2身，均持花。

门两侧共画飞天4身。

下画壸门伎乐4身，其中乐伎2身，演奏四弦曲颈琵琶、排箫。

主室 窟顶 中心柱周围平顶上画16方平棋（其中1方残），内画飞天26身。

南壁 上画天宫伎乐18身。其中乐伎10身：东起第三身弹琵琶，第四身拍击担鼓，第五身吹弯角，第七身击羯鼓，第八身吹竖笛，第十身吹排箫，第十一身弹竖箜篌，第十二身拍击凸面细腰鼓，第十三身吹横笛，第十四身弹琵琶；舞伎8身：东起第一、六、九、十五身合掌，第二、十七身作手舞状，第十六身托花盘，第十八身双手握拳。

西壁 上画天宫伎乐15身。其中乐伎9身：南起第一、五、十二身吹横笛，第四身弹琵琶，第七身吹弯角，第八身吹尺八，第十一身拍击凸面细腰鼓，第十三身吹竖笛，第十四身弹竖箜篌；舞伎6身：南起第二、九、十、十五身合掌，第三身作拍手状，第六身托花。

中初唐画不鼓自鸣乐器16件：竖箜篌、古琴、笛、羯鼓、曲颈琵琶、细腰鼓、鸡娄鼓、五弦直颈琵琶、横笛（8孔）、羯鼓、筝、四弦曲颈琵琶、排箫(18管)、排箫、凸面细腰鼓、曲颈琵琶。

北壁 上画天宫伎乐20身。其中乐伎12身：西起第一、五、十一、十三身吹横笛，第二身拍击担鼓，第三、十七身弹直颈琵琶，第十四身弹竖箜篌，第十六、十九身吹竖笛，第十八身吹笙箎，第二十身拍击凸面细腰鼓；舞伎8身：西起第四、七、八、十、十二身合掌，第六、九、十五身作手舞状。

东壁 上画天宫伎乐11身。其中乐伎5身：北起第三、七身吹横笛，第四身拍击凸面细腰鼓，第五身拍击担鼓，第八身吹竖笛；舞伎6身：北起第一、二、九、十、十一身作手舞状，第六身合掌。

合　计：此窟画不鼓自鸣乐器16件；飞天49身；天宫伎乐64身，其中乐伎36身，乐器36件，舞伎28身；迦陵频伽2身；壸门伎乐4身，乐器2件；菩萨伎乐2身，乐器2件。

乐器种类：横笛12件、笙箎2件、竖笛5件、尺八1件、排箫4件、拍板1件、筝2件、琵琶10件（其中四弦琵琶2件、五弦琵琶1件）、角2件、羯鼓3件、竖箜篌4件、凸面细腰鼓5件、细腰鼓1件、古琴1件、笛1件、鸡娄鼓1件、担鼓3件。共58件。

舞蹈种类：击掌舞13身、手姿舞12身。

第432窟

时　代：北周（西夏重修）

形　制：前部人字披顶，后部平顶，有中心塔柱，柱东向面开一龛，柱南、西、北向三面上层塑像，下层各开一龛。

内　容：主室 中心柱 南、北、东三向面龛楣画化生童子，其中西向面4身、北向面4身、东向面3身，共11身。

东向面龛内画飞天2身，

南壁 上西夏画飞天2身。

北壁 上西夏画飞天2身。

合　计：此窟画飞天6身；化生童子11身。

第433窟

时　代：隋
形　制：前部人字披顶，后部平顶，西壁开一龛。
内　容：窟顶 画飞天一周，共19身。
　　　　南侧6身，其中乐伎1身，演奏直颈琵琶；
　　　　北侧6身，其中乐伎1身，演奏直颈琵琶；
　　　　东侧5身，未持乐器。
　　　　人字披顶中央画飞天2身。
　　　　后部平顶经变上方画飞天4身。
　　　　西壁 龛顶画飞天乐伎2身。乐器有：竖笛、笙。
合　计：此窟画飞天27身，其中飞天乐伎4身，乐器4件。
乐器种类：琵琶2件、竖笛1件、笙1件。共4件。

第435窟

时　代：北魏（五代重修）
形　制：前部人字披顶，后部平顶，有中心塔柱，柱东向面开一龛，柱南、西、北向三面上、下层各开一龛。
内　容：主室 中心柱 南向面下层龛两侧画飞天2身。
　　　　西向面下层龛两侧画飞天2身；龛上画化生伎乐3身。
　　　　北向面下层龛两侧画飞天2身。
　　　　东向面龛上影塑飞天2身（残）；龛楣画化生伎乐3身。
　　　　中心柱下画药叉伎乐8身，东向面图像残。
　　　　窟顶 人字披西披、东披各画飞天10身。其中飞天乐伎10身。
　　　　西披：阮、横笛、贝、阮（直颈）、横笛、贝；
　　　　东披：竖箜篌、排箫、细腰鼓、竖笛。
　　　　平棋中画飞天20身。

南壁 上画天宫伎乐15身，瑞鸟1只。其中乐伎2身：东起第一身持串响，第八身吹贝；舞伎13身：东起第二、三、四、九、十三、十四、十五身合掌，第五、六、七、十、十一、十二身作手舞状。
说法图中残存飞天1身。
下画药叉9身，其中乐伎2。乐器有：琵琶、曲颈琵琶。
西壁 上画天宫伎乐13身。其中乐伎1身：南起第十三身持串响；舞伎12身：南起第一、二、四、七、九身作手舞状，第三、五、六、八、十、十一、十二身合掌。
下画药叉伎乐11身。
北壁 上画天宫伎乐15身。其中乐伎8身：西起第一身弹竖箜篌，第三身拍击担鼓，第六身弹曲颈琵琶，第七身吹贝，第八身拍击凸面细腰鼓，第十身吹横笛，第十一身持串响，第十三身吹角；舞伎7身：西起第二、九、十四、十五身合掌，第四、五、十二身作手舞状。
下画药叉伎乐11身，其中乐伎2身，均演奏琵琶。
东壁 上画天宫伎乐10身。其中乐伎1身：北起第1身弹直颈琵琶；舞伎9身：北起第二、三、四、六、八、十身合掌，第五、七、九身作手舞状。
下残存药叉3身。
合　计：此窟画（塑）飞天49身，其中飞天乐伎10身，乐器10件；天宫伎乐53身，其中乐伎12身，乐器12件，舞伎41身；化生伎乐6身；药叉伎乐42身，乐器4件。
乐器种类：串响3件、排箫1件、细腰鼓1件、贝4件、琵琶6件、竖箜篌2件、凸面细腰鼓1件、担鼓1件、横笛3件、角1件、阮

2件、竖笛1件。共26件。
舞蹈种类：击掌舞24身、手姿舞17身。

第436窟

时　代：隋（五代重修）
形　制：前部人字披顶，后部平顶，西壁开一龛。
内　容：窟顶　人字披残存飞天10身。
　　　　西披右上画菩萨伎乐2身，演奏琵琶、竖箜篌。
　　　　西壁　龛内画飞天2身。
　　　　佛坛下画药叉3身。
合　计：此窟画飞天12身；药叉3身；菩萨伎乐2身，乐器2件。
乐器种类：琵琶1件、竖箜篌1件。共2件。

第437窟

时　代：北魏（宋重修）
形　制：前部人字披顶，后部平顶，有中心塔柱，柱东向面开一龛，柱南、西、北向三面上、下层各开一龛。
内　容：外墙　中央风窗两侧宋画飞天乐伎2身，乐器有：贝、拍板。
　　　　右下壶门中画舞伎1身。
　　　　前室　木构窟檐　上宋画飞天2身，其中乐伎1身，演奏拍板。
　　　　主室　中心柱　东向面影塑飞天15身，其中3身为乐伎，乐器有：琵琶、直颈琵琶、细腰鼓。
　　　　中心柱南向面下层龛两侧塑飞天2身，已残。
　　　　南壁　人字披下宋画飞天2身。
　　　　北壁　人字披下宋画飞天2身。

合　计：此窟画（塑）飞天25身，其中飞天乐伎6身，乐器6件；壶门舞伎1身。
乐器种类：贝1件、拍板2件、琵琶2件、细腰鼓1件。共6件。

第438窟

时　代：北周
形　制：覆斗形顶，西壁开一龛。
内　容：窟顶　南披画天宫伎乐6身，均为乐伎。东起第一身弹琵琶，第二身吹横笛，第三身拍击细腰鼓，第四身弹竖箜篌，第五身吹笙篥，第六身吹横笛。
　　　　西披残存天宫伎乐7身，其中乐伎1身：南起第六身吹排箫；舞伎6身：南起第一、三、七身作手舞状，第二、五身合掌。
　　　　北披上画天宫伎乐8身。其中乐伎4身：西起第二身拍击凸面细腰鼓，第四身弹直颈琵琶，第六身弹曲颈琵琶，第七身吹横笛；舞伎4身：西起第一身合掌，第三、五、八身作手舞状。
　　　　西壁　上画飞天2身。
　　　　龛内画飞天2身。
　　　　龛楣画化生童子5身。
　　　　北壁　下画药叉伎乐，残存乐伎2身，乐器有：细腰鼓、齐鼓。
合　计：此窟画（塑）飞天4身；天宫伎乐21身，其中乐伎11身，乐器11件，舞伎10身；化生童子5身；药叉伎乐2身，乐器2件。
乐器种类：琵琶3件、横笛3件、细腰鼓2件、竖箜篌1件、笙篥1件、排箫1件、齐鼓1件、凸面细腰鼓1件。共13件。
舞蹈种类：击掌舞3身、手姿舞6身。

第439窟

时　代：北周
形　制：前部人字披顶（毁），后部平顶，西壁开一龛。
内　容：南壁 上残存飞天5身。
　　　　西壁 上画飞天乐伎4身，乐器有：笙、竖箜篌、横笛、直颈琵琶。
　　　　龛顶画飞天2身。
合　计：此窟画飞天11身，其中飞天乐伎4身，乐器4件。
乐器种类：笙1件、竖箜篌1件、横笛1件、琵琶1件。共4件。

第440窟

时　代：北周（五代重修）
形　制：人字披顶，西壁开一龛。
内　容：西壁 龛内画飞天2身。
合　计：此窟画飞天2身。

第441窟

时　代：北魏（五代重修）
形　制：人字披顶，西壁开一龛。
内　容：西壁 龛内画飞天2身。
合　计：此窟画飞天2身。

第442窟

时　代：北周（宋、清重修）
形　制：前部人字披顶（毁），后部平顶，西壁开一龛。有中心塔柱，柱四面各开一龛。

内　容：主室 中心柱 东向面外龛楣残存飞天9身。龛内顶残存飞天2身，左侧1身弹琵琶。
　　　　窟顶 平棋内残存飞天28身。其中西起第二方画飞天乐伎1身，弹曲颈琵琶。
　　　　南壁 残存天宫伎乐10身。其中乐伎2身：东起第二身吹横笛，第三身吹排箫；舞伎8身：东起第一身残，第四、五、七身托花盘，第六、十身作手舞状，第八身合掌，第九身舞长巾。
　　　　西壁 残存天宫伎乐16身，均为舞伎：南起第一至第四身残，第五至第十六身作手舞状。
　　　　北壁 残存天宫伎乐16身。其中乐伎5身：西起第八身吹笙篥，第十身弹琵琶，第十四身拍击细腰鼓，第十五拍击担鼓，第十六身吹笙；舞伎11身：西起第一、四、十三身合掌，第二、三、五、六、七、九、十一、十二身作手舞状。
合　计：此窟画飞天39身，其中飞天乐伎2身，乐器2件；天宫伎乐42身，其中乐伎7身，乐器7件，舞伎35身。
乐器种类：琵琶3件、担鼓1件、细腰鼓1件、笙1件、排箫1件、笙篥1件、横笛1件。共9件。
舞蹈种类：长巾舞1身、手姿舞23身、击掌舞4身。

第444窟

时　代：盛唐（宋、清重修）
形　制：覆斗形顶（毁），西壁开一龛。
内　容：窟外 风窗两侧宋画迦陵频伽2身、飞天1身。
　　　　前室 木构屋檐 上宋画飞天6身。
合　计：此窟画飞天7身；迦陵频伽2身。

第445窟

时　代：盛唐（五代、西夏重修）
形　制：覆斗形顶，西壁开一龛。
内　容：主室 南壁 画阿弥陀经变一铺。
　　　　上画不鼓自鸣乐器13件：答腊鼓、四弦曲颈琵琶、筚篥、拍板、都昙鼓、竖箜篌、古琴、铙、羯鼓、排箫、贝、钲、义觜笛。
　　　　两侧平台上各画菩萨伎乐1组，共12身，分列两侧立奏。
　　　　左侧：1件模糊、笙、排箫、四弦直颈琵琶（拨奏）、竖箜篌（11弦）、横笛。
　　　　右侧：羯鼓（1身童子背鼓、1身击鼓）、答腊鼓、鼗鼓与鸡娄鼓（1身兼奏）、横笛、铙。
　　　　中画共命鸟1身、迦陵频伽3身，乐器有：竖笛、琵琶、竖笛。
　　　　下画乐舞图1幅，共残存乐舞伎9身。长巾舞伎2身居中；旁画迦陵频伽2身，1身吹横笛、1身弹四弦直颈琵琶（拨奏）；乐伎残存7身。
　　　　左侧第一排：羯鼓；
　　　　左侧第二排：鼗鼓与鸡娄鼓（1身兼奏）、答腊鼓、排箫；
　　　　左侧第三排：笙、1身模糊。
　　　　右侧：竖箜篌，其余残。
　　　　西壁 龛内佛座中画壹门伎乐2身。
　　　　北壁 画弥勒经变一铺。
　　　　左下画婚嫁图，其中舞伎1身，乐伎5身。乐器有：拍板、细腰鼓、竖笛、铙、1件模糊。
合　计：此窟画不鼓自鸣乐器13件；经变乐舞图1幅，乐队2组，舞伎2身，乐伎7身，乐器7件；菩萨伎乐12身，乐器11件；迦陵频伽5身，乐器5件；共命鸟1身；壹门伎乐2身；世俗乐舞图1幅，舞伎1身，乐伎5身，乐器4件。
乐器种类：答腊鼓3件、琵琶4件（其中四弦琵琶3件）、筚篥1件、横笛3件、竖箜篌3件、排箫3件、贝1件、铙3件、钲1件、义觜笛1件、笙2件、羯鼓3件、鼗鼓2件、鸡娄鼓2件、竖笛3件、拍板2件、都昙鼓1件、古琴1件、细腰鼓1件。共40件。模糊乐器3件。
舞蹈种类：长巾双人舞1组、民间舞1组。

第446窟

时　代：盛唐（五代重修）
形　制：覆斗形顶，西壁开一龛。
内　容：主室 南壁 画观无量寿经变一铺。
　　　　上残存不鼓自鸣乐器4件：拍板、排箫、鸡娄鼓、1件模糊。
　　　　右上方阁楼平台上画乐伎4身，乐器可见琵琶1件，其余3件不清。
　　　　下画乐舞图一幅，共残存乐舞伎8身。长巾舞伎2身居中；乐伎仅残存左侧6身。
　　　　左侧：羯鼓、铙、笙、3件模糊；
　　　　右侧：熏毁。
　　　　东壁 门北五代画普贤经变中画乐队1组，残存乐伎3身，乐器有：竖箜篌、横笛、拍板（存疑）。
　　　　门南五代画文殊经变中画乐队1组，残存乐伎3身，乐器有：排箫、横笛、拍板。
合　计：此窟画不鼓自鸣乐器4件（1件模糊）；经变乐舞图1幅，乐队2组，舞伎2身，乐伎10身，乐器4件；文殊经变、普贤经变各1铺，乐队2组，乐伎6身，乐器6件。
乐器种类：鸡娄鼓1件、排箫2件、拍板3件、铙1件、羯鼓 1 件、笙 1 件、琵琶 1 件、横笛 2 件、竖箜篌 1 件。共 13 件。模糊乐器 4 件。
舞蹈种类：长巾双人舞 1 组。

第 449 窟

时　代：中唐（宋重修）
形　制：覆斗形顶，西壁开一龛。
内　容：主室 窟顶 四披宋画飞天一周，共残存 13 身，其中乐伎 4 身。
　　　　南披 4 身，乐器：筝、横笛；
　　　　西披 4 身，乐器：笙、拍板；
　　　　北披 4 身，未持乐器；
　　　　东披残存 1 身，未持乐器。
　　　　南壁 东起第二铺宋画观无量寿经变。
　　　　下画乐舞图 1 幅，共画乐舞伎 11 身。反弹琵琶舞伎 1 身居中；乐伎 10 身，对称分列两侧。
　　　　左侧前排：筝、拍板；
　　　　左侧后排：竖笛、钹、笙；
　　　　右侧前排：竖笛、拍板（兼歌唱）；
　　　　右侧后排：琵琶（拨奏）、2 件模糊。
　　　　下画迦陵频伽 5 身，乐器模糊。
　　　　东起第三铺宋画法华经变。
　　　　火宅喻品中画长袖舞伎 1 身。
　　　　北壁 西起第二铺宋画药师经变。
　　　　下画乐舞图 1 幅，共画乐舞伎 11 身。长巾舞伎 1 身居中；乐伎 10 身，对称分列两侧。
　　　　左侧前排：竖笛、拍板；
　　　　左侧后排：笙、横笛、竖箜篌；
　　　　右侧前排：钹、笙；
　　　　右侧后排：排箫、细腰鼓、琵琶。
　　　　西起第三铺宋画弥勒经变。
　　　　左下画长袖舞伎 1 身。

东壁 门南宋画报恩经变。
　　　右下画树下弹琴图 1 幅，1 人抚琴、1 人听琴。
合　计：此窟画飞天 13 身，其中飞天乐伎 4 身，乐器 4 件；经变乐舞图 2 幅，乐队 2 组，舞伎 2 身，乐伎 20 身，乐器 18 件；迦陵频伽 5 身；世俗乐舞图 3 幅，舞伎 2 身，乐伎 1 身，乐器 1 件。
乐器种类：筝 2 件、横笛 2 件、笙 4 件、拍板 4 件、琵琶 3 件、钹 2 件、竖笛 3 件、竖箜篌 1 件、排箫 1 件、细腰鼓 1 件、古琴 1 件。共 24 件。模糊乐器 7 件。
舞蹈种类：反弹琵琶独舞 1 组、长巾独舞 1 组、长袖独舞 2 组、迦陵频伽舞 1 组。

第 450 窟

时　代：盛唐（西夏重修）
形　制：覆斗形顶，南、西、北壁各开一龛。
内　容：四壁 上西夏画飞天一周，共 20 身。其中南、西、北壁各 6 身，东壁残存 2 身。
　　　　南、西、北壁 龛内西夏各画飞天 6 身，共 18 身。化生童子 2 身（飞行状）。
合　计：此窟画飞天 38 身，化生童子 6 身。

第 452 窟

时　代：宋
形　制：覆斗形顶，西壁开一龛。
内　容：南壁 残存阿弥陀经变一铺（熏毁）。
　　　　下画乐舞图 1 幅。其中舞伎 1 身，反弹琵琶，乐伎模糊。
　　　　下画迦陵频伽 1 身（残）。
　　　　西壁 龛南侧画奏乐天王 1 身，演奏琵琶。

北壁　残存药师经变一铺。

下画乐舞图1幅。舞伎1身居中；乐伎身
　　数不详，可见乐器7件。

　　左侧：琵琶、竖箜篌、笙、竖笛、横笛；

　　右侧：竖箜篌、琵琶。

合　计：此窟画经变乐舞图2幅，乐队2组，舞伎
　　　　2身，乐伎7身（存疑），乐器7件；迦陵
　　　　频伽1身；奏乐天王1身，乐器1件。

乐器种类：琵琶4件、竖箜篌2件、笙1件、竖笛1件、
　　　　横笛1件。共9件。

舞蹈种类：长巾独舞2组，反弹琵琶舞1组。

第454窟

时　代：宋（清重修）

形　制：覆斗形顶，设中心佛坛。

内　容：窟外　上方崖壁上画乐舞图1幅，共画乐
　　　　舞伎5身。细腰鼓舞伎1身居中；乐伎4身，
　　　　对称分列两侧。

　　左侧：1件模糊、笙；

　　右侧：筚篥、拍板。

主室　窟顶　藻井四披垂幔下画飞天一周，
　　　　共26身，其中飞天乐伎13身。

南披7身，乐器5件：竖笛、拍板、筝、
　　　　细腰鼓、横笛；

西披6身，未持乐器；

北披6身，乐器4件：竖笛、横笛、竖箜篌、
　　　　笙；

东披7身，乐器4件：排箫、四弦曲颈琵琶、
　　　　羯鼓（杖击）、竖笛。

东披画弥勒经变一铺。

南侧老人入墓中画长袖舞伎1身。

南壁　东起第一铺画楞伽经变。

下画百戏图1幅，共9人。4人居中表演
　　　　杂技，2人在旁手持圆形道具。3人
坐于地上奏乐，乐器可见拍板1件，
　　其余不清。

东起第二铺画观无量寿经变。

上画不鼓自鸣乐器3件：筚篥、拍板、横笛。

下画乐舞图1幅。舞伎图像已毁，乐伎16
　　身，对称分列两侧，每侧两排。

左侧前排：筚篥、曲颈琵琶（拨奏）、横笛、
　　拍板；

左侧后排：筝、竖箜篌、笙、排箫；

右侧前排：竖笛、横笛、竖箜篌、笙；

右侧后排：曲颈琵琶、铙、笙、排箫。

东起第三铺画报恩经变。

下画乐队1组，共画乐舞伎11身。长巾
　　舞伎1身居中；乐伎10身，对称分列
　　两侧，每侧两排。

左侧前排：竖笛、拍板；

左侧后排：横笛、排箫、笙；

右侧前排：四弦琵琶、拍板；

右侧后排：竖笛、铙、竖箜篌。

最下部左侧画树下弹琴图1幅，1人抚琴、
　　1人听琴。

北壁　西起第二铺画思益梵天问经变。

下画乐舞图1幅，共画乐舞伎19身。反
　　弹琵琶舞伎1身、腰鼓舞伎1身居中；
　　乐伎16身，对称分列两侧，每侧两排。

左侧前排：竖笛、筝、拍板；

左侧后排：横笛、竖笛、琵琶（拨奏）、排
　　箫、竖笛；

右侧前排：横笛、竖箜篌、拍板；

右侧后排：横笛、筚篥、琵琶、铙、笙。

西起第三铺画药师经变。

上画不鼓自鸣乐器4件：琵琶、3件模糊。

下画乐舞图1幅，共画乐舞伎7身。长巾
　　舞伎1身居中；乐伎6身，对称分列
　　两侧。

左侧：曲颈琵琶（拨奏）、横笛、竖笛；

右侧：筝、横笛、竖笛。
合　计：此窟画不鼓自鸣乐器7件（3件模糊）；飞天26身，其中飞天乐伎13身，乐器13件；经变乐舞图5幅，乐队5组，舞伎5身，乐伎51身，乐器51件；百戏图1幅，杂技6身，乐伎3身，乐器1件；世俗乐舞图2幅，舞伎1身，乐伎1身，乐器1件。
乐器种类：笙7件、竖笛11件、拍板9件、筝4件、细腰鼓3件、横笛11件、竖箜篌5件、排箫5件、琵琶9件（其中四弦琵琶2件）、鼗鼓1件、筚篥4件、铙3件、古琴1件。共73件。模糊乐器4件。
舞蹈种类：长巾独舞2组、腰鼓独舞1组、细腰鼓与反弹琵琶双人舞1组、长袖舞1组。

第460窟

时　代：盛唐（西夏重修）
形　制：覆斗形顶，西壁设佛坛。
内　容：前室　南壁　残存西夏画飞天1身。
　　　　主室　窟顶　四披残存西夏画飞天11身。
　　　　西壁　西夏画飞天2身。
合　计：此窟画飞天14身。

第461窟

时　代：北周
形　制：覆斗形顶。
内　容：窟顶　四披共残存飞天14身，其中飞天乐伎9身。
　　　　西披4身，乐器4件：阮（直颈）、曲颈琵琶、竖箜篌、响板；
　　　　南披5身，乐器3件：横笛、排箫、直颈琵琶；
　　　　北披5身，乐器2件：排箫、横笛；

东披残毁。
合　计：此窟画飞天14身，其中飞天乐伎9身，乐器9件。
乐器种类：阮1件、琵琶2件、竖箜篌1件、横笛2件、排箫2件、响板1件。共9件。

第465窟

时　代：元
形　制：覆斗形顶，设中心圆坛。
内　容：主室　窟顶　东披下画菩萨伎乐1身，持琵琶，奏乐天王1身，演奏凤首箜篌。
　　　　南披佛座下画迦陵频伽2身，双手合十。
　　　　南壁　画曼荼罗三铺。
　　　　东起第一铺曼荼罗，画菩萨舞伎3身。
　　　　东起第二铺曼荼罗，画菩萨舞伎2身。
　　　　东起第三铺曼荼罗，主尊手持金刚铃1件。主尊上方6身眷属各持金刚铃1件，左侧5身各持细腰鼗鼓1件，右侧1身漫漶。主尊两侧6身眷属各持金刚铃1件、鼗鼓1件。下画菩萨舞伎2身。
　　　　西壁　画曼荼罗三铺。
　　　　南起第一铺曼荼罗，主尊持金刚铃1件，主尊身周6身眷属各持金刚铃1件，主尊上方中央3身眷属各持金刚铃1件。
　　　　南起第二铺曼荼罗，主尊持金刚铃1件，主尊上方5身眷属各持金刚铃1件，主尊右侧上起第三、第四身眷属各持细腰鼗鼓1件。下画菩萨舞伎3身。
　　　　南起第三铺曼荼罗，主尊上方及左侧9身眷属各持细腰鼗鼓1件，右侧残毁。主尊下方北侧画菩萨舞伎1身，持金刚铃。
　　　　北壁　画曼荼罗三铺。

西起第二铺曼荼罗，主尊上方中央 4 身眷属各持金刚铃 1 件，主尊左侧上起第三身眷属持细腰羯鼓 1 件。两侧画菩萨舞伎 6 身；

西起第三铺曼荼罗，主尊持金刚铃 1 件、细腰羯鼓 1 件。两侧画菩萨舞伎 6 身。

合　　计：此窟画菩萨伎乐 2 身，乐器 2 件；迦陵频伽 2 身；持乐器金刚及眷属 46 身，乐器 58 件；菩萨舞伎 23 身，乐器 1 件。

乐器种类：琵琶 1 件、凤首箜篌 1 件。金刚铃 35 件、羯鼓 24 件（细腰羯鼓 18 件）。共 61 件。

舞蹈种类：菩萨舞 7 组。

第468窟

时　　代：中唐（五代重修）
形　　制：覆斗形顶，西壁开一龛。
内　　容：主室　南壁　五代画观无量寿经变一铺。
　　　　　上画飞天 2 身。
　　　　　下画乐舞图 1 幅，共画乐舞伎 8 身。长巾舞伎 2 身居上；乐伎 6 身居下，对称分列两侧。
左侧：排箫、笙、四弦直颈琵琶（拨奏）；
右侧：筚篥、横笛、拍板（5 片，兼歌唱）。
中西侧画迦陵频伽 1 身。
西壁　龛两侧上各画飞天 1 身，共 2 身。
龛南侧普贤经变中画乐队 1 组，共乐伎 2 身。乐器有：横笛、拍板。
龛北侧文殊经变中画乐队 1 组，共乐伎 2 身。乐器有：横笛、琵琶（拨奏）。
北壁　五代画药师经变一铺。
上画不鼓自鸣乐器 2 件：笛、笛。
下画乐舞图 1 幅，共画乐舞伎 7 身。长巾舞伎 1 身居中；乐伎 6 身，对称分列两侧。

左侧：竖笛、横笛、拍板（5 片）；
右侧：笙、排箫、四弦琵琶（拨奏）。
下画共命鸟 1 身。

合　　计：此窟画不鼓自鸣乐器 2 件；飞天 4 身；经变乐舞图 2 幅，乐队 2 组，舞伎 3 身，乐伎 12 身，乐器 12 件；迦陵频伽 1 身、共命鸟 1 身；普贤经变、文殊经变各 1 铺，乐队 2 组，乐伎 4 身，乐器 4 件。

乐器种类：琵琶 3 件（其中四弦琵琶 2 件）、笙 2 件、排箫 2 件、拍板 3 件、横笛 4 件、筚篥 1 件、笛 2 件、竖笛 1 件。共 18 件。

舞蹈种类：长巾双人舞 1 组、长巾独舞 1 组。

第472窟

时　　代：中唐
形　　制：覆斗形顶，西壁开一龛。
内　　容：北壁　上画不鼓自鸣乐器 2 件：铙、直颈琵琶。
合　　计：此窟画不鼓自鸣乐器 2 件。
乐器种类：铙 1 件、琵琶 1 件。共 2 件。

二 天王堂乐舞壁画总录

方　向：东
时　代：宋
形　制：覆斗形顶，西壁开一龛。
内　容：四壁 各画飞天4身，共16身，其中乐伎8身。乐器有：
　　　　南壁：拍板、细腰鼓；
　　　　西壁：筚篥、竖箜篌；
　　　　北壁：排箫、阮；
　　　　东壁：筝、义觜笛。

西壁 上画三面六臂观音曼荼罗一铺，菩萨伎乐2身，其中1身舞蹈，1身演奏阮。
东壁 上画三面八臂观音曼荼罗一铺，菩萨伎乐1身，持贝。
合　计：此窟画飞天16身，其中飞天乐伎8身，乐器8件；画菩萨伎乐3身，乐器2件。
乐器种类：拍板1件、细腰鼓1件、筚篥1件、竖箜篌1件、排箫1件、阮2件、筝1件、义觜笛1件、贝1件。共10件。

三
榆林窟乐舞壁画
总录

第03窟

方　向：西偏南18°
时　代：西夏（元、清重修）
形　制：浅穹窿顶，设八角形中心佛坛。
内　容：主室　窟顶　藻井北披画迦陵频伽1身，双手合十。
　　　　窟顶南侧画贝1件。
　　　　北壁　西起第一铺画曼荼罗，左上画菩萨伎乐1身，演奏曲颈琵琶。下画菩萨舞伎2身，于树下小圆坛上舞蹈。
　　　　西起第二铺画净土变。
　　　　上画不鼓自鸣乐器2件：筝、曲颈琵琶。
　　　　中画迦陵频伽2身，飞行于空中。
　　　　中央画孔雀2身，两侧画菩萨伎乐1组，共6身。
　　　　左侧：拍板、四弦曲颈琵琶、竖箜篌；
　　　　右侧：拍板、四弦曲颈琵琶、竖箜篌。
　　　　下画乐舞3组：
　　　　左侧乐舞一组，共5身。舞伎1身居中；乐伎4身，对称分列两侧。
　　　　左侧：2件模糊；
　　　　右侧：筝、笙。
　　　　中央乐舞一组，共5身。长巾舞伎1身居中；乐伎4身，图像模糊。
　　　　右侧乐舞一组，共5身。长巾舞伎1身居中；乐伎4身，对称分列两侧，所持乐器模糊。
　　　　西起第三铺画曼荼罗。下画菩萨舞伎1组，共5身，图像残。
　　　　东壁　北侧画十一面千手观音。
　　　　两侧画不鼓自鸣乐器11件。
　　　　左侧：钟、四弦曲颈琵琶、钹、羯鼓（1柄3鼓）、凸面细腰鼓；
　　　　右侧：钟、金刚铃、拍板、四弦曲颈琵琶、钹、羯鼓（1柄3鼓）。
　　　　南侧画十一面千手观音。
　　　　上画百戏图2组，每组3人。两侧图像对称。
　　　　左右两侧画不鼓自鸣乐器32件，两侧各16件，呈对称排列。自上而下依次为：筝2件、拍板2件（4片）、笙2件、钹2件、方响2件（14枚音片，双层悬挂）、大钟2件、四弦曲颈琵琶2件、铃2件、排箫2件、竖箜篌2件、奚琴2件、羯鼓2件、阮2件（四弦）、钲2件、扁鼓2件、凸面细腰鼓2件。
　　　　下方两侧各画六臂金刚1身。左侧1身手持宝剑、金刚铃；右侧1身手持金刚杵、锡杖。
　　　　南壁　东起第一铺画曼荼罗。
　　　　下画菩萨乐舞图1组，共5身。舞伎1身持宝剑居中；乐伎4身，边奏乐边舞。
　　　　左侧：四弦曲颈琵琶、1件模糊；
　　　　右侧：拍板（6片）、细腰鼓（右手杖击）。
　　　　东起第二铺画观无量寿经变。
　　　　下画乐舞图1幅，分上、下两层。
　　　　上层乐队一组，共乐伎5身，分列两侧，乐器6件。

左侧：四弦曲颈琵琶、凤首箜篌；
右侧：凤首箜篌、羯鼓、拍板、琵琶。
下层乐舞共画乐舞伎 15 身，分左、中、右 3 组。
左侧一组，共画乐舞伎 5 身。长巾舞伎 1 身居中；乐伎 4 身，对称分列两侧。
左侧：排箫、钹；
右侧：埙、鼗鼓 2 件（一柄三鼓，1 身兼奏）。
中央一组，共画乐舞伎 5 身。长巾舞伎 1 身居中；乐伎 4 身，对称分列两侧。
左侧：琵琶、贝；
右侧：拍板、竖笛。
右侧一组，共画乐舞伎 5 身。长巾舞伎 1 身居中；乐伎 4 身，对称分列两侧。
左侧：阮（拨奏）、筝；
右侧：拍板、细腰鼓（鼓竖置，双手拍击）。

合　　计：此窟画不鼓自鸣乐器 45 件；经变乐舞图 2 幅，乐队 8 组，舞伎 6 身，乐伎 29 身，乐器 21 件；迦陵频伽 3 身；菩萨伎乐 19 身，菩萨舞伎 8 身（其中剑舞 1 身），菩萨伎乐 11 身，乐器 10 件；百戏图 1 幅，杂技 6 身。

乐器种类：筝 5 件、拍板 9 件、笙 3 件、钹 5 件、方响 2 件、钟 4 件、琵琶 12 件（其中四弦琵琶 7 件）、金刚铃 2 件、铃 2 件、排箫 3 件、竖箜篌 4 件、凤首箜篌 2 件、羯鼓 1 件、奚琴 2 件、鼗鼓 6 件、阮 3 件、钲 2 件、扁鼓 2 件、凸面细腰鼓 3 件、细腰鼓 2 件、贝 2 件、竖笛 1 件、埙 1 件。共 78 件。模糊乐器 11 件。

舞蹈种类：长巾独舞 6 组、剑舞 1 组、菩萨舞 2 组。

第 04 窟

方　　向：西偏南 25°
时　　代：元（清重修）
形　　制：覆斗形顶，设中心佛坛。
内　　容：北壁　西起第一铺画说法图一铺。
下画菩萨舞伎 5 身。
西起第二铺画曼荼罗。
右下画菩萨伎乐 1 身，托贝。
西起第三铺画灵鹫山说法图。
左、右两侧各画菩萨舞伎 3 身，共 6 身，于莲花上舞蹈。
下画菩萨舞伎一排，图像残，可见 3 身。
东壁　北起第一铺经变下画舞伎 5 身，图像残，其中 1 身持金刚杵。
北起第二铺画曼荼罗，右下画天王 1 身，托贝。
北起第三铺经变下残存舞伎 3 身，均持金刚铃与金刚杵各 1 件。
南壁　东起第一铺画白度母。
左、右两侧各画菩萨舞伎 3 身，共 6 身，于莲花上舞蹈。
下画菩萨舞伎一排，残存 3 身。
东起第三铺画说法图。
上画飞天 2 身。
下画菩萨舞伎一排，共 5 身，手持舞具，自东至西依次为：凤首箜篌（存疑）、不清、金刚杵与金刚铃、竖笛、钹。

合　　计：此窟画飞天 2 身；菩萨舞伎 28 身，乐器 7 件；菩萨伎乐 1 身，乐器 1 件；天王 1 身，乐器 1 件。

乐器种类：金刚铃 4 件、贝 2 件、凤首箜篌 1 件、竖笛 1 件、钹 1 件。共 9 件。

舞蹈种类：菩萨舞 28 身。

第06窟

方　　向：西偏南20°
时　　代：唐（五代、宋、西夏、元、清、民国初重修）
形　　制：穹窿顶大佛窟。
内　　容：北壁　上画飞天乐伎3身，乐器有：竖笛、贝、
　　　　　　　　拍板（5片，兼歌唱）。
　　　　　南壁　上残存飞天2身，其中乐伎1身，
　　　　　　　　演奏四弦曲颈琵琶。
合　　计：此窟画飞天5身，其中飞天乐伎4身，乐
　　　　　器4件。
乐器种类：竖笛1件、贝1件、拍板1件、四弦琵琶
　　　　　1件。共4件。

第10窟

方　　向：西偏南20°
时　　代：西夏（元、清重修）
形　　制：覆斗形顶，设中心佛坛。
内　　容：主室　窟顶　北披画迦陵频伽1身，托花盘。
　　　　　东披西夏画不鼓自鸣乐器20件，自北至
　　　　　　　　南依次为：铙、铜鼓、笙、奚琴、四
　　　　　　　　弦曲颈琵琶、龙首笛、铜角、筝、拍
　　　　　　　　板（6片）、钲、细腰鼓、竖笛、排箫、
　　　　　　　　铜角、鼗鼓、贝、钹、钹、铜鼓、埙。
　　　　　南披下西夏画迦陵频伽1身，飞行于空中。
　　　　　西侧画飞天1身，托花盘。
　　　　　西披下西夏画飞天乐伎9身，自南至北，
　　　　　　　　乐器有：凤首笛、拍板、笙、细腰鼓、
　　　　　　　　铜鼓、竖笛、奚琴、筝、四弦曲颈琵
　　　　　　　　琶（拨奏、有凤眼）。
合　　计：此窟画不鼓自鸣乐器20件；飞天10身其
　　　　　中飞天乐伎9身，乐器9件；迦陵频伽2身。
乐器种类：铙1件、笙2件、奚琴2件、四弦琵琶2
　　　　　件、龙首笛1件、凤首笛1件、铜角2件、

筝2件、拍板2件、细腰鼓2件、钲1件、
排箫1件、鼗鼓1件、贝1件、钹2件、
埙1件、竖笛2件、铜鼓3件。共29件。

第12窟

方　　向：正西
时　　代：五代（清重修）
形　　制：覆斗形顶，沿东壁与南、北壁后部设马蹄
　　　　　形佛床。前室一面披顶，南、北壁各设马
　　　　　蹄形台。
内　　容：前室　西壁　门南莲花上画化生童子伎乐1
　　　　　　　　组，共3身。其中1身舞长袖，2身奏乐，
　　　　　　　　乐器有：筚篥、拍板。
　　　　　主室　窟顶　藻井四披各画飞天3身，共12
　　　　　　　　身，其中乐伎8身。
　　　　　北披：排箫、筚篥（模糊）、1身残；
　　　　　东披：图像残；
　　　　　南披：曲颈琵琶、细腰鼓、竖箜篌；
　　　　　西披：横笛、竖笛、拍板。
　　　　　北壁　画西方净土变一铺。
　　　　　上画不鼓自鸣乐器8件：筝、横笛、横笛、
　　　　　　　　排箫、笙、拍板、忽雷、直颈琵琶（2
　　　　　　　　轸）。
　　　　　下画乐舞图1幅，共画乐舞伎11身。细
　　　　　　　　腰鼓舞伎1身居中；乐伎10身，对称
　　　　　　　　分列两侧。
　　　　　左侧：琵琶、筚篥、横笛、拍板、横笛；
　　　　　右侧：竖笛、笙、横笛、拍板、排箫。
　　　　　南壁　西侧画药师经变一铺。
　　　　　下画长巾舞童子舞伎1身。
　　　　　画乐舞图1幅，共画乐舞伎9身。反弹琵
　　　　　　　　琶舞伎1身居中；乐伎8身，对称分
　　　　　　　　列两侧。
　　　　　左侧：筚篥、琵琶、横笛、拍板（5片）；

　　　　　右侧：笙、竖笛、横笛、拍板（5片）。
西　壁　门北普贤经变中画乐队1组，共有
　　　　乐伎6身。
　　　　前排：笙、筚篥；
　　　　后排：拍板、琵琶、横笛、排箫。
　　　　门南文殊经变中画乐队1组，共有乐伎6
　　　　身。
　　　　前排：筚篥、笙、横笛；
　　　　后排：四弦曲颈琵琶（拨奏）、排箫、拍板
　　　　（4片）。
合　计：此窟画不鼓自鸣乐器8件；飞天12身，其
　　　　中飞天乐伎8身，乐器8件；经变乐舞图
　　　　2幅，乐队2组，童子舞伎1身，舞伎2身，
　　　　乐伎18身，乐器18件；普贤经变、文殊
　　　　经变各1铺，乐队2组，乐伎12身，乐
　　　　器12件；化生伎乐1组，舞伎1身，乐
　　　　伎2身，乐器2件。
乐器种类：筚篥6件、拍板9件、琵琶7件（其中四
　　　　弦琵琶1件）、细腰鼓2件、排箫5件、
　　　　横笛10件、竖笛3件、笙5件、筝1件、
　　　　竖箜篌1件、忽雷1件。共50件。
舞蹈种类：细腰鼓独舞1组、反弹琵琶独舞1组、童
　　　　子独舞1组、童子长袖独舞1组。

第13窟

方　向：正西
时　代：五代（宋、清重修）
形　制：覆斗形顶，设中心佛坛。前室一面披顶，南、
　　　　东、北壁各设像台。
内　容：前室　窟顶　残存五代画飞天1身。
　　　　西壁　门南、北两侧云朵上各画童子舞伎1
　　　　身，共2身。
　　　　主室　西壁　门上宋画飞天2身。
合　计：此窟画飞天3身；童子舞伎2身。
舞蹈种类：童子舞独舞2组。

第14窟

方　向：西偏北5°
时　代：宋（清、民国初重修）
形　制：覆斗形顶，设中心佛坛。前室一面披顶，南、
　　　　北壁各设马蹄形像台。
内　容：主室　窟顶　藻井四披残存飞天10身（北披、
　　　　东披各2身，南披、西披各3身），其中
　　　　乐伎4身。
　　　　东披：拍板；
　　　　南披：横笛（残）；
　　　　西披：单面鼓（双槌击）、谏鼓（左手持鼓、
　　　　右手槌击）。
　　　　东壁　画化生童子6身，其中南侧2童子
　　　　叠罗汉，上方童子左手持杖，右手持
　　　　彩球。
合　计：此窟画飞天10身，其中飞天乐伎4身，
　　　　乐器4件；化生童子6身。
乐器种类：拍板1件、横笛1件、单面鼓1件、谏鼓
　　　　1件。共4件。

第 15 窟

方　　向：西偏南 5°
时　　代：中唐（宋、西夏、元、清重修）
形　　制：覆斗形顶，设中心佛坛。前室一面披顶。
内　　容：前甬道 南壁 画世俗乐舞图 1 幅，乐伎 3 身，乐器有：拍板、筚篥、1 件模糊。
　　　　　北壁 画世俗乐舞图 1 幅，乐伎 3 身，乐器有：笙、2 件模糊。
　　　　　前室 窟顶 南、北两侧残存中唐画飞天乐伎 2 身，南侧 1 身演奏横笛，北侧 1 身演奏凤首箜篌。
　　　　　北壁 主尊两侧画迦陵频伽 2 身，飞行于空中。左侧 1 身奏拍板、右侧 1 身吹横笛。
　　　　　迦陵频伽两侧各画飞天 1 身，共 2 身。
　　　　　南壁 中唐画飞天 1 身。
　　　　　西壁 南侧中唐画飞天 1 身。
　　　　　主室 藻井 四披下端宋画飞天一周。共残存 10 身，其中乐伎 4 身。
　　　　　北披 3 身，乐器 1 件：四弦曲颈琵琶（拨奏）；
　　　　　东披 1 身，乐器 1 件：拍板（4 片）；
　　　　　南披 2 身；
　　　　　西披 4 身，乐器 2 件：谏鼓（一柄双鼓）、单面鼓（双槌击）。
合　　计：此窟画飞天 16 身，其中飞天乐伎 6 身，乐器 6 件；迦陵频伽 2 身，乐器 2 件；世俗乐舞图 2 幅，乐伎 6 身，乐器 3 件。
乐器种类：凤首箜篌 1 件、横笛 2 件、筚篥 1 件、笙 1 件、谏鼓 1 件、单面鼓 1 件、四弦琵琶 1 件、拍板 3 件。共 11 件。模糊乐器 3 件。

第 16 窟

方　　向：西偏北 15°
时　　代：五代（民国初重修）
形　　制：覆斗形顶，设中心佛坛。前室一面披顶。
内　　容：前室 西壁 门南、北两侧各画菩萨伎乐 2 组，每组 3 身，于云朵上奏乐。
　　　　　南侧：筚篥、横笛、拍板；
　　　　　北侧：拍板、横笛、笙。
　　　　　主室 窟顶 藻井四披画飞天乐伎一周。残存南、北两披各 3 身，共 6 身。
　　　　　北披：鼗鼓（一柄双鼓、杖击）、排箫、筝；
　　　　　南披：四弦曲颈琵琶（拨奏）、细腰鼓、竖箜篌。
　　　　　北壁 西起第一铺画西方净土变。
　　　　　上画不鼓自鸣乐器 9 件，自西至东依次为：细腰鼓、横笛、拍板、排箫、横笛、笙、四弦曲颈琵琶、横笛、筚篥。
　　　　　下画乐舞图 1 幅，共画乐舞伎 10 身。舞伎 2 身居中，1 身击细腰鼓、1 身反弹琵琶；乐伎 8 身，对称分列两侧。
　　　　　左侧：筝、筚篥、横笛、拍板；
　　　　　右侧：筚篥、笙、横笛、拍板 。
　　　　　西起第二铺画天请问经变。
　　　　　下画乐舞图 1 幅，共画乐舞伎 15 身。细腰鼓舞伎 1 身居中；乐伎 14 身，对称分列两侧，每侧两排。
　　　　　左前排：筚篥、横笛、拍板；
　　　　　左后排：筝、笙、琵琶（搊弹）、排箫；
　　　　　右前排：筚篥、横笛、拍板（5 片）；
　　　　　右后排：竖箜篌、笙、筚篥、排箫。
　　　　　北壁 画劳度叉斗圣变一铺。
　　　　　左、右两侧分别画大钟 1 件、大鼓 1 件，均悬挂于木架上，比丘撞钟，外道击鼓。
　　　　　南侧画飞天 2 身。

南壁 东起第一铺画报恩经变。
下画乐舞图1幅，共画乐舞伎8身。舞伎2身居中，1身双手上举击掌、1身反弹琵琶；乐伎6身，对称分列两侧。
左侧：筝、竖笛、拍板；
右侧：筚篥、贝、拍板。
东起第二铺画药师经变。
右上钟楼内挂大钟1件。
下画乐舞图1幅，共画乐舞伎19身，分2组，上、下两层排列。
上层乐舞1组，共8身。长巾舞伎1身居中；乐伎7身，分列两侧，左侧3身，右侧4身。
左侧：筝、筚篥、拍板；
右侧前排：拍板；
右侧后排：筚篥、排箫、横笛。
下层乐舞1组，共11身。长巾舞伎1身居中；乐伎10身，对称分列两侧，每次两排。
左侧前排：节鼓、筚篥；
左侧后排：筚篥、横笛、笙；
右侧前排：横笛、拍板；
右侧后排：曲颈琵琶（拨奏）、筚篥、笙。
下残存壸门伎乐1身，持曲颈琵琶。
西壁 门北画普贤经变。
上画飞天2身。
中画乐队1组，共乐伎6身，乐器有：横笛、琵琶（搊弹）、筚篥、笙、排箫、拍板。
门南画文殊经变。
上画飞天2身。
中画乐队1组，共乐伎6身，乐器有：横笛、筚篥、笙、琵琶、排箫、拍板（兼歌唱）。
合　计：此窟画不鼓自鸣乐器9件；飞天12身，其中飞天乐伎6身，乐器6件；经变乐舞图4幅，乐队5组，舞伎7身，乐伎45身，乐器45件；普贤经变、文殊经变各1铺，

乐队2组，乐伎12身，乐器12件；劳度叉斗圣变1铺，乐器2件；菩萨伎乐2组，乐伎6身，乐器6件；壸门伎乐1身，乐器1件。
乐器种类：筚篥15件、拍板14件、横笛14件、竖笛1件、笙9件、琵琶9件（其中四弦琵琶2件）、细腰鼓4件、竖箜篌2件、鼗鼓1件、排箫7件、筝5件、贝1件、节鼓1件、大鼓1件、大钟2件。共86件。
舞蹈种类：细腰鼓独舞1组、反弹琵琶与长巾双人舞1组、细腰鼓与反弹琵琶双人舞1组、长巾独舞2组。

第17窟

方　向：正西
时　代：唐（五代、西夏、宋、回鹘、清重修）
形　制：前部人字披顶，后部平顶，有中心柱，柱四面各开一龛。前室一面披顶。
内　容：前甬道 南壁 回鹘画飞天2身。
前室 北壁 宋画飞天2身。
南壁 宋画飞天2身。
主室 中心柱 龛内外宋共画飞天14身。其中西、南、北向面各4身，东向面2身。
北壁 西起第一铺中宋画飞天2身。
西起第二铺、第三铺中各画飞天童子2身，共4身。
西起第四铺中宋画飞天2身。
东壁 宋画飞天10身。
南壁 东起第一铺经变中宋画飞天2身。
合　计：此窟画飞天36身，飞天童子4身。

第19窟

方　　向：西偏南25°
时　　代：五代（清重修）
形　　制：覆斗形顶，设中心佛坛。前室一面披顶。
内　　容：前室 北壁 画飞天1身。
　　　　　主室 窟顶 藻井南、北披残存飞天乐伎2身。
　　　　　南披：竖箜篌；
　　　　　北披：笙。
　　　　　北壁 西起第一铺画药师经变。
　　　　　上画不鼓自鸣乐器4件：筝、横笛、细腰鼓、拍板。
　　　　　左上钟楼内挂大钟1件。
　　　　　下画乐舞图1幅，共画乐舞伎21身。分2组，上、下两层排列。
　　　　　上层乐舞1组，共9身。细腰鼓舞伎1身居中；乐伎8身，对称分列两侧。
　　　　　左侧：竖箜篌、横笛、排箫、拍板（4片，兼歌唱）；
　　　　　右侧：方响、筚篥、琵琶（拨奏）、拍板（4片，兼歌唱）。
　　　　　下层乐舞1组，共12身。舞伎2身居中，1身舞长袖、1身奏四弦曲颈琵琶（拨奏）；乐伎10身，对称分列两侧。
　　　　　左前排：筝、排箫、拍板；
　　　　　左后排：筚篥、贝；
　　　　　右前排：筚篥、钹、拍板；
　　　　　右后排：钲、琵琶（搊弹）。
　　　　　西起第二铺画报恩经变，右侧图像残。
　　　　　上残存不鼓自鸣乐器1件：筝。
　　　　　下画乐舞1组。残存左侧乐伎4身，乐器有：曲颈四弦项琵琶（拨奏）、节鼓、笙、钹。
　　　　　南壁 东起第一铺画天请问经变。
　　　　　上画不鼓自鸣乐器5件：铙、横笛、横笛、拍板、铙。

左上钟楼内挂大钟1件。
下画乐舞图1幅，共画乐舞伎16身。舞伎2身居中，1身击细腰鼓舞、1身舞长巾；乐伎14身，对称分列两侧。
左前排：筝、琵琶（拨奏）、筚篥、拍板；
左后排：1件模糊、竖箜篌、笙；
右前排：拍板、横笛、筚篥、排箫；
右后排：竖笛、阮、钲（杖击）。
东起第二铺画西方净土变。
上画不鼓自鸣乐器3件：拍板、横笛、筝。
下画乐舞图1幅，共画乐舞伎27身。分2组，上、下两层排列。
上层乐舞1组，共16身。长巾舞伎2身居中；乐伎14身，对称分列两侧，每侧两排。
左前排：筝、曲颈琵琶、竖笛、拍板；
左后排：竖笛、排箫、笙；
右前排：拍板、阮（4弦）、横笛、排箫；
右后排：竖笛、铙、1件模糊。
下层乐舞1组，共11身。长巾舞伎1身居中；乐伎10身，对称分列两侧，每侧两排。
左前排：筚篥、排箫、拍板（5片）；
左后排：竖箜篌、四弦琵琶；
右前排：拍板、横笛、筝；
右后排：阮（3弦）、铙。
西壁 南侧文殊经变中画乐队1组，共乐伎3身。乐器有：横笛、钹、拍板。
北侧普贤经变中画乐队1组，共乐伎6身。乐器有：琵琶、排箫、拍板（5片）、

　　　　　筚篥、横笛、竖箜篌（13弦）。
合　计：此窟画不鼓自鸣乐器13件；飞天3身，其中飞天乐伎2身，乐器2件；经变乐舞图4幅，乐队6组，舞伎8身，乐伎60身，乐器58件；普贤经变、文殊经变各1铺，乐队2组，乐伎9身，乐器9件。
乐器种类：竖箜篌5件、笙4件、铙4件、拍板15件、钹3件、细腰鼓3件、筝7件、琵琶8件（其中四弦琵琶3件）、筚篥7件、横笛10件、排箫7件、竖笛4件、阮3件、钲2件、方响1件、贝1件、节鼓1件、大钟2件。共87件。模糊乐器2件。
舞蹈种类：长巾独舞1组、细腰鼓独舞1组、长巾双人舞1组、细腰鼓与长巾双人舞1组、长袖与琵琶双人舞1组。

第20窟

方　向：西偏南30°
时　代：唐（五代、宋、清重修）
形　制：覆斗形顶，设中心佛坛。前室一面披顶，南、北壁西端设像台。
内　容：主室 北壁 东下五代画壸门伎乐4身，其中乐伎2身，乐器有：筝、横笛。
　　　　东壁 北侧五代画曼荼罗一铺。
　　　　画菩萨伎乐2身，其中1身舞蹈，1身弹琵琶。
　　　　中央五代画药师经变一铺。
　　　　下画乐舞图1幅，乐伎6身，对称分列两侧。
　　　　左侧：筝、笙、拍板；
　　　　右侧：竖笛、琵琶、横笛。

　　　　南侧五代画曼荼罗一铺。
　　　　右画菩萨伎乐1身，持贝。
　　　　下五代画壸门伎乐7身，其中乐伎5身，乐器有：竖笛、贝、笙、排箫、细腰鼓。
　　　　南壁 上五代画飞天童子2身。
　　　　东下残存五代画壸门伎乐4身，其中1身残，乐伎3身，乐器有：钹、琵琶、拍板。
合　计：此窟画飞天童子2身；经变乐舞图1幅，乐队1组，乐伎6身，乐器6件；菩萨伎乐3身，乐器2件；壸门伎乐15身，乐器10件。
乐器种类：筝2件、横笛2件、笙2件、拍板2件、竖笛2件、贝2件、琵琶3件、排箫1件、细腰鼓1件、钹1件。共18件。
舞蹈种类：菩萨独舞1组。

第21窟

方　向：西偏南20°
时　代：唐（宋、回鹘、清重修）
形　制：覆斗形顶，设中心佛坛。前室一面披顶。
内　容：主室 窟顶 四披宋画飞天一周。残存7身，均为飞天乐伎。
　　　　北披4身：细腰鼓、筝、笙、凤首箜篌；
　　　　南披2身：排箫、钹；
　　　　西披1身：筚篥。
　　　　西壁 门南宋画普贤经变一铺。
　　　　主尊两侧宋画飞天2身。
　　　　门北宋画文殊经变一铺。
　　　　主尊两侧宋画飞天2身。
合　计：此窟画飞天11身，其中飞天乐伎7身，乐器7件。
乐器种类：细腰鼓1件、筝1件、笙1件、凤首箜篌1件、排箫1件、钹1件、筚篥1件。共7件。

第 22 窟

方　向：西偏南 10°
时　代：初唐（宋、西夏、清重修）
形　制：覆斗形顶，沿东、南、北壁设马蹄形佛床。前室一面披顶。
内　容：主室　窟顶　四披宋画飞天一周，图像残。
　　　　北披 4 身，残存 2 身，其中飞天乐伎 1 身，奏竖箜篌。
　　　　西披 4 身，残存飞天乐伎 2 身，乐器有：筝、贝。
　　　　西壁　门南宋画普贤经变一铺。
　　　　主尊两侧宋画飞天 2 身。
　　　　门北宋画文殊经变一铺。
　　　　主尊两侧宋画飞天 2 身。
合　计：此窟画飞天 8 身，其中飞天乐伎 3 身，乐器 3 件。
乐器种类：竖箜篌 1 件、筝 1 件、贝 1 件。共 3 件。

第 25 窟

方　向：西偏南 22°
时　代：中唐（五代、宋、清重修）
形　制：覆斗形顶，设中心佛坛。前室一面披顶。
内　容：前室　西壁　门南、北两侧宋画说法图 1 铺。
　　　　主尊两侧各画飞天 2 身，共 4 身。
　　　　主室　南壁　画观无量寿经变一铺。
　　　　上画不鼓自鸣乐器 4 件：四弦直颈琵琶、细腰鼓、筚篥、排箫。
　　　　菩提树旁画飞天 2 身。
　　　　右上钟楼内挂大钟 1 件。
　　　　下画乐舞图 1 幅，共画乐舞伎 9 身。细腰鼓舞伎 1 身居中；右侧画迦陵频伽 1 身，弹琵琶；乐伎 8 身，对称分列两侧。
　　　　左侧：四弦直颈琵琶（拨奏）、笙、竖笛、贝；
　　　　右侧：拍板（6 片）、排箫（14 管）、横笛、竖笛。
　　　　说法图两侧平台上各画鸟乐舞 1 组。
　　　　左侧：画迦陵频伽 1 身，奏拍板。旁画鹤 1 只。
　　　　右侧：画共命鸟 1 身，奏凤首箜篌。旁画孔雀 1 只。
合　计：此窟画不鼓自鸣乐器 4 件；飞天 6 身；经变乐舞图 1 幅，乐队 1 组，舞伎 1 身，乐伎 8 身，乐器 8 件；迦陵频伽 2 身，乐器 2 件；共命鸟 1 身，乐器 1 件。
乐器种类：琵琶 3 件（其中四弦琵琶 2 件）、细腰鼓 2 件、筚篥 1 件、排箫 2 件、大钟 1 件、横笛 1 件、竖笛 2 件、笙 1 件、贝 1 件、拍板 2 件、凤首箜篌 1 件。共 17 件。
舞蹈种类：细腰鼓独舞 1 组。

第 26 窟

方　向：西偏南 32°
时　代：唐（五代、宋、回鹘、清重修）
形　制：覆斗形顶，设中心佛坛。前室一面披顶。
内　容：前室　西壁　南侧宋画飞天童子 2 身，1 身模糊、1 身吹筚篥。
　　　　主室　北壁　主尊华盖两侧宋画飞天 2 身。
　　　　南壁　主尊华盖两侧宋画飞天 2 身。
　　　　西壁　门上宋画飞天 4 身。
　　　　门南、北两侧宋画净土变。主尊华盖两侧各画飞天 2 身，共 4 身。
合　计：此窟画飞天 12 身；飞天童子 2 身，乐器 1 件。
乐器种类：筚篥 1 件。共 1 件。模糊乐器 1 件。

第28窟

方　向：南偏西 30°
时　代：初唐（宋、西夏、清重修）
形　制：前部崩毁，后部券顶，有中心柱，柱东、西、北三面各一圆券龛。
内　容：中心柱 东向面佛龛外画飞天2身。
　　　　北向面佛龛外画飞天2身。
　　　　北壁 西起第一铺说法图上宋画飞天2身，残存1身。
　　　　南壁 西起第一铺说法图上宋画飞天2身，残存1身。
合　计：此窟画飞天6身。

第31窟

方　向：正东
时　代：五代（清重修）
形　制：覆斗形顶，设中心佛坛。前室一面披顶。
内　容：主室 东壁 门南、北两侧上画飞天2身。
合　计：此窟画飞天2身。

第32窟

方　向：东偏南 5°
时　代：五代（清重修）
形　制：覆斗形顶，设中心佛坛。
内　容：主室 窟顶 四披画飞天一周，残存6身，其中飞天乐伎1身。
　　　　北披3身，乐器有：筝；
　　　　东披3身，图像模糊。
　　　　南壁 画劳度叉斗圣变一铺。
　　　　左、右两侧分别画大钟1件、大鼓1件，均悬挂于木架上，比丘撞钟，外道击鼓。
　　　　北壁 画维摩诘变一铺。
　　　　文殊菩萨四周画飞天4身。
　　　　东侧画奏乐天王1身，演奏琵琶。
　　　　东壁 门北普贤经变中画乐队1组，共乐伎6身，分列两侧。
　　　　左侧：竖笛、横笛、拍板；
　　　　右侧：竖笛、琵琶、笙。
　　　　门南文殊经变中画乐队1组，共乐伎6身，分列两侧。
　　　　左侧：筚篥、横笛、拍板（5片）；
　　　　右侧：琵琶、横笛、笙。
合　计：此窟画飞天10身，其中飞天乐伎1身，乐器1件；普贤经变、文殊经变各1铺，乐队2组，乐伎12身，乐器12件；劳度叉斗圣变1铺，乐器2件；奏乐天王1身，乐器1件。
乐器种类：筝1件、大钟1件、大鼓1件、竖笛2件、横笛3件、拍板2件、琵琶3件、笙2件、筚篥1件。共16件。

第33窟

方　向：东偏北 10°
时　代：五代（清重修）
形　制：覆斗形顶，设中心佛坛。前室一面披顶。
内　容：主室 窟顶 四披画飞天一周，每披3身，共12身，其中飞天乐伎10身。
　　　　南披：铙、排箫；
　　　　西披：拍板、横笛；
　　　　北披：细腰鼓、筝、琵琶；
　　　　东披：竖筚篥、笙、拍板。
　　　　南壁 东侧画药师经变。
　　　　上画不鼓自鸣乐器7件：横笛、拍板、筚篥、横笛、横笛、钹、筝。

右上钟楼内挂大钟 1 件。
下画乐舞图 1 幅，共画乐舞伎 10 身。舞伎 2 身居中，1 身击细腰鼓、1 身反弹琵琶；乐伎 8 身，对称分列两侧。
左侧：竖笛、排箫、竖箜篌、拍板；
右侧：笙、横笛、琵琶（拨奏）、拍板。
西侧画佛教史迹画。
画世俗乐舞图 1 幅，共 3 组。
主尊左侧 1 组，长袖舞伎 1 身，乐伎 1 身，演奏竖笛。
主尊右侧 1 组，乐伎 2 身，演奏琵琶、拍板。
主尊下方 1 组，乐伎 3 身，演奏琵琶、细腰鼓、竖箜篌。
西壁　两侧各画奏乐天王 1 身，均弹琵琶。
主尊华盖两侧画飞天 2 身。
北壁　西侧画佛传故事。
降魔变左下画奏乐魔女 3 身，乐器有：琵琶、拍板（兼歌唱），1 件模糊。
东侧画西方净土变。
上画不鼓自鸣乐器 5 件：筝、铙、横笛、横笛、拍板。
右上钟楼内挂大钟 1 件。
下画乐舞图 1 幅，共画乐舞伎 18 身。分 2 组，上、下两层排列。
上层乐舞 1 组，共 7 身。细腰鼓舞伎 1 身居中；乐伎 6 身，对称分列两侧。
左侧：筝、四弦琵琶、拍板（5 片）；
右侧：竖箜篌、横笛、拍板（5 片）。
下层乐舞 1 组，共 11 身。长巾舞伎 1 身居中；乐伎 10 身，对称分列两侧。
左前排：竖笛、排箫、拍板（5 片）；
左后排：横笛、横笛；
右前排：四弦琵琶、铙、拍板；
右后排：竖笛、竖笛。
合　　计：此窟画不鼓自鸣乐器 12 件；飞天 14 身，

其中飞天乐伎 10 身，乐器 10 件；经变乐舞图 2 幅，乐队 3 组，舞伎 4 身，乐伎 24 身，乐器 24 件；奏乐天王 2 身，乐器 2 件；世俗乐舞图 1 幅，舞伎 1 身，乐伎 6 身，乐器 6 件；降魔变 1 幅，乐队 1 组，奏乐魔女 3 身，乐器 3 件。
乐器种类：铙 2 件、排箫 3 件、拍板 12 件、横笛 10 件、细腰鼓 4 件、筝 4 件、琵琶 10 件（其中四弦琵琶 2 件）、竖箜篌 4 件、笙 2 件、筚篥 1 件、钹 2 件、竖笛 5 件、大钟 2 件。共 61 件。模糊乐器 1 件。
舞蹈种类：细腰鼓独舞 1 组、长巾独舞 1 组、细腰鼓与反弹琵琶双人舞 1 组。

第 34 窟

方　　向：东偏北 25°
时　　代：唐（五代、宋、清重修）
形　　制：覆斗形顶，设中心佛坛。前室一面披顶。
内　　容：前室　南壁　五代画飞天 1 身。
北壁　五代画飞天 1 身。
主室　窟顶　南披五代画飞天 2 身。
北披后代补画飞天 2 身。
东披宋画飞天乐伎 1 身，演奏横笛。
南壁　东起第一铺五代画药师经变。
上画不鼓自鸣乐器 4 件：笛、拍板、筚篥、笙。
右上钟楼内挂大钟 1 件。
下画乐舞图 1 幅，共画乐舞伎 20 身，分 2 组，上、下两层排列。
上层乐舞 1 组，共 10 身。反弹琵琶舞伎 1 身居中；乐伎 9 身，分列两侧，左侧 4 身，右侧 5 身。
左侧：四弦曲颈琵琶（拨奏）、竖笛、排箫、拍板（5 片）；
右侧：方响、横笛、钹、竖箜篌、拍板（5 片）。

下层乐舞1组，共10身。舞伎2身居中，1身跳细腰鼓舞，1身跳长袖舞；乐伎8身，对称分列两侧。
左侧：筝、笙、排箫、拍板（4片）；
右侧：横笛、钲（杖击）、筚篥、拍板（5片）。
东起第二铺五代画思益梵天问经变。
下画乐舞图1幅，共画乐舞伎11身。细腰鼓舞伎1身居中；乐伎10身，对称分列两侧。
左前排：竖箜篌、横笛、拍板；
左后排：钹、竖笛；
右前排：筝、琵琶（拨奏）、拍板（5片）；
右后排：排箫、笙。
西壁 北侧五代画奏乐天王1身，弹琵琶（拨奏）。
下北起第二壸门中五代画金刚铃1件。
北壁 西起第一铺五代画天请问经变。
下画乐舞图1幅，共画乐舞伎15身。细腰鼓舞伎1身居中；乐伎14身，对称分列两侧。
左前排：琵琶（拨奏）、横笛、竖笛、拍板（兼歌唱）；
左后排：笙、竖箜篌、竖笛；
右前排：竖笛、横笛、排箫（8管）、拍板（兼歌唱）；
右后排：铙、琵琶、钲。
西起第二铺五代画阿弥陀经变。
上画不鼓自鸣乐器5件：筚篥、横笛、笙、钹、拍板。
下画乐舞1幅，共画乐舞伎19身。分2组，上、下两层排列。
上层乐舞1组，共9身。细腰鼓舞伎1身居中；乐伎8身，对称分列两侧。
左侧：四弦曲颈琵琶（拨奏）、竖笛、钹、拍板（兼歌唱）；
右侧：竖箜篌、排箫、横笛、拍板。

下层乐舞1组，共10身。舞伎2身居中，1身击细腰鼓、1身弹琵琶（拨奏）；乐伎8身，对称分列两侧。
左侧：筝、笙、排箫、拍板；
右侧：横笛、横笛（存疑）、竖笛、拍板。
经变画下宝莲池中画迦陵频伽2身，左侧1身奏竖笛、右侧1身奏横笛。
东壁 北侧五代画普贤经变中画乐队1组，共5身，乐器有：拍板、横笛、筚篥、竖箜篌、四弦琵琶（拨奏）。
南侧五代画文殊经变中画乐队1组，共乐伎6身，乐器有：横笛、筚篥、四弦曲颈琵琶（拨奏）、排箫（9管）、铙、拍板（5片，兼歌唱）。
合　计：此窟画不鼓自鸣乐器9件；飞天7身，其中飞天乐伎1身，乐器1件；经变乐舞图4幅，乐队6组，舞伎8身，乐伎57身，乐器57件；普贤经变、文殊经变各1铺，乐队2组，乐伎11身，乐器11件；迦陵频伽2身，乐器2件；奏乐天王1身；壸门中乐器1件。
乐器种类：拍板16件、横笛13件、筚篥5件、竖箜篌5件、琵琶10件（其中四弦琵琶4件）、排箫7件、铙2件、笛1件、笙6件、竖笛8件、方响1件、钹4件、细腰鼓5件、筝3件、钲2件、金刚铃1件、大钟1件。共90件。
舞蹈种类：反弹琵琶独舞1组、细腰鼓独舞3组、细腰鼓与长袖双人舞1组、细腰鼓与琵琶双人舞1组。

第35窟

方　　向：东偏北30°
时　　代：唐（五代、宋、清重修）
形　　制：覆斗形顶，设中心佛坛。前室一面坡顶，南、北壁各设像台。
内　　容：前甬道　顶宋画飞天2身。
　　　　　前室　窟顶　北侧五代画不空绢索观音一铺。
　　　　　　　上画飞天童子2身。
　　　　　　　左画菩萨伎乐1身，演奏四弦琵琶（弯颈，搊弹）。
　　　　　　　右下画六臂金刚1身，其中一手持金刚铃。
　　　　　　　窟顶中画千手眼观音变一铺。
　　　　　　　左侧一手中持贝1件。右侧一盘中供贝1件。
　　　　　　　窟顶南侧壁画如意轮观音一铺（残）。
　　　　　　　左上画菩萨1身，头冠两侧垂下部分装饰贝2件。
　　　　　主室　南壁　五代画飞天8身。
　　　　　　　南壁东侧五代画普贤经变中画乐队1组，共残存3身，乐器有：四弦琵琶、竖箜篌、笙。
　　　　　西壁　五代画观无量寿经变一铺。
　　　　　　　下画乐舞图1幅，分上、下两层排列。
　　　　　　　上层乐舞1组，共乐伎14身，对称分列两侧，每侧两排。图像漫漶模糊。
　　　　　　　左前排：琵琶、横笛、筚篥、钹；
　　　　　　　左后排：筚篥、钲、凤首箜篌；
　　　　　　　右前排：筝、排箫、竖箜篌、1件模糊；
　　　　　　　右后排：笙、钹、拍板（兼歌唱）。
　　　　　　　下层画迦陵频伽乐舞1组，位于说法图下方平台，共4身。
　　　　　　　左上：拍板；
　　　　　　　左下：竖笛；
　　　　　　　右上：笙；
　　　　　　　右下：乐器模糊。
　　　　　北壁　西侧画菩萨伎乐1身，持贝1件。
　　　　　　　五代画飞天8身。
　　　　　　　东侧五代画文殊经变中画乐队1组，共画乐舞伎9身。舞伎2身居右，1身弹四弦直颈琵琶（拨奏），1身奏细腰鼓；乐伎7身居左。
　　　　　　　前排：横笛、四弦曲颈琵琶（拨奏）、钹、竖笛、拍板（5片）；
　　　　　　　后排：排箫、羯鼓与鸡娄鼓（1身兼奏）。
　　　　　东壁　门北画菩萨伎乐1身，持贝。
合　　计：此窟画飞天18身；飞天童子2身；经变乐舞图1幅，乐队2组，乐伎14身，乐器13件；迦陵频伽4身，乐器3件；文殊经变、普贤经变各1铺，舞伎2身，乐队2组，乐伎10身，乐器11件；菩萨伎乐3身，乐器3件。
乐器种类：贝6件、钹3件、筚篥2件、横笛2件、琵琶5件（其中四弦琵琶4件）、钲1件、凤首箜篌1件、筝1件、排箫2件、竖箜篌2件、笙3件、拍板3件、竖笛2件、细腰鼓1件、羯鼓1件、鸡娄鼓1件、金刚铃1件。共37件。模糊乐器2件。
舞蹈种类：琵琶与细腰鼓双人舞1组、迦陵频伽舞1组。

第36窟

方　　向：东偏北15°
时　　代：唐（五代、宋、清重修）
形　　制：覆斗形顶，设中心佛坛。前室一面披顶。
内　　容：前室 南壁 五代画迦陵频伽1身。
　　　　　主室 窟顶 四披画飞天一周，每披4身，
　　　　　　　共16身，其中飞天乐伎8身。
　　　　　南披：竖箜篌；
　　　　　西披：直颈琵琶、横笛；
　　　　　北披：筝、铙、排箫；
　　　　　东披：细腰鼓、笙。
　　　　　南壁 东起第三铺五代画药师经变。
　　　　　下画乐舞图1幅，共画乐舞伎7身。细腰
　　　　　　　鼓舞伎1身居中；乐伎6身，对称分
　　　　　　　列两侧，右侧图像残。
　　　　　左侧：拍板、竖笛、横笛；
　　　　　右侧：拍板、排箫、1身残。
　　　　　东壁 门北五代画普贤经变中画乐队1组，
　　　　　　　共乐伎6身，乐器有：琵琶、筚篥、横笛、
　　　　　　　钹、笙、拍板。
　　　　　门南五代画文殊经变中画乐队1组，共乐
　　　　　　　伎7身，乐器有：竖箜篌（左手持箜篌，
　　　　　　　右手弹奏）、琵琶（拨奏）、排箫、筚篥、
　　　　　　　横笛、拍板（兼歌唱）、铙。
合　　计：此窟画飞天16身，其中飞天乐伎8身，
　　　　　乐器8件；经变乐舞图1幅，乐队1组，
　　　　　舞伎1身，乐伎6身，乐器5件；普贤经变、
　　　　　文殊经变各1铺，乐队2组，乐伎13身，
　　　　　乐器13件；迦陵频伽1身。
乐器种类：竖箜篌2件、横笛4件、筝1件、铙2件、
　　　　　排箫3件、笙2件、琵琶3件、筚篥2件、
　　　　　拍板4件、钹1件、细腰鼓2件、竖笛1件。
　　　　　共27件。
舞蹈种类：细腰鼓独舞1组。

第38窟

方　　向：东偏北15°
时　　代：唐（五代、清重修）
形　　制：覆斗形顶，设中心佛坛。前室一面披顶。
内　　容：前甬道 南壁 五代画飞天2身。
　　　　　垂幔下五代画文殊经变1铺，菩萨伎乐3
　　　　　　　身，乐器有：琵琶、拍板、1件模糊。
　　　　　北壁 五代画飞天2身。
　　　　　垂幔下五代画普贤经变1铺，菩萨伎乐3
　　　　　　　身，乐器有：横笛、竖笛、1件模糊。
　　　　　主室 窟顶 四披五代画飞天乐伎一周，每
　　　　　　　披4身，共16身。
　　　　　南披：铙、筝、竖笛、直颈琵琶；
　　　　　西披：横笛、排箫、拍板、笙；
　　　　　北披：节鼓（双槌击）、直颈琵琶、竖箜篌、
　　　　　　　铙；
　　　　　东披：竖笛、细腰鼓、拍板、横笛。
　　　　　南壁 东起第一铺五代画大日如来并八大
　　　　　　　菩萨曼荼罗。
　　　　　中画菩萨伎乐5身。其中1身舞蹈，2身
　　　　　　　持贝、1身持金刚铃、1身持凤首箜篌。
　　　　　东起第二铺五代画药师经变。
　　　　　上画不鼓自鸣乐器4件：筚篥、横笛、细
　　　　　　　腰鼓、拍板。
　　　　　下画乐舞图1幅，图像残。反弹琵琶舞伎
　　　　　　　1身居中；乐伎分列两侧，身数不详，
　　　　　　　可见乐器5件。
　　　　　左侧：筚篥、筝；
　　　　　右侧：笙、贝、拍板（兼歌唱）。
　　　　　下画童子舞伎1身，两侧画童子2身。
　　　　　东起第三铺五代画思益梵天问经变。
　　　　　下画乐舞图1幅，图像残。长巾舞伎1身
　　　　　　　居中；乐伎身数不详，可见乐器5件。
　　　　　左侧：筝、竖笛、拍板；
　　　　　右侧：大鼓（双杖击）、笙。

西壁　五代画弥勒经变一铺。
右下嫁娶图中画长袖舞伎1身。
北壁　西起第一铺五代画天请问经变。
上画飞天2身。
下画童子舞伎1身。
西起第二铺五代画观无量寿经变。
右上钟楼内挂大钟1件。
下画乐舞图1幅，分2组，上、下两层排列。
上层乐舞1组，共7身。细腰鼓舞伎1身居中；乐伎6身，对称分列两侧。
左侧：横笛、四弦直颈琵琶（拨奏）、拍板；
右侧：竖笛、贝、笙。
下层画鸟乐舞1组。迦陵频伽3身，中间1身舞蹈，左侧1身弹琵琶，右侧1身奏拍板。另有白鹤、孔雀各1只。
西起第三铺五代画毗卢遮那并八大菩萨曼荼罗。
中画菩萨伎乐1身，手持贝。

合　计：此窟画不鼓自鸣乐器4件；飞天26身，其中飞天乐伎16身，乐器16件；经变乐舞图4幅，乐队5组，舞伎3身，童子舞伎2身，乐伎16身，乐器16件；迦陵频伽3身，乐器2件；菩萨伎乐12身，乐器9件；世俗乐舞图1幅，舞伎1身。

乐器种类：竖笛5件、横笛5件、筝3件、琵琶6件（其中四弦琵琶1件）、节鼓1件、大鼓1件、竖箜篌1件、排箫1件、笙4件、贝5件、金刚铃1件、凤首箜篌1件、细腰鼓3件、拍板8件、筚篥2件、大钟1件、铙2件。共50件。模糊乐器2件。

舞蹈种类：反弹琵琶独舞1组、细腰鼓独舞1组、长巾独舞1组、长袖独舞1组、童子独舞2组、迦陵频伽舞1组、菩萨独舞1组。

第39窟

方　向：东偏北20°
时　代：唐（回鹘、元、清重修）
形　制：偏后设中心柱，柱四面各开一龛，上方四面斜披顶。前室一面披顶。
内　容：前甬道　南壁　回鹘画飞天乐伎2身，乐器有：横笛、拍板。
　　　　北壁　回鹘画飞天乐伎2身，乐器有：筚篥、铰。
　　　前室　南壁　回鹘画飞天2身。
　　　　北壁　回鹘画飞天2身。
　　　甬道　南壁　回鹘画裸体飞天童子2身。
　　　　北壁　回鹘画裸体飞天童子2身。
　　　千手眼观音变中，观音一手持贝1件。
　　　主室　中心柱　东向面佛龛外回鹘画飞天2身。
合　计：此窟画飞天8身，其中飞天乐伎4身，乐器4件；飞天童子4身。
乐器种类：横笛1件、拍板1件、筚篥1件、铰1件、贝1件。共5件。

四
西千佛洞乐舞壁画
总录

第04窟

方　　向：正南
时　　代：隋（唐、回鹘、民国重修）
形　　制：覆斗形顶，北壁开一龛。
内　　容：前室 窟顶 回鹘画飞天童子2身。
　　　　　西壁 唐画飞天1身，图像残。
合　　计：此窟画飞天1身；飞天童子2身。

第05窟

方　　向：正西
时　　代：初唐（回鹘重修）
形　　制：横人字披顶，东壁开一龛。
内　　容：主室 东壁 龛顶画飞天2身。
　　　　　龛内画不鼓自鸣乐器8件。
　　　　　北侧：竖箜篌、五弦直颈琵琶、笙、排箫；
　　　　　南侧：羯鼓、细腰鼓、鸡娄鼓、钹。
合　　计：此窟画不鼓自鸣乐器8件；飞天2身。
乐器种类：竖箜篌1件、五弦琵琶1件、笙1件、排箫1件、羯鼓1件、细腰鼓1件、鸡娄鼓1件、钹1件。共8件。

第07窟

方　　向：南偏东20°
时　　代：北魏（西魏、清重修）
形　　制：前部人字披顶，后部平棋顶，有中心塔柱，柱四面各开一圆券龛。
内　　容：主室 中心柱 四周画飞天15身。
　　　　　西向面：龛内2身、龛外2身，共4身；
　　　　　北向面：龛内2身、龛外4身，共6身；
　　　　　东向面：龛外5身。
　　　　　西壁、北壁、东壁 上画天宫伎乐，共40身，作舞蹈状。其中西壁12身、北壁20身、东壁残存8身。
合　　计：此窟画飞天15身；天宫伎乐40身，其中舞伎40身。
舞蹈种类：手姿舞40身。

第08窟

方　　向：南偏东 20°
时　　代：北周（隋重修）
形　　制：前部人字披顶，后部平棋顶，有中心柱，柱南向面开一圆券龛。
内　　容：中心柱 四面共画飞天 16 身。其中南向面 6 身、西向面 6 身、东向面 4 身。
　　　　　窟顶 中心柱东甬道顶南平棋内画飞天 4 身。
　　　　　中心柱西甬道顶南平棋内画飞天 2 身。
　　　　　人字披下西壁上方残存飞天 2 身。
　　　　　人字披下东壁上方残存飞天 2 身。
　　　　　西壁 上画飞天 13 身，其中飞天乐伎 7 身。自南至北乐器有：琵琶、竖箜篌、直颈琵琶、竖笛、横笛、排箫、细腰鼓。
　　　　　北壁 上画飞天 15 身，其中乐伎 1 身，演奏直颈琵琶。
　　　　　东壁 隋画飞天 12 身，其中乐伎 10 身，自北至南乐器有：排箫、笙、直颈琵琶、曲颈琵琶、竖箜篌、竖箜篌、曲颈琵琶、直颈琵琶、笙、排箫。
　　　　　说法图两侧画飞天 3 身，左侧 1 身弹琵琶。
合　　计：此窟画飞天 69 身，其中飞天乐伎 19 身，乐器 19 件。
乐器种类：排箫 3 件、笙 2 件、琵琶 8 件、细腰鼓 1 件、横笛 1 件、竖笛 1 件、竖箜篌 3 件。共 19 件。

第09窟

方　　向：南偏东 35°
时　　代：西魏（北周、隋、初唐、回鹘、清重修）
形　　制：前部人字披顶，后部平棋顶，有中心柱，柱南向面开一龛，东、西壁南端各设像台。
内　　容：中心柱 南向面龛楣中画飞天 10 身，其中乐伎 6 身。
　　　　　左侧：串响、竖笛；
　　　　　右侧：直颈琵琶（拨奏）、竖箜篌、细腰鼓（手拍）、横笛（笛在左）。
　　　　　窟顶 西侧平棋顶中残存飞天 7 身。
　　　　　西壁 人字披下隋画飞天乐伎 4 身（朱色白描），乐器有：横笛、笙、竖箜篌、直颈琵琶。
　　　　　北壁 回鹘画涅槃变东侧画乐伎 2 身，乐器有：拍板（4 片）、横笛。
　　　　　东壁 平顶下隋画飞天 4 身，自北至南第二身图像残，第四身奏竖箜篌。
　　　　　说法图两侧回鹘画飞天 2 身。
　　　　　人字披下隋画飞天 4 身。
　　　　　南壁 人字披下残存隋画飞天 1 身。
合　　计：此窟画飞天 32 身，其中飞天乐伎 11 身，乐器 11 件；世俗乐舞图 1 幅，乐伎 2 身，乐器 2 件。
乐器种类：串响 1 件、竖笛 1 件、琵琶 2 件、竖箜篌 3 件、细腰鼓 1 件、横笛 3 件、笙 1 件、拍板 1 件。共 13 件。

第10窟

方　　向：南偏东25°
时　　代：隋（唐重修）
形　　制：存后部横人字披残迹，北壁开一圆券龛。
内　　容：北壁　东侧上残存飞天2身，1身弹琵琶。
　　　　　东壁　上残存飞天1身。
合　　计：此窟画飞天3身，其中飞天乐伎1身，乐器1件。
乐器种类：琵琶1件。共1件。

第12窟

方　　向：正南
时　　代：北周（隋、唐、回鹘、民国重修）
形　　制：前部人字披顶，后部平棋顶，有中心柱，柱南向面开一龛。东、西壁南端各设佛床。
内　　容：主室　中心柱　西向面上画飞天7身。
　　　　　西壁　人字披下画飞天2身、童子飞天1身。
　　　　　　　　北侧平顶下画飞天7身。
　　　　　东壁　人字披下画飞天3身，其中乐伎1身，弹琵琶。
　　　　　南壁　上画飞天16身，其中乐伎12身，自东至西，乐器有：直颈琵琶、曲颈琵琶、细腰鼓、细腰鼓、排箫、横笛、竖笛、筝、筝、笙、曲颈琵琶、竖箜篌。
合　　计：此窟画飞天35身，其中飞天乐伎13身，乐器13件；飞天童子1身。
乐器种类：琵琶4件、细腰鼓2件、排箫1件、横笛1件、竖笛1件、筝2件、笙1件、竖箜篌1件。共13件。

第16窟

方　　向：南偏东15°
时　　代：晚唐（五代、宋、回鹘、民国重修）
形　　制：覆斗形顶，北壁设佛床。前室横券顶，北壁门东、西各设一像台。
内　　容：甬道　东壁回鹘画供养人耳饰上有迦陵频伽2身。
　　　　　主室　西、北、东三壁上部回鹘画飞天共8身。
合　　计：此窟画飞天8身；迦陵频伽2身。

第18窟

方　　向：南偏东5°
时　　代：中唐（五代重修）
形　　制：覆斗形顶，北壁开一盝顶龛，龛内设马蹄形佛床，龛外两侧各设一像台。
内　　容：西壁　中唐画观无量寿经变一铺。
　　　　　上画不鼓自鸣乐器8件：横笛、直颈琵琶，另6件模糊。
　　　　　右上钟楼内挂大钟1件。
　　　　　左侧大势至菩萨华盖顶画共命鸟1身。
　　　　　两侧平台上画迦陵频伽各1身，左侧1身弹四弦直颈琵琶，右侧1身托花盘。
　　　　　左下画乐伎1身，弹直颈琵琶。
　　　　　下画乐舞图1幅，共画乐舞伎19身。细腰鼓舞伎1身居中；迦陵频伽1身，反弹琵琶；乐伎18身，对称分列两侧，每侧三排。
　　　　　左侧第一排：筝、竖箜篌、方响；
　　　　　左侧第二排：四弦直颈琵琶（拨奏）、义觜笛、排箫；
　　　　　左侧第三排：拍板、筚篥、笙；
　　　　　右侧第一排：鼗鼓与鸡娄鼓（1身兼奏）、竖笛、贝；

右侧第二排：细腰鼓、铙、凤首箜篌；
右侧第三排：羯鼓、答腊鼓、阮（搊弹）。
东壁　画药师经变一铺，右侧图像残。
上画不鼓自鸣乐器 10 件：直颈琵琶、拍板、排箫、排箫、直颈琵琶、笙，另 4 件模糊。
左上钟楼内挂大钟 1 件。
说法图中画迦陵频伽 3 身，其中主尊左侧 1 身反弹琵琶；说法图左侧平台上 1 身弹直颈琵琶；乐队左上 1 身未持乐器。
下画乐舞图 1 幅。共画乐舞伎 10 身。长巾舞伎 1 身居中，左侧乐伎 9 身，分三排。右侧乐伎残。
左侧第一排：竖笛、筚篥、竖箜篌；
左侧第二排：笙、横笛、筝；
左侧第三排：直颈琵琶、排箫、拍板。

合　计：此窟画不鼓自鸣乐器 18 件（10 件模糊）；经变乐舞图 2 幅，乐队 2 组，舞伎 2 身，乐伎 27 身，乐器 28 件；迦陵频伽 6 身，乐器 4 件，共命鸟 1 身。
乐器种类：琵琶 10 件（其中四弦琵琶 2 件）、细腰鼓 2 件、筝 2 件、竖箜篌 2 件、方响 1 件、义觜笛 1 件、排箫 4 件、拍板 3 件、筚篥 2 件、笙 3 件、鼗鼓 1 件、鸡娄鼓 1 件、竖笛 2 件、贝 1 件、凤首箜篌 1 件、羯鼓 1 件、答腊鼓 1 件、阮 1 件、横笛 2 件、大钟 2 件。共 43 件。模糊乐器 10 件。
舞蹈种类：细腰鼓独舞 1 组、长巾独舞 1 组、迦陵频伽（反弹琵琶）舞 2 组。

第 19 窟

方　向：南偏东 10°
时　代：五代（宋重修）
形　制：纵平拱顶，北壁开一纵平拱顶大龛，内设马蹄形佛床，东、西壁各设通壁像台。
内　容：窟顶　宋画飞天 2 身。
　　　　北壁　龛内宋画飞天 9 身，2 身残。
　　　　龛内东壁画奏乐天王 1 身，演奏琵琶。
　　　　龛外两侧宋画飞天 2 身。
合　计：此窟画飞天 13 身；奏乐天王 1 身，乐器 1 件。
乐器种类：琵琶 1 件。共 1 件。

五
东千佛洞乐舞壁画总录

第02窟

位　　置：西岸下层，坐西向东
时　　代：西夏
形　　制：覆斗形顶，西壁前设佛坛，两侧向后开通左、右甬道和后甬道，南、北壁各设一像台。
内　　容：主室　窟顶　四角画迦陵频伽各1身，共4身。
　　　　　南壁　东侧画菩萨伎乐4身，乐器有：钹、扁鼓、铜角、细腰鼓。
　　　　　中下画菩萨舞伎4身，图像模糊。
　　　　　北壁　中下画菩萨舞伎4身，图像模糊。
　　　　　东侧画菩萨伎乐4身，乐器有：琵琶、细腰鼓、2件模糊。
　　　　　东壁　门北上画飞天2身，下画菩萨舞伎4身。
　　　　　门上画迦陵频伽2身，未持乐器。
　　　　　门南下画菩萨舞伎，残存2身。
合　　计：此窟画飞天2身；迦陵频伽6身；菩萨伎乐8身，乐器6件；菩萨舞伎14身。
乐器种类：钹1件、扁鼓1件、铜角1件、琵琶1件、细腰鼓2件。共6件。模糊乐器2件。
舞蹈种类：长巾舞（菩萨四人舞）2组。

第05窟

位　　置：西岸上层，坐西向东
时　　代：西夏
形　　制：穹窿顶，西壁开一龛，龛前设佛坛，两侧开左、右甬道和后甬道。
内　　容：南壁　画乐舞图1幅，共画乐舞伎5身。菩萨1身居中，菩萨伎乐4身围坐四周奏乐。
　　　　　左上：拍板；
　　　　　右上：舞伎；
　　　　　左下：曲颈琵琶；
　　　　　右下：横笛。
合　　计：此窟画菩萨伎乐3身，乐器3件；菩萨舞伎1身。
乐器种类：拍板1件、琵琶1件、横笛1件。共3件。
舞蹈种类：菩萨独舞1组。

第07窟

位　　置：东岸中部，坐东向西
时　　代：西夏（清重修）
形　　制：穹窿顶，东壁清代开一大一小两佛龛及左、右甬道和后甬道。
内　　容：中心柱东向面　画涅槃变一铺。
　　　　　下画乐舞图1幅，共画乐舞伎4身。
　　　　　长巾舞伎1身；乐伎3身，乐器有：横笛、

	细腰鼓、拍板。另有仙鹤、龟、灵鸟等动物。
	东壁 小佛龛上画飞天2身。
	南壁 画净土变一铺。下画乐舞图1幅，图像已残。
	可见舞伎2身持长巾对舞；乐伎分列两侧，可见乐器6件。
	左侧：筝、龙首笛、扁鼓（有鼓架，双杖击）、琵琶，其余模糊；
	右侧：奚琴、琵琶，其余模糊。
合　计：	此窟画飞天2身；经变乐舞图2幅，乐队2组，舞伎3身，乐伎9身，乐器9件。
乐器种类：	筝1件、横笛1件、龙首笛1件、扁鼓1件、琵琶2件、奚琴1件、细腰鼓1件、拍板1件。共9件。
舞蹈种类：	长巾独舞1组、长巾双人舞1组。

六
五个庙石窟乐舞壁画
总录

第03窟

方　向：南偏东25°
时　代：北周（西夏重修）
形　制：人字披顶，北壁设马蹄形佛坛。
内　容：主室　西壁　西夏画劳度叉斗圣变一铺。
　　　　　左侧画外道1身，双手持谏鼓。
　　　　　右侧木架上挂大钟1件，比丘撞钟。
　　　　　右下画乐伎1身，吹筒钦（大铜角）。
合　计：此窟画劳度叉斗圣变1铺，乐伎2身，乐器3件。
乐器种类：谏鼓1件、大钟1件、筒钦（大铜角）1件。共3件。

第04窟

时　代：北周（五代、西夏重修）
形　制：人字披顶，北壁开一龛。
内　容：主室　西壁　北侧西夏画净土变一铺。
　　　　　中下画舞伎2身。
　　　　　东壁　北侧西夏画净土变一铺。
　　　　　中下画乐舞图1幅，共画乐舞伎3身。舞伎1身居中；两侧乐伎2身，均持铜角，边奏乐边舞蹈。
合　计：此窟画经变乐舞图2幅，乐队1组，舞伎3身，乐伎2身，乐器2件。
乐器种类：铜角2件。共2件。
舞蹈种类：双人舞1组、独舞1组。

七
小千佛洞乐舞壁画
总录

第01窟

方　向：正北
时　代：西夏（清重修）
内　容：后室 甬道西壁 清画天王2身，其中1身抱琵琶。
合　计：此窟画奏乐天王1身，乐器1件。
乐器种类：琵琶1件。共1件。

第04窟

时　代：宋（西夏、清重修）
内　容：前室 东壁 北侧宋画净土变一铺。
　　　　上画飞天2身；
　　　　下画乐舞图1幅，共画乐舞伎9身。反弹琵琶舞伎1身居中；乐伎8身，对称分列两侧。
　　　　左侧：横笛、竖笛、排箫、拍板；
　　　　右侧：笙篥、竖箜篌、横笛、拍板。
　　　　南侧菩萨图上画飞天2身。
　　　　西壁 南侧菩萨图上画飞天2身。
　　　　北壁 门东侧菩萨图上画飞天2身。
合　计：此窟画飞天8身，经变乐舞图1幅，乐队1组，舞伎1身，乐伎8身，乐器8件。
乐器种类：横笛2件、竖笛1件、排箫1件、拍板2件、笙篥1件、竖箜篌1件、琵琶1件。共9件。
舞蹈种类：反弹琵琶独舞1组。

八
旱峡石窟乐舞壁画总录

第02窟

方　向：南偏西30°
时　代：北周（西夏重修）
内　容：西壁 画曼荼罗1铺，左、右各画世俗乐舞1组。
　　　　左侧乐舞1组，共5身。舞伎1身；乐伎4身，其中2身边奏乐边舞蹈。乐器有：横笛、琵琶、贝、钹。
　　　　右侧乐舞残，仅存乐伎1身，乐器模糊。中下画长巾舞伎1身。
　　　　下画乐伎1身，双手持小筒鼓。
　　　　下方两侧各画舞伎4身，共8身。
合　计：此窟画世俗乐队2组,乐伎6身,乐器5件。舞伎11身。
乐器种类：横笛1件、琵琶1件、贝1件、钹1件、小筒鼓1件。共5件。模糊乐器1件。
舞蹈种类：长巾独舞4组。

附 录

一 敦煌石窟壁画乐舞种类统计表

（一）莫高窟

序号	窟号	乐鼓自鸣乐器 数量	飞天 乐伎 数量/乐器	飞天童子 数量/乐器	天宫伎乐 数量/乐器	经变乐舞图 数量/舞伎/乐器	文殊变、普贤变 数量/舞队/乐器	童子伎乐 数量/乐器	迦陵频伽 数量/乐器	共命鸟 数量/乐器	化生伎乐 数量/乐器	菩萨伎乐 数量/舞伎/乐器	世俗乐舞图 数量/舞伎/乐器	百戏图 杂技/护持/乐器	药叉伎乐 数量/乐器	壶门伎乐 数量/舞伎/乐器	雷公击鼓图 数量/雷公/鼓	金星海中乐器 数量	华严海中乐器 数量	劳度叉斗圣变 数量/舞伎/比丘/乐器	降魔成道 魔女/外道/乐器	天王奏乐图 数量/天王/乐器	乐神乾闼婆 数量/乐器	金刚乐舞 数量/乐器
1	窟003		4																					
2	窟004					2 4 4 44 37	2 2	3 3	4 4				2 2 1 1											
3	窟005	11				5 7 6 64 59	2 2		1 1				1 1											
4	窟006		16 8 8			2 2 16 16	2 2	8 8 2 2					1 1 1 1						9					
5	窟007	10				4 6 4 39 36			20 14															
6	窟008	7				1 1 1 8 8																		
7	窟009	14	19						1 1		8	8 8 3 1 2 2	2 4 3 2 2 1 2	2 2			1 1 1			1 1		1 1	1	
8	窟010		2						9 8															
9	窟012	34	24 20 20	8 2		4 5 4 34 37	2 2		7		2	23 6 17 17	5 1 12 10			8			4			2 2	2	
10	窟014	13 1	27 9 9			1 1 1 6 6	2 2						1 1 2 2			24								
11	窟015					1 1 1 3 3																		
12	窟018	4	16 10 10			3 3 22 23	2 2		3 1 2							8								
13	窟019	7	2			2 2 14 13	2 2		2	1						8								
14	窟020					2 2 12 12																		
15	窟022	8 3				2 2 3 20 5																		
16	窟023								1				1 1 6 6											
17	窟025		23 11 11				2 2					1							1					
18	窟027		4																					
19	窟029		36 12 12									1 1							1 1 2					
20	窟030		6																					
21	窟031		4					1																
22	窟032		6																					

附录

一 敦煌石窟壁画乐舞种类统计表

(一) 莫高窟

序号	窟号	不鼓自鸣乐器 数量模糊	飞天 乐器	飞天 数量	飞天童子 乐器	飞天童子 数量	天宫伎乐 乐器	天宫伎乐 数量	经变乐舞图 乐队	经变乐舞图 数量	经变乐舞图 乐伎	经变乐舞图 数量	经变乐舞图 乐器	经变乐舞图 数量	文殊变、普贤变 乐队	文殊变、普贤变 数量	文殊变、普贤变 乐伎	文殊变、普贤变 数量	童子伎乐 乐伎	童子伎乐 数量	童子伎乐 乐器	童子伎乐 数量	迦陵频伽 乐伎	迦陵频伽 数量	迦陵频伽 乐器	迦陵频伽 数量	共命鸟 数量	化生伎乐 舞伎	化生伎乐 数量	化生伎乐 乐器	化生伎乐 数量	菩萨伎乐 舞伎	菩萨伎乐 数量	菩萨伎乐 乐器	菩萨伎乐 数量	世俗乐舞图 舞伎	世俗乐舞图 数量	世俗乐舞图 乐器	世俗乐舞图 数量	百戏图 杂技	百戏图 数量	百戏图 护持	百戏图 数量	百戏图 乐伎	百戏图 数量	百戏图 乐器	百戏图 数量	药叉伎乐 乐器	药叉伎乐 数量	壶门伎乐 舞伎	壶门伎乐 数量	壶门伎乐 乐器	壶门伎乐 数量	雷公击鼓图 雷公	雷公击鼓图 数量	雷公击鼓图 鼓	雷公击鼓图 数量	金星 乐器	金星 数量	华严海中乐器 数量	劳度叉斗圣变 舞伎	劳度叉斗圣变 数量	劳度叉斗圣变 比丘	劳度叉斗圣变 数量	劳度叉斗圣变 外道	劳度叉斗圣变 数量	降魔成道 外道	降魔成道 数量	降魔成道 魔女	降魔成道 数量	天王奏乐图 天王	天王奏乐图 数量	天王奏乐图 乐器	天王奏乐图 数量	乐神乾闼婆 乐器	乐神乾闼婆 数量	金刚乐舞 乐器	金刚乐舞 数量
23	第033窟		11		2																																																																		
24	第034窟		8																																																																		
25	第035窟		4																																																																		
26	第038窟		4																																																																		
27	第039窟		13					2	2																																																											
28	第040窟		2																																																																		
29	第044窟	28	14	4						4	5	3	24	24									9	3																																															
30	第045窟	7	1							1	1	2	14	14									2	2																																															
31	第046窟		2																																																																		
32	第047窟		2																																																																		
33	第050窟		4																																																																		
34	第053窟		16	9																																																																		
35	第054窟	12	40	27	27					6	7	8	64	63	2								12	4				4	1	3	3				2	2	1	1															1	1	1												
36	第055窟		44	16	16																									3	3																				6	6																		
37	第056窟		34		2																																																															
38	第057窟		5																																																																		
39	第058窟		5																																																																		
40	第060窟	30	20	6	6					7	11	11	103	103									11	8				6				6	13	11	50	48	3	17	1	6	6			51			1	1	1	1	2	2			1		1	2								
41	第061窟		6	2	2																																																																		
42	第062窟		10	2																																																																		
43	第063窟	8	4																																																																		
44	第064窟	13	12																					3																																														
45	第065窟	6	4	8																																																																		
46	第066窟	6	24	8											1	1	1																							1	2	2	9	8																									
47	第068窟		8																																																																		
48	第070窟		2																																						1	4																										
49	第071窟		4		1																																																															
50	第072窟		59	14	14					8	9	11	120	118	1	1	1	1					17	6				1				1	1	5	4	5	2	4	1	3	3								1	1	1	2	2			7	1	1	2					1	1	3	4
51	第076窟		2							1	2	2	6	6									2	1																																												
52	第077窟		4							2	2	2	12	7									5	4																																												
53	第078窟	12	6																																																																		
54	第079窟		6																																																																		
55	第081窟		2																																																																		
56	第083窟		2																																																																		
57	第084窟	30	42	26	26																																																																		
58	第085窟		3																																																																		
59	第088窟	8	2																																																																		
60	第089窟	11		1	1																								1				1	1	5	5	2	4	1	3	3																											
61	第091窟		1																																																																		
62	第092窟		2		2																																																																
63	第095窟																																																																				
64	第097窟																																																																				

附录 敦煌石窟壁画乐舞种类统计表（一）

莫高窟

序号	窟号	乐鼓自鸣乐器数量	飞天数量	飞天童子数量乐伎	天宫伎乐数量/乐伎	经变乐舞图数量/乐队/乐舞伎/乐器	文殊变、普贤变数量/乐队/乐舞伎/乐器	童子伎乐数量/乐舞伎/乐器	迦陵频伽数量/乐伎	共命鸟数量/乐器	化生伎乐数量/乐舞伎/乐器	菩萨伎乐数量/乐舞伎/乐器	世俗乐舞图数量/乐舞伎/乐器	百戏图数量/杂技/护持/乐伎/乐器	药叉伎乐数量/乐器	壸门伎乐数量/乐舞伎/乐器	雷公击鼓图数量/雷公鼓	金星数量/乐器	华严海中乐器数量	劳度叉斗圣变数量/乐舞伎/比丘道/乐器	降魔成道外魔女数量/乐舞乐器	天王奏乐图数量/天王乐伎	乐神乾闼婆数量	金刚乐舞数量/乐器
65	窟098	10	2			4 5 6 53 51			5 4				3 4 3 3			30			16				1	
66	窟099		7 2				2 2																1	
67	窟100	14	8			6 8 96 94	2 2 4 4	1 1 1 1	1 1				2 10 35 31											
68	窟103	10	4			2 3 12 12		1 2 1																
69	窟107	4				5 6 7 60 57		1 1	1				1 3			2		2	5					
70	窟108	20	2																						
71	窟111	4																							
72	窟112	6	2			4 5 4 34 36	1 1 2	1 1	1 1 3			4 2 2 2				5	5 1 1 1							
73	窟113					1 1 2 6																		
74	窟116	6	2			1 1 1 5																		
75	窟117	7				1 1 1 12 5			1	1														
76	窟118	6	2			2 3 2 14 14	2	1 1	5															
77	窟119					1 1 1 6 2																		
78	窟120	5	6			1 1 3 3																		
79	窟121	1	6			1 1 2 8 1	2 1																	
80	窟123	6	1												8 7										
81	窟124		2								1														
82	窟126	14				2 4 2 24 20	2	2 2	9 2			6 5 1 1	4 2 14 8			2		1						
83	窟127	8	2			2 2 2 10 10	2 2	1 1	4 2					6 4		4 1 4								
84	窟128	24 1				1 2 1 12 12			3				2 2			53								
85	窟129	9	2																						
86	窟130	17	5			2 2 1 9 8	2 2	2 2	5 4		1	1 1 1 1	2 3 2 2			4 1	5 1 1 1							
87	窟132		9 9			1 1 1 6 6		1 1	5				5 4 4 3			12		8						
88	窟134	6 4				6 8 8 95 92		4 3 1 1	5 3			2 1 1				5		5 6						
89	窟135					3 3 2 20 19			1				3 7 2 2											
90	窟136	6 1		11 3 3		2 5 4 63 65	2 2	4 4 4	1 1 17 15	1 1	1 23 6 13 10	2 1 1 1	3 7 2 2	6 4		4 1				7 1 2 4 1 1 6		1 1		
91	窟138	28	28 13 13 14			8 10 12 88 93		4 3 17 15	2 2			1 1 1					1 1	1	3					
92	窟140		1			3 3 3 14 14	2		2				4 1 3											
93	窟141	6	4																						
94	窟142	10	26 1			4 4 4 30 30		4 3 1	5				5 4 4 3											
95	窟144	6				4 5 5 28 28	2 2	1 1																
96	窟146	2																							
97	窟147	25	8																						
98	窟148	50	1			6 8 8 95 92			1 1				4 1 3 3											
99	窟152		12 6																						
100	窟153	6																							
101	窟154	3				3 3 3 29 27		4 4	2 2			6 2 4 4	4 1 3 3							7 1 2 4 1 1 6				
102	窟155	2				1 1 1 6			2																
103	窟156	6	5			6 7 10 76 76	2 2	6 6 10 2 8 8	15 6				7 13 38 33	2 7 1 8 5	2 2	14		8			1 3 4			
104	窟158	7	12 1 1			5 5 3 30 30		3	3				2 3 3											

附录
一 敦煌石窟壁画乐舞种类统计表
莫 高 窟（一）

窟号	乐鼓自鸣乐器 数量 种类		飞天		飞天童子		天宫伎乐		经变乐舞图				文殊变、普贤变			童子伎乐			迦陵频伽		共命鸟		化生伎乐		菩萨伎乐			世俗乐舞图			百戏图 杂技护持		药叉伎乐		壶门伎乐		雷公击鼓图 雷公鼓		金星		华严海中乐器		劳度叉斗圣变 比丘 外道			降魔成道 外魔女		天王奏乐图 天王		乐神乾闼婆		金刚乐舞
	模型 乐器	数量	数量	乐伎	数量	乐器	数量	乐器	数量	乐队	乐伎	乐器	数量	舞伎	乐器	数量	舞伎	乐器	数量	乐器	数量	乐器	数量	舞伎	乐器	数量	舞伎	乐器	数量	舞伎	乐器	数量	乐器	数量	舞伎	乐器	数量	乐器	数量	乐器	数量	舞伎	乐器	数量	女道	数量	天王	数量	数量
159窟	6		9					5	1	9	49	44	2	2	6				22	17	1	1			6	1	5																				
160窟	10	2						1	1	1	6	6							17	1					2	1																						
161窟			22	17	16																																											
163窟	8							2	4	2			2		4																																	
164窟			20																																													
165窟			3														13	1	12	12																												
166窟			3	1	1			2	2	1	8	8							1																													
167窟			6					2	2																																							
169窟											1																																					
170窟			18					2	3	4	32	30				2	2		2				2	2	12	2	10	5																				
171窟								2	2		8	8							8	7	1	1			14		14	15							8	4												
172窟	32	3						1	1	2	12	11	1	1	3	3	1	1		1	1											4	1	1														
173窟	3	1						2	2	2	12	14							1	1	1				2	1	1	1	1	1	1							2										
174窟			1					1	1	2	12	13							1																													
176窟	8		4					3	3	4	30	35	2		5	5			5	4	1	1			14		14								14	4								7	1			
177窟			2					2	2	2	16	14							1	1	1								1						6	6												
179窟			2					1	1	1	4	3							1	1																												
180窟	41	11						1	1	2	12	14							4	4	1	1			2	1	1	1	2	1	1											1	1	2				
186窟	3							1	1	2	12	15							1																													
188窟	24	5	2					3	4	3	30	32	2						4	4					8		8																					
191窟	1		4					1	1	1	10	10							5	2					2	1	1	1	1		1																	
192窟	8							1	1	1	6	6							5	5																												
194窟								1	1	2	12	12																	1		1																	
195窟								3	3	2	22	22							1		1	1													7	7												
196窟	8	2	1					2	2	2	24	23							2	1	2				8		8	3																				
197窟	9		4					1	1	1	6	6													2	1	1	1	1		1																	
198窟																																																
199窟	10							3	2	3	19	14							6	4					3		3	1																				
200窟	11	5																																														
201窟	26							1	1	1	12	1							2	1																												
202窟	10	3	25	16	16																																											
203窟			17																																													
204窟			12																2	1																												
205窟	9	2	13					1	1	2	12	1							6	4					3		3	1							7														
206窟	13			6	3	5																																										
207窟	7			5																																												
208窟	12			34	4	10		1	1	2	2	3	18	7					2	1					3		3	1																				
209窟	9	3		4	4																																											
211窟	8	4		3	3																																											
215窟	6	4		5	2														2	1																												
216窟																																																
217窟	14		9					1	1	1	12	13							2	2					3		3	1																				

附录

一 敦煌石窟壁画乐舞种类统计表

(一) 莫高窟

序号	窟号	乐鼓自鸣乐器 数量 模糊	飞天 数量 乐伎	飞天童子 数量 乐器	天宫伎乐 数量 舞伎 乐器 数量	经变乐舞图 数量 舞队 数量 舞伎 数量 乐器	文殊变普贤变 数量 舞队 数量 舞伎 数量 乐器	童子伎乐 数量 舞伎 数量 乐器	迦陵频伽 数量 舞伎 数量 乐器	共命鸟 数量 乐器	化生伎乐 数量 舞伎 数量 乐器	菩萨伎乐 数量 舞伎 数量 乐器	世俗乐舞图 数量 舞伎 数量 乐器	百戏图 数量 杂技 数量 护持 数量 乐器	药叉伎乐 数量 乐器	壹门伎乐 数量 舞伎 数量 乐器	雷公击鼓图 数量 雷公 数量 雷鼓	金星 数量 乐器	华严海中乐器 数量 乐器	劳度叉斗圣变 数量 舞伎 数量 比丘 数量 外道 数量 乐器	降魔成道 数量 外道魔女 数量 乐器	天王奏乐图 数量 天王 数量 乐伎	乐神乾闼婆 数量 乐器	金刚乐舞 数量 乐器
149	第218窟	8																					
150	第220窟	13	12 2 2							1 1													
151	第223窟		6						2	1													
152	第225窟	7	9							1					4								
153	第227窟																						
154	第231窟	70 4	28 12 12			2 2 2 12 7 6 13 7 84 83	2 2	5 5 16 12 4	3 1 2 2	1 1		3 3 3 4 1 3	2 1 6 4 3 1 4 2								1 1		
155	第232窟					2 3 2 16 16			3														
156	第233窟	45 14 14																					
157	第234窟																						
158	第236窟	15	5			2 2 2 12 11			2 2			2 1 1 1	2 1 1 1			5	1						
159	第237窟	38 5	6			3 7 6 40 39	2 2	6 6	12 8	1 1						7							
160	第238窟	15	2			3 3 2 13 13	2 2	2 2	5 2														
161	第240窟	3				2 3 2 16 14			4 2														
162	第242窟		5																				
163	第243窟		6																				
164	第244窟		42																				
165	第245窟		4																				
166	第248窟		16								5				33 8	36							
167	第249窟		14 4 4		54 17 17 37						37				13 5								
168	第250窟		8 7 7		48 20 20 28						66												
169	第251窟		39		78 16 16 62							3 3			62 4								
170	第254窟		79		84 27 27 57		2 2 14 14					1 1	1 1		102 11								
171	第255窟		2										12 12										
172	第256窟				6																		
173	第257窟		48 2		60 22 22 38	2 3 3 24 19			5 2 1		5		1 1 1 3 3		55 2	36							
174	第258窟		2												1 1								
175	第259窟		53 3 3								9				5 5								
176	第260窟		70		69 22 22 47						14		1 1			11	11						
177	第261窟		8 3 3													1							
178	第262窟		6								2												
179	第263窟		21																				
180	第264窟		12																				
181	第266窟		23 5		22 5 5 17																		
182	第267窟		1												5								
183	第268窟		16																				
184	第272窟		35									9	9 1			2							
185	第275窟		26 3 3									9 9	8 2										
186	第276窟		4 3 3									4 4											
187	第277窟		4 2 2																				
188	第278窟		13 2 2 7																				
189	第279窟		8									6 6											
190	第280窟		5																				

附录
一 敦煌石窟壁画乐舞种类统计表
(一) 莫高窟

窟号	不鼓自鸣乐器数量	飞天乐器	飞天数量	飞天童子数量	天宫伎乐乐器	天宫伎乐数量	天宫伎乐舞伎	经变乐舞图乐队	经变乐舞图数量	经变乐舞图乐器	经变乐舞图舞伎	文殊变、普贤变乐队	文殊变、普贤变数量	文殊变、普贤变乐器	文殊变、普贤变舞伎	童子伎乐数量	童子伎乐乐器	童子伎乐舞伎	迦陵频伽数量	迦陵频伽乐器	共命鸟数量	共命鸟乐器	化生伎乐数量	化生伎乐乐器	化生伎乐舞伎	菩萨伎乐数量	菩萨伎乐乐器	菩萨伎乐舞伎	世俗乐舞图数量	世俗乐舞图乐器	世俗乐舞图舞伎	百戏图数量	百戏图杂技护持伎	药叉伎乐数量	壶门伎乐数量	壶门伎乐乐器	壶门伎乐舞伎	雷公击鼓图数量	雷公击鼓图雷公鼓	金翅鸟数量	华严海中乐器数量	劳度叉斗圣变数量	劳度叉斗圣变舞伎	劳度叉斗圣变乐器比丘	劳度叉斗圣变外道	降魔成道数量	降魔成道乐器	降魔成道外道魔女	天王妻乐图数量	天王妻乐图乐器	天王妻乐图天王	乐神乾闼婆数量	乐神乾闼婆乐器	金刚乐舞数量	金刚乐舞乐器
第282窟		6																															4																					
第283窟		6		6																																																		
第284窟		2																																																				
第285窟		43 11 11																																																				
第287窟		2																																																				
第288窟		44			63 35 35 28																		13	6	6	4	4	4					10																					
第290窟		149 47 48																															13	3				2 2 2																
第291窟		8																					10										38 3																				
第292窟		45 4 4																															35 4																				
第294窟		60 13 13			1 1 1 4 4																											30																				
第295窟		51 16 16																	1			1																															
第296窟		22 9 9																															23 4																				
第297窟		2																																																			
第298窟		18 14 14																					6 1 4 4									7																				
第299窟		43 17 17						2		2	2 2			7 7																		4																				
第301窟		63 17 17						2		2																																											
第302窟		56 14 14																															6																				
第303窟		2			24 7 7 17																																																
第304窟		35																																																			
第305窟								2		2																																											
第306窟	10	8						2		2																																											
第307窟	43																																																				
第308窟		6																																																			
第309窟																																																					
第310窟		10		2																																																	
第311窟		2																																																			
第312窟		10 2 2																																																			
第313窟		8																	2			3	2 1 1																														
第314窟		2 1 1																																																			
第315窟		2																																																			
第318窟	10	2																																																			
第320窟		40 12 12		6				1 1 1 1		6 12			4 4						2			4 3 1 1			1	1	5																										
第321窟		2						1 1 2		10 2									7									1	1	5			4																				
第322窟	6	41 12 12																											1	5	5																							
第323窟		2																																		8																	
第326窟																																				8	1 1															
第327窟		38 13 13						1 1 1		6 6									2			3 2 1 1											2			1 1 1													
第329窟		34 15 15		6 2				2 3 1		19 17 2			5 5						3																															
第331窟	8	26																																		2																	
第332窟	7	2		2 2				1 1 1		10 10									4 2																	1															
第334窟	24							1 3 1		3 33 21																										1 1 1														

附录

一 敦煌石窟壁画乐舞种类统计表

(一) 莫高窟

序号	窟号	禾鼓自鸣乐器数量	飞天乐伎数量	飞天乐器数量	飞天童子乐器数量	天宫乐伎舞伎数量	天宫乐伎乐器数量	经变乐舞图乐队数量	经变乐舞图舞伎数量	经变乐舞图乐器数量	文殊变、普贤变乐队数量	文殊变、普贤变舞伎数量	文殊变、普贤变乐器数量	童子乐伎舞伎数量	童子乐伎乐器数量	迦陵频伽舞伎数量	迦陵频伽乐器数量	共命鸟数量	化生伎乐舞伎数量	化生伎乐乐器数量	菩萨伎乐舞伎数量	菩萨伎乐乐器数量	世俗乐舞图舞伎数量	世俗乐舞图乐器数量	百戏图杂技数量	百戏图护持乐器数量	药叉伎乐舞伎数量	药叉伎乐乐器数量	壶门伎乐舞伎数量	壶门伎乐乐器数量	雷公击鼓图雷公数量	雷公击鼓图雷鼓数量	金星数量	金星乐器数量	华严海中乐数量	华严海中乐乐器数量	劳度叉斗圣变比丘数量	劳度叉斗圣变外道数量	劳度叉斗圣变乐器数量	降魔成道魔女数量	降魔成道外道乐器数量	天王奏乐图天王数量	天王奏乐图乐器数量	乐神乾闼婆数量	乐神乾闼婆乐器数量	金刚乐舞数量	金刚乐舞乐器数量
233	申337窟		2	1				2	3	18	18						3	3																											
234	申338窟	3	4	1	1							2	2				1																												
235	申339窟		8					1	1	2	8																																		
236	申340窟	4	12					2	2	5	51	22	2	2				2																											
237	申341窟	63	5					1	1	1	8	8						2						1	1	10	8																		
238	申343窟		32																																										
239	申344窟		29	4	4			3	3	20	20	2	2				2	2				4	1	3	3	2	1	2																	
240	申345窟		32	13	13			3	3	2	18	19	2	2				7	1			6	3	3		2	1	8	2			8	5												
241	申351窟	5	38	11	11			2	3	2	26	26	2	2				6	3		2			3	3	1	1	8	1			18													
242	申353窟	12						3	7	4	42	39					1	13	3					3	1			3	2	8	1	1	12	2	10	7						1	1		
243	申354窟		16	4	4																																								
244	申358窟	9	1																																										
245	申359窟	23	5																																										
246	申360窟	10	10	1	1													6																											
247	申361窟	33	14	9	9			3	4	3	22	22	2	2				6	1					3	3	1	1	8	2	6	3														
248	申363窟							2	2	2	11	11						1	1																										
249	申364窟		2															4	3																										
250	申365窟		4		6																				1	1	1	1					4									1	1			
251	申366窟	11	6																																										
252	申367窟		14																																										
253	申368窟		6																																										
254	申369窟	10	6	1	1			3	3	19	17	2	2				4											1																	
255	申370窟	2	5	2	2																																								
257	申371窟	11	12																																										
258	申372窟		14																																										
259	申373窟		29	10	10	6																																							
260	申374窟		4																			4	2	2	2			1	1				4									1	1		
261	申375窟		6																			2	2	2	2			1	1																
262	申376窟		14																																										
263	申378窟		6															5	3				4																						
264	申379窟	6	22	13	13			3	3	19	17	2	2				6						4																			1	1		
265	申380窟		36	6	6												6						4	4			1	1	1	1					4										
266	申381窟		18																																										
267	申383窟		8		6																																								
268	申384窟	15	20					3	4	3	31	30	2	2			5	3									1																		
269	申386窟	2	36	4	4																		4	4			1	1	8	8															
270	申387窟		12																																										
271	申388窟		8														5	7	5	7																									
272	申389窟		60	19	19			2	2	18	17	2	2				6	6																											
273	申392窟		8	2	2																																								
274	申393窟		2																	2																								2	

附录

一 敦煌石窟壁画乐舞种类统计表

莫 (一) 高 窟

序号	窟号	不鼓自鸣乐器 数量	飞天 乐伎 数量/乐器	飞天童子 乐伎 数量/乐器	天宫伎乐 数量/舞伎/乐伎/乐器	经变乐舞图 数量/舞队/舞伎/乐器	文殊变、普贤变 数量/舞队/乐器	童子伎乐 数量/舞伎/乐器	迦陵频伽 数量/舞伎/乐器	共命鸟 数量/舞伎/乐器	化生伎乐 数量/舞伎/乐器	菩萨伎乐 数量/舞伎/乐器	世俗乐舞图 数量/舞伎/乐器	百戏图 数量/杂技/护持/乐器	药叉伎乐 数量/乐器	壶门伎乐 数量/舞伎/乐器	雷公击鼓图 数量/雷公鼓	金星 数量/乐器	华严海中乐 数量/乐器	劳度叉斗圣变 数量/舞伎/外道比丘/乐器	降魔成道 数量/魔女/外道/乐器	天王奏乐图 数量/天王/乐器	乐神乾闼婆 数量/乐器	金刚乐舞 数量/乐舞
275	第394窟		20 5	5																				
276	第395窟	2																						
277	第396窟		10 4	4																				
278	第397窟		14	5																				
279	第398窟		29 8	8 5							4 2 2	4												
280	第399窟		2								6 6	4 4												
281	第400窟	7	30 12	12																				
282	第401窟		43 12	12 2		2 2					4 2 2	4 4												
283	第402窟		44 10	10							9 1 6	6												
284	第404窟		8																					
285	第405窟		24 6	6																				
286	第406窟		2																					
287	第407窟		2									4 4			4									
288	第408窟		32																					
289	第409窟		6										2 1											
290	第410窟		7 2	2		1 1																		
291	第412窟		24 4	4							4				8 2									
292	第414窟		10 5	5		4 3																		
293	第416窟		73 17	17																				
294	第417窟		119 26	26 4							14 11		1 1			1								
295	第418窟		2 2	2					2						2									
296	第419窟		57 5	5 2	21 11 11 10	1 1					5	4	1 1		2									
297	第420窟		39 9	9																				
298	第421窟		122 7	7					2		4 4	2 3 3	3 2		35 1	9 1 4								
299	第423窟		128 9	9	64 36 36 28						8 6	6 3		3 3										
300	第425窟		2								7	2 2												
301	第426窟		42 8	8	53 12 12 41				2		6	2 2			42 4 3	4	2							
303	第427窟	16	49																					
304	第428窟		6																					
305	第429窟		27 4	4																				
306	第430窟		49 10	10								2 2			2 2	1 1								
307	第432窟		12																					
308	第433窟		25 6	6																				
309	第435窟		4																					
310	第436窟		11 4	4																				
311	第437窟		2																					
312	第438窟		2																					
313	第439窟		39 2	2	42 7 7 35																			

附录

敦煌石窟壁画乐舞种类统计表

一 敦煌乐舞大典·文宁卷

(一) 莫高窟 天王堂

序号	窟号	不鼓自鸣乐舞 模糊数量	不鼓自鸣乐舞 乐器数量	飞天乐伎 乐伎数量	飞天乐伎 乐器数量	飞天童子 乐伎数量	飞天童子 乐器数量	天宫伎乐 乐伎数量	天宫伎乐 乐器数量	经变乐舞图 乐舞队数量	经变乐舞图 乐伎数量	经变乐舞图 乐器数量	文殊变、普贤变 乐舞队数量	文殊变、普贤变 乐伎数量	文殊变、普贤变 乐器数量	童子伎乐 乐舞数量	童子伎乐 乐器数量	迦陵频伽 乐伎数量	迦陵频伽 乐器数量	共命鸟 乐伎数量	共命鸟 乐器数量	化生伎乐 乐舞数量	化生伎乐 乐器数量	菩萨伎乐 乐舞数量	菩萨伎乐 乐器数量	世俗乐舞图 乐舞数量	世俗乐舞图 乐器数量	百戏图 杂技护持	百戏图 乐伎	百戏图 乐器	药叉伎乐 乐舞数量	药叉伎乐 乐器数量	壶门伎乐 乐舞数量	壶门伎乐 乐器数量	雷公击鼓图 雷公数量	雷公击鼓图 雷鼓数量	金星 乐器数量	华严海中乐器数量	劳度叉斗圣变 比丘数量	劳度叉斗圣变 外道乐器	降魔成道 魔女数量	降魔成道 外道乐器	天王奏乐图 天王数量	天王奏乐图 乐器数量	乐神乾闼婆 数量	乐神乾闼婆 乐器	金刚乐舞 数量	金刚乐舞 乐器
317	第444窟		7							1	2	2						2						12		1	1						2														
318	第445窟	13								1	2	7						5	5	1				12	12	1	1																				
319	第446窟	4	1							1	2	10			2									11	1	1	5			4																	
320	第449窟		13	4	4					2	2	20	2	2	6			5								3	2			1	1																
321	第450窟	38								2	2	18			6											1	1																				
322	第452窟									2	2	7						1																													
323	第454窟	7	3	26	13	13				5	5	51 51												24	23	1	1															1	1	1	1		
324	第460窟	14																								2	1	1	1	6																	
325	第461窟	14	9	9														2		1							1		3	1												1	1				
326	第465窟	2								2	2	3	2	2	4			1																							5	14					46	58
327	第468窟	4																																													
328	第472窟																																														
合计		139	82	4502	846	853	102	6	688	237	237	451	274	335	323	2054	2454	77	69	2	247	240	68	40	30	31	407	209	17	8	293	203	72	61	99	240	67	175	161	101	84	292	250	16	54	8	42	34	546	54	406	11	48	18	1	78	10	10	10	2	2	61	5	2	4	5	14	1	1	6	7	10	10	3	13	6	6	46	58

(二) 天王堂

序号	窟号	不鼓自鸣乐舞 模糊数量	不鼓自鸣乐舞 乐器数量	飞天乐伎 乐伎数量	飞天乐伎 乐器数量	飞天童子 乐伎数量	飞天童子 乐器数量	天宫伎乐 乐伎数量	天宫伎乐 乐器数量	经变乐舞图 乐舞队数量	经变乐舞图 乐伎数量	经变乐舞图 乐器数量	文殊变、普贤变 乐舞队数量	文殊变、普贤变 乐伎数量	文殊变、普贤变 乐器数量	童子伎乐 乐舞数量	童子伎乐 乐器数量	迦陵频伽 乐伎数量	迦陵频伽 乐器数量	共命鸟 乐伎数量	共命鸟 乐器数量	化生伎乐 乐舞数量	化生伎乐 乐器数量	菩萨伎乐 舞伎数量	菩萨伎乐 乐器数量	世俗乐舞图 乐舞数量	世俗乐舞图 乐器数量	百戏图 杂技护持	百戏图 乐伎	百戏图 乐器	药叉伎乐 乐舞数量	药叉伎乐 乐器数量	壶门伎乐 乐舞数量	壶门伎乐 乐器数量	雷公击鼓图 雷公数量	雷公击鼓图 雷鼓数量	金星 乐器数量	华严海中乐器数量	劳度叉斗圣变 比丘数量	劳度叉斗圣变 外道乐器	降魔成道 魔女数量	降魔成道 外道乐器	天王奏乐图 天王数量	天王奏乐图 乐器数量	乐神乾闼婆 数量	乐神乾闼婆 乐器	金刚乐舞 数量	金刚乐舞 乐器
1	天王堂	0	0	16	8	8	0	0	0	0	0	0	0	0	0	0	0	0	0	0	0	0	0	3	1	2	2	0	0	0	3	1	2	0	0	0	0	0	0	0	0	0	0	0	0	0	0	0
合计		0	0	16	8	8	0	0	0	0	0	0	0	0	0	0	0	0	0	0	0	0	0	3	1	2	2	0	0	0	3	1	2	0	0	0	0	0	0	0	0	0	0	0	0	0	0	0

附录

一 敦煌石窟壁画乐舞种类统计表

(三) 榆 林 窟

序号	窟号	不鼓自鸣乐器 数量/乐器	飞天 数量/乐伎	飞天童子 数量/乐器	天宫伎乐 数量/乐伎/乐器	经变乐舞图 乐队/乐舞/乐伎/乐器	文殊变、普贤变 队/舞/伎/器	童子伎乐 数量/乐伎/乐器	迦陵频伽 数量/乐伎/乐器	共命鸟 数量/乐伎/乐器	化生伎乐 数量/乐伎/乐器	菩萨伎乐 数量/舞/伎/器	世俗乐舞图 数量/舞/伎/器	百戏图 数量/杂技/护持/乐器	药叉伎乐 数量/乐伎/乐器	壶门伎乐 数量/舞/伎/乐器	雷公击鼓图 数量/雷公/鼓	金星华严海中乐器 数量/乐器	劳度叉斗圣变 数量/比丘/乐伎/外道/乐器	降魔成道 数量/魔女/外道/乐器	天王麦乐图 数量/天王/乐伎/乐器	乐神乾闼婆 数量/乐器	金刚乐舞 数量/乐器
1	第03窟	45				2 8 6 29 21			3			18 8 11 10		1 6									
2	第04窟	1	2									29 28 1 8									1 1	1	
3	第06窟		5 4																				
4	第10窟	20	10 9			2 2 18 18 21	2 2 12 12	1 1	2														
5	第12窟	8	12 8					2 2			1 1 2 2												
6	第13窟		3																				
7	第14窟		10 4																				
8	第15窟		16 6			4 5 7 45 45	2 2 12 12		2 2			6 6	2 6 3			1 1				1			
9	第16窟	9	12 6			4 6 8 60 58	2 2 9 9									15 10							
10	第17窟		36	4		1 1 6 6																	
11	第19窟	13	3 2																				
12	第20窟		7	2		1 1 1 8 8			2 2 1 1			3 1 2 2											
13	第21窟		11 7																				
14	第22窟		8 3																				
15	第25窟	4	6	2 1															1 1 1 2				
16	第26窟		12																				
17	第28窟		6																				
18	第31窟		10 1			2 3 4 24 24	2 2 12 12	2 2	2 2			1 3 2 1 1 6 6	1 1 6 6			1 1			1 1 1 2	3 3	1 1 2	2	
19	第32窟	12	14 10 10			4 8 57 57	2 2 11 11		4 3			3 3 3 3									1 1	1	
20	第33窟		7 1			1 2 14 13	2 2 10 11		1							1				3 3			
21	第34窟	9	18	2		1 1 1 6 5	2 2																
22	第35窟		16 8					2 2	3 2			12 1 11 9	1 1					1					
23	第36窟		4 4			4 5 3 16 16																	
24	第38窟	4	26 16 16																				
25	第39窟		8 4																				
合计		125	253 89 89	14 1	0 0 0	26 40 40 283 271	14 14 2 79 80	5 5 0 0	19 11	1 1	1 2	72 7 38 37 40	4 2 12 9	1 6 0 0 0	0 0 0	17 0 1 12	0 0 0	0 0 2 0 0	2 0 2 2 4	4 0 3 3	4 5 0 5	0 0	0 0

附录 一 敦煌石窟壁画乐舞种类统计表

(四) 西千佛洞

序号	窟号	不鼓自鸣乐器 数量	飞天 数量乐器乐伎	飞天童子 数量乐器乐伎	天宫伎乐 数量乐器乐伎	经变乐舞图 数量乐队乐伎乐器	文殊变、普贤变 数量乐队乐伎乐器	童子伎乐 数量乐器乐伎	迦陵频伽 数量乐器乐伎	共命鸟 数量乐器乐伎	化生伎乐 数量乐器乐伎	菩萨伎乐 数量乐器乐伎	世俗乐舞图 数量乐舞乐伎乐器	百戏图 数量杂技护持乐器	药叉伎乐 数量乐器乐伎	壶门伎乐 数量乐舞乐伎乐器	雷公击鼓图 数量雷公乐器	金星 华严海中乐器 数量乐器	劳度叉斗圣变 数量乐舞比丘外道乐器	降魔成道 数量魔女外道乐器	天王奏乐图 数量天王乐器	乐神乾闼婆 数量乐器	金刚乐舞 数量乐器
1	第04窟		1	2																			
2	第05窟	8	2																				
3	第07窟		15		40																		
4	第08窟		69 19 19		40																		
5	第09窟		32 11 11																				
6	第10窟		3 1 1																				
7	第12窟		35 13 13	1		2 2 2			2														
8	第16窟		8						6 4 1					1 2 2									
9	第18窟	18 10																			1 1		
10	第19窟		13			2 2 27 28															1	1	
	合计	26 10	178 44 44	3	0 40 0 40	2 2 2 27 28	0 0 0 0	0 0 0	8 4 1	1 0 0	0 0 0	0 0 0	1 2 2	0 0 0 0	0 0 0	0 0 0 0	0 0 0	0 0	0 0 0 0	0 0 0	1 1	1 0	0 0

(五) 东千佛洞

序号	窟号	不鼓自鸣乐器 数量	飞天 数量乐器乐伎	飞天童子 数量乐器乐伎	天宫伎乐 数量乐器乐伎	经变乐舞图 数量乐队乐伎乐器	文殊变、普贤变 数量乐队乐伎乐器	童子伎乐 数量乐器乐伎	迦陵频伽 数量乐器乐伎	共命鸟 数量乐器乐伎	化生伎乐 数量乐器乐伎	菩萨伎乐 数量乐器乐伎	世俗乐舞图 数量乐舞乐伎乐器	百戏图 数量杂技护持乐器	药叉伎乐 数量乐器乐伎	壶门伎乐 数量乐舞乐伎乐器	雷公击鼓图 数量雷公乐器	金星 华严海中乐器 数量乐器	劳度叉斗圣变 数量乐舞比丘外道乐器	降魔成道 数量魔女外道乐器	天王奏乐图 数量天王乐器	乐神乾闼婆 数量乐器	金刚乐舞 数量乐器
1	第02窟		2			2 2 3 9						22 14 8 6											
2	第05窟								6			4 1 3											
3	第07窟																						
	合计	0 0	4 0 0	0	0 0 0 0	2 2 3 9	0 0 0 0	0 0 0	6 0 0	0 0 0	0 0 0	26 15 11 9	0 0 0 0	0 0 0 0	0 0 0	0 0 0 0	0 0 0	0 0	0 0 0 0	0 0 0	0 0	0 0	0 0

附录 一 敦煌石窟壁画乐舞种类统计表

(六) 五个庙石窟

序号	窟号	不鼓自鸣乐器 数量乐器	飞天 数量乐器	飞天童子 数量乐器	天宫伎乐 数量乐器	经变乐舞图 数量乐队 数量舞伎 数量乐器	文殊变、普贤变 数量乐队	童子伎乐 数量舞伎 数量乐器	迦陵频伽 数量乐器	共命鸟 数量乐器	化生伎乐 数量舞伎 数量乐器	菩萨伎乐 数量舞伎 数量乐器	世俗乐舞图 数量舞伎 数量乐器	百戏图 数量杂技 数量护持	药叉伎乐 数量乐器	壶门伎乐 数量舞伎 数量乐器	雷公击鼓图 数量雷公 数量鼓	金星 数量乐器	华严海中乐器 数量乐器	劳度叉斗圣变 数量舞伎 数量比丘 数量外道	降魔成道 数量魔女 数量外道	天王奏乐图 数量天王 数量乐伎 数量乐器	乐神乾闼婆 数量乐器	金刚乐舞 数量乐器
1	第03窟	0 0	0 0	0 0	0 0	2 1 3 2 2	0 0 0	0 0 0	0 0	0 0	0 0	0 0	0 0	0 0 0	0 0	0 0 0	0 0 0	0 0	0 0	1 0 0 1 1	0 0 0	0 0 0	0 0	0 0
2	第04窟	8 0	0 0	0 0	0 0	0 0 0 0 0	0 0 0	0 0 0	0 0	0 0	0 0	0 0	0 0	0 0 0	0 0	0 0 0	0 0 0	0 0	0 0	0 0 0 1 3	3 0 0	0 0 0	0 0	0 0
合计		0 8	0 0	0 0	0 0	2 1 3 2 2	0 0 0	0 0 0	0 0	0 0	0 0	0 0	0 0	0 0 0	0 0	0 0 0	0 0 0	0 0	0 0	1 0 0 1 1 3	3 0 0	0 0 0	0 0	0 0

(七) 小千佛洞

序号	窟号	不鼓自鸣乐器 数量乐器	飞天 数量乐器	飞天童子 数量乐器	天宫伎乐 数量乐器	经变乐舞图 数量乐队 数量舞伎 数量乐器	文殊变、普贤变 数量乐队	童子伎乐 数量舞伎 数量乐器	迦陵频伽 数量乐器	共命鸟 数量乐器	化生伎乐 数量舞伎 数量乐器	菩萨伎乐 数量舞伎 数量乐器	世俗乐舞图 数量舞伎 数量乐器	百戏图 数量杂技 数量护持	药叉伎乐 数量乐器	壶门伎乐 数量舞伎 数量乐器	雷公击鼓图 数量雷公 数量鼓	金星 数量乐器	华严海中乐器 数量乐器	劳度叉斗圣变 数量舞伎 数量比丘 数量外道	降魔成道 数量魔女 数量外道	天王奏乐图 数量天王 数量乐伎 数量乐器	乐神乾闼婆 数量乐器	金刚乐舞 数量乐器
1	第01窟	0 0	0 0	0 0	0 0	1 1 1 8 8	0 0 0	0 0 0	0 0	0 0	0 0	0 0	0 0	0 0 0	0 0	0 0 0	0 0 0	0 0	0 0	0 0 0 0 0	0 0 0	1 1 0	1 1	0 0
2	第04窟	0 0	0 0	0 0	0 0	0 0 0 0 0	0 0 0	0 0 0	0 0	0 0	0 0	0 0	0 0	0 0 0	0 0	0 0 0	0 0 0	0 0	0 0	0 0 0 0 0	0 0 0	0 0 1	0 0	0 0
合计		0 0	0 0	0 0	0 0	1 1 1 8 8	0 0 0	0 0 0	0 0	0 0	0 0	0 0	0 0	0 0 0	0 0	0 0 0	0 0 0	0 0	0 0	0 0 0 0 0	0 0 0	1 1 1	1 0	0 0

附录

一 敦煌石窟壁画乐舞种类统计表

（八）旱峡石窟

窟号	飞天乐伎		飞天童子		天宫伎乐		经变乐舞图		文殊变、普贤变		童子伎乐		迦陵频伽		共命鸟		化生伎乐		菩萨伎乐		世俗乐舞图		百戏图		药叉伎乐		壸门伎乐		雷公击鼓图		金星华严海中乐器		劳度叉斗圣变		降魔成道		天王奏乐图		乐神乾闼婆		金刚乐舞	
	数量	乐器	数量	乐器	舞伎数量	乐伎乐器	舞队数量	乐伎乐器	舞队数量	乐伎乐器	舞伎数量	乐伎乐器	数量	乐器	数量	乐器	舞伎数量	乐伎乐器	舞伎数量	乐伎乐器	舞伎数量	乐伎乐器	杂技数量	护持乐器	舞伎数量	乐伎乐器	舞伎数量	乐伎乐器	雷公数量	雷鼓	数量	乐器	比丘舞伎	外道乐器	魔女数量	外道乐器	天王数量	乐伎乐器	数量	乐器	数量	乐器
旱02	0	0	0	0	0	0	0	0	0	0	0	0	0	0	0	0	0	0	0	0	17 11	6 5	0	0	0	0	0	0	0	0	0	0	0	0	0	0	0	0	0	0	0	0
合计	0	0	0	0	0	0	0	0	0	0	0	0	0	0	0	0	0	0	0	0	17 11	6 5	0	0	0	0	0	0	0	0	0	0	0	0	0	0	0	0	0	0	0	0

总 计

种类	飞天乐伎		飞天童子		天宫伎乐		经变乐舞图		文殊变、普贤变		童子伎乐		迦陵频伽		共命鸟		化生伎乐		菩萨伎乐		世俗乐舞图		百戏图		药叉伎乐		壸门伎乐		雷公击鼓图		金星华严海中乐器		劳度叉斗圣变		降魔成道		天王奏乐图		乐神乾闼婆		金刚乐舞
	模糊数量	乐器	数量	乐器	舞伎数量	乐伎乐器	舞队数量	乐伎乐器	舞队数量	乐伎乐器	舞伎数量	乐伎乐器	数量	乐器	数量	乐器	舞伎数量	乐伎乐器	舞伎数量	乐伎乐器	舞伎数量	乐伎乐器	杂技数量	护持乐器	舞伎数量	乐伎乐器	舞伎数量	乐伎乐器	雷公数量	雷鼓	数量	乐器	比丘舞伎	外道乐器	魔女数量	外道乐器	天王数量	乐伎乐器	数量	乐器	数量 乐器
数量	1548 92 496 1987 994 119		7 7		728 237 237 491		307 382 372 2983 2772		91 83 4 326 320		73 45 30 31 440 224		19 9		294 21 63 101		341 121 225 212		123 97 312 266		17 60 8 42		34 546 54 423		11 49 193		10 10		2 2 61		8 2 4 8		21 1		9 10 16 17 3 20		6 6		46 58

附 录

二 敦煌石窟壁画乐器种类统计表

（一）莫高窟

序号	窟号	琵琶类 四弦琵琶	五弦琵琶	细腰琵琶（弦数不清）	忽雷	小计	竖箜篌	凤首箜篌	弓形箜篌	筝	古琴	竖笛	横笛	义嘴笛	龙首笛	凤首笛	尺八	筚篥	排箫	笙	贝	铜角	筒角	拍板	细腰鼓	凸面细腰鼓	齐鼓	揭鼓	鼗鼓	鸡娄鼓	答腊鼓	毛员鼓	都昙鼓	雷鼓	方响	大鼓	手鼓	单面鼓	速鼓	扁鼓	担鼓	铜鼓	节鼓	钹	铙	钲	大钟	金刚铃	碰铃	法铃	响板	小筒鼓	奚琴	合计	模糊乐器	总计
1	莫003窟					0																																																1		1
2	莫004窟			3		3	2			3	1	5	6				5		2	4				6																				2										41	3	44
3	莫005窟	4	1	7		12	3			2	1	11	12				2	5	8					13	2																				2		1							75	5	80
4	莫006窟	4				4	3		3	2		3	6	1			1	3	3					9	2			1							1		1								2	1								45		45
5	莫007窟			7		7	1			4		12	13				1	1	3	4				17	5												1								2	1	1							72	8	80
6	莫008窟			3		3	2			1		2						1	1	1				3	1				1																									18		18
7	莫009窟	4		4		8	1	1			1	6	3	2			1	1	2	3				8	2		1	2	1						2										1	1								49	3	51
8	莫012窟	5		8		13	3	2		3	1	8	11	6			9		12	15	4			16	6		1	4	3	2					2										6	1	2							133	3	136
9	莫014窟	2		10		12	2	5		3		2	1	1			2		6	6	6			9	1			1		1					2												5							69	3	72
10	莫015窟					0	1						1				1	1		1																																			4		4
11	莫018窟	1		7		8	2			2		6	5	1			3	3	6	5				8	3			1	1	1							1								1	2								57	1	58
12	莫019窟			3		3	1			1		2	1				2	2	3	3				3	2																													21	1	22
13	莫020窟			2		2							2				2			1				3						1																									12		12
14	莫022窟	1		2		3	1	1		3		1	1											1	1			1																											13	3	16
15	莫023窟					0		1																1	1												1																		6		6
16	莫025窟			2		2	2			1		3	2				2	2	1	1	2			5				1		1	1				1											1								20	1	21
17	莫029窟	1				1	1	1		1		1	1						1	1				1																					1	1								13		13
18	莫039窟			1		1	2			1		2	2				2	2				1		3																														13		13
19	莫044窟	3		5		8	1			2		6	4				1		7	2				9	1			4	1	4	4	1					1								1									60	1	61
20	莫045窟	1		1		1	2			1		2	2	2			1		3	3				2	2			1	1	1			1	1											1									23	2	25

附录

二 敦煌石窟壁画乐器种类统计表

(一) 莫高窟

窟号	四弦琵琶	五弦琵琶	琵琶类(弦数不清)	细腰琵琶	小计	阮咸	竖箜篌	凤首箜篌	弓形箜篌	筝	古琴	竖笛	横笛	义嘴笛	龙首笛	凤首笛	笛	筚篥	尺八	排箫	笙	贝	埙	角	铜角	舍	拍板	细腰鼓	凸面细腰鼓	腰鼓	齐鼓	羯鼓	鏚鼓	鸡娄鼓	答腊鼓	毛员鼓	都昙鼓	雷鼓	串响	方响	大鼓	手鼓	单面鼓	连鼓	扁鼓	担鼓	铜鼓	节鼓	钹	铙	钲	大钟	金刚铃	碰铃	法铃	响板	小鼓	筒鼓	箜篌	合计	模糊乐器	总计
第053窟			2		2		2			1			1				1			1	1							1																																10		10
第054窟			2		2																2																																					5		5
第055窟	6		15		21	5	5	1		6		13	11				1	6		6	11	1					16	6						1	1					1	2							5	2		3							122	4	126
第056窟			5		6	3	1					3	1								2						1								1																							16		16
第057窟			2		2																																																					3		3
第061窟	9		19		28	11	1			13	1	29	33					6		13	15			2			42	5						1	1	3			1		3	1						3	2		4							217	5	222
第062窟			2		2																																																					2		2
第064窟			2		2					1			1														2	1						1	1																1							9		9
第065窟	1		3		4	3					1	3	3							2	3							1					1	4	3						3	1							1		1							30	3	33
第066窟			1		1															1							2	6	1						2																							6		6
第068窟			2		2							1	2					2			1						1																															8		8
第070窟			1		1					1																	1							1		1						1							1		1						6		6
第071窟			2		2	2						1	2					1		2	3						2																															10		10
第072窟			3		3							1	3	1				2			1	2					3	1																							1							14		14
第076窟			1		1							1	1					1			1						1	1					1	1					1									1	2									12		12
第083窟	10	1	14		25	11	5	2		9	1	14	17	4			3	5		7	10	7					18	7					5	4	8	8		1		5	3							7			3							203	7	210
第091窟			2		2	1						2	1	1				1		2	2						1	2								1													2		1							16	1	17
第092窟	1		4		5	2	1					2	2					5		7	2						4	2					1							2																		22	6	28
第098窟	9		6		15	8		1		7	1	8	8	5			3	11		7	10						14	4					1	1	2	1												6	2		2							110	2	112
第099窟			2		2								2					2			1						2														2																	10		10
第100窟	8		8		16	11	2			7		12	22	2				13		8	15			2			24	6					1	1		2				1								6			1							158	3	161
第103窟	1		2		1																1						1								1														2										10		10
第107窟			3		4	2				1		4	2					1			7						3	1					1		1																								21		21
第108窟	4	1	4		9	3	2				1	2	12	6				14			7						14	3					2							1								3			2							91	2	93
第111窟			1		0																						1														1							1										4		4
第112窟	5		3		8	3				5		4	1				1	3			4						7	1					1	1																1								51		51
第116窟			1		1																1						2								1														1										6		6
第117窟	2		2		4	2				1		3	2								2							1													2								3			1							17	4	21
第118窟			1		1	1															1						1								1						1										1							7		7
第120窟	1		1		2	1				1		1	1	1			1	1			1	1					1	1							1																1							11	1	12
第121窟			1		0																																																					1		1
第122窟			1		0																						1																																8		8
第124窟	2		2		4	3						4	4	2			2	2		3	4						5	1					4	1														3	1		2							47	6	53
第126窟	2		1		1							1	2														1																																3	1	4
第127窟	1		1		2	3				1	1	3	3	1			1	1		1	3						5	1					3	3																								23		23
第128窟	2		1		3	3				1		3	3	1			1	2		1	1						3	3					2	1	2	1												3	1		2	1						33		33
第129窟	1		2		1	2		1				2	1								1						1																																9		9
第130窟			1		1					1			1								1						2	1											1												1							9		9
第132窟			1		1							1	2	1							1						1	1																														9	1	10
第134窟			1		1							1	1	1				1		1	1						1	1					1	1	1																							9	4	13
第135窟	1		1		1																1						1	1							1																							5		5

附录
一 敦煌石窟壁画乐器种类统计表
（一）莫高窟

序号	窟号	弹拨乐器 四弦琵琶	五弦琵琶	琵琶(弦数不清)	细腰琵琶	小计	忽雷	阮	竖箜篌	凤首箜篌	弓形箜篌	筝	古琴	吹奏乐器 竖笛	横笛	义嘴笛	龙首笛	凤首笛	笛	筚篥	尺八	排箫	笙	贝	埙	角	铜角	篍	打击乐器 拍板	凸面腰鼓	细腰鼓	齐鼓	羯鼓	鼗鼓	鸡娄鼓	答腊鼓	毛员鼓	都昙鼓	雷鼓	串响	方响	大鼓	手鼓	单面鼓	扁鼓	担鼓	铜鼓	节鼓	钹	铙	钲	大钟	金刚铃	碰铃	法铃	响板	小筒鼓	拉弦乐器 奚琴	合计	模糊乐器	总计
63	第136窟			1		1						1		1	1					1		1							1																													10	1	11
64	第138窟	10	1	10		21		9	3			7		12	21	3			1	9		8	14						22	4		4	6	7	4	3				1	2						1	2		2	1						170	10	180
65	第141窟	3		3		6		1	1			2		2	3	1						3	4						3																		1	2			1			1				27		27
66	第142窟			1		1																																																				1		1
67	第144窟	2		7		9		4	1					3	8	2				6		6	8						7			1		1							1	2		1													59	2	61
68	第145窟			3		3		1						1	6				1	1		4	5	1					5	1			1	2	1						1							2										36	1	37
69	第146窟	12		7		19		8	1			10		15	20	1			2	6		6	7	2					23	10			1	1	1					1			3					4	2		2	2						146	6	152
70	第147窟		3	5		5		1	1				1	4	1					2		4	2						5					1																								34	3	37
71	第148窟	6	3	9		18		4	2			4	1	9	4	3				8		6	13	1					17	12		6	4	4	4	5				4	3							4	1		1	1			1			153	3	156
72	第154窟	1		3		4		2					1	3	2					3		3	2						4	2		1	1	1	1					2									1									33	2	35
73	第155窟					0																																																			0	6	6
74	第156窟	10	2	12		24		9	2			5		10	12	1			1	6		9	14	4					19	5		5	5	4	2	2				2	9						3	2		4	3		1				160	12	172
75	第158窟	1		4		5		1	1					1	7	3				2		4	4						5	3			2	2						3	1							1										44		44
76	第159窟	2		11		13		4	4			3		5	6	1				5		8	6	1					11	3		2	2	2	2								3						3									78	8	86
77	第160窟	1		5		5		3						1	2							1	1						2	2			2	1	1					1																		17	2	19
78	第161窟	1		4		5		3	2					2	3					2		1	3						3	1			1	1																								25	2	27
79	第163窟					1							1																																														1		1
80	第164窟	1		2		3		2						1	2					4		1	3						5	1		1		1															1										26		26
81	第167窟	1		2		2						1		1	2	1				2		2	2					1	2																														9		9
82	第170窟			1		1														1		1							1																														3		3
83	第171窟	1		1		1																	1	1					1																														6		6
84	第172窟	1	3	5		9		3	5			5		5	5	1				2		7	5						8	5		5	4	4	5						3						1	1	5		2	2						88	3	91
85	第173窟			3		3								1								2	3						2															1															10	1	11
86	第176窟	2		4		4		2	4			2			1					1		2	3						2	1			2	2																								24	1	25
87	第177窟			2		2			1						1					1		1	2						1					1																								13		13
88	第180窟	5		5		10		2	4			2		5	10					4		5	2	1					11	5		4	3	5	2	1					4							1	4		2	2						70	13	83
89	第186窟					2								1	1							1	1						1																														6	1	7
90	第188窟	2	1	1		4		2				2		4	2					2		3	2						3	5		2	1	1	1													2	2		1							33	8	41
91	第191窟																												1																														5		5
92	第192窟			2		2		2						2	2	1			1	2		2	3						3	1		3		1							2																	25		25
93	第194窟			2		2		2							1					1		2	2						2	1			1	1							1																	15	1	16
94	第195窟	1				1																	1						1																														1	1	2
95	第196窟	2	1	7		7		4	2			2		5	10	3			1	4		5	2	1					8	5		2	2	2	2	1					2						1		2		2	1						68	2	70
96	第197窟	1		2		2			1			1		1	1	2						3	3	1					2	1			1	2																								19	1	20
97	第198窟			1		1									1					1									1				1																										6		6
98	第199窟			2		2		1						1	1					1		2	2						4	3		3	3	3							1								1		1	1						26		26
99	第200窟	2	1	4		4		4	1					2	5	3				3		3	3	1					3	1		1	3		1																								33	8	41
100	第201窟	3	2	2		4		2	1			2		2	4					5		5	4						4			1	1	1											2		1			1		1						54	2	56
101	第202窟	2		2		4		2						2	2	2				3		2	2						3	2		1	1	1																	1							30	3	33
102	第205窟	1		3		4		3				1		3	3	2				2		2	2	2					3	3		1	1		1																								29	8	37
103	第207窟					0															1																																4							5		5
104	第208窟	4		4		4								2								2							2									1													1								12	11	23

附录

一 敦煌石窟壁画乐器种类统计表

(一) 莫高窟

序号	窟号	四弦琵琶	五弦琵琶	琵琶类(泛数不清)	小计	忽雷	阮	竖箜篌	凤首箜篌	弓形箜篌	筝	古琴	竖笛	横笛	义嘴笛	龙首笛	凤首笛	筚篥	尺八	排箫	笙	贝	埙	角	铜角	鸑	拍板	细腰鼓	凸面细腰鼓	齐鼓	揭鼓	腰鼓	鸡娄鼓	答腊鼓	毛员鼓	都昙鼓	雷鼓	串响	方响	大鼓	手鼓	单面鼓	连鼓	扁鼓	铜鼓	节鼓	钹	铙	钲	大钟	金刚铃	碰铃	金法铃	响板	小筒鼓	奚琴	合计	模糊乐器	总计
105	第209窟			1	1		1	1					1							1	1																																				5	2	7
106	第211窟			1	1						1										1																																			3	4	7
107	第215窟			4	4									3														3																												17	13	30
108	第216窟			1	1											1					1							1																												2		2
109	第217窟	1		3	4		2						3	1				2	1	1	2	2						3		3	1	1						2																	31	2	33
110	第218窟	1		1	2								1	1	1			1		1	2	1						1	1	1	1	2	1															1							17		17
111	第218窟	2		2	4		1	3			3		6	4	1				2		6	2						3	2		3	4	2	2		2		2								2									59	2	61
112	第220窟	1		1	2		3				1							1		1		1							5		1		1																						8		8
113	第225窟			2	2																1	1						1	2			3																							5	7	12
114	第227窟	6		23	29		8	2				2	17	16				5	13		16	18	2				1	28	13		7	3	2	2		2		1								3									187	8	195
115	第231窟			3	3		2	2					1	1				1		1	4	3	2					3	3		3	1	2																							28	3	31
116	第232窟			1	1									2	1							1									1																									14		14
117	第233窟			0	0																											1																											
118	第234窟	1		3	4		3				2		3	3		1				4	4							4		1	1		1					1								1									30	1	31
119	第236窟	5		5	10		2	5					5	7	1			13			6	7						15	6		1	1	2	5																						88	7	95
120	第237窟	1		5	6			2			2		1	2	2			1		1	4	3						4			1	1	2																							33		33
121	第238窟			1	1					1			1	1						1								2	3		1	1	1																							20	3	23
122	第240窟			0	0																	2								1																										7		7
123	第244窟			6	6		3						3						1	2	3							4		1	1																								25		25
124	第248窟			6	6		2															3							3	1	2																								34		34
125	第249窟			6	6		2																			2			2																											7		7
127	第254窟	2		7	7				1				2	3				2		2	3	3						2						1		1																			20		20
128	第256窟			1	1			2					1	1						1								4	3	1			1														2								38		38
129	第257窟			3	3			3					4	8				3		3	1	2									1	1	1																							11		11
130	第258窟			5	5		2			1			4	1				1			1	1						4	2		1	1	1	1				4																	30		30
131	第259窟			2	2			2		1			1	2						1	2								7																										22	9	31
132	第260窟			1	1					1			1																1																											8		8
133	第261窟			5	5		2													1	1							4											1																	30		30
134	第262窟	1		2	3						1			1				3					1					4	1																											21		21
136	第266窟	2		2	4																																															4			5		5
137	第272窟			3	3																																																		5		5
138	第275窟	1		3	4		2	3			4		2	1				3	2	3	2	1							2	6					3	1																				14	6	20
139	第276窟	2		1	3																																																		3		3
140	第277窟			2	2																																																		2		2
141	第278窟			3	3																										1	1	1	1																					6		6
142	第280窟			2	2																																																	6		6
143	第283窟	2		2	4		1	1																																															4		4
144	第285窟	1		3	4		3						1	2						2	1	1						2	6																				1							19		19
145	第288窟	2		3	3		3	20		4	4		3	8							2	1						3	5			3		1				5								1							35		35
146	第290窟	2		7	11		3				4		4	8						7	3	2									1		3	1																					73	1	74
147	第292窟	1		1	2		4						2																																										8		8

附录

一 敦煌石窟壁画乐器种类统计表

(一) 莫高窟

序号	乐器窟号	四弦琵琶	五弦琵琶	琵琶(弦数不清)	细腰琵琶	小计	阮	忽雷	竖箜篌	凤首箜篌	弓形箜篌	筝	古琴	竖笛	横笛	义觜笛	龙首笛	凤首笛	笛	筚篥	尺八	排箫	笙	贝	铜角	鸾	拍板	细腰鼓	凸面细腰鼓	腰鼓	齐鼓	揭鼓	羯鼓	鸡娄鼓	答腊鼓	毛员鼓	都昙鼓	雷鼓	串响	方响	大鼓	手鼓	单面鼓	连鼓	扁鼓	担鼓	铜鼓	节鼓	钹	铙	钲	大钟	金刚铃	碰铃	法铃	响板	小筒鼓	奚琴	合计	模糊乐器	总计
147	第294窟			5		5			4				1	1	1							2					2																																18	1	19
148	第296窟			8		8			1					1	3							1	2				2	1																														19		19
149	第297窟		1	2		2			2			1		3	2							1	2					1																														12		12
150	第299窟	1	2			4			2	1		1		2	1							1	1				2													1																		18		18
151	第301窟	2	1			3			2			1		1	1							1	3				2													6																		17		17
152	第302窟			3		3			2					3	2							1	1				1	1																					1								17		17
153	第303窟			3		3	1		1					1	1								2				2																														14		14
154	第304窟			2		2			3																		1	1																													7		7
155	第305窟			1		1			2			1			1							1																																				7		7
156	第307窟			2		2								2	1							1	1				2	1																														10		10
157	第311窟	1				1																																																				1		1
158	第313窟	1				1																																																				2		2
159	第314窟	1				1																																																				2		2
160	第318窟					0																																																				2		2
161	第320窟	1	1	3		5			2			1	3	2	2				1			2	2				4				2									1		1							1								20	2	22
162	第321窟	2		3	1	5			4					4	5				2	1		7	2				1	2				2	4		7													2									47		47
163	第322窟	2		2	1	5			3					2	1				1	2		2	1				3				2	2	1	1																							18		18
164	第323窟																																																							1		1
165	第327窟	2		2		2			2					3	2				1	1		2	2				1	2				3								1																	20		20
166	第329窟	1		6		8			1	1		2		4	3				2	1		2	1				1																														30	1	31
167	第331窟	1		11		12			3			1		7	5				2	2		2	4				2					2	1	2																							52	2	54
168	第334窟	2		7		9						1	2	1	4								1				1	1																													20	1	21
169	第335窟	3		2		3			2			1	7		2							5					2				2	2	6										4														47	14	61
170	第337窟			2		2			1					2						2		2	2				1				2	1	6		1																						22	1	23
171	第338窟			2		2			1					1	1								1	1				1				1	2																								4		4
172	第339窟			1		1						1	1	1					1				1				2																														8	1	9
173	第340窟																					1					1																														4	8	12
174	第341窟	3		9		12								7	4				6			4					11				2	14	21		1																					93	17	110
175	第343窟			2		2								2	2							1	1				2																														8		8
176	第344窟			3		3								2	1					2		1					2																														5	3	8
177	第345窟			2		2								1																																												4		4
178	第351窟	1		2		2			1			1		2	3				2			2	2				2	1																													18		18
179	第353窟			2		2			1			1		2	1							2	1				1																															11		11
180	第354窟			2		2			2			1		5	6					2		2	4				8																														12		12
181	第358窟			6		6			2			2		4	5	6			1	3		2	3				8				1		2																	1							48	4	52
182	第359窟			10		10			1					4	5	5				1		2	4				8																														46	5	51
183	第360窟	5		4		9	2		4			2	1	6	7	7	2		6	4		4	3				11	10			2	1	1		1									1						2							55		55
184	第361窟	2		12		14			2			4		4	3	9			5			10	9				2	2				1	5		1										2	1										98	7	105
185	第367窟					1																1	1				2					1	1																								11		11
186	第369窟	2		7		9	2		2			2		3	6	3			3	1		3	4				9				4				2					2												1					54		54
187	第370窟	1		3		4			1					1	2				1			4	1				2																														15		15
188	第371窟			1		1																																																			1		1

附录
二 敦煌石窟壁画乐器种类统计表

（一）莫高窟

序号	乐器 窟号	弹拨乐器 四弦琵琶	五弦琵琶	琵琶类(残数不清)	细腰琵琶	阮咸	小计	竖箜篌	凤首箜篌	弓形箜篌	筝	古琴	吹奏乐器 竖笛	横笛	义嘴笛	龙首笛	凤首笛	筚篥	尺八	排箫	笙	贝	埙	铜角	鸱角	拍板	打击乐器 细腰鼓/凸面细腰鼓	齐鼓	羯鼓	鸡娄鼓	答腊鼓	毛员鼓	都昙鼓	雷鼓	串响	方响	大鼓	手鼓	单面鼓	速鼓	扁鼓	担鼓	铜鼓	节鼓	钹铙	钲	大钟	金刚铃	碰铃	法铃	响板	小铜鼓	拉弦乐器 奚琴	合计	模糊乐器	总计
189	第372窟	1		1		1	2	1					1					1		3	2						3		1	1	1																							16		16
190	第374窟			1			1	1					1														1																											2		2
191	第375窟		2	5		2	5						1	2				1		1	1						1																										12	3	15
192	第379窟	2	2	5		5	9	2			3		2	4	1			2		2	4					4	1			2	1					1																	42	2	44
193	第380窟			2		2	2	1					1	2							1																																	6		6
194	第383窟			3		1	3	1																																														4		4
195	第384窟			2		2	2				1		4	5						2	1					4	1		1																								23	1	24
196	第386窟	2		7		3	9	1			3		6	5						6	7	1				10					2																						53	3	56
197	第387窟					1	0	1					1	1						1																																		4		4
198	第389窟			2		2	2						1	1							1																																	4		4
199	第390窟	2	1	10		4	12	4					1	8						2	2						1		1								2		1														33		33
200	第392窟	1	1	1		1	2	1						1																																								5		5
201	第394窟			2		1	2	1					1	2				2		2	2						1																											6		6
202	第396窟			3		3	3	2						1						1																																		4		4
203	第397窟	1	2	2		2	5	2					1	2						2	2						1																											14		14
204	第398窟	1		3		4	4				3		3	2						3	5	1				5	1						1			3																	24		24
205	第400窟			4		2	6	2						2						2	3						1						1																					12		12
206	第401窟			4		4	4	3					1	1						1							1																											12		12
207	第402窟	1	2	5		2	8	2					2	2						2	2						1																											16		16
208	第404窟			3		1	4					2	1	1						1	1																																	6		6
209	第407窟	1				1	2														1																																	1		1
210	第408窟			1		1	1						1	1						1	1																																	4		4
211	第412窟			1			1	1						1							1																																	3	1	4
212	第416窟			3		1	3	1						3						1	2						1																											7	1	8
213	第417窟			3		1	3	1												1	1																																	5	1	6
214	第418窟			4		3	4	4					2	1			1			2	3						1											3																20		20
215	第419窟			7		6	7	6				2	1	1	2			1	1	3	5				2								1																					37		37
216	第420窟			2		2	2					1	1	1				2	1	1	1				1								1																					15		15
217	第421窟			2		2	5	3					1	2				1		1	1																																	13		13
218	第423窟			4		1	4						2	5				1		2						1	2																											15		15
219	第425窟			5		4	5	3					1	1						2	4						1	5																										22		22
220	第427窟			8		3	8	3					1	5						1	1					1	1																											14		14
221	第428窟	2	1	7		4	10	4			2	1	5	12				1		4	4						5	1	1								3																58		58
222	第430窟			2		1	2	1						1						1																																		4		4
223	第431窟	2		6		1	6	1			1		1	3						1	1					1	1									3																		26		26
224	第433窟			2			2														1					2																	1											2		2
225	第435窟			2		1	2	1						3						1	2						2	1																										6		6
226	第436窟			3		1	3	1					1	3						1	1						2	1																										13		13
227	第437窟					1	3	3						1							1																																	4		4
228	第438窟			3		1	3	1						1				1			1					1	1							1																			9		9

附录

二 敦煌石窟壁画乐器种类统计表

(一) 莫高窟

窟号	数量	弹拨乐器											吹奏乐器											打击乐器															拉弦乐器	模糊乐器	总计
	乐器	四弦琵琶	五弦琵琶	琵琶类(弦数不清)	细腰琵琶	忽雷	阮	凤首箜篌	竖箜篌	弓形箜篌	筝	古琴	小计	竖笛	横笛	义觜笛	龙首笛	凤首笛	筚篥	尺八	排箫	笙	贝	埙	角	铜角	小计	拍板	凸面细腰鼓	细腰鼓	齐鼓	羯鼓	鸡娄鼓	答腊鼓	毛员鼓	都昙鼓	雷鼓	串响	方响	大鼓	手鼓	单面鼓	速鼓	扁鼓	担鼓	铜鼓	节鼓	钹	镲	钲	大钟	金刚铃	碰铃	法铃	响板	小筒鼓	奚琴	小计		
231		3		1			3					1		3	3				1		3	2	1					2	1		3	2	3	1														3	1									40	3	43
232				1			1		1		2	1		1	2						2	1						3	1	1	1	1																	1									13	4	17
233				3			3							3	2	1					1	4						4	1																		2										24	7	31
234				4			4		2					1	1	1																																										9		9
235		2		7			9		5		4			4	11	1	1		4		5	7	2					9			1		3														3										73	4	77
236				2			2		1			1		1	2						2	1	1										24																	35						9		9
237				1			1		3						1														3																	1												61		61
238		2		1			3								1				2	1		2																																			18		18
239				1			1								4																																									2			
合计		244 43		729	6		1022	2	74		408 50	1	212	40	498	666	98	2	0	54	271	4	432	471	74	5	16	2	1	693	320	15	1	6	120	118	145	128	30	12	10	16	59	36	22	0	0	0	23	0	42	96	35	63	49	4	1	2	0	6449	385	6834
						1809										2594																		2046																								0			

(二) 天王堂

窟号	数量	弹拨乐器											吹奏乐器											打击乐器															拉弦乐器	模糊乐器	总计
	乐器	四弦琵琶	五弦琵琶	琵琶类(弦数不清)	细腰琵琶	忽雷	阮	凤首箜篌	竖箜篌	弓形箜篌	筝	古琴	小计	竖笛	横笛	义觜笛	龙首笛	凤首笛	筚篥	尺八	排箫	笙	贝	埙	角	铜角	小计	拍板	凸面细腰鼓	细腰鼓	齐鼓	羯鼓	鸡娄鼓	答腊鼓	毛员鼓	都昙鼓	雷鼓	串响	方响	大鼓	手鼓	单面鼓	速鼓	扁鼓	担鼓	铜鼓	节鼓	钹	镲	钲	大钟	金刚铃	碰铃	法铃	响板	小筒鼓	奚琴	小计		
1	天王堂	0	0	0	0	0	0	2	1	0	1	0	0	0	0	1	0	0	0	1	0	1	0	1	1	0	0	0	1	1	1	1	0	0	0	0	0	0	0	0	0	0	0	0	0	0	0	0	0	0	0	0	0	0	0	0	0	0	0	10	0	10
合计		0	0	0	0	0	0	2	1	0	1	0	0	0	0	1	0	0	0	1	0	1	0	1	1	0	0	0	1	1	1	1	0	0	0	0	0	0	0	0	0	0	0	0	0	0	0	0	0	0	0	0	0	0	0	0	0	0	0	10	0	10
				4								4										2																																						0		

附录

二 敦煌石窟壁画乐器种类统计表

（三）榆林窟

序号	窟号	弹拨乐器 四弦琵琶	五弦琵琶	琵琶（弦数不清）	细腰琵琶	小计	阮	忽雷	凤首箜篌	弓形箜篌	竖箜篌	筝	古琴	吹奏乐器 竖笛	横笛	义觜笛	龙首笛	凤首笛	筚篥	尺八	排箫	笙	贝	埙	角	铜角	合计	打击乐器 拍板	细腰鼓	凸面细腰鼓	齐鼓	揭鼓	鏒鼓	鸡娄鼓	答腊鼓	毛员鼓	都曇鼓	雷鼓	串响	方响	大鼓	手鼓	单面鼓	速鼓	扁鼓	担鼓	铜鼓	节鼓	拔	铙	钲	大钟	金刚铃	碰铃	法板	响铃	小筒鼓	合计	拉弦乐器 奚琴	模糊乐器	总计
1	第03窟	7		5		12	3		2		4	5		1							3	3	2	1					9	2	3	1	6							2								5		2	4	2		2			78	2	11	89
2	第04窟					0			1					1								2	1	1																									1			4					9			9
3	第06窟	1				1								1															1																													4			4
4	第10窟	2				2					1	2		2	3	1	1		6		1	2	1			2			2	2															3				2	1	1					29			29
5	第12窟	1		6		7	1					1		3	10						5	5	1	1					9	2																			2	1	1					50			50
6	第14窟					0																								1												1	1							1						4			4
7	第15窟	1				1									2				1		1							3	1														1	1												11		3	14
8	第16窟	2		7		9	2		1			5		1	14				15		7	9	1					14	4				1							1						1			2							86			86
9	第19窟	3		5		8	3			3	5	7		4	10				7		4	4	1					15	3																	1	3	4	2	2					87	2		89
10	第20窟			3		3					2	2		2	2						1	2	2					2	1																	1	1	2	2						18			18
11	第21窟					0						1										1						1																		1	1	1	1	1					7			7
12	第22窟	2				2			1					2	1								1					2	2																				1							3			3
13	第25窟			1		1																																																		17			17
14	第26窟					0																																																		2		1	2
15	第32窟			3		3	1					1		2	3				1		1	2	1					2																					2							16			16
16	第33窟	2		8		10	4				4	4		5	10				5		3	2	1					12	4					1					1								2	4	2		1				61	1		62
17	第34窟	4		6		10	5		2		5	3		8	13						7	6	2					16	5				1								1				2			4	2	2	1	1				90			90
18	第35窟	4		1		5	2		1		2	1		2	2			1	2	1	2	2						3	1				1															3	1	1						37	2		39
19	第36窟	1		3		4	2				2	3		2	4				2		3	3						4	2																				1	2	1					27			27
20	第38窟	1		5		6	1		1		1	1		5	5				2		1	4	5					8	3					1							1					1		2	2	1	1			2		50	2		52
21	第39窟					0									1							1																																		5			5
合计		30	0	53		83	1	6	8	27		37	0	40	78	0	1	1	46	0	43	47	24	2	0	2		104	32	3	0	1	9	1	0	0	0	0	4	3	0	2	2	0	3	24	13	8	14	9	0	2	0	0	690	22		712
						162									285															239																												4		

附录
二 敦煌石窟壁画乐器种类统计表

(四) 西千佛洞

序号	窟号	乐器数量	弹拨乐器								吹奏乐器										打击乐器														拉弦乐器	合计	模糊乐器	总计
			琵琶类			小计	阮咸	竖箜篌	凤首箜篌	弓形箜篌	筝	古琴	竖笛	横笛	义觜笛	龙首笛	凤首笛	筚篥	尺八	排箫	笙	贝	埙	角	铜角	鸾	拍板	细腰鼓	凸面细腰鼓	腰鼓	齐鼓	揭鼓	鸡娄鼓	答腊鼓	毛员鼓	都昙鼓	雷鼓	串响	方响	大鼓	手鼓	单面鼓	速鼓	扁鼓	担鼓	铜鼓	节鼓	钹	铙	钲	大钟	金刚铃	碰铃	法铃	响板	小鼓	筒鼓	奚琴		
		四弦琵琶	五弦琵琶	琵琶(弦数不清)	细腰琵琶																																																
1	第05窟			1			1		1							1							1										1																												8		8
2	第08窟				8		8		3					1	3					3	2						1						1																											19		19
3	第09窟				2		2		3						1					1							1	1								1																								13		13
4	第10窟				1		1																																																						1		1
5	第12窟				4		4		1				2	1	1					2	1		1																																					13		13
6	第18窟		2		8		10		2			2	2		2	1				4	3						3	2		1	1	1	1			1			1								2												43	10	53
7	第19窟				1		1																																																						1		1
	合计		2	1	24	0	27	1	10	0	1	4	0	5	7	1	0	0	0	9	8	1	0	0	0	0	4	7	0	0	0	2	1	2	1	1	1	0	1	0	0	0	0	1	0	0	2	0	0	0	0	0	0	0	0	0	0	98	10	108
				43					33												22																										0			

(五) 东千佛洞

序号	窟号	乐器数量	弹拨乐器								吹奏乐器										打击乐器														拉弦乐器	合计	模糊乐器	总计
			四弦琵琶	五弦琵琶	琵琶(弦数不清)	细腰琵琶	小计	阮咸	竖箜篌	凤首箜篌	弓形箜篌	筝	古琴	竖笛	横笛	义觜笛	龙首笛	凤首笛	筚篥	尺八	排箫	笙	贝	埙	角	铜角	鸾	拍板	细腰鼓	凸面细腰鼓	腰鼓	齐鼓	揭鼓	鸡娄鼓	答腊鼓	毛员鼓	都昙鼓	雷鼓	串响	方响	大鼓	手鼓	单面鼓	速鼓	扁鼓	担鼓	铜鼓	节鼓	钹	铙	钲	大钟	金刚铃	碰铃	法铃	响板	小鼓	筒鼓	奚琴		
1	第02窟				1		1															1					1	2																1															6	2	8
2	第05窟				1		1					1			1	1	1										1																	1														3		3
3	第07窟				2		2		1						1	1	1											1																1			1										1	9		9
	合计		0	0	4	0	4	0	1	0	0	1	0	0	2	2	2	0	0	0	0	1	0	0	0	0	1	3	0	0	0	0	0	0	0	0	0	0	0	0	0	0	2	0	0	1	0	1	0	0	0	0	0	0	0	0	1	18	2	20
				5					4												8																										1			

附录

二 敦煌石窟壁画乐器种类统计表

(六) 五个庙石窟

序号	窟号	弹拨乐器								吹奏乐器								打击乐器														拉弦乐器	模糊乐器	总计
		琵琶类			忽雷	阮	竖箜篌	凤首箜篌	弓形箜篌	筝	古琴	竖笛	横笛	义觜笛	龙首笛	凤首笛	筚篥	尺八	排箫	笙	贝	埙	角	铜角	拍板	细腰鼓	凸面腰鼓	齐鼓	揭鼓	鸡娄鼓	答腊鼓	毛员鼓	都昙鼓	雷鼓	方响	串鼓	大鼓	手鼓	单面鼓	速鼓	扁鼓	担鼓	铜鼓	节鼓	钹	铙	钲	大钟	金刚铃	碰铃	法铃	响板	小筒鼓	小计	奚琴	合计	
		四弦琵琶	五弦琵琶	细腰琵琶(弦数不清)																																																					
1	牟03窟	0	0	0	0	0	0	0	0	0	0	0	0	0	0	0	0	0	0	0	0	1	0	0	0	0	0	0	0	0	0	0	0	0	0	0	1	0	0	0	0	0	0	1	0	0	0	0	0	0	0	3	0	3	0	3
2	牟04窟	0	0	0	0	0	0	0	0	0	0	0	0	0	0	0	0	0	0	0	0	2	0	0	0	0	0	0	0	0	0	0	0	0	0	0	0	0	0	0	0	0	0	0	0	0	0	0	0	0	0	2	0	2	0	2
合计		0	0	0	0	0	0	0	0	0	0	0	0	0	0	0	0	0	0	0	0	3	0	0	0	0	0	0	0	0	0	0	0	0	0	0	1	0	0	0	0	0	0	1	0	0	0	0	0	0	0	5	0	5	0	5

(七) 小千佛洞

序号	窟号	弹拨乐器								吹奏乐器								打击乐器														拉弦乐器	模糊乐器	总计
		四弦琵琶	五弦琵琶	细腰琵琶(弦数不清)	忽雷	阮	竖箜篌	凤首箜篌	弓形箜篌	筝	古琴	竖笛	横笛	义觜笛	龙首笛	凤首笛	筚篥	尺八	排箫	笙	贝	埙	角	铜角	拍板	细腰鼓	凸面腰鼓	齐鼓	揭鼓	鸡娄鼓	答腊鼓	毛员鼓	都昙鼓	雷鼓	方响	串鼓	大鼓	手鼓	单面鼓	速鼓	扁鼓	担鼓	铜鼓	节鼓	钹	铙	钲	大钟	金刚铃	碰铃	法铃	响板	小筒鼓	小计	奚琴	合计	
1	牟01窟	0	0	1	0	0	1	0	0	0	0	0	0	0	0	0	1	0	1	1	0	0	0	0	0	0	0	0	0	0	0	0	0	0	0	0	0	0	0	0	0	0	0	0	0	0	0	0	0	0	0	0	1	0	1	0	1
2	牟04窟	0	0	1	0	0	1	0	0	0	0	1	2	0	0	0	1	0	0	0	0	0	0	0	2	0	0	0	0	0	0	0	0	0	0	0	0	0	0	0	0	0	0	0	0	0	0	0	0	0	0	0	9	0	9	0	9
合计		0	0	2	0	0	2	0	0	0	0	1	2	0	0	0	2	0	1	1	0	0	0	0	2	0	0	0	0	0	0	0	0	0	0	0	0	0	0	0	0	0	0	0	0	0	0	0	0	0	0	0	10	0	10	0	10

附录

二 敦煌石窟壁画乐器种类统计表

（八）旱峡石窟

旱峡石窟

序号	窟号	乐器数量	弹拨乐器 琵琶类 四弦琵琶	五弦琵琶	细腰琵琶	琵琶（弦数不清）	阮咸	忽雷	竖箜篌	凤首箜篌	弓形箜篌	筝	古琴	小计	吹奏乐器 竖笛	横笛	义觜笛	龙首笛	凤首笛	筚篥	笙	排箫	尺八	贝	埙	铜角	瓯	小计	打击乐器 拍板	细腰鼓	凸面细腰鼓	齐鼓	揭鼓	羯鼓	鸡娄鼓	答腊鼓	毛员鼓	都昙鼓	雷鼓	方响	串鼓	大鼓	手鼓	单面鼓	腰鼓	扁鼓	铜鼓	担鼓	节鼓	钹	铙	钲	大钟	金刚铃	碰铃	法铃	响板	小鼓	筒鼓	合计	拉弦乐器 奚琴	合计	模糊乐器	总计
1	第02窟		0	0	1	0	0	0	0	0	0	0	0	1	0	1	0	0	0	0	0	0	0	0	1	0	0	2	0	0	0	0	0	0	0	0	0	0	0	0	0	0	0	0	0	0	0	0	1	0	0	0	0	0	0	0	0	0	2	0	5	1	6
合计			0	0	1	0	1	0	0	0	0	0	0	2	0	1	0	0	0	0	0	0	0	0	1	0	0	2	0	0	0	0	0	0	0	0	0	0	0	0	0	0	0	0	0	0	0	0	1	0	0	0	0	0	0	0	0	0	2	0	5	1	6

总 计

	弹拨乐器 四弦琵琶	五弦琵琶	细腰琵琶	琵琶（弦数不清）	阮咸	忽雷	竖箜篌	凤首箜篌	弓形箜篌	筝	古琴	小计	吹奏乐器 竖笛	横笛	义觜笛	龙首笛	凤首笛	筚篥	笙	排箫	尺八	贝	埙	铜角	瓯	小计	打击乐器 拍板	细腰鼓	凸面细腰鼓	齐鼓	揭鼓	羯鼓	鸡娄鼓	答腊鼓	毛员鼓	都昙鼓	雷鼓	方响	串鼓	大鼓	手鼓	单面鼓	速面鼓	扁鼓	铜鼓	担鼓	节鼓	钹	铙	钲	大钟	金刚铃	碰铃	法铃	响板	小鼓	筒鼓	合计	奚琴	合计	模糊乐器	总计
合计	276	44	813	3	1138	6	83	447	59	1	255	40	544	756	100	4	1	55	321	4	486	526	101	7	16	8	1	806	363	18	1	6	123	128	148	129	30	12	10	17	64	39	22	2	3	4	23	3	69	109	43	80	58	4	3	2	1	7285	420	5	5	7705
				2027													2930																					2323																								

附 录

三 敦煌石窟壁画舞蹈种类统计表

（一）莫高窟

序号	窟号	独舞-长巾舞	独舞-细腰鼓舞	独舞-反弹琵琶舞	独舞-长袖舞	独舞-童子舞	独舞-童子长巾舞	独舞-童子细腰鼓舞	独舞-童子反弹琵琶舞	独舞-童子长袖舞	独舞-拍手舞	独舞-菩萨舞	独舞-剑舞	独舞-民间舞	双人舞-长巾舞	双人舞-长袖舞	双人舞-长巾与腰鼓舞	双人舞-长巾与反弹琵琶舞	双人舞-腰鼓与反弹琵琶舞	双人舞-细腰鼓与反弹琵琶舞	双人舞-长袖与琵琶腰鼓舞	双人舞-童子舞	双人舞-童子长巾舞	双人舞-剑舞	双人舞-民间舞	双人舞-菩萨舞	群舞-长巾舞	群舞-长袖舞	群舞-童子舞	天宫伎乐舞蹈-击掌舞	天宫伎乐舞蹈-手姿舞	迦陵频伽舞-数量	迦陵频伽舞-长袖舞	迦陵频伽舞-反弹琵琶舞	共命鸟舞-反弹琵琶舞
1	第004窟	2	2	2		3																													
2	第005窟	2	2	2																												1			
3	第006窟	1	1																																
4	第007窟	3	1	1																												4			
5	第008窟																																		
6	第009窟				2											1							1												
7	第010窟				1																														
8	第012窟	4										6				1																1			
9	第014窟	1												1			1																		
10	第015窟	1																																	
11	第018窟	2	1																																
12	第019窟	1	1																																
13	第020窟	2																1					1												
14	第022窟	1												1																					
15	第023窟	3										1			2																				
16	第044窟																															2			
17	第045窟																																		
18	第054窟															1		2	1																
19	第055窟	2													2	1			1													2			
20	第061窟	5			9														1													2			
21	第066窟														1																	2			
22	第085窟	3			1									1	3	2			1													2			

附录
三 敦煌石窟壁画舞蹈种类统计表
(一) 莫高窟

序号	窟号	独舞 长巾舞	独舞 细腰鼓舞	独舞 反弹琵琶舞	独舞 长袖舞	独舞 童子舞	独舞 童子长巾舞	独舞 童子细腰鼓舞	独舞 童子反弹琵琶舞	独舞 童子长袖舞	独舞 拍手舞	独舞 菩萨舞	独舞 剑舞	独舞 民间舞	双人舞 长巾舞	双人舞 长袖舞	双人舞 长巾与腰鼓舞	双人舞 长巾与反弹琵琶舞	双人舞 腰鼓与反弹琵琶舞	双人舞 细腰鼓与反弹琵琶舞	双人舞 长袖与反弹琵琶舞	双人舞 长袖与细腰鼓舞	双人舞 童子舞	双人舞 童子长巾舞	双人舞 剑舞	双人舞 民间舞	双人舞 菩萨舞	群舞 长巾舞	群舞 长袖舞	群舞 童子舞	天宫伎乐舞蹈 击掌舞	天宫伎乐舞蹈 手姿舞	迦陵频伽舞 数量	迦陵频伽舞 反弹琵琶舞	迦陵频伽舞 长袖舞	共命鸟舞 反弹琵琶舞
23	第091窟	2													1																		1			
24	第092窟	2																															1			
25	第098窟	1	1		1												1	1											3				1			
26	第099窟											2				1													1							
27	第100窟	2	3	1												1																	1			
28	第107窟	2	2	1		1	1																													
29	第108窟	2	2	1															1																	
30	第112窟	3				1									1																		1			
31	第113窟																																			
33	第116窟	1																															1			
34	第117窟	1																																		
35	第118窟	1			2																												1			
36	第120窟	1				2																														
37	第122窟	1																															2			
38	第126窟	2														3																				
39	第128窟	2																															1			
40	第129窟	1																1															1			
41	第132窟			1														1																		
42	第134窟			1																																
43	第135窟	1																																		
44	第136窟	5	1		2																												2			
45	第138窟					1																														
46	第140窟	3				2																											2			
47	第141窟					1																														
48	第142窟	4			2							1						1																		
49	第144窟	3	1													2																				
50	第145窟	3	2	1	2											1											1									
51	第146窟	3			6	1						1		2		3			1						1		1		2				1			
52	第147窟				1																															
53	第148窟				1							2						1															2			
54	第154窟	1		1														1																		
55	第155窟	1														3																	2			
56	第156窟	2				2						2		2		2								1									2	1		
57	第158窟	3																																		
58	第159窟	2	1		1							1																					1	1		
59	第160窟																																			
60	第161窟	4				1						1				2																				
61	第164窟	1																																		
62	第167窟					2						1																					1			
63	第170窟	2														1		1																		
64	第171窟								2																								2	1		
65	第173窟																																			1

附录
三 敦煌石窟壁画舞蹈种类统计表
(一) 莫高窟

序号	窟号	独舞 长巾舞	独舞 细腰鼓舞	独舞 反弹琵琶舞	独舞 长袖舞	独舞 童子舞	独舞 童子长巾舞	独舞 童子细腰鼓舞	独舞 童子反弹琵琶舞	独舞 童子长袖舞	独舞 拍手舞	独舞 菩萨舞	独舞 剑舞	独舞 民间舞	双人舞 长巾舞	双人舞 长袖舞	双人舞 长巾与腰鼓舞	双人舞 长巾与反弹琵琶舞	双人舞 腰鼓与反弹琵琶舞	双人舞 细腰鼓与琵琶舞	双人舞 长袖与琵琶舞	双人舞 长袖与细腰鼓舞	双人舞 童子长巾舞	双人舞 剑舞	双人舞 民间舞	双人舞 菩萨舞	群舞 长巾舞	群舞 长袖舞	群舞 童子舞	天宫伎乐舞蹈 击掌舞	天宫伎乐舞蹈 手姿舞	迦陵频伽舞 数量	迦陵频伽舞 长袖舞	迦陵频伽舞 反弹琵琶舞	共命鸟舞 反弹琵琶舞
66	第176窟	1				1																										1			
67	第177窟	2																																	
68	第180窟	3																																	
69	第186窟																																		
70	第188窟	2										1																							
71	第191窟	1																																	
72	第192窟	1		1																												1		1	
73	第194窟	4														1																			
74	第196窟	1	1													1			1													1			1
75	第197窟	1														1																			
76	第198窟	1														1																			
77	第199窟															1																			
78	第200窟	3																														2			
79	第201窟	2																														1			
80	第202窟	1																														1			
81	第205窟																															1			
82	第208窟	1																																	
83	第215窟						1																									1			
84	第217窟																																		
85	第218窟	1																										1							
86	第220窟																															1			
87	第227窟	2																																	
88	第231窟	5		1					1		1	1		1																		1			
89	第232窟	2																																	
90	第234窟																																		
91	第236窟	1		1		1																										1			
92	第237窟	1		1										4		1														3		1			
93	第238窟	1		1		1										1																1			
94	第240窟	2																																	
95	第248窟																													21	23				
96	第249窟																													7	17				
97	第251窟																													36	28				
98	第254窟																													38	18				
99	第257窟																													32					
100	第258窟	1														1																			
101	第260窟	1																												4	36	1			
102	第261窟													1																					
103	第272窟																													4	13				
104	第288窟																													5	18				
105	第294窟	1																							1										
106	第297窟																																		
107	第306窟	2																																	
108	第308窟	2																																	

附录
三 敦煌石窟壁画舞蹈种类统计表

（一）莫高窟

序号	窟 号	独舞 长巾舞	独舞 细腰鼓舞	独舞 反弹琵琶舞	独舞 长袖舞	独舞 童子舞	独舞 童子长巾舞	独舞 童子细腰鼓舞	独舞 童子反弹琵琶舞	独舞 童子长袖舞	独舞 拍手舞	独舞 菩萨舞	独舞 剑舞	独舞 民间舞	双人舞 长巾舞	双人舞 长袖舞	双人舞 长巾与腰鼓舞	双人舞 长巾与反弹琵琶舞	双人舞 腰鼓与反弹琵琶舞	双人舞 细腰鼓与琵琶舞	双人舞 长袖与琵琶舞	双人舞 长袖与细腰鼓舞	双人舞 童子长袖舞	双人舞 童子长巾舞	双人舞 剑舞	双人舞 民间舞	双人舞 菩萨舞	群舞 长巾舞	群舞 长袖舞	群舞 童子舞	天宫伎乐舞蹈 击掌舞	天宫伎乐舞蹈 手姿舞	迦陵频伽舞 数量	迦陵频伽舞 反弹琵琶舞	共命鸟舞 反弹琵琶舞
109	莫320窟	2																																	
110	莫321窟														1																		1		
111	莫329窟	1		1		4																														
112	莫331窟	1																																1		
113	莫334窟	1																																		
114	莫335窟														1																			1		
115	莫337窟	1													1																					
116	莫341窟	1											1		2																			2		
117	莫343窟	1											3																					1		
118	莫358窟	5												1																				2		
119	莫359窟	2												1	1																			3		
120	莫360窟	1	1						1							1																		1		
121	莫361窟	2																																		
122	莫369窟	2	1																															1		
123	莫370窟	2																																		
124	莫372窟	2																																		
125	莫374窟	3																																		
126	莫379窟	1	1																																	
127	莫384窟	3													1																			2		
128	莫386窟	2													1								1													
129	莫400窟																																			
130	莫431窟																														13	12			
131	莫435窟																														24	17			
132	莫438窟																														3	6			
133	莫442窟												7							1											4	23			
134	莫445窟													1	1	1																				
135	莫446窟														1	1																				
136	莫449窟	1		1	2																												1			
137	莫452窟	2		1																																
138	莫454窟	2	1		1														1																	
139	莫465窟																																			
140	莫468窟	1													1																					
	合计	178	22	18	31	20	2	2	1	1	1	29	0	16	38	6	1	3	12	0	0	0	2	1	0	3	0	1	6	3	191	211	65	1	6	2

附录

敦煌石窟壁画舞蹈种类统计表

(二) 天王堂

<table>
<tr><th rowspan="2">序号</th><th rowspan="2">窟号</th><th colspan="8">独舞</th><th colspan="5">双人舞</th><th colspan="3">群舞</th><th colspan="2">天宫伎乐舞蹈</th><th colspan="2">迦陵频伽舞</th><th>共命鸟舞</th></tr>
<tr><th>长巾舞</th><th>细腰鼓舞</th><th>反弹琵琶舞</th><th>长袖舞</th><th>童子舞</th><th>童子长巾舞</th><th>童子细腰鼓舞</th><th>童子反弹琵琶舞</th><th>童子长袖舞</th><th>拍手舞</th><th>菩萨舞</th><th>剑舞</th><th>民间舞</th><th>长巾舞</th><th>长袖舞</th><th>长巾与弹琵琶舞</th><th>腰鼓与反弹琵琶舞</th><th>细腰鼓与琵琶舞</th><th>长袖与琵琶舞</th><th>长袖与腰鼓舞</th><th>童子长巾舞</th><th>剑舞</th><th>民间舞</th><th>菩萨舞</th><th>长巾舞</th><th>长袖舞</th><th>童子舞</th><th>击掌舞</th><th>手姿舞</th><th>数量</th><th>长袖舞</th><th>反弹琵琶舞</th></tr>
<tr><td>1</td><td>天王堂</td><td>0</td><td>0</td><td>0</td><td>0</td><td>0</td><td>0</td><td>0</td><td>0</td><td>0</td><td>0</td><td>1</td><td>0</td><td>0</td><td>0</td><td>0</td><td>0</td><td>0</td><td>0</td><td>0</td><td>0</td><td>0</td><td>0</td><td>0</td><td>0</td><td>0</td><td>0</td><td>0</td><td>0</td><td>0</td><td>0</td><td>0</td><td>0</td></tr>
<tr><td colspan="2">合计</td><td>0</td><td>0</td><td>0</td><td>0</td><td>0</td><td>0</td><td>0</td><td>0</td><td>0</td><td>0</td><td>1</td><td>0</td><td>0</td><td>0</td><td>0</td><td>0</td><td>0</td><td>0</td><td>0</td><td>0</td><td>0</td><td>0</td><td>0</td><td>0</td><td>0</td><td>0</td><td>0</td><td>0</td><td>0</td><td>0</td><td>0</td><td>0</td></tr>
</table>

(三) 榆林窟

<table>
<tr><th rowspan="2">序号</th><th rowspan="2">窟号</th><th colspan="8">独舞</th><th colspan="5">双人舞</th><th colspan="3">群舞</th><th colspan="2">天宫伎乐舞蹈</th><th colspan="2">迦陵频伽舞</th><th>共命鸟舞</th></tr>
<tr><th>长巾舞</th><th>细腰鼓舞</th><th>反弹琵琶舞</th><th>长袖舞</th><th>童子舞</th><th>童子长巾舞</th><th>童子细腰鼓舞</th><th>童子反弹琵琶舞</th><th>童子长袖舞</th><th>拍手舞</th><th>菩萨舞</th><th>剑舞</th><th>民间舞</th><th>长巾舞</th><th>长袖舞</th><th>长巾与弹琵琶舞</th><th>腰鼓与反弹琵琶舞</th><th>细腰鼓与琵琶舞</th><th>长袖与琵琶舞</th><th>长袖与腰鼓舞</th><th>童子长巾舞</th><th>剑舞</th><th>民间舞</th><th>菩萨舞</th><th>长巾舞</th><th>长袖舞</th><th>童子舞</th><th>击掌舞</th><th>手姿舞</th><th>数量</th><th>长袖舞</th><th>反弹琵琶舞</th></tr>
<tr><td>1</td><td>第03窟</td><td>6</td><td></td><td></td><td></td><td></td><td></td><td></td><td></td><td></td><td></td><td>2</td><td>1</td><td></td><td></td><td></td><td></td><td></td><td></td><td></td><td></td><td></td><td></td><td></td><td></td><td></td><td></td><td></td><td></td><td></td><td></td><td></td><td></td></tr>
<tr><td>2</td><td>第04窟</td><td></td><td>1</td><td>1</td><td></td><td></td><td></td><td></td><td></td><td></td><td></td><td>28</td><td></td><td></td><td></td><td></td><td></td><td></td><td></td><td></td><td></td><td></td><td></td><td></td><td></td><td></td><td></td><td></td><td></td><td></td><td></td><td></td><td></td></tr>
<tr><td>3</td><td>第12窟</td><td></td><td></td><td></td><td></td><td>1</td><td></td><td></td><td></td><td>1</td><td></td><td></td><td></td><td></td><td></td><td></td><td></td><td></td><td></td><td></td><td></td><td></td><td></td><td></td><td></td><td></td><td></td><td></td><td></td><td></td><td></td><td></td><td></td></tr>
<tr><td>4</td><td>第13窟</td><td></td><td>1</td><td></td><td></td><td>2</td><td></td><td></td><td></td><td></td><td></td><td></td><td></td><td></td><td></td><td></td><td></td><td></td><td></td><td></td><td></td><td></td><td></td><td></td><td></td><td></td><td></td><td></td><td></td><td></td><td></td><td></td><td></td></tr>
<tr><td>5</td><td>第16窟</td><td>2</td><td></td><td></td><td></td><td></td><td></td><td></td><td></td><td></td><td></td><td></td><td></td><td></td><td>1</td><td></td><td>1</td><td>1</td><td></td><td></td><td></td><td></td><td></td><td></td><td></td><td></td><td></td><td></td><td></td><td></td><td></td><td></td><td></td></tr>
<tr><td>6</td><td>第19窟</td><td>1</td><td>1</td><td></td><td></td><td></td><td></td><td></td><td></td><td></td><td></td><td></td><td></td><td></td><td></td><td>1</td><td></td><td></td><td></td><td>1</td><td></td><td></td><td></td><td></td><td></td><td></td><td></td><td></td><td></td><td></td><td></td><td></td><td></td></tr>
<tr><td>7</td><td>第20窟</td><td></td><td></td><td></td><td></td><td></td><td></td><td></td><td></td><td></td><td></td><td>1</td><td></td><td></td><td></td><td></td><td></td><td></td><td></td><td></td><td></td><td></td><td></td><td></td><td></td><td></td><td></td><td></td><td></td><td></td><td></td><td></td><td></td></tr>
<tr><td>8</td><td>第25窟</td><td>1</td><td>1</td><td></td><td>1</td><td></td><td></td><td></td><td></td><td></td><td></td><td></td><td></td><td></td><td></td><td></td><td>1</td><td></td><td></td><td></td><td></td><td></td><td></td><td></td><td></td><td></td><td></td><td></td><td></td><td></td><td></td><td></td><td></td></tr>
<tr><td>9</td><td>第33窟</td><td></td><td>3</td><td>1</td><td></td><td></td><td></td><td></td><td></td><td></td><td></td><td></td><td></td><td></td><td></td><td></td><td></td><td></td><td>1</td><td></td><td></td><td></td><td></td><td></td><td></td><td></td><td></td><td></td><td></td><td></td><td></td><td></td><td></td></tr>
<tr><td>10</td><td>第34窟</td><td></td><td>1</td><td></td><td>1</td><td></td><td></td><td></td><td></td><td></td><td></td><td></td><td></td><td></td><td></td><td></td><td></td><td></td><td>1</td><td></td><td>1</td><td></td><td></td><td></td><td></td><td></td><td></td><td></td><td></td><td></td><td>1</td><td></td><td></td></tr>
<tr><td>11</td><td>第35窟</td><td></td><td></td><td></td><td></td><td></td><td></td><td></td><td></td><td></td><td></td><td></td><td></td><td></td><td></td><td></td><td></td><td></td><td>1</td><td></td><td></td><td></td><td></td><td></td><td></td><td></td><td></td><td></td><td></td><td></td><td></td><td></td><td></td></tr>
<tr><td>12</td><td>第36窟</td><td></td><td>1</td><td>1</td><td>1</td><td>2</td><td></td><td></td><td></td><td></td><td></td><td></td><td></td><td></td><td></td><td></td><td></td><td></td><td>2</td><td></td><td></td><td></td><td></td><td></td><td>1</td><td></td><td></td><td></td><td></td><td></td><td>1</td><td></td><td></td></tr>
<tr><td>13</td><td>第38窟</td><td>1</td><td>1</td><td>1</td><td>1</td><td></td><td></td><td></td><td></td><td></td><td>1</td><td></td><td></td><td></td><td></td><td></td><td></td><td></td><td></td><td></td><td></td><td></td><td></td><td></td><td></td><td></td><td></td><td></td><td></td><td></td><td></td><td></td><td></td></tr>
<tr><td colspan="2">合计</td><td>11</td><td>10</td><td>3</td><td>2</td><td>5</td><td>0</td><td>0</td><td>0</td><td>1</td><td>1</td><td>32</td><td>1</td><td>0</td><td>1</td><td>0</td><td>1</td><td>2</td><td>2</td><td>1</td><td>1</td><td>1</td><td>0</td><td>0</td><td>1</td><td>0</td><td>0</td><td>0</td><td>0</td><td>0</td><td>2</td><td>0</td><td>0</td></tr>
</table>

附录

三 敦煌石窟壁画舞蹈种类统计表

(四) 西千佛洞

序号	数量 舞种	独舞									双人舞					群舞			天宫伎乐舞蹈		迦陵频伽舞		共命鸟舞
		长巾舞	细腰鼓舞	反弹琵琶舞	长袖舞	童子舞	童子长巾舞	童子细腰鼓舞	童子反弹琵琶舞	童子长袖舞	拍手舞	菩萨舞	剑舞	民间舞	长袖与琵琶舞	细腰鼓与琵琶舞	腰鼓与反弹琵琶舞	长巾与腰鼓舞	长巾与反弹琵琶舞	长袖与细腰鼓舞	童子舞	长巾舞	长袖舞	童子舞	击掌舞	手姿舞	数量	长袖舞	反弹琵琶舞	反弹琵琶舞
1	第07窟	1	1	0	0	0	0	0	0	0	0	0	0	0	0	0	0	0	0	0	0	0	0	0	0	40	0	0	2	
2	第18窟	1	1	0	0	0	0	0	0	0	0	0	0	0	0	0	0	0	0	0	0	0	0	0	0	40	0	0	2	0
	合计																													

(五) 东千佛洞

序号	数量 舞种	独舞									双人舞					群舞			天宫伎乐舞蹈		迦陵频伽舞		共命鸟舞
		长巾舞	细腰鼓舞	反弹琵琶舞	长袖舞	童子舞	童子长巾舞	童子细腰鼓舞	童子反弹琵琶舞	童子长袖舞	拍手舞	菩萨舞	剑舞	民间舞	长袖与琵琶舞	细腰鼓与琵琶舞	腰鼓与反弹琵琶舞	长巾与腰鼓舞	长巾与反弹琵琶舞	长袖与细腰鼓舞	童子舞	长巾舞	长袖舞	童子舞	击掌舞	手姿舞	数量	长袖舞	反弹琵琶舞	反弹琵琶舞
1	第02窟	0	0	0	0	0	0	0	0	0	0	1	1	0	0	0	0	0	0	0	0	2	0	0	0	0	0	0	0	
2	第05窟	1										1																		
3	第07窟	1	0	0	0	0	0	0	0	0	0	1	1	0	0	0	0	0	0	0	0	2	0	0	0	0	0	0	0	0
	合计																													

（六）五个庙石窟

五个庙石窟

序号	窟号	种类数量	独舞								双人舞							群舞			天宫伎乐舞蹈		迦陵频伽舞			共命鸟舞	
			长巾舞	细腰鼓舞	反弹琵琶舞	长袖舞	童子舞	童子长巾舞	童子细腰鼓舞	童子反弹琵琶舞	童子长袖舞	拍手舞	菩萨舞	剑舞	民间舞	长巾舞	长巾与腰鼓舞	长巾与反弹琵琶舞	腰鼓与反弹琵琶舞	细腰鼓与琵琶舞	长袖与琵琶舞	童子舞	童子长巾舞	剑舞	民间舞	菩萨舞	长巾舞	长袖舞	童子舞	击掌舞	手姿舞	数量	长袖舞	反弹琵琶舞	反弹琵琶舞
1	第04窟		0	0	0	0	0	0	0	0	0	0	1	0	0	0	0	0	0	0	0	0	0	0	0	1	0	0	0	0	0	0	0	0	0
合计			0	0	0	0	0	0	0	0	0	0	1	0	0	0	0	0	0	0	0	0	0	0	0	1	0	0	0	0	0	0	0	0	0

（七）小千佛洞

小千佛洞

序号	窟号	种类数量	独舞								双人舞							群舞			天宫伎乐舞蹈		迦陵频伽舞			共命鸟舞	
			长巾舞	细腰鼓舞	反弹琵琶舞	长袖舞	童子舞	童子长巾舞	童子细腰鼓舞	童子反弹琵琶舞	童子长袖舞	拍手舞	菩萨舞	剑舞	民间舞	长巾舞	长巾与腰鼓舞	长巾与反弹琵琶舞	腰鼓与反弹琵琶舞	细腰鼓与琵琶舞	长袖与琵琶舞	童子舞	童子长巾舞	剑舞	民间舞	菩萨舞	长巾舞	长袖舞	童子舞	击掌舞	手姿舞	数量	长袖舞	反弹琵琶舞	反弹琵琶舞
1	第04窟		0	1	0	0	0	0	0	0	0	0	0	0	0	0	0	0	0	0	0	0	0	0	0	0	0	0	0	0	0	0	0	0	0
合计			0	1	0	0	0	0	0	0	0	0	0	0	0	0	0	0	0	0	0	0	0	0	0	0	0	0	0	0	0	0	0	0	0

附录

三 敦煌石窟壁画舞蹈种类统计表

(八) 旱峡石窟

种类	独舞									双人舞							群舞			天宫伎乐舞蹈		迦陵频伽舞		共命鸟舞
	长巾舞	细腰鼓舞	反弹琵琶舞	长袖舞	童子舞	童子长巾舞	童子细腰鼓舞	童子反弹琵琶舞	童子长袖舞	拍手舞	菩萨舞	剑舞	民间舞	长袖舞	长巾与腰鼓舞	长巾反弹琵琶舞	腰鼓与反弹琵琶舞	细腰鼓与琵琶舞	长袖与琵琶舞	长袖与细腰鼓舞	童子舞	童子长巾舞	剑舞	民间舞	菩萨舞	长巾舞	长袖舞	童子舞	击掌舞	手姿舞	数量	长袖舞	反弹琵琶舞	反弹琵琶舞
窟号																																		
1 榆02窟	4	0	0	0	0	0	0	0	0	0	0	0	0	0	0	0	0	0	0	0	0	0	0	0	0	0	0	0	0	0	0	0	0	0
合计	4	0	0	0	0	0	0	0	0	0	0	0	0	0	0	0	0	0	0	0	0	0	0	0	0	0	0	0	0	0	0	0	0	0

总 计

种类	独舞													双人舞								群舞			天宫伎乐舞蹈		迦陵频伽舞		共命鸟舞
合计	196	33	22	33	25	2	2	1	2	1	64	1	16	40	6	2	4	14	2	1	2	1	1	3	1	3	6	3	191	251	67	1	8	2

索 引

一 敦煌石窟壁画乐舞索引

百戏图

【莫高窟】

第 009 窟
第 055 窟
第 061 窟
第 072 窟
第 079 窟
第 085 窟
第 138 窟
第 156 窟
第 361 窟
第 454 窟

【榆林窟】

第 03 窟

不鼓自鸣乐器

【莫高窟】

第 006 窟
第 007 窟
第 008 窟
第 009 窟
第 012 窟
第 014 窟

第 018 窟
第 019 窟
第 022 窟
第 044 窟
第 045 窟
第 055 窟
第 061 窟
第 065 窟
第 066 窟
第 068 窟
第 071 窟
第 083 窟
第 085 窟
第 091 窟
第 092 窟
第 098 窟
第 100 窟
第 103 窟
第 107 窟
第 108 窟
第 111 窟
第 112 窟
第 116 窟
第 117 窟
第 118 窟
第 120 窟
第 121 窟
第 124 窟
第 126 窟

第 128 窟
第 129 窟
第 134 窟
第 136 窟
第 138 窟
第 141 窟
第 144 窟
第 145 窟
第 146 窟
第 147 窟
第 148 窟
第 156 窟
第 158 窟
第 159 窟
第 160 窟
第 164 窟
第 172 窟
第 173 窟
第 176 窟
第 180 窟
第 188 窟
第 191 窟
第 192 窟
第 195 窟
第 196 窟
第 197 窟
第 199 窟
第 200 窟
第 201 窟

第 202 窟
第 205 窟
第 208 窟
第 211 窟
第 215 窟
第 217 窟
第 218 窟
第 220 窟
第 225 窟
第 231 窟
第 236 窟
第 237 窟
第 238 窟
第 240 窟
第 307 窟
第 320 窟
第 321 窟
第 322 窟
第 329 窟
第 331 窟
第 334 窟
第 335 窟
第 338 窟
第 340 窟
第 341 窟
第 351 窟
第 354 窟
第 358 窟
第 359 窟

第 360 窟
第 361 窟
第 367 窟
第 369 窟
第 370 窟
第 372 窟
第 379 窟
第 386 窟
第 400 窟
第 431 窟
第 445 窟
第 446 窟
第 454 窟
第 468 窟
第 472 窟

榆林窟

第 03 窟
第 04 窟
第 10 窟
第 12 窟
第 16 窟
第 19 窟
第 25 窟
第 33 窟
第 34 窟
第 38 窟

西千佛洞

第 05 窟
第 18 窟

飞天

莫高窟

第 003 窟
第 007 窟
第 009 窟
第 010 窟
第 012 窟
第 014 窟
第 018 窟
第 019 窟
第 025 窟
第 027 窟
第 029 窟
第 030 窟
第 031 窟
第 032 窟
第 033 窟
第 034 窟
第 035 窟
第 038 窟
第 039 窟
第 040 窟
第 044 窟
第 046 窟
第 047 窟
第 050 窟
第 053 窟
第 055 窟
第 056 窟
第 057 窟
第 058 窟
第 060 窟
第 061 窟
第 062 窟

第 063 窟
第 064 窟
第 065 窟
第 066 窟
第 068 窟
第 070 窟
第 071 窟
第 076 窟
第 077 窟
第 078 窟
第 081 窟
第 083 窟
第 084 窟
第 085 窟
第 088 窟
第 089 窟
第 092 窟
第 095 窟
第 097 窟
第 098 窟
第 099 窟
第 100 窟
第 103 窟
第 108 窟
第 112 窟
第 116 窟
第 117 窟
第 118 窟
第 119 窟
第 120 窟
第 121 窟
第 122 窟
第 123 窟
第 124 窟
第 127 窟
第 129 窟

第 130 窟
第 136 窟
第 138 窟
第 141 窟
第 142 窟
第 144 窟
第 146 窟
第 148 窟
第 152 窟
第 153 窟
第 154 窟
第 156 窟
第 158 窟
第 159 窟
第 161 窟
第 165 窟
第 166 窟
第 167 窟
第 169 窟
第 172 窟
第 174 窟
第 176 窟
第 177 窟
第 179 窟
第 180 窟
第 188 窟
第 191 窟
第 192 窟
第 196 窟
第 198 窟
第 200 窟
第 201 窟
第 202 窟
第 203 窟
第 204 窟
第 205 窟

第 206 窟	第 268 窟	第 321 窟	第 380 窟
第 207 窟	第 272 窟	第 322 窟	第 381 窟
第 208 窟	第 275 窟	第 323 窟	第 383 窟
第 209 窟	第 276 窟	第 326 窟	第 384 窟
第 211 窟	第 277 窟	第 327 窟	第 386 窟
第 215 窟	第 278 窟	第 329 窟	第 387 窟
第 216 窟	第 279 窟	第 331 窟	第 388 窟
第 217 窟	第 280 窟	第 332 窟	第 389 窟
第 220 窟	第 282 窟	第 334 窟	第 390 窟
第 223 窟	第 283 窟	第 337 窟	第 392 窟
第 225 窟	第 284 窟	第 338 窟	第 393 窟
第 231 窟	第 285 窟	第 339 窟	第 394 窟
第 233 窟	第 287 窟	第 340 窟	第 395 窟
第 236 窟	第 288 窟	第 344 窟	第 396 窟
第 237 窟	第 290 窟	第 345 窟	第 397 窟
第 238 窟	第 291 窟	第 351 窟	第 398 窟
第 242 窟	第 292 窟	第 353 窟	第 399 窟
第 243 窟	第 294 窟	第 358 窟	第 400 窟
第 244 窟	第 295 窟	第 359 窟	第 401 窟
第 245 窟	第 296 窟	第 360 窟	第 402 窟
第 248 窟	第 297 窟	第 361 窟	第 404 窟
第 249 窟	第 298 窟	第 364 窟	第 405 窟
第 250 窟	第 299 窟	第 365 窟	第 406 窟
第 251 窟	第 301 窟	第 366 窟	第 407 窟
第 254 窟	第 302 窟	第 367 窟	第 408 窟
第 255 窟	第 303 窟	第 368 窟	第 409 窟
第 257 窟	第 305 窟	第 369 窟	第 410 窟
第 258 窟	第 307 窟	第 370 窟	第 412 窟
第 259 窟	第 309 窟	第 371 窟	第 414 窟
第 260 窟	第 311 窟	第 372 窟	第 416 窟
第 261 窟	第 312 窟	第 373 窟	第 417 窟
第 262 窟	第 313 窟	第 374 窟	第 418 窟
第 263 窟	第 314 窟	第 375 窟	第 419 窟
第 264 窟	第 315 窟	第 376 窟	第 420 窟
第 266 窟	第 318 窟	第 378 窟	第 421 窟
第 267 窟	第 320 窟	第 379 窟	第 423 窟

第 425 窟	第 19 窟	飞天童子	西千佛洞
第 426 窟	第 21 窟		
第 427 窟	第 22 窟	莫高窟	第 04 窟
第 428 窟	第 25 窟		第 12 窟
第 429 窟	第 26 窟	第 012 窟	
第 430 窟	第 28 窟	第 033 窟	共命鸟
第 431 窟	第 31 窟	第 057 窟	
第 432 窟	第 32 窟	第 079 窟	莫高窟
第 433 窟	第 33 窟	第 097 窟	
第 435 窟	第 34 窟	第 209 窟	第 018 窟
第 436 窟	第 35 窟	第 278 窟	第 117 窟
第 437 窟	第 36 窟	第 283 窟	第 138 窟
第 438 窟	第 38 窟	第 310 窟	第 144 窟
第 439 窟	第 39 窟	第 314 窟	第 148 窟
第 440 窟		第 322 窟	第 159 窟
第 441 窟	西千佛洞	第 326 窟	第 172 窟
第 442 窟		第 331 窟	第 196 窟
第 444 窟	第 04 窟	第 334 窟	第 197 窟
第 449 窟	第 05 窟	第 363 窟	第 205 窟
第 450 窟	第 07 窟	第 375 窟	第 220 窟
第 454 窟	第 08 窟	第 397 窟	第 225 窟
第 460 窟	第 09 窟	第 398 窟	第 232 窟
第 461 窟	第 10 窟	第 402 窟	第 445 窟
第 468 窟	第 12 窟	第 408 窟	第 468 窟
	第 16 窟	第 420 窟	
榆林窟	第 19 窟	第 423 窟	榆林窟
第 04 窟	东千佛洞	榆林窟	第 25 窟
第 06 窟			
第 10 窟	第 02 窟	第 17 窟	西千佛洞
第 12 窟	第 07 窟	第 20 窟	
第 13 窟		第 26 窟	第 18 窟
第 14 窟	小千佛洞	第 35 窟	
第 15 窟		第 39 窟	
第 16 窟	第 04 窟		
第 17 窟			

华严海中乐器

莫高窟

第 006 窟
第 009 窟
第 012 窟
第 053 窟
第 085 窟
第 098 窟
第 108 窟
第 144 窟
第 146 窟
第 196 窟
第 231 窟

化生伎乐

莫高窟

第 009 窟
第 014 窟
第 148 窟
第 171 窟
第 204 窟
第 249 窟
第 251 窟
第 254 窟
第 257 窟
第 259 窟
第 260 窟
第 268 窟
第 285 窟
第 290 窟
第 296 窟
第 299 窟

第 311 窟
第 314 窟
第 359 窟
第 389 窟
第 396 窟
第 398 窟
第 400 窟
第 404 窟
第 412 窟
第 419 窟
第 420 窟
第 425 窟
第 427 窟
第 428 窟
第 430 窟
第 435 窟

榆林窟

第 12 窟

迦陵频伽

莫高窟

第 004 窟
第 005 窟
第 007 窟
第 009 窟
第 012 窟
第 014 窟
第 018 窟
第 019 窟
第 031 窟
第 044 窟
第 045 窟

第 055 窟
第 061 窟
第 066 窟
第 085 窟
第 091 窟
第 092 窟
第 098 窟
第 107 窟
第 112 窟
第 113 窟
第 117 窟
第 118 窟
第 126 窟
第 129 窟
第 132 窟
第 138 窟
第 141 窟
第 144 窟
第 145 窟
第 147 窟
第 148 窟
第 154 窟
第 155 窟
第 156 窟
第 158 窟
第 159 窟
第 160 窟
第 167 窟
第 171 窟
第 172 窟
第 176 窟
第 180 窟
第 191 窟
第 192 窟
第 196 窟
第 197 窟

第 199 窟
第 200 窟
第 201 窟
第 203 窟
第 205 窟
第 208 窟
第 215 窟
第 217 窟
第 218 窟
第 220 窟
第 225 窟
第 231 窟
第 232 窟
第 236 窟
第 237 窟
第 238 窟
第 240 窟
第 258 窟
第 320 窟
第 321 窟
第 329 窟
第 331 窟
第 335 窟
第 337 窟
第 338 窟
第 340 窟
第 341 窟
第 358 窟
第 359 窟
第 360 窟
第 361 窟
第 369 窟
第 370 窟
第 372 窟
第 379 窟
第 386 窟

第 401 窟	第 006 窟	第 138 窟	第 217 窟
第 427 窟	第 007 窟	第 141 窟	第 218 窟
第 431 窟	第 008 窟	第 144 窟	第 220 窟
第 444 窟	第 012 窟	第 145 窟	第 227 窟
第 445 窟	第 014 窟	第 146 窟	第 231 窟
第 449 窟	第 015 窟	第 147 窟	第 232 窟
第 452 窟	第 018 窟	第 148 窟	第 236 窟
第 465 窟	第 019 窟	第 154 窟	第 237 窟
第 468 窟	第 020 窟	第 155 窟	第 238 窟
	第 022 窟	第 156 窟	第 240 窟
榆林窟	第 044 窟	第 158 窟	第 258 窟
	第 045 窟	第 159 窟	第 294 窟
第 03 窟	第 055 窟	第 160 窟	第 306 窟
第 10 窟	第 061 窟	第 164 窟	第 308 窟
第 15 窟	第 066 窟	第 167 窟	第 320 窟
第 25 窟	第 085 窟	第 171 窟	第 321 窟
第 34 窟	第 091 窟	第 172 窟	第 329 窟
第 35 窟	第 092 窟	第 173 窟	第 331 窟
第 36 窟	第 098 窟	第 176 窟	第 334 窟
第 38 窟	第 100 窟	第 177 窟	第 335 窟
	第 107 窟	第 180 窟	第 337 窟
西千佛洞	第 108 窟	第 188 窟	第 340 窟
	第 112 窟	第 191 窟	第 341 窟
第 16 窟	第 113 窟	第 192 窟	第 343 窟
第 18 窟	第 116 窟	第 194 窟	第 358 窟
	第 117 窟	第 196 窟	第 359 窟
东千佛洞	第 118 窟	第 197 窟	第 360 窟
	第 120 窟	第 198 窟	第 361 窟
第 02 窟	第 121 窟	第 199 窟	第 369 窟
	第 122 窟	第 200 窟	第 370 窟
经变乐舞图	第 126 窟	第 201 窟	第 379 窟
	第 128 窟	第 202 窟	第 384 窟
莫高窟	第 129 窟	第 205 窟	第 386 窟
	第 132 窟	第 208 窟	第 400 窟
第 004 窟	第 134 窟	第 211 窟	第 417 窟
第 005 窟	第 135 窟	第 215 窟	第 419 窟

第 423 窟
第 445 窟
第 446 窟
第 449 窟
第 452 窟
第 454 窟
第 468 窟

榆林窟

第 03 窟
第 12 窟
第 16 窟
第 19 窟
第 20 窟
第 25 窟
第 33 窟
第 34 窟
第 35 窟
第 36 窟
第 38 窟

西千佛洞

第 18 窟

东千佛洞

第 07 窟

五个庙石窟

第 04 窟

小千佛洞

第 04 窟

壸门伎乐

莫高窟

第 012 窟
第 014 窟
第 018 窟
第 039 窟
第 061 窟
第 098 窟
第 108 窟
第 112 窟
第 129 窟
第 136 窟
第 138 窟
第 144 窟
第 146 窟
第 156 窟
第 172 窟
第 176 窟
第 196 窟
第 205 窟
第 218 窟
第 232 窟
第 236 窟
第 244 窟
第 256 窟
第 261 窟
第 278 窟
第 326 窟
第 327 窟
第 334 窟

第 344 窟
第 358 窟
第 360 窟
第 361 窟
第 369 窟
第 373 窟
第 408 窟
第 427 窟
第 431 窟
第 437 窟
第 445 窟

榆林窟

第 16 窟
第 20 窟
第 34 窟

雷公击鼓图

莫高窟

第 008 窟
第 061 窟
第 112 窟
第 154 窟
第 249 窟
第 285 窟
第 329 窟

菩萨伎乐

莫高窟

第 009 窟
第 014 窟

第 029 窟
第 054 窟
第 057 窟
第 061 窟
第 066 窟
第 085 窟
第 099 窟
第 144 窟
第 148 窟
第 156 窟
第 159 窟
第 161 窟
第 163 窟
第 170 窟
第 171 窟
第 172 窟
第 186 窟
第 202 窟
第 205 窟
第 209 窟
第 231 窟
第 232 窟
第 234 窟
第 260 窟
第 262 窟
第 263 窟
第 275 窟
第 278 窟
第 280 窟
第 283 窟
第 329 窟
第 331 窟
第 360 窟
第 361 窟
第 374 窟
第 375 窟

第 383 窟
第 397 窟
第 428 窟
第 431 窟
第 436 窟
第 445 窟
第 465 窟

榆林窟

第 03 窟
第 04 窟
第 16 窟
第 20 窟
第 35 窟
第 38 窟

东千佛洞

第 02 窟
第 05 窟

世俗乐舞图

莫高窟

第 004 窟
第 005 窟
第 009 窟
第 012 窟
第 014 窟
第 023 窟
第 055 窟
第 061 窟
第 085 窟
第 098 窟

第 100 窟
第 108 窟
第 138 窟
第 144 窟
第 146 窟
第 148 窟
第 154 窟
第 156 窟
第 158 窟
第 180 窟
第 196 窟
第 200 窟
第 217 窟
第 231 窟
第 232 窟
第 237 窟
第 258 窟
第 261 窟
第 275 窟
第 296 窟
第 297 窟
第 341 窟
第 358 窟
第 360 窟
第 361 窟
第 370 窟
第 390 窟
第 423 窟
第 428 窟
第 445 窟
第 449 窟
第 454 窟

榆林窟

第 15 窟
第 33 窟
第 38 窟

西千佛洞

第 09 窟

瓜州旱峡石窟

第 02 窟

天宫伎乐

莫高窟

第 248 窟
第 249 窟
第 251 窟
第 254 窟
第 257 窟
第 260 窟
第 263 窟
第 272 窟
第 288 窟
第 304 窟
第 431 窟
第 435 窟
第 438 窟
第 442 窟

西千佛洞

第 07 窟

天王奏乐图

莫高窟

第 009 窟
第 014 窟
第 055 窟
第 146 窟
第 170 窟
第 361 窟
第 369 窟
第 452 窟
第 465 窟

榆林窟

第 32 窟
第 33 窟
第 34 窟

西千佛洞

第 19 窟

乐神乾闼婆

莫高窟

第 159 窟
第 231 窟
第 360 窟
第 361 窟
第 369 窟

童子伎乐

【莫高窟】

第 004 窟
第 006 窟
第 100 窟
第 107 窟
第 112 窟
第 140 窟
第 142 窟
第 145 窟
第 148 窟
第 156 窟
第 164 窟
第 173 窟
第 176 窟
第 231 窟
第 329 窟
第 361 窟
第 369 窟

【榆林窟】

第 12 窟
第 13 窟
第 38 窟

文殊变、普贤变中乐舞

【莫高窟】

第 005 窟
第 006 窟
第 009 窟
第 012 窟
第 014 窟
第 018 窟
第 025 窟
第 039 窟
第 054 窟
第 072 窟
第 099 窟
第 100 窟
第 121 窟
第 127 窟
第 128 窟
第 141 窟
第 145 窟
第 147 窟
第 156 窟
第 159 窟
第 161 窟
第 176 窟
第 196 窟
第 231 窟
第 237 窟
第 238 窟
第 261 窟
第 305 窟
第 331 窟
第 339 窟
第 358 窟
第 359 窟
第 360 窟
第 369 窟
第 379 窟
第 384 窟
第 386 窟
第 390 窟
第 446 窟
第 468 窟

【榆林窟】

第 12 窟
第 16 窟
第 19 窟
第 32 窟
第 34 窟
第 35 窟
第 36 窟

药叉伎乐

【莫高窟】

第 158 窟
第 248 窟
第 249 窟
第 251 窟
第 254 窟
第 257 窟
第 259 窟
第 260 窟
第 268 窟
第 282 窟
第 285 窟
第 288 窟
第 290 窟
第 292 窟
第 294 窟
第 296 窟
第 297 窟
第 299 窟
第 301 窟
第 303 窟
第 393 窟
第 419 窟
第 423 窟
第 428 窟
第 435 窟
第 436 窟
第 438 窟

金刚乐舞

【莫高窟】

第 465 窟

劳度叉斗圣变

【莫高窟】

第 009 窟
第 025 窟
第 055 窟
第 146 窟
第 196 窟

【榆林窟】

第 16 窟
第 32 窟

【五个庙石窟】

金星

【莫高窟】

第 61 窟

索 引

二 敦煌石窟壁画乐器索引

（一）弹拨乐器

凤首箜篌

莫高窟

第 009 窟
第 012 窟
第 014 窟
第 022 窟
第 029 窟
第 054 窟
第 055 窟
第 061 窟
第 085 窟
第 098 窟
第 099 窟
第 100 窟
第 107 窟
第 134 窟
第 138 窟
第 141 窟
第 144 窟
第 146 窟
第 148 窟
第 156 窟
第 159 窟
第 161 窟
第 186 窟
第 200 窟
第 202 窟
第 232 窟
第 233 窟
第 236 窟
第 244 窟
第 327 窟
第 335 窟
第 351 窟
第 361 窟
第 465 窟

榆林窟

第 03 窟
第 04 窟
第 15 窟
第 21 窟
第 25 窟
第 35 窟
第 38 窟

西千佛洞

第 18 窟

弓形箜篌

莫高窟

第 299 窟

古琴

莫高窟

第 004 窟
第 005 窟
第 006 窟
第 009 窟
第 012 窟
第 044 窟
第 061 窟
第 066 窟
第 083 窟
第 085 窟
第 098 窟
第 129 窟
第 146 窟
第 147 窟
第 148 窟
第 154 窟
第 156 窟
第 158 窟
第 171 窟
第 188 窟
第 232 窟
第 294 窟
第 321 窟
第 335 窟
第 341 窟
第 423 窟
第 431 窟
第 445 窟
第 449 窟
第 454 窟

忽雷

莫高窟

第 108 窟
第 170 窟

榆林窟

第 12 窟

四弦琵琶

莫高窟

第 005 窟
第 006 窟
第 009 窟
第 012 窟

第 014 窟	第 159 窟	第 322 窟	第 33 窟
第 018 窟	第 161 窟	第 327 窟	第 34 窟
第 022 窟	第 164 窟	第 329 窟	第 35 窟
第 029 窟	第 170 窟	第 331 窟	第 38 窟
第 044 窟	第 171 窟	第 335 窟	
第 055 窟	第 172 窟	第 337 窟	**西千佛洞**
第 061 窟	第 180 窟	第 341 窟	
第 065 窟	第 195 窟	第 351 窟	第 18 窟
第 066 窟	第 197 窟	第 360 窟	
第 070 窟	第 199 窟	第 361 窟	**五弦琵琶**
第 076 窟	第 200 窟	第 369 窟	
第 083 窟	第 201 窟	第 370 窟	**莫高窟**
第 085 窟	第 202 窟	第 372 窟	第 005 窟
第 092 窟	第 205 窟	第 379 窟	第 056 窟
第 098 窟	第 217 窟	第 386 窟	第 085 窟
第 100 窟	第 218 窟	第 392 窟	第 108 窟
第 103 窟	第 220 窟	第 394 窟	第 138 窟
第 107 窟	第 225 窟	第 398 窟	第 148 窟
第 108 窟	第 231 窟	第 400 窟	第 156 窟
第 112 窟	第 232 窟	第 407 窟	第 172 窟
第 118 窟	第 236 窟	第 431 窟	第 199 窟
第 121 窟	第 237 窟	第 445 窟	第 201 窟
第 126 窟	第 238 窟	第 454 窟	第 248 窟
第 127 窟	第 256 窟	第 468 窟	第 285 窟
第 128 窟	第 261 窟		第 290 窟
第 129 窟	第 275 窟	**榆林窟**	第 292 窟
第 138 窟	第 276 窟		第 299 窟
第 141 窟	第 285 窟	第 03 窟	第 301 窟
第 144 窟	第 290 窟	第 06 窟	第 313 窟
第 145 窟	第 299 窟	第 10 窟	第 320 窟
第 146 窟	第 301 窟	第 12 窟	第 321 窟
第 148 窟	第 307 窟	第 15 窟	第 329 窟
第 154 窟	第 311 窟	第 16 窟	第 379 窟
第 156 窟	第 313 窟	第 19 窟	第 390 窟
第 158 窟	第 321 窟	第 25 窟	第 392 窟

索引·二 敦煌石窟壁画乐器索引

第 394 窟
第 398 窟
第 401 窟
第 404 窟
第 407 窟
第 423 窟
第 431 窟

西千佛洞

第 05 窟

琵琶（弦数不清）

莫高窟

第 004 窟
第 005 窟
第 007 窟
第 008 窟
第 009 窟
第 012 窟
第 014 窟
第 018 窟
第 019 窟
第 020 窟
第 022 窟
第 025 窟
第 039 窟
第 044 窟
第 045 窟
第 053 窟
第 054 窟
第 055 窟
第 056 窟
第 057 窟

第 061 窟
第 062 窟
第 064 窟
第 065 窟
第 066 窟
第 068 窟
第 072 窟
第 083 窟
第 085 窟
第 091 窟
第 092 窟
第 098 窟
第 099 窟
第 100 窟
第 107 窟
第 108 窟
第 112 窟
第 117 窟
第 120 窟
第 126 窟
第 128 窟
第 129 窟
第 130 窟
第 132 窟
第 134 窟
第 135 窟
第 136 窟
第 138 窟
第 141 窟
第 142 窟
第 144 窟
第 145 窟
第 146 窟
第 147 窟
第 148 窟

第 154 窟
第 156 窟
第 158 窟
第 159 窟
第 160 窟
第 161 窟
第 163 窟
第 164 窟
第 167 窟
第 172 窟
第 173 窟
第 176 窟
第 177 窟
第 180 窟
第 186 窟
第 188 窟
第 191 窟
第 192 窟
第 194 窟
第 196 窟
第 197 窟
第 198 窟
第 199 窟
第 200 窟
第 201 窟
第 202 窟
第 205 窟
第 208 窟
第 209 窟
第 211 窟
第 215 窟
第 216 窟
第 217 窟
第 218 窟
第 220 窟

第 227 窟
第 231 窟
第 232 窟
第 233 窟
第 236 窟
第 237 窟
第 238 窟
第 240 窟
第 248 窟
第 249 窟
第 250 窟
第 251 窟
第 254 窟
第 256 窟
第 257 窟
第 258 窟
第 259 窟
第 260 窟
第 261 窟
第 266 窟
第 272 窟
第 275 窟
第 277 窟
第 278 窟
第 280 窟
第 283 窟
第 285 窟
第 288 窟
第 290 窟
第 292 窟
第 294 窟
第 296 窟
第 297 窟
第 299 窟
第 302 窟

第 303 窟	第 380 窟	第 446 窟	**东千佛洞**
第 304 窟	第 383 窟	第 449 窟	
第 305 窟	第 384 窟	第 452 窟	第 02 窟
第 307 窟	第 386 窟	第 454 窟	第 05 窟
第 314 窟	第 389 窟	第 461 窟	第 07 窟
第 320 窟	第 390 窟	第 465 窟	
第 321 窟	第 396 窟	第 468 窟	**小千佛洞**
第 322 窟	第 397 窟	第 472 窟	
第 329 窟	第 398 窟		第 01 窟
第 331 窟	第 400 窟	**榆林窟**	第 04 窟
第 334 窟	第 401 窟		
第 335 窟	第 402 窟	第 03 窟	**瓜州旱峡石窟**
第 337 窟	第 404 窟	第 12 窟	
第 338 窟	第 408 窟	第 16 窟	第 02 窟
第 339 窟	第 412 窟	第 19 窟	
第 340 窟	第 416 窟	第 20 窟	细腰琵琶
第 341 窟	第 417 窟	第 25 窟	**莫高窟**
第 343 窟	第 418 窟	第 32 窟	第 262 窟
第 344 窟	第 419 窟	第 33 窟	第 322 窟
第 345 窟	第 420 窟	第 34 窟	第 420 窟
第 351 窟	第 421 窟	第 35 窟	第 423 窟
第 353 窟	第 423 窟	第 36 窟	
第 354 窟	第 425 窟	第 38 窟	阮
第 358 窟	第 427 窟		
第 359 窟	第 428 窟	**西千佛洞**	**莫高窟**
第 360 窟	第 430 窟		
第 361 窟	第 431 窟	第 08 窟	第 006 窟
第 367 窟	第 433 窟	第 09 窟	第 009 窟
第 369 窟	第 435 窟	第 10 窟	第 018 窟
第 370 窟	第 436 窟	第 12 窟	第 022 窟
第 371 窟	第 437 窟	第 18 窟	第 039 窟
第 372 窟	第 438 窟	第 19 窟	第 044 窟
第 374 窟	第 439 窟		第 061 窟
第 375 窟	第 442 窟		第 085 窟
第 379 窟	第 445 窟		第 098 窟
			第 108 窟

第 112 窟	榆林窟	第 076 窟	第 191 窟
第 118 窟		第 085 窟	第 192 窟
第 121 窟	第 03 窟	第 091 窟	第 194 窟
第 138 窟	第 19 窟	第 092 窟	第 196 窟
第 146 窟		第 098 窟	第 197 窟
第 148 窟	西千佛洞	第 100 窟	第 198 窟
第 156 窟		第 107 窟	第 199 窟
第 159 窟	第 18 窟	第 108 窟	第 200 窟
第 172 窟		第 112 窟	第 201 窟
第 176 窟	竖箜篌	第 117 窟	第 202 窟
第 180 窟		第 120 窟	第 205 窟
第 196 窟	莫高窟	第 122 窟	第 209 窟
第 201 窟		第 126 窟	第 217 窟
第 217 窟	第 004 窟	第 128 窟	第 220 窟
第 220 窟	第 005 窟	第 129 窟	第 225 窟
第 231 窟	第 006 窟	第 138 窟	第 231 窟
第 237 窟	第 007 窟	第 141 窟	第 232 窟
第 254 窟	第 008 窟	第 144 窟	第 233 窟
第 285 窟	第 009 窟	第 145 窟	第 236 窟
第 288 窟	第 012 窟	第 146 窟	第 237 窟
第 290 窟	第 014 窟	第 147 窟	第 238 窟
第 301 窟	第 015 窟	第 148 窟	第 240 窟
第 303 窟	第 018 窟	第 154 窟	第 244 窟
第 327 窟	第 019 窟	第 156 窟	第 248 窟
第 331 窟	第 020 窟	第 158 窟	第 249 窟
第 341 窟	第 022 窟	第 159 窟	第 250 窟
第 360 窟	第 025 窟	第 160 窟	第 254 窟
第 361 窟	第 029 窟	第 161 窟	第 260 窟
第 369 窟	第 039 窟	第 164 窟	第 261 窟
第 370 窟	第 044 窟	第 171 窟	第 275 窟
第 384 窟	第 045 窟	第 172 窟	第 276 窟
第 425 窟	第 053 窟	第 173 窟	第 278 窟
第 435 窟	第 055 窟	第 176 窟	第 280 窟
第 461 窟	第 056 窟	第 180 窟	第 283 窟
	第 061 窟	第 188 窟	第 285 窟
	第 066 窟		

第 288 窟	第 387 窟	**榆林窟**	第 014 窟
第 290 窟	第 390 窟		第 018 窟
第 292 窟	第 394 窟	第 03 窟	第 019 窟
第 294 窟	第 396 窟	第 12 窟	第 022 窟
第 296 窟	第 397 窟	第 16 窟	第 025 窟
第 297 窟	第 398 窟	第 19 窟	第 039 窟
第 299 窟	第 400 窟	第 22 窟	第 044 窟
第 301 窟	第 402 窟	第 33 窟	第 053 窟
第 302 窟	第 404 窟	第 34 窟	第 055 窟
第 303 窟	第 407 窟	第 35 窟	第 061 窟
第 304 窟	第 412 窟	第 36 窟	第 066 窟
第 320 窟	第 416 窟	第 38 窟	第 068 窟
第 321 窟	第 417 窟		第 070 窟
第 322 窟	第 418 窟	**西千佛洞**	第 071 窟
第 327 窟	第 419 窟		第 076 窟
第 329 窟	第 420 窟	第 05 窟	第 085 窟
第 331 窟	第 423 窟	第 08 窟	第 098 窟
第 335 窟	第 425 窟	第 09 窟	第 100 窟
第 337 窟	第 427 窟	第 12 窟	第 103 窟
第 339 窟	第 428 窟	第 18 窟	第 108 窟
第 344 窟	第 430 窟		第 112 窟
第 345 窟	第 431 窟	**小千佛洞**	第 118 窟
第 351 窟	第 435 窟		第 121 窟
第 353 窟	第 438 窟	第 04 窟	第 129 窟
第 358 窟	第 439 窟		第 132 窟
第 359 窟	第 445 窟	筝	第 136 窟
第 360 窟	第 446 窟	**莫高窟**	第 138 窟
第 361 窟	第 449 窟		第 141 窟
第 369 窟	第 452 窟	第 004 窟	第 144 窟
第 372 窟	第 454 窟	第 005 窟	第 145 窟
第 375 窟	第 461 窟	第 006 窟	第 146 窟
第 379 窟		第 007 窟	第 147 窟
第 383 窟		第 008 窟	第 148 窟
第 384 窟		第 009 窟	第 156 窟
第 386 窟		第 012 窟	第 159 窟

第 161 窟	第 345 窟	第 38 窟	第 237 窟
第 172 窟	第 351 窟		第 248 窟
第 176 窟	第 353 窟	**西千佛洞**	第 249 窟
第 177 窟	第 354 窟		第 251 窟
第 188 窟	第 358 窟	第 12 窟	第 254 窟
第 192 窟	第 359 窟	第 18 窟	第 260 窟
第 196 窟	第 360 窟		第 272 窟
第 200 窟	第 361 窟	**东千佛洞**	第 288 窟
第 201 窟	第 367 窟		第 290 窟
第 202 窟	第 369 窟	第 07 窟	第 294 窟
第 205 窟	第 370 窟		第 299 窟
第 208 窟	第 379 窟	**（二）吹奏乐器**	第 303 窟
第 211 窟	第 384 窟		第 327 窟
第 220 窟	第 386 窟	贝	第 351 窟
第 225 窟	第 400 窟		第 360 窟
第 232 窟	第 420 窟	**莫高窟**	第 369 窟
第 236 窟	第 431 窟		第 386 窟
第 237 窟	第 449 窟	第 012 窟	第 420 窟
第 238 窟	第 454 窟	第 014 窟	第 428 窟
第 256 窟		第 055 窟	第 435 窟
第 258 窟	**榆林窟**	第 076 窟	第 437 窟
第 290 窟		第 085 窟	第 445 窟
第 297 窟	第 03 窟	第 099 窟	
第 299 窟	第 10 窟	第 112 窟	**榆林窟**
第 302 窟	第 12 窟	第 130 窟	
第 303 窟	第 16 窟	第 145 窟	第 03 窟
第 320 窟	第 19 窟	第 146 窟	第 04 窟
第 322 窟	第 20 窟	第 148 窟	第 06 窟
第 327 窟	第 21 窟	第 196 窟	第 10 窟
第 329 窟	第 22 窟	第 200 窟	第 16 窟
第 331 窟	第 32 窟	第 217 窟	第 19 窟
第 335 窟	第 33 窟	第 220 窟	第 20 窟
第 337 窟	第 34 窟	第 231 窟	第 22 窟
第 341 窟	第 35 窟	第 232 窟	第 25 窟
第 344 窟	第 36 窟	第 233 窟	第 35 窟
		第 234 窟	

第 38 窟
第 39 窟

西千佛洞

第 18 窟

瓜州旱峡石窟

第 02 窟

筚篥

莫高窟

第 004 窟
第 005 窟
第 006 窟
第 007 窟
第 008 窟
第 009 窟
第 012 窟
第 014 窟
第 015 窟
第 018 窟
第 019 窟
第 020 窟
第 029 窟
第 039 窟
第 045 窟
第 055 窟
第 061 窟
第 065 窟
第 076 窟
第 083 窟
第 085 窟

第 092 窟
第 098 窟
第 099 窟
第 100 窟
第 103 窟
第 108 窟
第 112 窟
第 118 窟
第 124 窟
第 126 窟
第 128 窟
第 129 窟
第 130 窟
第 136 窟
第 138 窟
第 144 窟
第 145 窟
第 146 窟
第 147 窟
第 148 窟
第 154 窟
第 156 窟
第 158 窟
第 159 窟
第 164 窟
第 172 窟
第 173 窟
第 177 窟
第 180 窟
第 191 窟
第 192 窟
第 194 窟
第 196 窟
第 197 窟
第 199 窟

第 200 窟
第 201 窟
第 202 窟
第 207 窟
第 217 窟
第 218 窟
第 220 窟
第 227 窟
第 231 窟
第 232 窟
第 233 窟
第 236 窟
第 237 窟
第 238 窟
第 240 窟
第 254 窟
第 258 窟
第 261 窟
第 307 窟
第 321 窟
第 329 窟
第 331 窟
第 334 窟
第 337 窟
第 354 窟
第 358 窟
第 359 窟
第 360 窟
第 361 窟
第 369 窟
第 370 窟
第 372 窟
第 379 窟
第 400 窟
第 428 窟

第 431 窟
第 438 窟
第 442 窟
第 445 窟
第 454 窟
第 468 窟

榆林窟

第 12 窟
第 15 窟
第 16 窟
第 19 窟
第 21 窟
第 25 窟
第 26 窟
第 32 窟
第 33 窟
第 34 窟
第 35 窟
第 36 窟
第 38 窟
第 39 窟

西千佛洞

第 18 窟

小千佛洞

第 04 窟

尺八

莫高窟

第 254 窟
第 257 窟
第 351 窟
第 431 窟

瓮

莫高窟

第 329 窟

笛

莫高窟

第 044 窟
第 055 窟
第 065 窟
第 066 窟
第 083 窟
第 085 窟
第 091 窟
第 098 窟
第 138 窟
第 148 窟
第 176 窟
第 188 窟
第 192 窟
第 194 窟
第 202 窟
第 215 窟
第 231 窟
第 237 窟
第 238 窟
第 307 窟

第 329 窟
第 331 窟
第 334 窟
第 335 窟
第 341 窟
第 358 窟
第 359 窟
第 360 窟
第 361 窟
第 431 窟
第 468 窟

榆林窟

第 34 窟

凤首笛

榆林窟

第 10 窟

横笛

莫高窟

第 004 窟
第 005 窟
第 006 窟
第 007 窟
第 009 窟
第 012 窟
第 014 窟
第 015 窟
第 018 窟
第 019 窟
第 020 窟

第 022 窟
第 023 窟
第 025 窟
第 029 窟
第 039 窟
第 044 窟
第 053 窟
第 055 窟
第 056 窟
第 061 窟
第 066 窟
第 070 窟
第 072 窟
第 076 窟
第 083 窟
第 085 窟
第 091 窟
第 092 窟
第 098 窟
第 099 窟
第 100 窟
第 107 窟
第 108 窟
第 112 窟
第 117 窟
第 118 窟
第 121 窟
第 124 窟
第 126 窟
第 128 窟
第 129 窟
第 130 窟
第 132 窟
第 134 窟
第 136 窟

第 138 窟
第 141 窟
第 144 窟
第 145 窟
第 146 窟
第 147 窟
第 148 窟
第 154 窟
第 156 窟
第 158 窟
第 159 窟
第 160 窟
第 161 窟
第 164 窟
第 167 窟
第 172 窟
第 176 窟
第 177 窟
第 180 窟
第 188 窟
第 192 窟
第 194 窟
第 196 窟
第 197 窟
第 198 窟
第 199 窟
第 200 窟
第 201 窟
第 202 窟
第 205 窟
第 215 窟
第 218 窟
第 220 窟
第 227 窟
第 231 窟

第 232 窟	第 327 窟	第 425 窟	**西千佛洞**
第 233 窟	第 329 窟	第 427 窟	
第 236 窟	第 331 窟	第 428 窟	第 08 窟
第 237 窟	第 334 窟	第 430 窟	第 09 窟
第 238 窟	第 335 窟	第 431 窟	第 12 窟
第 240 窟	第 337 窟	第 435 窟	第 18 窟
第 248 窟	第 339 窟	第 438 窟	
第 249 窟	第 341 窟	第 439 窟	**东千佛洞**
第 251 窟	第 343 窟	第 442 窟	
第 254 窟	第 351 窟	第 445 窟	第 05 窟
第 256 窟	第 353 窟	第 446 窟	第 07 窟
第 257 窟	第 358 窟	第 449 窟	
第 258 窟	第 359 窟	第 452 窟	**小千佛洞**
第 259 窟	第 360 窟	第 454 窟	
第 260 窟	第 361 窟	第 461 窟	第 04 窟
第 261 窟	第 369 窟	第 468 窟	
第 266 窟	第 370 窟		**瓜州旱峡石窟**
第 272 窟	第 379 窟	**榆林窟**	
第 275 窟	第 380 窟		第 02 窟
第 280 窟	第 384 窟	第 12 窟	
第 285 窟	第 386 窟	第 14 窟	角
第 288 窟	第 387 窟	第 15 窟	**莫高窟**
第 290 窟	第 389 窟	第 16 窟	
第 294 窟	第 390 窟	第 19 窟	第 061 窟
第 296 窟	第 394 窟	第 20 窟	第 100 窟
第 297 窟	第 398 窟	第 25 窟	第 146 窟
第 299 窟	第 400 窟	第 32 窟	第 156 窟
第 301 窟	第 401 窟	第 33 窟	第 249 窟
第 302 窟	第 402 窟	第 34 窟	第 275 窟
第 303 窟	第 404 窟	第 35 窟	第 431 窟
第 304 窟	第 407 窟	第 36 窟	第 435 窟
第 305 窟	第 418 窟	第 38 窟	
第 320 窟	第 419 窟	第 39 窟	
第 321 窟	第 420 窟		
第 322 窟	第 423 窟		

龙首笛

【莫高窟】

第 367 窟

【榆林窟】

第 10 窟

【东千佛洞】

第 07 窟

排箫

【莫高窟】

第 004 窟
第 005 窟
第 006 窟
第 007 窟
第 008 窟
第 009 窟
第 012 窟
第 014 窟
第 018 窟
第 019 窟
第 025 窟
第 029 窟
第 044 窟
第 045 窟
第 053 窟
第 055 窟
第 061 窟
第 066 窟
第 071 窟

第 072 窟
第 085 窟
第 091 窟
第 092 窟
第 098 窟
第 100 窟
第 108 窟
第 112 窟
第 118 窟
第 121 窟
第 124 窟
第 126 窟
第 128 窟
第 129 窟
第 130 窟
第 132 窟
第 134 窟
第 135 窟
第 136 窟
第 138 窟
第 141 窟
第 144 窟
第 145 窟
第 146 窟
第 148 窟
第 154 窟
第 156 窟
第 158 窟
第 159 窟
第 160 窟
第 161 窟
第 171 窟
第 172 窟
第 173 窟
第 176 窟

第 180 窟
第 188 窟
第 192 窟
第 194 窟
第 196 窟
第 197 窟
第 199 窟
第 200 窟
第 201 窟
第 202 窟
第 205 窟
第 208 窟
第 209 窟
第 215 窟
第 217 窟
第 218 窟
第 220 窟
第 225 窟
第 227 窟
第 231 窟
第 232 窟
第 233 窟
第 236 窟
第 237 窟
第 238 窟
第 240 窟
第 244 窟
第 248 窟
第 249 窟
第 254 窟
第 257 窟
第 258 窟
第 260 窟
第 261 窟
第 275 窟

第 280 窟
第 285 窟
第 288 窟
第 290 窟
第 294 窟
第 296 窟
第 297 窟
第 299 窟
第 301 窟
第 302 窟
第 303 窟
第 305 窟
第 320 窟
第 321 窟
第 322 窟
第 327 窟
第 329 窟
第 331 窟
第 334 窟
第 335 窟
第 337 窟
第 339 窟
第 341 窟
第 343 窟
第 344 窟
第 351 窟
第 353 窟
第 354 窟
第 358 窟
第 359 窟
第 360 窟
第 361 窟
第 367 窟
第 369 窟
第 370 窟

第 372 窟	第 16 窟	第 020 窟	第 145 窟
第 375 窟	第 19 窟	第 025 窟	第 146 窟
第 379 窟	第 20 窟	第 029 窟	第 147 窟
第 384 窟	第 21 窟	第 044 窟	第 148 窟
第 386 窟	第 25 窟	第 045 窟	第 154 窟
第 387 窟	第 33 窟	第 053 窟	第 156 窟
第 390 窟	第 34 窟	第 054 窟	第 158 窟
第 394 窟	第 35 窟	第 055 窟	第 159 窟
第 404 窟	第 36 窟	第 056 窟	第 160 窟
第 407 窟	第 38 窟	第 057 窟	第 161 窟
第 412 窟		第 061 窟	第 164 窟
第 416 窟	■西千佛洞	第 066 窟	第 167 窟
第 417 窟		第 068 窟	第 171 窟
第 419 窟	第 05 窟	第 083 窟	第 172 窟
第 420 窟	第 08 窟	第 085 窟	第 173 窟
第 423 窟	第 12 窟	第 091 窟	第 176 窟
第 425 窟	第 18 窟	第 098 窟	第 177 窟
第 428 窟		第 100 窟	第 180 窟
第 430 窟	■小千佛洞	第 103 窟	第 186 窟
第 431 窟		第 108 窟	第 188 窟
第 435 窟	第 04 窟	第 112 窟	第 192 窟
第 438 窟		第 116 窟	第 194 窟
第 442 窟	笙	第 117 窟	第 196 窟
第 445 窟	■莫高窟	第 118 窟	第 197 窟
第 446 窟		第 120 窟	第 198 窟
第 449 窟	第 004 窟	第 124 窟	第 199 窟
第 454 窟	第 005 窟	第 126 窟	第 200 窟
第 461 窟	第 006 窟	第 128 窟	第 201 窟
第 468 窟	第 007 窟	第 129 窟	第 205 窟
	第 008 窟	第 130 窟	第 209 窟
■榆林窟	第 009 窟	第 134 窟	第 217 窟
	第 012 窟	第 135 窟	第 218 窟
第 03 窟	第 014 窟	第 138 窟	第 220 窟
第 10 窟	第 018 窟	第 141 窟	第 227 窟
第 12 窟	第 019 窟	第 144 窟	第 231 窟

第 232 窟	第 354 窟	第 449 窟	竖笛
第 233 窟	第 358 窟	第 452 窟	**莫高窟**
第 236 窟	第 359 窟	第 454 窟	
第 237 窟	第 360 窟	第 468 窟	第 004 窟
第 238 窟	第 361 窟		第 005 窟
第 240 窟	第 367 窟	**榆林窟**	第 006 窟
第 250 窟	第 369 窟		第 007 窟
第 254 窟	第 370 窟	第 03 窟	第 008 窟
第 258 窟	第 372 窟	第 10 窟	第 009 窟
第 261 窟	第 375 窟	第 12 窟	第 012 窟
第 266 窟	第 379 窟	第 15 窟	第 014 窟
第 275 窟	第 384 窟	第 16 窟	第 018 窟
第 278 窟	第 386 窟	第 19 窟	第 019 窟
第 280 窟	第 390 窟	第 20 窟	第 023 窟
第 285 窟	第 396 窟	第 21 窟	第 025 窟
第 290 窟	第 397 窟	第 25 窟	第 029 窟
第 296 窟	第 398 窟	第 32 窟	第 039 窟
第 297 窟	第 400 窟	第 33 窟	第 044 窟
第 299 窟	第 401 窟	第 34 窟	第 045 窟
第 301 窟	第 402 窟	第 35 窟	第 055 窟
第 303 窟	第 404 窟	第 36 窟	第 056 窟
第 304 窟	第 412 窟	第 38 窟	第 061 窟
第 305 窟	第 417 窟		第 066 窟
第 307 窟	第 418 窟	**西千佛洞**	第 070 窟
第 320 窟	第 419 窟		第 072 窟
第 321 窟	第 420 窟	第 05 窟	第 085 窟
第 327 窟	第 423 窟	第 08 窟	第 091 窟
第 329 窟	第 425 窟	第 09 窟	第 098 窟
第 331 窟	第 427 窟	第 12 窟	第 100 窟
第 337 窟	第 430 窟	第 18 窟	第 107 窟
第 341 窟	第 433 窟		第 108 窟
第 343 窟	第 439 窟		第 112 窟
第 344 窟	第 442 窟		第 116 窟
第 345 窟	第 445 窟		第 120 窟
第 353 窟	第 446 窟		第 121 窟

第 126 窟	第 202 窟	第 305 窟	第 407 窟
第 127 窟	第 205 窟	第 320 窟	第 418 窟
第 128 窟	第 209 窟	第 321 窟	第 419 窟
第 129 窟	第 217 窟	第 322 窟	第 420 窟
第 132 窟	第 218 窟	第 327 窟	第 423 窟
第 134 窟	第 220 窟	第 329 窟	第 425 窟
第 136 窟	第 231 窟	第 331 窟	第 427 窟
第 138 窟	第 232 窟	第 334 窟	第 428 窟
第 141 窟	第 236 窟	第 335 窟	第 430 窟
第 144 窟	第 237 窟	第 337 窟	第 431 窟
第 145 窟	第 238 窟	第 339 窟	第 433 窟
第 146 窟	第 248 窟	第 341 窟	第 435 窟
第 147 窟	第 249 窟	第 343 窟	第 445 窟
第 148 窟	第 251 窟	第 351 窟	第 449 窟
第 154 窟	第 254 窟	第 353 窟	第 452 窟
第 156 窟	第 256 窟	第 354 窟	第 454 窟
第 158 窟	第 257 窟	第 358 窟	第 468 窟
第 159 窟	第 258 窟	第 359 窟	
第 160 窟	第 259 窟	第 360 窟	**榆林窟**
第 161 窟	第 260 窟	第 361 窟	第 03 窟
第 164 窟	第 261 窟	第 369 窟	第 04 窟
第 167 窟	第 266 窟	第 372 窟	第 06 窟
第 172 窟	第 275 窟	第 374 窟	第 10 窟
第 176 窟	第 285 窟	第 375 窟	第 12 窟
第 180 窟	第 288 窟	第 379 窟	第 15 窟
第 188 窟	第 290 窟	第 380 窟	第 16 窟
第 191 窟	第 292 窟	第 384 窟	第 19 窟
第 192 窟	第 294 窟	第 386 窟	第 20 窟
第 194 窟	第 296 窟	第 387 窟	第 25 窟
第 196 窟	第 297 窟	第 389 窟	第 32 窟
第 197 窟	第 299 窟	第 390 窟	第 33 窟
第 198 窟	第 301 窟	第 398 窟	第 34 窟
第 199 窟	第 302 窟	第 400 窟	第 35 窟
第 200 窟	第 303 窟	第 401 窟	第 36 窟
第 201 窟	第 304 窟	第 404 窟	第 38 窟

西千佛洞

第 08 窟
第 09 窟
第 12 窟
第 18 窟

小千佛洞

第 04 窟

铜角

莫高窟

第 302 窟
第 402 窟

榆林窟

第 10 窟

东千佛洞

第 02 窟

五个庙石窟

第 03 窟
第 04 窟

埙

莫高窟

第 220 窟
第 254 窟
第 266 窟
第 320 窟

榆林窟

第 03 窟
第 10 窟

义觜笛

莫高窟

第 006 窟
第 009 窟
第 012 窟
第 014 窟
第 018 窟
第 045 窟
第 085 窟
第 092 窟
第 098 窟
第 100 窟
第 108 窟
第 111 窟
第 112 窟
第 126 窟
第 128 窟
第 134 窟
第 136 窟
第 138 窟
第 141 窟

第 144 窟
第 146 窟
第 147 窟
第 148 窟
第 154 窟
第 156 窟
第 158 窟
第 159 窟
第 164 窟
第 172 窟
第 180 窟
第 192 窟
第 194 窟
第 199 窟
第 200 窟
第 202 窟
第 218 窟
第 231 窟
第 236 窟
第 237 窟
第 238 窟
第 258 窟
第 338 窟
第 358 窟
第 360 窟
第 361 窟
第 369 窟
第 379 窟
第 386 窟
第 445 窟

西千佛洞

第 18 窟

（三）打击乐器

扁鼓

榆林窟

第 03 窟

东千佛洞

第 02 窟
第 07 窟

钹

莫高窟

第 004 窟
第 007 窟
第 014 窟
第 018 窟
第 025 窟
第 029 窟
第 045 窟
第 055 窟
第 061 窟
第 076 窟
第 083 窟
第 118 窟
第 130 窟
第 136 窟
第 138 窟
第 146 窟

第 172 窟
第 202 窟
第 208 窟
第 233 窟
第 322 窟
第 327 窟
第 351 窟
第 353 窟
第 367 窟
第 390 窟
第 449 窟

榆林窟

第 03 窟
第 04 窟
第 10 窟
第 19 窟
第 20 窟
第 21 窟
第 33 窟
第 34 窟
第 35 窟
第 36 窟
第 39 窟

西千佛洞

第 05 窟

东千佛洞

第 02 窟

瓜州旱峡石窟

第 02 窟

串响

莫高窟

第 147 窟
第 257 窟
第 297 窟
第 301 窟
第 318 窟
第 334 窟
第 435 窟

西千佛洞

第 09 窟

答腊鼓

莫高窟

第 008 窟
第 009 窟
第 012 窟
第 020 窟
第 044 窟
第 055 窟
第 066 窟
第 068 窟
第 071 窟
第 085 窟
第 092 窟
第 112 窟
第 124 窟
第 129 窟

第 138 窟
第 148 窟
第 156 窟
第 159 窟
第 160 窟
第 172 窟
第 180 窟
第 188 窟
第 194 窟
第 196 窟
第 197 窟
第 201 窟
第 205 窟
第 215 窟
第 217 窟
第 218 窟
第 220 窟
第 231 窟
第 236 窟
第 237 窟
第 238 窟
第 240 窟
第 258 窟
第 290 窟
第 302 窟
第 321 窟
第 322 窟
第 331 窟
第 334 窟
第 335 窟
第 340 窟
第 341 窟
第 359 窟
第 360 窟
第 361 窟

第 372 窟
第 425 窟
第 445 窟

西千佛洞

第 18 窟

大鼓

莫高窟

第 009 窟
第 012 窟
第 025 窟
第 055 窟
第 061 窟
第 085 窟
第 100 窟
第 108 窟
第 138 窟
第 146 窟
第 154 窟
第 156 窟
第 158 窟
第 196 窟

榆林窟

第 16 窟
第 32 窟
第 38 窟

大钟

莫高窟

第 004 窟
第 007 窟
第 008 窟
第 009 窟
第 012 窟
第 015 窟
第 018 窟
第 022 窟
第 025 窟
第 055 窟
第 061 窟
第 065 窟
第 085 窟
第 091 窟
第 098 窟
第 100 窟
第 107 窟
第 108 窟
第 112 窟
第 118 窟
第 126 窟
第 129 窟
第 138 窟
第 141 窟
第 144 窟
第 146 窟
第 147 窟
第 156 窟
第 158 窟
第 160 窟
第 164 窟
第 192 窟
第 196 窟
第 200 窟
第 217 窟
第 237 窟
第 240 窟
第 358 窟
第 359 窟
第 360 窟
第 369 窟

榆林窟

第 03 窟
第 16 窟
第 19 窟
第 25 窟
第 32 窟
第 33 窟
第 34 窟
第 38 窟

西千佛洞

第 18 窟

五个庙石窟

第 03 窟

担鼓

莫高窟

第 248 窟
第 254 窟
第 257 窟
第 260 窟
第 288 窟
第 302 窟
第 402 窟
第 404 窟
第 431 窟
第 435 窟
第 442 窟

单面鼓

榆林窟

第 14 窟
第 15 窟

都昙鼓

莫高窟

第 045 窟
第 108 窟
第 130 窟
第 148 窟
第 208 窟
第 220 窟
第 445 窟

法铃

莫高窟

第 148 窟

榆林窟

第 03 窟

方响

莫高窟

第 005 窟
第 055 窟
第 061 窟
第 085 窟
第 098 窟
第 100 窟
第 112 窟
第 138 窟
第 146 窟
第 148 窟
第 156 窟
第 172 窟
第 176 窟
第 180 窟
第 196 窟
第 201 窟
第 205 窟
第 217 窟
第 220 窟
第 231 窟
第 237 窟
第 244 窟
第 320 窟
第 322 窟
第 327 窟
第 331 窟
第 335 窟
第 341 窟
第 359 窟
第 375 窟
第 390 窟
第 420 窟

榆林窟

第 03 窟
第 19 窟
第 34 窟

西千佛洞

第 18 窟

风铃

莫高窟

第 098 窟
第 148 窟
第 218 窟
第 231 窟
第 237 窟
第 358 窟
第 359 窟
第 361 窟
第 369 窟

鸡娄鼓

莫高窟

第 009 窟
第 012 窟
第 018 窟
第 023 窟
第 044 窟
第 045 窟
第 055 窟
第 066 窟
第 071 窟
第 072 窟

第 085 窟
第 100 窟
第 103 窟
第 112 窟
第 117 窟
第 124 窟
第 126 窟
第 129 窟
第 135 窟
第 138 窟
第 144 窟
第 145 窟
第 146 窟
第 147 窟
第 148 窟
第 156 窟
第 159 窟
第 161 窟
第 172 窟
第 176 窟
第 177 窟
第 180 窟
第 188 窟
第 192 窟
第 196 窟
第 197 窟
第 199 窟
第 201 窟
第 202 窟
第 205 窟
第 208 窟
第 211 窟
第 215 窟
第 217 窟
第 220 窟

第 225 窟
第 231 窟
第 237 窟
第 238 窟
第 240 窟
第 258 窟
第 290 窟
第 321 窟
第 329 窟
第 334 窟
第 335 窟
第 337 窟
第 340 窟
第 341 窟
第 359 窟
第 361 窟
第 372 窟
第 379 窟
第 431 窟
第 445 窟
第 446 窟

榆林窟

第 35 窟

西千佛洞

第 05 窟
第 18 窟

谏鼓

榆林窟

第 14 窟
第 15 窟

五个庙石窟

第 03 窟

节鼓

榆林窟

第 16 窟
第 19 窟
第 38 窟

羯鼓

莫高窟

第 009 窟
第 014 窟
第 018 窟
第 023 窟
第 044 窟
第 045 窟
第 053 窟
第 055 窟
第 071 窟
第 085 窟
第 092 窟
第 098 窟
第 103 窟
第 107 窟
第 111 窟

第 112 窟	第 335 窟	榆林窟	第 386 窟
第 116 窟	第 337 窟		
第 117 窟	第 341 窟	第 03 窟	铙
第 120 窟	第 343 窟	第 04 窟	
第 124 窟	第 358 窟	第 34 窟	莫高窟
第 126 窟	第 361 窟	第 35 窟	
第 129 窟	第 369 窟	第 38 窟	第 005 窟
第 138 窟	第 372 窟		第 006 窟
第 144 窟	第 384 窟	雷鼓	第 007 窟
第 148 窟	第 431 窟		第 009 窟
第 154 窟	第 445 窟	莫高窟	第 012 窟
第 156 窟	第 446 窟		第 055 窟
第 159 窟		第 008 窟	第 061 窟
第 164 窟	榆林窟	第 061 窟	第 066 窟
第 172 窟		第 112 窟	第 085 窟
第 180 窟	第 03 窟	第 154 窟	第 091 窟
第 188 窟		第 249 窟	第 100 窟
第 194 窟	西千佛洞	第 285 窟	第 103 窟
第 196 窟		第 329 窟	第 108 窟
第 197 窟	第 05 窟		第 126 窟
第 201 窟	第 18 窟	毛员鼓	第 129 窟
第 202 窟			第 138 窟
第 205 窟	金刚铃	莫高窟	第 146 窟
第 217 窟	莫高窟		第 147 窟
第 218 窟		第 012 窟	第 148 窟
第 220 窟	第 003 窟	第 044 窟	第 154 窟
第 231 窟	第 006 窟	第 061 窟	第 156 窟
第 236 窟	第 014 窟	第 085 窟	第 159 窟
第 237 窟	第 029 窟	第 098 窟	第 172 窟
第 238 窟	第 205 窟	第 112 窟	第 180 窟
第 240 窟	第 207 窟	第 126 窟	第 188 窟
第 258 窟	第 334 窟	第 138 窟	第 194 窟
第 260 窟	第 465 窟	第 156 窟	第 196 窟
第 321 窟		第 180 窟	第 197 窟
第 334 窟		第 331 窟	第 199 窟
		第 358 窟	第 218 窟
		第 360 窟	

第 220 窟	第 007 窟	第 118 窟	第 194 窟
第 231 窟	第 008 窟	第 120 窟	第 196 窟
第 237 窟	第 009 窟	第 121 窟	第 197 窟
第 244 窟	第 012 窟	第 126 窟	第 198 窟
第 261 窟	第 014 窟	第 127 窟	第 199 窟
第 288 窟	第 018 窟	第 128 窟	第 200 窟
第 307 窟	第 019 窟	第 129 窟	第 201 窟
第 321 窟	第 020 窟	第 130 窟	第 202 窟
第 331 窟	第 022 窟	第 132 窟	第 205 窟
第 335 窟	第 023 窟	第 134 窟	第 218 窟
第 341 窟	第 025 窟	第 136 窟	第 220 窟
第 354 窟	第 029 窟	第 138 窟	第 227 窟
第 360 窟	第 039 窟	第 141 窟	第 231 窟
第 379 窟	第 044 窟	第 144 窟	第 232 窟
第 420 窟	第 045 窟	第 145 窟	第 233 窟
第 445 窟	第 055 窟	第 146 窟	第 236 窟
第 446 窟	第 061 窟	第 147 窟	第 237 窟
第 454 窟	第 065 窟	第 148 窟	第 238 窟
第 472 窟	第 066 窟	第 154 窟	第 240 窟
	第 070 窟	第 156 窟	第 256 窟
榆林窟	第 072 窟	第 158 窟	第 258 窟
	第 076 窟	第 159 窟	第 261 窟
第 10 窟	第 083 窟	第 160 窟	第 294 窟
第 19 窟	第 085 窟	第 161 窟	第 305 窟
第 33 窟	第 091 窟	第 164 窟	第 307 窟
第 34 窟	第 092 窟	第 167 窟	第 320 窟
第 36 窟	第 098 窟	第 172 窟	第 327 窟
第 38 窟	第 099 窟	第 173 窟	第 329 窟
	第 100 窟	第 176 窟	第 337 窟
拍板	第 107 窟	第 177 窟	第 339 窟
	第 108 窟	第 180 窟	第 343 窟
莫高窟	第 111 窟	第 186 窟	第 351 窟
	第 112 窟	第 188 窟	第 353 窟
第 004 窟	第 116 窟	第 191 窟	第 354 窟
第 005 窟	第 117 窟	第 192 窟	第 358 窟
第 006 窟			

第 359 窟	第 35 窟	手鼓	第 129 窟
第 360 窟	第 36 窟	莫高窟	第 135 窟
第 361 窟	第 38 窟		第 138 窟
第 367 窟	第 39 窟	第 004 窟	第 146 窟
第 369 窟		第 006 窟	第 147 窟
第 370 窟	西千佛洞	第 029 窟	第 148 窟
第 379 窟		第 044 窟	第 156 窟
第 384 窟	第 09 窟	第 055 窟	第 159 窟
第 386 窟	第 18 窟	第 070 窟	第 161 窟
第 400 窟		第 085 窟	第 172 窟
第 412 窟	东千佛洞	第 144 窟	第 177 窟
第 427 窟		第 145 窟	第 180 窟
第 431 窟	第 05 窟	第 146 窟	第 188 窟
第 437 窟	第 07 窟	第 148 窟	第 192 窟
第 445 窟		第 233 窟	第 196 窟
第 446 窟	小千佛洞	第 327 窟	第 197 窟
第 449 窟		第 351 窟	第 201 窟
第 454 窟	第 04 窟	第 379 窟	第 205 窟
第 468 窟			第 215 窟
	碰铃	羯鼓	第 217 窟
榆林窟	莫高窟	莫高窟	第 220 窟
			第 231 窟
第 03 窟	第 138 窟	第 005 窟	第 237 窟
第 06 窟	第 156 窟	第 009 窟	第 240 窟
第 10 窟	第 217 窟	第 012 窟	第 258 窟
第 12 窟	第 290 窟	第 018 窟	第 290 窟
第 14 窟		第 044 窟	第 320 窟
第 15 窟	齐鼓	第 045 窟	第 321 窟
第 16 窟	莫高窟	第 066 窟	第 331 窟
第 19 窟		第 076 窟	第 334 窟
第 20 窟	第 248 窟	第 085 窟	第 335 窟
第 25 窟	第 249 窟	第 100 窟	第 337 窟
第 32 窟	第 251 窟	第 108 窟	第 341 窟
第 33 窟	第 285 窟	第 112 窟	第 353 窟
第 34 窟	第 438 窟	第 126 窟	第 359 窟

索 引·二 敦煌石窟壁画乐器索引

第 361 窟
第 386 窟
第 445 窟
第 454 窟
第 465 窟

▌榆林窟

第 03 窟
第 10 窟
第 16 窟
第 35 窟

▌西千佛洞

第 18 窟

细腰鼓

▌榆林窟

第 10 窟

凸面细腰鼓

▌莫高窟

第 248 窟
第 249 窟
第 251 窟
第 299 窟
第 402 窟
第 430 窟
第 431 窟
第 435 窟
第 438 窟

▌榆林窟

第 03 窟

细腰鼓

▌莫高窟

第 005 窟
第 006 窟
第 007 窟
第 008 窟
第 009 窟
第 012 窟
第 014 窟
第 018 窟
第 019 窟
第 022 窟
第 023 窟
第 044 窟
第 045 窟
第 053 窟
第 055 窟
第 056 窟
第 061 窟
第 066 窟
第 068 窟
第 071 窟
第 085 窟
第 091 窟
第 092 窟
第 098 窟
第 100 窟
第 103 窟
第 107 窟
第 108 窟

第 117 窟
第 120 窟
第 124 窟
第 126 窟
第 128 窟
第 129 窟
第 134 窟
第 138 窟
第 145 窟
第 146 窟
第 148 窟
第 154 窟
第 156 窟
第 158 窟
第 159 窟
第 160 窟
第 161 窟
第 164 窟
第 171 窟
第 172 窟
第 176 窟
第 180 窟
第 188 窟
第 192 窟
第 194 窟
第 196 窟
第 197 窟
第 199 窟
第 201 窟
第 202 窟
第 205 窟
第 208 窟
第 215 窟
第 216 窟
第 217 窟

第 218 窟
第 220 窟
第 225 窟
第 231 窟
第 233 窟
第 236 窟
第 237 窟
第 240 窟
第 244 窟
第 248 窟
第 249 窟
第 254 窟
第 256 窟
第 257 窟
第 258 窟
第 259 窟
第 260 窟
第 272 窟
第 285 窟
第 288 窟
第 290 窟
第 294 窟
第 296 窟
第 302 窟
第 307 窟
第 320 窟
第 321 窟
第 329 窟
第 331 窟
第 334 窟
第 335 窟
第 337 窟
第 338 窟
第 340 窟
第 341 窟

第 351 窟
第 354 窟
第 358 窟
第 360 窟
第 361 窟
第 369 窟
第 372 窟
第 375 窟
第 379 窟
第 380 窟
第 384 窟
第 390 窟
第 396 窟
第 400 窟
第 401 窟
第 420 窟
第 425 窟
第 428 窟
第 431 窟
第 435 窟
第 437 窟
第 438 窟
第 442 窟
第 445 窟
第 449 窟
第 454 窟

榆林窟

第 03 窟
第 10 窟
第 12 窟
第 16 窟
第 19 窟
第 20 窟

第 21 窟
第 25 窟
第 33 窟
第 34 窟
第 35 窟
第 36 窟
第 38 窟

西千佛洞

第 05 窟
第 08 窟
第 09 窟
第 12 窟
第 18 窟

东千佛洞

第 02 窟
第 07 窟
第 35 窟

响板

莫高窟

第 302 窟
第 461 窟

小筒鼓

瓜州旱峡石窟

第 02 窟

腰鼓

莫高窟

第 299 窟

钲

莫高窟

第 012 窟
第 018 窟
第 044 窟
第 111 窟
第 117 窟
第 126 窟
第 129 窟
第 148 窟
第 156 窟
第 161 窟
第 172 窟
第 180 窟
第 188 窟
第 199 窟
第 201 窟
第 202 窟
第 220 窟
第 236 窟
第 238 窟
第 240 窟
第 379 窟
第 445 窟

榆林窟

第 03 窟
第 10 窟

第 19 窟
第 34 窟

（四）拉弦乐器

奚琴

榆林窟

第 03 窟
第 10 窟

东千佛洞

第 07 窟

后 记

经过数十年的不懈努力，我们终于完成了这部敦煌研究院院级课题《敦煌乐舞大典》，如释重负。

自20世纪初敦煌莫高窟藏经洞被发现之后，一门新的学科"敦煌学"应运而生，并成为世界显学。随着敦煌学研究的不断深入，敦煌石窟中的乐舞壁画研究引起了人们的广泛关注和重视。对于敦煌乐舞的研究者来说，《敦煌乐舞大典》是必不可少的研究资料。

20世纪80年代初，高德祥先生一边研究莫高窟壁画中的音乐图像，一边对壁画中的乐舞图像进行了普查和记录，试图完成对莫高窟乐舞壁画的完整辑录。但由于当时知识的局限性，以及各方面条件的限制，加之对壁画中的许多问题一时难以解决，所以这项工作时断时续，未能及时完成。十几年前，陈雪静先生在敦煌研究院申报项目，拟对莫高窟壁画中的乐舞图像进行全面调查，其间由于种种原因时断时续，历经十余年，也未按时完成调查任务。诚然，这其中遇到了各种各样的困难，完成这样一项浩繁任务不是一蹴而就的，它看似简单，做起来却不是那么容易。正是出于这种原因，促使我们联合做这件事，在原先各自工作的基础上，又经过五年多的共同努力，时至今日才终于完成了这项任务。

敦煌石窟包括莫高窟、天王堂、西千佛洞、榆林窟、小千佛洞、东千佛洞、旱峡石窟、五个庙石窟，共八个石窟群，有壁画的洞窟达500多个，壁画5万多平方米。乐舞夹杂在不同形式的壁画画面之中，要将这些乐舞图像系统完整地搞清楚，首先要对500多个洞窟中的每一铺壁画一个不漏地进行普查，在此基础上再对有乐舞壁画的洞窟进行详细的考证记录。考察洞窟并非走马观花，而是需要耐心地观察。认真地辨析，所以，一个洞窟少则进出三四次，多则十几次，对于一些乐舞壁画内容繁多的洞窟进进出出更是多达几十次。由于洞窟壁画历经千余年，有些壁画已经模糊不清，色彩褪化，斑驳漫漶，对此需要反复考察、仔细辨别，甚至在洞窟里无法辨别的情况下，还需拍摄高清图片，通过放大仔细辨认，经过反反复复的考证并查阅大量的文献资料，才能逐一确定其乐舞壁画的类型和名称，这是一个非常严谨细致的过程。尤其是观察一些大型洞窟，如莫高窟中的第61窟、85窟、98窟、100窟、130窟、138窟、146窟、148窟、156窟等，一天也只能查看一两个洞窟。像这样的大窟，为了避免遗漏，我们爬上爬下反反复复不知进出过多少次。

敦煌石窟乐舞壁画是佛教文化的产物，其内容与佛教不无关系，壁画中的乐舞图像均与佛教经典相关联。而壁画中的内容又与现实生活息息相关，可谓神人以和、相互交融，而且西域的、中原的、本土的文化相交在一起，大大增加了辨别的难度。在考察壁画的过程中，我们还发现了一些文献中没有明确记载的乐器，尽管这些内容弥足珍贵，补充了文献记载中的遗漏，但要准确命名、辨其真伪，的确有一定难度，需要反复地斟酌辨析，才能得出比较客观的结论。对一些文献记载中未出现的乐器进行命名，是为了资料记录的完整性。就目前的研究而言，只能暂且如此，以待今后进一步研究。

敦煌石窟乐舞壁画独树一帜、内容丰富、形式多样、历史悠久，是研究古代时期中西音乐舞文化交流不可多得的珍贵史料。为了让这沉积千年的灿烂艺术重现于世，大放光彩，出版《敦煌乐舞大典》我们责无旁贷。为了完成这项任务，我们克服种种困难，严冬酷暑风雨无阻，从来没有停止过。我俩都是重病缠身之人，一个是做了多个心脏支架的冠心病患者，一个是严重的肺心病患者，但为了做好普查洞窟的工作，我们一丝不苟，不厌其烦，进进出出洞窟多达数千次。这是一个漫长的过程。我们日复一日，年复一年地坚持了几十年。梅花香自苦寒来，令人欣慰的是我们终于坚持下来，圆满地完成了这个任务。

敦煌石窟壁画中的乐舞图像终于有了完整准确的统计数据：飞天伎乐共有5080身（包括飞天童子），天宫伎乐728身，菩萨伎乐341身，药叉伎乐546身，壶门伎乐423身，迦陵频伽440身，共命鸟19身，经变乐舞图307幅，百戏图17幅，壁画中有各类乐器图像7705件。每一件乐器、每一幅伎乐图在洞窟中的位置都标记得清清楚楚，这些数字是我们从5万多平方米浩瀚的壁画中统计出来的。

后 记

花费如此大的力气完成这样一项工作，目的是为了完整准确地将敦煌石窟乐舞壁画记录保存下来，保护弘扬敦煌乐舞艺术，为研究者提供详实的参考资料。敦煌壁画已历经一千多年，壁画的色彩不断褪化，有一部分壁画已经模糊不清，随着历史的变迁，壁画会逐步褪色并最终消失。因此，这项工作的历史价值和意义是不言而喻的。

《敦煌乐舞大典》的完成得到了很多有识之士的大力支持。首先感谢敦煌研究院党委书记赵声良，他在百忙中对本书提出宝贵的意见和建议；感谢敦煌研究院院长苏伯民先生，副院长罗华庆、程亮先生的大力支持，以及张培军、宋子贞、李立新、夏生平先生的鼎力相助；感谢上海音乐出版社社长、总编辑费维耀先生，资深舞蹈编辑黄惠民先生，以及舞蹈编辑中心云昊泓、张莉、王子扬编辑的帮助；感谢装帧设计大师袁银昌先生及工作室的李静、胡斌为本书进行精心呈现；感谢合作伙伴宋利良先生，不辞辛苦、兢兢业业地拍摄了大量图像资料；感谢在整理图录的过程中付出辛勤劳动、给予大力协助的敦煌学博士研究生汪雪，跟随我们多次深入洞窟复查核对、整理资料；感谢予以诸多方面支持的陆多林、祁润、高思亮、祁宏、王少鸿等同志。正是有了他们的鼎力支持，才使我们顺利地完成了这项任务。

人生苦短，考察辑录敦煌石窟乐舞图像的工作前后经历了30余载，修改不计其数，十易其稿，真是令人感慨万千，其中甘苦难以言表。

敦煌石窟壁画浩如烟海、包罗万象，虽然历经数十年尽心尽力的细致考察，但疏漏在所难免，期待各方家批评指正。

高德祥　陈雪静

2020年10月

图书在版编目（CIP）数据

敦煌乐舞大典 / 高德祥，陈雪静著 . – 上海：上海音乐出版社，2022.9
ISBN 978-7-5523-2425-9

Ⅰ . 敦⋯ Ⅱ . ①高⋯ ②陈⋯ Ⅲ . 敦煌壁画 – 乐舞 – 研究 Ⅳ . K879.414
中国版本图书馆 CIP 数据核字（2022）第 153549 号

书　　　名：**敦煌乐舞大典**
著　　　者：高德祥　陈雪静

出 品 人：费维耀
责任编辑：黄惠民　云昊泓　张　莉　王子扬（助理编辑）
责任校对：满月明
特约编辑：汪　雪
摄　　影：宋利良
整体设计：袁银昌
设计制作：上海袁银昌平面设计工作室　李　静　胡　斌
印务总监：李霄云

图片版权归敦煌研究院所有

出版：上海世纪出版集团　上海市闵行区号景路 159 弄　201101
　　　上海音乐出版社　上海市闵行区号景路 159 弄 A 座 6F　201101
网址：www.ewen.co　www.smph.cn
发行：上海音乐出版社
印订：上海雅昌艺术印刷有限公司
开本：787×1092　1/8　印张：126　插页：8　图、文：1008 面
2022 年 9 月第 1 版　2022 年 9 月第 1 次印刷
ISBN 978-7-5523-2425-9/J · 2229
定价：998.00 元

读者服务热线：（021）53201888
印装质量热线：（021）64310542
反盗版热线：（021）64734302　（021）53203663
郑重声明：版权所有　翻印必究